関西弁事典

CYCLOPEDIA OF KANSAI DIALECT

真田信治 監修

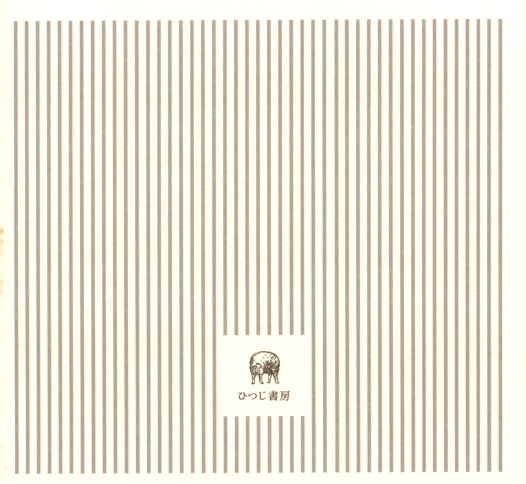

ひつじ書房

序

　関西弁は、全国のほかの地域のことばとは異なった社会的価値を有している。それは、かつて上方弁とも称され、伝統を支えとした規範意識によって、東京語と一応対等の地位を確保してきた。しかし、関西圏の中心部でも近年、本来のことばを守り伝えようとする意識が急速に薄れてきており、伝統にこだわらない、標準語と混交した独自の新しい表現形式が次々と生まれている。そして、そのような新しい表現形式は、周辺部、特に西日本の若い世代に、ある種のプレステージを持ったものとして浸透し続けていることが認められる。首都圏に対抗する、一方の文化的センターは、社会言語学や接触言語学にとって貴重な資料を提供する恰好のフィールドである。

　首都圏では、書きことばを背景とする標準日本語がすぐ後ろにひかえているので、省力化などによって新しい形式が芽生えても、誤用だ、ことばの乱れだ、などとして抑えられる。「ソージャン」などというのは俗語ではないか、「チガカッタ」などというのは未熟な若者のことばではないか、といった形で抑制されるわけである。しかし、関西で、「行きナハル」が「行きハル」「行かハル」となっても、誤用だ、それは子どものことばだぞ、などとはたぶん言われなかったのでは

ないか。関西での豊かな言語生活のエネルギーの源泉は実はここにもあるのである。それは、一方では、規範としての重しがとれたことによる結果とも言えるのである。

　関西弁を対象にしたエッセイの類は他方言に比べて圧倒的に多い。また外国人を対象にした関西（大阪）弁の英語版や「モーカリマッカ」「ボチボチデンナ」などの、いわゆる社交用語ガイドのようなものも比較的多い。しかしながら、関西弁の全容を示す総合的な解説書、本格的な事典の類はいまだ存在しないのである。

　本事典は、そのような渇望を満たすべく編纂したものである。学術的記述をふまえつつ、かつ専門の研究者だけでなく関西のことばに関心のある人なら誰もが手軽に信頼して利用していただけるように平易な説明を心がけた。また地図や図表なども豊富に掲げた。

　なお、本事典は、監修者とともに編集委員7名全員が編集作業を分担した。幸いにも、多くの執筆者の御協力を得ることができ、また資料の提供をいただくことができた。ここに心からの感謝の意を表するものである。

監修　真田信治

編集方針

関西弁の範囲

　近畿地方の方言は研究上「近畿方言」として区画され、一括して扱われることがある。その範囲は主として京阪式アクセントの領域を重視して設定されたものである。具体的には、京都府丹後地方と兵庫県但馬地方を除く近畿地方の大部分、および福井県若狭地方である。これが「関西方言」、すなわち「関西弁」の領域なのであるが、一般に「関西弁」と称されるときは、関西の代表と見なされている大阪府と京都府でのことばを指すことが多い。なお、ここで取り扱う「関西弁」の範囲は、いわゆる方言区画上の近畿方言の領域と若干ずれていることをことわっておきたい。すなわち、福井県の嶺南地方、いわゆる若狭は近畿方言のおこなわれる地であるが、ここでは対象外とした。また、京都府の奥丹後および兵庫県の但馬は中国方言的な色彩が濃いので、方言区画上は中国方言に含むのが一般であるが、ここでは、それぞれ京都府、兵庫県の方言として一括的に扱うことにした。

構成について

本書は、「事典項目」「コラム」「関西弁の語句」「主要研究者」「主要文献解題」「関西弁関連文献一覧」「専門用語解説」で構成した。

●**事典項目**では、「総説」「地域別概説（京都府・滋賀県・大阪府・兵庫県・奈良県・和歌山県・三重県、その他の方言概説）」「ジャンル別概説」「文芸・芸能と関西弁」「関西弁の位相」「関西弁の情況」「関西弁運用の諸相」「関西弁施策」「関西弁の変容」の９つのジャンルを立て、各項目をそれぞれに排列して、詳細に、かつ平易に解説した。

●**コラム**では、関西弁に関するトピックや、他地域の人からの関西観、関西人観、関西弁観について掲載した。

●**関西弁の語句**では、関西弁の中から 170 の語句を選定し、アクセント、用例・語義・語源・使用地域・使用層に関する詳しい説明を加えた。

●**主要研究者**では、関西弁を対象として調査研究した主要な研究者 24 名を紹介した。

●**主要文献解題**では、府県別に主要な著書 20 点を選定し、内容を詳しく紹介した。

●**関西弁関連文献一覧**では、2015 年末までに刊行された関西弁に関する著書情報のすべてを府県別に掲げた。

●**専門用語解説**では、本事典中での専門用語について解説した。

監修者・編集委員一覧

監修

真田信治

編集委員（五十音順）

岸江信介	中井精一
高木千恵	西尾純二
都染直也	松丸真大
鳥谷善史	

執筆者一覧（五十音順）

新井小枝子	郡史郎	友定賢治
市島佑起子	小西いずみ	鳥谷善史
井上文子	小矢野哲夫	中井精一
今村かほる	峪口有香子	西尾純二
任栄哲	佐竹久仁子	日高水穂
氏原庸子	真田信治	藤田保幸
太田一郎	篠崎晃一	札埜和男
太田有多子	渋谷勝己	舩木礼子
大西拓一郎	島村恭則	牧野由紀子
岡田祥平	下地理則	松田謙次郎
岡本牧子	下野雅昭	松丸真大
オストハイダ・テーヤ	白岩広行	道浦俊彦
加藤和夫	高木千恵	村上敬一
金澤裕之	武田佳子	村中淑子
簡月真	田中ゆかり	森勇太
岸江信介	田原広史	安井寿枝
岸本千秋	陳於華	余田弘実
金美貞	辻加代子	米川明彦
桐村喬	都染直也	米田達郎
金水敏	筒井秀一	ロング・ダニエル

凡例

●事典項目及びコラムは、監修者、編集委員を含む、別記60名の分担執筆によるものであり、各項目の末尾に執筆者名を明記した。

●方言形式については、カタカナ表記を原則とし、音声記号やローマ字表記は本文中ではできる限り使用を避けた。
例：キテヤ（来ておられる）

●表音的ひらがな表記は音引きで表した。
例：えーし

●参照すべき他の項目の指示には「▶▶▶」の記号を用いた。
例：▶▶▶関西弁の語法―否定表現・可能表現

●参照される項目がコラム、関西弁の語句、主要研究者、主要文献解題に属する場合は、それぞれ コ、語、人、書 の記号を用いて指示した。
例：▶コ「かろのうろんや」はどこへ行った

●専門用語解説に立項がある語句については、語頭にアスタリスク（*）を付した。
例：*コピュラ

目次

序 i
編集方針 iii
構成について iv
監修者・編集委員一覧 v
凡例 vi

A 総説　　　　　　　　　　　　　　　　　　　　　　　1

1｜関西弁の歴史 2
2｜関西弁の地理 8
　コラム 「いる(居る)」をイテルと言うこと ... 33
3｜関西弁と社会階層 34
4｜関西弁の研究史 39
　コラム 北海道の人からみた「関西」—
　「関西人」って誰のことさ 46
5｜関西弁の言語地図 47

B 地域別概説　　　　　　　　　　　　　　　　　　　53

1｜京都府の方言概説 54
2｜滋賀県の方言概説 64
　コラム 北関東の人からみた「関西」... 70
3｜大阪府の方言概説 74
　コラム 東北の人からみた「関西」..... 82
4｜兵庫県の方言概説 83
5｜奈良県の方言概説 92
6｜和歌山県の方言概説 101
7｜三重県の方言概説 108
8｜河内弁 118
　コラム 「かろのうろんや」はどこへ行った ... 119
9｜泉州弁 120
10｜神戸弁 122
11｜播州弁 123
　コラム 方言イベント 124
12｜淡路弁 125
13｜伊賀弁 126
14｜志摩弁 127
15｜丹波弁 128
16｜若狭弁 130

C ジャンル別概説　　　　　　　　　　　　　　　　133

1｜音声(音便) 134
　コラム サ行とハ行 140
2｜アクセント・イントネーション ... 141
3｜略語のアクセント 145
4｜関西弁の語法—
　否定表現・可能表現 148

| 5｜関西弁の語法―断定表現 152
| 6｜関西弁の自称詞・対称詞 157
| 7｜敬語・敬いの表現 160
| 8｜第三者を明示するハル敬語 166
| 9｜あいさつ表現と関西弁 167
| 10｜依頼表現と関西弁 171

コラム 「してやる」が当たり前 174
| 11｜関西弁の談話展開 176
| 12｜関西弁のあいづち 178
| 13｜オノマトペ 179
コラム 関西人はみんな落語家? 181
| 14｜関西弁の常套句 182

D 文芸・芸能と関西弁　187

| 1｜近世の上方語・浄瑠璃 188
コラム 「サカイ」の盛衰 192
| 2｜方言川柳・方言かるた 193
| 3｜作家と関西弁 194

| 4｜演芸・話芸と関西弁 200
コラム 首都圏の人からみた「関西」 202
| 5｜お笑い 203

E 関西弁の位相　205

| 1｜御所ことば 206
| 2｜船場ことば 208
コラム 京ことばと浪花ことば 211
| 3｜今も息づく職人ことば 212
| 4｜花街のことば 215
| 5｜ヅカことば 217
コラム 名古屋の人からみた「関西」 218
| 6｜関西弁の男女差 219
| 7｜関西弁とジェンダー 222

| 8｜関西弁の世代差 224
| 9｜関西弁と若者ことば 226
| 10｜遊びことばと関西弁 229
| 11｜チャンポンマル 232
| 12｜関西弁のスラング 233
| 13｜関西弁特有の外来語 237
コラム 関西弁とわかる語彙―
一言しゃべれば関西人 238

F 関西弁の情況　239

| 1｜関西弁の規範と多様性 240
| 2｜アイデンティティと関西弁 244
| 3｜関西弁のイメージ 246

コラム 北陸の人からみた「関西」 251
| 4｜役割語と関西弁 252
| 5｜けんか(罵詈雑言)と関西弁 257

| 6 | 関西人のジェスチャー | 262
| 7 | SNSと関西弁 | 263
| 8 | 気づきにくい方言 | 265
| 9 | 関西弁とネーミング | 266
| コラム | ゆるキャラのネーミングと関西弁 | 268
| 10 | 鉄道沿線と関西弁 | 269
| 11 | 関西の言語景観 | 270
| 12 | 関西弁の通称地名――「筋」と「通り」 | 274
| コラム | ご当地検定と関西 | 275

G 関西弁運用の諸相　277

| 1 | 商談と関西弁 | 278
| コラム | 「もうかりまっか」「ぼちぼちでんな」 | 283
| 2 | 関西弁の商業利用 | 284
| 3 | 関西弁方言番付 | 285
| 4 | 関西の方言土産（グッズ） | 290
| 5 | 関西の接客行動 | 294
| コラム | 中国地方の人からみた「関西」 | 296
| 6 | 食と関西弁 | 297
| 7 | 植物・農業のなかの関西弁 | 300
| 8 | 冠婚葬祭と関西弁 | 303
| 9 | 年中行事とことば | 306
| 10 | 宗教と関西弁 | 311
| 11 | 漁師ことばと逆ことば | 314
| コラム | 九州の人からみた「関西」 | 321
| 12 | 魚名と地域名称 | 322
| 13 | 移住と関西弁 | 325
| コラム | 四国の人からみた「関西」 | 328
| 14 | 海外に渡った関西弁 | 329
| 15 | 東京に取り込まれた関西弁 | 330
| 16 | ツイッターで発信された関西弁 | 333
| 17 | エセ関西弁 | 335

H 関西弁施策　339

| 1 | 関西弁と国語教育 | 340
| 2 | 方言の習得 | 343
| 3 | 日本語教育と関西弁テキスト | 344
| 4 | 中国人日本語学習者と関西弁 | 347
| 5 | 韓国人日本語教師からみた関西弁 | 348
| 6 | 放送における関西弁 | 351
| コラム | 関西弁と野球 | 352
| 7 | 関西弁と方言指導 | 353
| 8 | 医療・看護と関西弁 | 355
| 9 | 関西弁と法廷 | 356
| コラム | 国会会議録と関西弁 | 357
| 10 | 「外国人」と関西弁 | 359
| 11 | 育児語と関西弁 | 362
| 12 | 関西弁の手話 | 363
| コラム | 行政・町おこし | 365
| 13 | 方言変換ソフト | 366

I　関西弁の変容　369

1｜大大阪時代の大阪弁 ……… 370
2｜ネオ関西弁 ……… 374
3｜関西共通語 ……… 377
4｜関西弁の影響力 ……… 381
コラム　沖縄の人からみた「関西」 ……… 384
5｜関西のグロットグラム ……… 385

関西弁の語句　391

主要研究者 ……… 431
主要参考文献解題 ……… 443
関西弁関連文献一覧 ……… 453
専門用語解説 ……… 485

事項索引 ……… 492
語句索引 ……… 498
監修者・編集委員紹介 ……… 503

総説

1　関西弁の歴史 2
2　関西弁の地理 8
3　関西弁と社会階層 34
4　関西弁の研究史 39
5　関西弁の言語地図 47

関西弁の歴史　　　　　　　　　A1

1――関西弁意識の起源

　関西弁のありようは、関西のおかれた社会的状況と密接に関連する。天皇は京都に長く住まい、京都を中心とした関西が政治・文化の中心となっていた。そのため、関西弁は長らく日本語の標準としての性格を帯びていたのである。中世後期の天正5〈1577〉年に来日したキリスト教宣教師、ジョアン・ロドリゲスは1604-1608年に刊行された『日本大文典』の中で、次のように、当時の都である京都のことばの正統性を述べている。

　　　話し言葉に於ける真実の日本語は'都'（Miyaco）で'公家'（Cungues）や貴族の用いるものであって、そういう人々の間に純粋にして正確な言い方が保存されて居り、それから遠ざかったものはすべて粗野であり欠陥であると観得るということを注意しなければならない。又立派で上品な言葉は古語である。
　　　日本の或国々には多くの特有な言い方や言葉があって、それを'国郷談'（Cuni quiŏdan）と言っているが、ある国又は地方に特有な言葉という意味である。発音に関しても亦多くの訛がある。これらのものは、この国語に於いては粗野であり有害でもあるから、それを理解し、そうして避けるために知って置かねばならない。それに就いて全般的に注意しておかねばならないことは、'都'（Miyaco）及び少数の人々、即ち'五畿内'（Goquinai）とその周辺の'越前'（Yechijen）、'若狭'（Vacasa）その他少数の国々を除いて、日本の大部分の国々においては、'開合清濁'（Caigo xeidacu）、即ちアクセントや発音がよろしくなくて、すべてそれぞれの国で勝手に'訛って'（Namatte）正しくない発音をしているということである。　　　　　（土井忠夫訳本による。かな遣いは改めた。）

　『日本大文典』では、都と関東（坂東）で東西差がみられる言語項目として、形容詞の連用形（都：白う―関東：白く）、セの発音（都：シェ―関東：セ）、ワ行

四段動詞の音便形(都:払うて—関東:払って)などの差異が指摘されている。すでに中世末期・近世初期には、関東と関西のことばの差異が広く認識されていたのである。

2──江戸語らしさと関西弁らしさ

しかし、慶長8〈1603〉年に江戸幕府が開かれ、政治の中心地は江戸に移った。江戸は家康が入国する以前、関東の一漁村にすぎなかったが、これにより、多くの人びとが流入して政治の中心地となっていった。しかし、そこは諸国の方言が雑居するような言語状況だった。その後、寛永〈1624-1644〉期に公用語としての武家のことばが成立した。そして、宝暦・明和〈1751-1772〉期には、武家・町人も含む住人全体に江戸の共通語が成立した。さらに、文化・文政〈1804-1830〉期には下層民のことばが江戸の共通語として登場し、関西弁(*上方語)的要素を衰退させた。この文化・文政期は、江戸が名実ともに政治・経済の中心となった時期であり、この時期に「江戸語らしさ」が獲得されたのである(小松寿雄『江戸時代の国語 江戸語』1985年)。

ただし、江戸中期になっても、関西(上方)の人びとには、上方語が優位だとする意識が存在した。文化6〈1809〉年に刊行された、江戸の銭湯での会話を描いた滑稽本『浮世風呂』では、上方の人物が江戸のお山に対して、自らの文化の優位性を主張している。

(山)「江戸ッ子のありがたさには、生れ落から死ぬまで、生れた土地を一寸も離れねへよ、アイ。おめへがたのやうに京でうまれて大坂に住つたり、さまざまにまごつき廻つても、あけくのはてはありがたいお江戸だから、けふまで暮してゐるじやアねへかナ。夫だから、おめへがたの事を上方ぜへろくといふはな

(かみ)「ぜへろくとはなんのこつちやエ

(山)「さいろくト

(かみ)「さいろくとはなんのこつちやエ

(山)「しれずはいゝわな

(かみ)「へへ、関東べいが。さいろくをぜへろくと、けたいな詞つきじやなア。お慮外も、おりよげへ。観音さまも、かんのんさま。なんの

>   こつちやろな。さうだから斯(かう)だからト。あのまア、からとはなんじ
>   やヱ
>
> (『浮世風呂』)

　江戸が関西（上方）に対して優位性を高めるにつれ、関西は江戸に対する地方都市として扱われるようになってくる。乾宏巳『近世大坂の家・町・住民』（2002年）によれば、18世紀後半に大阪町人社会は家の維持・存続を重視するような時期に移行し始め、類縁者をもたない他所出身者などの流入・定着は困難になっていったという。このように、関西（上方）のことばはそれまでとは大きく異なった環境となり、そのことばは、地域語としての性格が強くなった。その結果、関西（上方）独自の要素が強まっていった。江戸語の「江戸語らしさ」が強まる一方で、関西弁（上方語）も「関西弁らしく」なるのである。

　「関西弁らしさ」を生んだ変化のひとつには、*待遇表現形があげられる。「〜テ＋*コピュラ等」の形をとるテヤ敬語（▶語テ（ヤ））やナサル由来の敬語ナハルは近世中期頃に成立した。命令表現では、近世初期に否定疑問形による命令表現（行カンカイ・食ベンカイ）が形成され、また、動詞連用形の形をとる命令表現（連用形命令、行キ・食べ）が近世中期以降に成立した。さらには断定の助動詞のジャを由来とするヤが天保〈1830-1844〉期に現れはじめる。

　明治に入ると、天皇も東京に移り、東京への一極集中の度合いはさらに高まっていく。明治期には国語調査委員会などで標準語の制定が議論され、東京の山の手・教養層のことば遣いが標準語として規範化されていくようになった。この頃には、すでに意識の面でも関西弁（大阪弁）は東京語に対してマイナスの意識をもって捉(とら)えられることがあった。大阪落語の速記本をみると、当時の東京語に関するプラス意識が垣間みえる。

>   丁稚「スルと乃公(おれ)がナ、コウ気を注(つ)けやアがれ箆棒奴(べらんめえ)、何故(なぜ)突当りやアがるんだへ、頓痴気(とんちき)野郎めー…と斯う云ふワ」
>   喜八「フンフン…江戸ッ子やぜお前、お前大阪者やないか」
>   源兵「サア大阪者ぢやわいな、けど大阪言葉で喧嘩(けんか)するのは気が利かんよつて」
>
> (『胴乱の幸助』)

明治期には、関西弁の地域語的な性格がさらに強まり、「関西弁らしさ」は一層顕著なものとなる。敬語ハル（▶️語ハル）が行キヤハル→行キャハル→行カハルの過程を経て形成され、大阪では行キハルのように五段動詞の連用形に続くようになる（あるいは、行キナハルからナが脱落して直接行キハルが形成されたとする説もある）。断定の助動詞ヤは一般的なものとなったほか、推量表現でもヤロウが成立し、助動詞としての一語化が進む。否定表現では行きはしないに対応する行キワセンから行キヤセン→行キャセンを経て行カヘン・行ケヘンが成立した。また「のだ」に相当する表現としてネヤ・ネン（▶️語ネン）、「のだった」に対応する表現としてテンが成立した。これらの形式は明治・大正期に一般化した。

▶▶▶C4 関西弁の語法—否定表現・可能表現、C5 関西弁の語法—断定表現

3——関西弁の指向性

　さて、関西弁が関西弁らしさを高めていく過程においては、いくつか共通する指向性がみて取れる。前田勇『大阪弁入門』（1961年）は大阪弁の根本的特性に「喜劇性」をあげ、尾上圭介『大阪ことば学』（1999年）は大阪弁の特徴を「相手との距離の近さ」「会話の協同作業」「停滞を嫌い、変化を好む感覚」にあるとする。いずれにしても、このように変化に富み、喜劇的な会話を作り出すような形式、いわば「関西弁らしく」話すための形式がこの期間に作り出されたということに注目しておきたい。

　たとえば、否定表現では述語を助詞「は」で*とりたてて否定する形の行キワセンからイカヘン・イケヘンが生み出された。標準語では「行きはしない」という言い方は強い打ち消し（「強消」）になるものである。関西人はこの回りくどい、強い言い方を好んで用いるようになった。現代ではむしろヘンのほうが「弱消」、つまり通常の打ち消しで、ンのほうがむしろ強く否定する印象を与える「強消」として機能することもある。

　また、「のだ」「のだった」相当の表現としてネン・テンが助詞として一語化している。尾上（前掲）は、これらネン・テンについて、「わし、帰るねん（実は帰るんです）」のように、自分の側にある事情を相手にうちあけてみせる物言いであるとする。ネン・テンは、標準語の「のだ」「のだった」よりも用法が広く、垣根をはずして、うちあけてものを言う関西弁の表現方法と関わっ

ている。

　さらに、可能表現の副詞ヨーが維持されていることもあげられる。ヨーは基本的に不可能で用いられる表現であるが、現在では、話し手の心情が原因で不可能となるときに最もよく用いられる（「ラブレターなんてはずかしくてヨー書カン」）。これも、不可能を表す時にわざわざ話し手の心情を表出するような表現を維持していることになるが、これも、変化に富み、喜劇的な会話を作り出すことにつながっているのである。

　また、積極的に人間関係を表示するということもあげられる。この代表的な例は*待遇表現である。ナハルからハルを形成し、第三者にも積極的に用いられる。ナサルを由来とする尊敬語は、ナハル・ヤハルが近世末期に形成され、明治期に広がりをみせる。関西弁には他にもヤル・ヨルといった待遇表現形式が存在する。ヤルは親愛の形式、ヨルは*軽卑表現と呼ばれることもあるが、関西弁の話者は人物・事象・場面に応じてハル・ヤル・ヨルを使い分けることで、話し手と動作主体や聞き手との距離を表示している。ハルは尊敬語と言われるが、いつでも使えるわけでなく、聞き手は親しい人物のときのほうが使いやすい。このような待遇表現の使い方は、話題の人物や聞き手との距離を近くしたり、遠ざけたりすることを表し、やはり会話の展開に変化を生み出すものとなっている。

4——関西弁の変化のあり方

　さて、近世から近代にかけての江戸・東京語に起こった変化としては、「種類の少ない、単純な表現を成立させようとする傾向」という「分析的傾向」がみられると言われている。具体的にはある表現をになう表現単位の種類が少なくなるという「整理」、個々の表現単位の意味や機能が狭いものになり表現内容が単純になってくるという「単純」、複雑な表現をする場合には、その表現内容をいくつかの単純な要素に分け、単純な表現単位のコンビネーションによって表すようになってくる「分散」の3つの変化が起こっているといわれる。この点について、関西弁の変化はどう位置づけられるだろうか。

　江戸語と共通した分析的傾向の例としては、推量の助動詞ヤロウ（ただし江戸語は「だろう」）が成立し、意志は（ヨ）ウ、推量はヤロウと形式に応じた意味の分化がみられること（単純）、否定推量の助動詞マイが衰退すること（整理）

があげられる。また、可能動詞が形成され、可能の意味が可能動詞によって表されるようになるのも分析的傾向を示す事象である。

　一方で、関西方言には、単純に分析的傾向とはいえない、統合的な傾向がみられることもある。ここではその点にかかわる条件表現について考えてみよう。

　条件表現では、近世後期から明治期にかけて、タラの使用領域が拡大している。順接仮定条件において、標準語は、「と」「ば」「たら」「なら」が、用法の重なりをもちながら併存しているのに対し、関西弁では文脈に関わらずタラが最も用いられやすい表現となっている。評価的複合形式「〜ばよい」「〜てはいけない」相当の部分でもタラが用いられたり（〜タライイ・〜タラアカン）、近世後期以降、タラを用いた接続詞（ソウシタラ等）が頻用されるようになったりと、条件表現由来の幅広い表現に影響が及んでおり、タラの使用範囲の広さは現在の関西弁を特徴づけるものとなっている。

　このような分析的傾向と統合的傾向の併存は、関西のおかれた地位の二面性を表している。つまり、東京に対する地方都市である一方で西日本での中核都市という、二面的で不安定な立場である。近世後期以降、政治・経済の中心が東京に移り、大阪では都市の地域共同体が強化され、前代より、他所出身者の流入・定着が困難になるという状況もあった。そのような社会の流動性が低い状況では、効率的な会話の方法として統合的形式が選ばれる素地があった。中核地においては、さまざまな方言話者が活発に出入りし、文化的にも政治・経済的にも人的交流の中心となる。そこでのことばは規範的な性格をもちやすい。また、異質な各地域言語の接触・混淆の中で生じる言語はより明晰な言語を指向しつつ、「分析的傾向」を帯びやすいといえる（矢島正浩『上方・大阪語における条件表現の史的展開』2013年）。

5——現在の関西弁へ

　さて、現代に至るまでの様相もみておこう。1925年にラジオ放送が開始される。ラジオから流れるエンタツ・アチャコをはじめとした漫才によって、関西弁にお笑いのイメージが植え付けられた。一方、1960年代以降には今東光の作品やその映画化、またやくざ映画などから下品・暴力的といったイメージが形成された。戦前の関西弁は「けち」「やくざ」など、あまり良いと

はいえないイメージで捉えられることが多かった。

　しかし、そのような状況を超えて、関西弁の「復権」ともいえる現象もみられる。1980年代にマンザイ・ブームが起こり、当時の若手漫才師・芸人が日本中で人気を博した。また、1993年に結成されたKinki Kidsは男性アイドルグループながら関西弁のお笑いの要素を取り込み、人気を得た。現在では、関西出身の芸能人の多くがテレビ出演においても関西弁を隠すことなく普通に話している。バラエティ番組はボケとツッコミにあふれている。このような環境の中、関西弁はかっこいいことばとして、首都圏の若者が取り込む対象ともなる。それは、たとえばメッチャや（自分の配偶者のことを指す表現としての）ヨメなどであるが、これらは首都圏の若者が取り込んだのちに全国に拡散する。また、地元関西では、「*ネオ方言」と呼ばれる、中間言語的なスタイルも、近年生み出されるに至った（たとえば、標準語形コナイと方言形ケーヘンとが接触してコーヘンという形が生まれる、など）。このように、現代、関西弁と標準語は対立するものとしてではなく、それぞれが互いに影響を与え合う関係となっている。このように、関西弁の位置づけは、時代に応じて変化してきているのである。

（森　勇太）

▶▶▶F3 関西弁のイメージ、G15 東京に取り込まれた関西弁、H6 放送における関西弁、I2 ネオ関西弁
▶ 人 前田勇　　▶ 書 『大阪弁入門』

関西弁の地理　　A2

　本書における関西弁の範囲は、京都府丹後（たんご）地方と兵庫県但馬（たじま）地方を除く近畿地方、すなわち京都府、滋賀県、大阪府、兵庫県、奈良県、和歌山県、三重県である。ここでは、この地域に特徴的に分布する伝統的方言の事象について概観する。ただし、事象によっては、関西圏の外周や東日本vs.西日本といったものについても対象にする。なお、関西各府県の特徴にも触れるが、詳細は、各府県の方言概説の項を参照されたい。ただ、その際各地の方言に対する呼称については、図1の近畿地方の旧国名図がひとつの指標となろう。

これは、歴史的にみて、徳川幕府による封建体制が確立し、各藩の領地も定まって藩政がしだいに軌道に乗るにつれ、地域ごとの方言の分化も進行し、その境界が固定していったからである。近畿中央部では各藩の領地と旧国名は必ずしも一致しないが、旧国の領域と方言の分布との相関は極めて高く、各府県の方言概説に用いられる丹波弁・河内弁・泉州弁・淡路弁・播州弁・伊賀弁・志摩弁・若狭弁他はこれらの旧国名に由来している場合が多い。

図1　近畿地方の旧国名

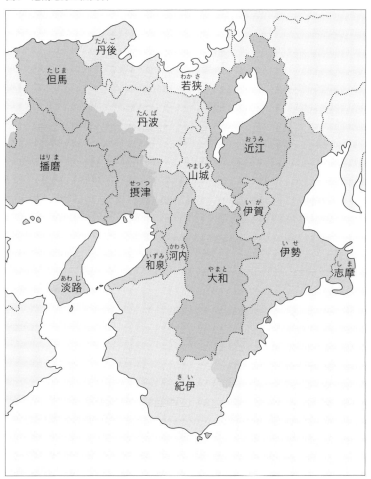

1──近畿地方の方言区画と関西弁の範囲

　図2は楳垣実「近畿方言総説」(『近畿方言の総合的研究』1962年)による区画図である。奥丹後と但馬地域は「北近畿方言」の「外近畿方言」として近畿方言(＝関西弁)域に入れている。これは、あくまでも楳垣の解釈であるが、本書では、楳垣の設定する「北近畿方言」の「外近畿方言」は関西弁の領域としては扱わない。なお、「北近畿方言」と「南近畿方言」のなかの「外近畿方言」(網掛け部分)は、特にアクセントの異なりに注目したものである。これらの地域には、関西弁で一般的な京阪式アクセントではなく、東京式アクセントが存在するからである(▶▶▶C2 アクセント・イントネーション)。

図2　近畿方言の区画

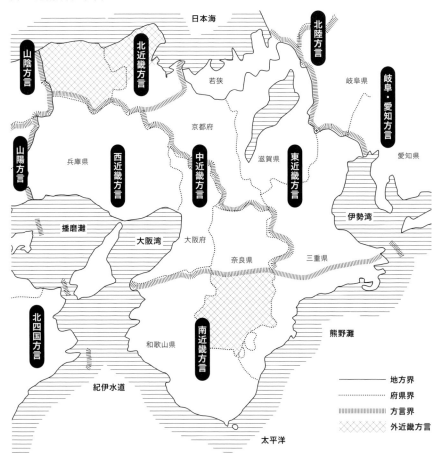

2──関西弁中央部の方言の地理的対立（京都弁vs.大阪弁）

　関西域外から眺めた場合、関西弁はひとつに感じられるかもしれない。ただ、実際には関西弁といっても、江戸時代に三都（江戸・京・大坂）と呼ばれた内の2つの都があった関西は、旧都であった京都弁と商都として栄えた大阪弁の間には少なからず対立がある。最初に、その点にかかわる表現や語彙の地理的分布実態の一端を示したい。

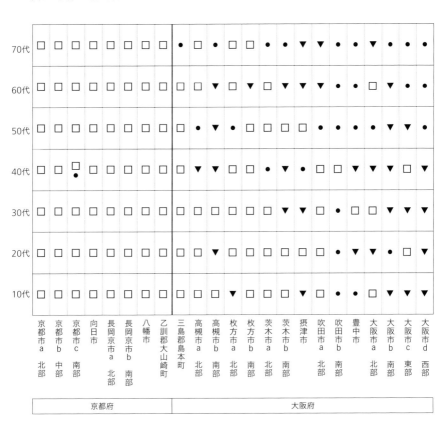

図3　京都−大阪方言グロットグラム　ハル敬語の分布（岸江・中井1994を改変）

［凡例］
　□──イカハル類
　▼──イキハル類
　●──その他（イラッシャル他）

a. ハル敬語

　関西弁で最も知られる*待遇表現にハル敬語がある。近世のナハル由来と考えられるハルは、近代以降、京都府南部や大阪府北中部及び奈良県北部と滋賀県で主に用いられており、現在でも、徐々にその分布域を拡大しつつあるが、兵庫県や和歌山県、三重県では、あまり用いられていない。**図3**は岸江信介・中井精一『京都〜大阪間グロットグラム』(1994年)の「ハル敬語」である。図からもわかるとおり、京都弁ではイカハルとハルがア段に接続するのに対し、大阪弁ではイキハルとイ段に接続するものと京都弁と同じくア段に接続するものが混在する。京都弁ではア段接続専用であり、大阪府下でもより京都府に近い地域では、その影響を受けていることがうかがえる。ただ、大阪府下の比較的都市部では、若い世代を中心に図の凡例にその他とある、伝統的なハル敬語以外のイラッシャルやイカレルといった標準語に由来する敬語が使用され始めている。

▶▶▶C7 敬語・敬いの表現、C8 第三者を明示するハル敬語、I5 関西のグロットグラム

▶ 語 ハル

b. 否定辞ヘンとの接続

　ハル敬語におけるハルへの接続に際して、京都弁：ア段、大阪弁：ア段とイ段の混在という異なりがみられたが、否定辞のヘンに接続する際もよく似た事象がみられる。すなわち、「行かない」を意味する京都弁のイカヘンのア段接続と大阪弁ではイケヘンのエ段接続と京都弁と同じア段接続との混在である。**図4**は岸江信介・中井精一(前掲)の「行かない」である。**図4**からもわかるとおり、大阪府中心部では、エ段接続が優勢なものの、ア段接続も確認できることから混在しているといえよう。京都弁で基本的にエ段接続が認められないのは、京都弁でイケヘンという場合、それは、「行くことができない」という不可能の意味を表すからである。なお、不可能の意味での大阪弁はイカレヘンという別の形式が広く用いられている。このような現象が起こる理由としては、京都が保守的で規範を守る傾向にあることから変化が遅いのに比べ、大阪は保守的ではなく、型やぶりの傾向が強く、より発音や運用のしやすい方向に変化するからだと考えられている。

▶▶▶C4 関西弁の語法―否定表現・可能表現

図4　京都–大阪方言グロットグラム　イカヘンとイケヘン（岸江・中井1994を改変）

	京都市a 北部	京都市b 中部	京都市c 南部	向日市	長岡京市a 北部	長岡京市b 南部	八幡市	乙訓郡大山崎町	三島郡島本町	高槻市a 北部	高槻市b 南部	枚方市a 北部	枚方市b 南部	茨木市a 北部	茨木市b 南部	摂津市	吹田市a 北部	吹田市b 南部	豊中市	大阪市a 北部	大阪市b 南部	大阪市c 東部	大阪市d 西部
70代	□	□	□	□	□	□	□	▼	□	□	▼	□	□	□	□	□	□	□	▼	▼	▼	▼	▼
60代	□	□	□	□	□	□	□	▼	□	□	□	□	□	□	□	□	▼	□	□	□	▼	▼	▼
50代	□	□	□	□	□	□	□	□	□▼	▼	▼	▼	▼	□	□	□	□	□	□	□	▼	▼	▼
40代	□	□	□	□	□	□	▼	□	□	□	□	□	□	□	▼	◎	□▼	□	□	□	▼	▼	□
30代	□	□	□	□	□	□	▼	□	□	□	□	□	□	□	□	▼	□	□	□	▼	▼	□▼	▼
20代	□	□	□	□	□	□	◆	□	□	□▼	▼	□	▼	□	□	□	□	□	□	□	▼	▼	□
10代	□	□	□	□	□	□	□	□	□	□	▼	□	□▼	□	□	▼	□	□	▼	◎	▼	■	▼
	京都府								大阪府														

［凡例］
□——イカヘン
▼——イケヘン
◆——イカヒン
■——イカイン
◎——イカン

c. 丁寧表現のドスとダス

京都弁を代表する丁寧表現にドスがある。舞妓（まいこ）さんなどが、ソードスナーと言っている表現は、京都を代表する表現だと言えよう。ただし、京都生え抜きの若い人たちが必ずしも使っていることばではないことは、**図5**からも明らかである。また、舞妓さんが使うドスに代表される京都弁は、地方出身

の舞妓さんの出身方言を隠す機能と*役割語の側面を持っていることも指摘しておきたい。一方、大阪商人がソーダスナーやソーダンナーというダスという大阪弁も現在ではほとんど使われていないことも確認できよう。前節までにみた母音との関係としては、京都のドスはオ段、大阪のダスはア段というような解釈も可能であろう。ただ、現在ではドス・ダス共に若い世代で標準語のデスに変わっている。

▶[語]ダス、ドス

図5　京都–大阪方言グロットグラム　ドスとダス（岸江・中井1994を改変）

	京都市a北部	京都市b中部	京都市c南部	向日市	長岡京市a北部	長岡京市b南部	八幡市	乙訓郡大山崎町	三島郡島本町	高槻市a北部	高槻市b南部	枚方市a北部	枚方市b南部	茨木市a北部	茨木市b南部	摂津市	吹田市a北部	吹田市b南部	豊中市	大阪市a北部	大阪市b南部	大阪市c東部	大阪市d西部
70代	●	●	●	●	●	●	●	●	＊	■	□	★	■	△	■	•	•	∧	△	■	∧	∧	■
60代	＊	●	●	●	●	●	●	★	△	•	△	□	∧	□	■	•	∧	△	∧	∧	△	∧	■
50代	＊	●	●	●	●	●	＊	●	△	•	■	△	∧	□	∧	•	∧	∧	△	•	∧	∧	∧
40代	＊	●	＊	★	●	◎	＊	＊	□	•	△	△	∧	△	△	∧	•	∧	•	•	■	■	∧
30代	＊	＊	△	•	•	△	•	＊	∧	∧	∧	•	∧	＊	△	•	•	∧	∧	•	•	∧	•
20代	＊	＊	●	＊	•	∧	•	＊	△	＊	＊	∧	•	△	•	∧	•	∧	∧	•	•	•	•
10代	•	＊	●	△	•	∧	•	＊	＊	•	•	•	∧	△	•	∧	•	∧	∧	•	∧	∧	•
	京都府								大阪府														

凡例	「ドス」*1	「ドス」*2	「ドス」*3
「ダス」：*1使う	★	□	■
「ダス」：*2聞くことはある（不使用）	◎	△	∧
「ダス」：*3聞いたこともない	●	＊	•

3——音声・音韻

a. 母音

楳垣（前掲）では、関西弁の母音の発音の特徴として、まず母音の［ウ］を取り上げ、「近畿のほとんどの地区で、唇の丸めがみられて、東京の［ɯ］のように唇を平らにして発音するのと違っている」と記している。また「近畿地方の母音について特に注意すべき点は、東京あたりの東日本方言のと比べて、子音に対する母音の比重が極めて大きいことだろう」と述べ、これとのかかわりから、「母音の*無声化がほとんど起こらないこと」、「一音節語が長く発音されること」、「*連母音の*同化融合がほとんど起こらないこと」をあげている。以下、これらに関連する内容について、その分布を確認しよう。

b. 長呼と長音の短音化

一音節語の長呼とは、名詞の「火」「日」「手」「蚊」「目」などで確認できる現象である。具体的には、「火」の場合は、ヒーと2拍相当に発音される現象である。その分布実態を佐藤亮一監修・小学館辞書編集部編『お国ことばを知る　方言の地図帳』(2002年) で確認する。図6は同書の「目」の方言分布である。この図は、『日本言語地図』第3集第110図「め（目）」の略図であるが、ほぼ関西全域でメーと長呼していることがわかる。関西以外にも四国や北陸で確認できる。

一方、長音の短音化（引き音節の脱落）の現象もみられる。これは、「学校」をガッコ、「先生」をセンセ、「書こう」をカコと発音するものである。この現象の分布を確認するためにここでは、国立国語研究所編『方言文法全国地図第3集』(1993年) 第109図「書こう（意志形）」のデータとプログラムによって新たに作図したものが図7である。ここで問題となる形式は「カコ類」である。決して強い勢力とはいえないが、京都府を除いて近畿地方の全域に点在していることがわかる。とりわけ、奈良県北部では、ほぼすべての地点でカコと回答されている。また、阪神間においても強い勢力をもっている。

c. 子音

楳垣（前掲）には、「子音も東京のとほとんど変わりはないが、いちばん重

図6　一音節語の長呼「目」（佐藤亮一監修2002を改変）

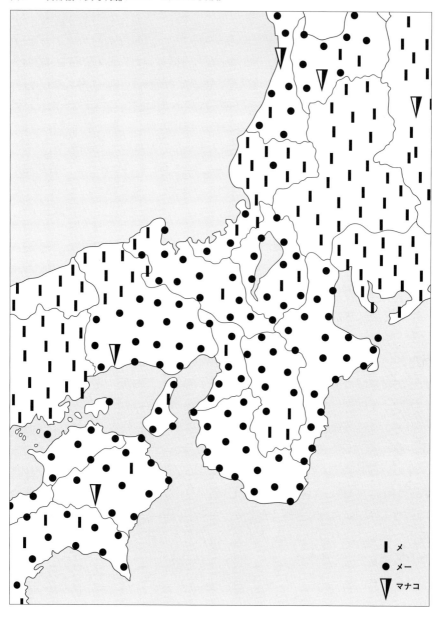

図7 長音の短音化「書こう」

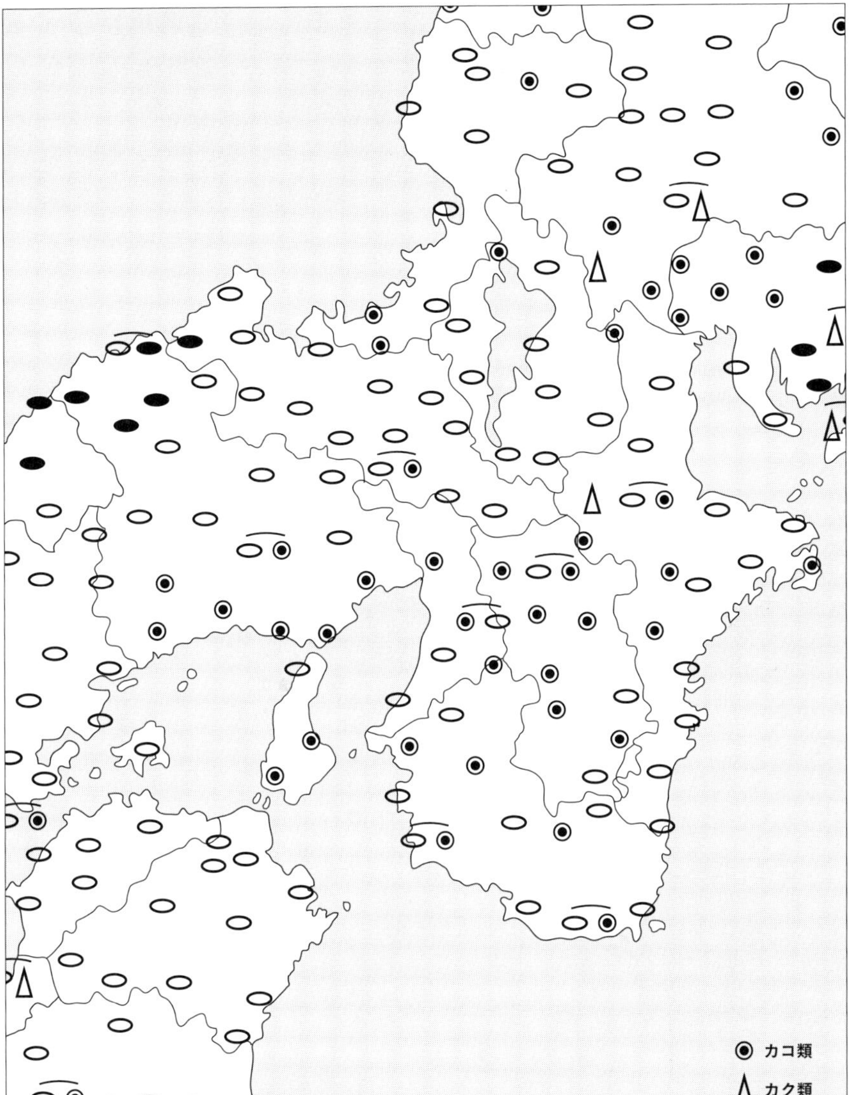

- ◉ カコ類
- △ カク類
- ◯ カコー類
- ● カカー類

A2 関西弁の地理

要な相違は、母音にくらべて子音が弱く軽く発音される点である。もともと日本語の音節は「子音・母音」という組み合わせだから、東京方言のように、子音に重点が置かれれば当然母音が弱くなり軽くなる。近畿はその反対で、母音に重点が置かれるため、子音が弱くなるのだ」とある。また、「関東のことばが歯切れがよいといわれるのは、子音尊重の結果であり、近畿のことばが柔らかくて丸味があるといわれるのは、母音尊重の反映で、音韻組織や音節体系はたいして変わりがなくても、発音の重点の置き方でこんなに感じが変わるのだ」としている。

　以下、子音にかかわる事象について、その分布をみよう。

図8　シとヒの交替「七月」（『日本言語地図第1集』1966 第14図を改変）

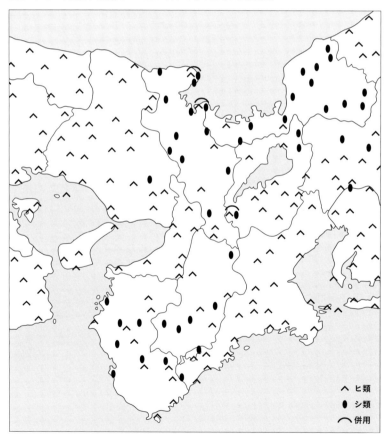

d. シとヒの交替

　関西の広い地域でサ行子音の「シ」がハ行子音の「ヒ」と交替する現象がみられる。ただし*訛語(かご)的なものである。具体的には、布団を「敷(シ)く」をヒクといい、「七(シチ)」をヒチという。また、「質屋(シチヤ)」をヒチヤという。特に、ヒクやヒチなどの発音は若年層でも一般的である。ここでは、国立国語研究所編『日本言語地図第1集』(1966年) 第14図「七月」の「シ〜」の発音で確認する（**図8**）。京都府北部や奈良県南部、和歌山県には、シも存在するが、関西の広い地域でヒが確認できる。

▶ コ サ行とハ行

図9　ザ行・ダ行・ラ行間の混同の有無(徳川・佐藤1989を改変)

e. ザ・ダ・ラの混同

　ゾーキン（雑巾）をドーキン［ザ行→ダ行］、ナデル（撫でる）をナゼル［ダ行→ザ行］。ウドン（饂飩）をウロン［ダ行→ラ行］、ローソク（蝋燭）をドーソク［ラ行→ダ行］。ジンリキシャ（人力車）をリンリキシャ［ザ行→ラ行］、リョーホー（両方）をジョーホー［ラ行→ザ行］のような、ザ行とダ行とラ行の子音が混同する現象は、関西弁域内のみの現象ではない。日本全国の分布状況は、徳川宗賢・佐藤亮一編『日本方言大辞典』(1989年)下巻所収の「音韻総覧」「13 ザ行・ダ行・ラ行間の混同の有無」で確認できる。それによれば、近畿地方以外にも四国地方、新潟県、石川県、福井県など、各地で混同がみられる。ただ、どの行とどの行の音が混同しやすいかは地域によりさまざまのようである。図9が近畿地方の状況である。これらの現象はそれぞれの子音の発音、特に＊調音点が近いために起こる現象である。とりわけ、ザ行とダ行の、いわゆる「＊四つ仮名」のジとヂ、ズとヅの発音は現在の標準語音でも同じになっているが、古くは別々の発音であって、発音の仕方が似ていたために区別が失われたのである。つまり、後ろの母音がイ及びウの場合は、早くにその区別を失ってしまったが、残りのア、エ、オに関しては現在でもその区別を残しつつ、一部の方言で区別を失ってしまった状況がザ行とダ行の混同現象なのである。大阪府では、ザ行とダ行に加えラ行との混同もみられた（▶ ⓒ「かろのうろんや」はどこへ行った）が、現在の老年層でも、ほとんど確認することができない。ただし、和歌山県や奈良県南部、また兵庫県での壮年層以上の世代では現在も混同が確認できる。その分布状況が図10である（杉藤美代子『日本語の音　日本語音声の研究3』(1996年)）。この資料は、1974年から1976年にかけて近畿地方の各府県の小中高校合計約300校を選定し、アンケート調査によって得られたものである。

図10 ザ行音・ダ行音の混同の程度(清水勇吉作図)

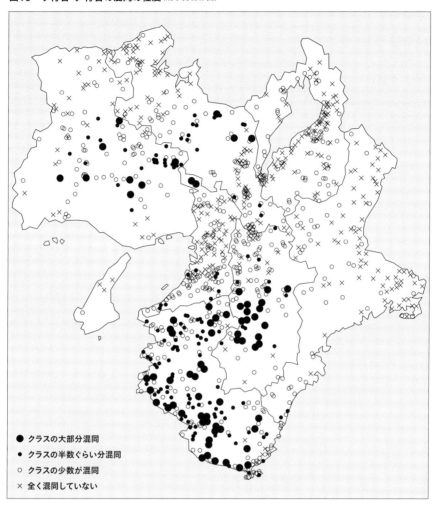

- ● クラスの大部分混同
- ● クラスの半数ぐらい分混同
- ○ クラスの少数が混同
- × 全く混同していない

4──文法・表現法

a. 東西対立型分布と関西弁

　ここでは、まず、日本列島を大きく東日本と西日本に分ける方言の分布について簡単に示す。これは東西対立型の分布で、その境界線は、文部省国語調査委員会編『音韻調査報告書』・『音韻分布図』(1905〈明治38〉年)、『口語法調査報告書』・『口語法分布図』(1906〈明治39〉年)のデータ収集の過程に発見されたものである。この境界線は、その後、「東西方言境界線」や「糸魚川・浜名湖線」と呼ばれた。図11は真田信治「概論──方言学のみかた」(『方言学』2011年)で扱われた具体的な項目の一部である。図からもわかるとおり、それぞれの境界線は必ずしも重なるわけではなく、「糸魚川・浜名湖線」というのは地勢を関与させた、ある意味では虚構の線であるともいえる。ただし、小林隆「方言語彙・表現法の現在」(『展望　現代の方言』1999年)が、『日本言語地図』の調査結果から確認した語彙項目の「薬指」のベニサシユビ対クスリユビ、「塩辛い」のカライ対ショッパイ、「煙」のケムリ対ケム、「鱗」のウロコ対コケなどにおいても、この東西対立型分布は確認されている。

図11　東西方言境界線(真田2011図1.2)

b.「イル」と「オル」

　図12は国立国語研究所編『日本言語地図第2集』(1967年)の第53図「いる(居る)」の略図(佐藤亮一編『方言の地図帳』2002年)の関西部分である。全国的には、東日本ではイル、西日本ではオルが大局である。関西では、京都や滋賀などでイルが確認できるが、これらは、あくまでもオルとの併用語形として存在するのである。関西中央部ではオルは*下向きの待遇表現として用いられるため、待遇を伴わない中立の表現としてはイルが使われているのである。そしてこれは標準語の影響を受けたものではないとされる。なお、和歌山県の中南部と三重県南端にはアルが分布する。この地域では、「あそこに人がアル」や「川に魚がアル」というように有生物にもアルが使われている。これは古い時代の用法の残存とも考えられるのであるが、分布からみての異論もある。いずれにしても特徴的な事象ではある。ただし、最近の若年層では、アルのこのような使用はかなり少なくなりつつある。

図12　「イル」と「オル」と「アル」(佐藤2002を改変)

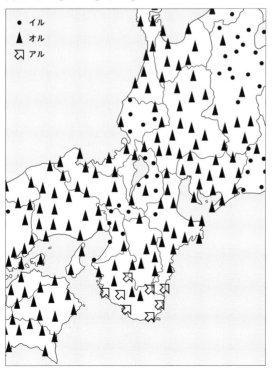

c. 否定辞（1）

　東西対立型分布として特に有名な事象は、否定辞（「打消の形」）である。西日本は、「ぬ」由来のンであり、東日本はナイである。このナイの由来として、『万葉集』の巻16「東歌」や巻20「防人歌」にみられる東国の「なふ」由来と考える研究者もいるが、現在のところそれからの直接的な系譜関係は明確に確認されておらず、現在のナイは室町時代以降に出現したものであるとされる。全国図は省略するが、東日本では「－ナイ」であるのに対し、西日本では「－ン」や「－セン」、「－ヘン」、「－ヒン」である。「－セン」は強い否定を表す「－せぬ」由来の語で、それが「セヌ」→「セン」→「ヘン」と音声変化したものである。**図13**は岸江信介「近畿・四国地方における言語変化」（『柳田方言学の現代的意義』2014年）に掲載された『近畿方言地図』の項目「行かない」の分布である。これは、関西の2府6県の65歳以上の生え抜きの男女756名のデータである。図からもわかるとおり、関西中央部では、「せぬ」由来の音声変種の「－ヘン」の勢力が極めて強い。細かく見ると京都ではイカヘンであり、大阪と大阪以南の和歌山県北部ではイカヘンと混在しながらも南にいくほどイケヘンが優勢である。これは、京都ではイケヘンといった場合、「行くことができない（不可能）」の意味になるためである。関西の京都と大阪といった近い地域であってもこのような違いが存在する。また、関西の周縁部にイカンなどの「ぬ」由来の「－ン」やイカセンなどの「せぬ」由来の「－セン」が*周圏分布していることがわかる。

d. 否定辞（2）

　図13に関連してその否定過去の形式の分布を岸江信介（前掲）所収の「行かなかった」項目で確認したい（**図14**）。この項目も東西対立型分布を示す。東日本はほぼ、「－ナカッタ」とその音声変種であるが、西日本は複雑である。西日本では否定過去の形式として「－ザッタ」→「－ナンダ」→「－ンカッタ」の順に変遷したようで、それらが周圏的に分布している。関西弁域内の状況を確認しよう。図によると関西中央部の老年層では「－ンカッタ」が優勢であるものの「－ナンダ」もまだまだその勢力を保っていることがわかる。ただしそれは周縁部である。三重県志摩市の英虞湾周辺には「－ザッタ」が確認できる。まさに、歴史的変遷のとおりに分布しているのである。ただ、鳥

図13 「行かない」否定辞(1)(岸江2014より)

+ イカナイ
🌙 イカン
☉ イケン
◇ イカセン
◇ イキャセン
◈ イキャーセン
◆ イキヤセン
「 イカヘン
「 イキャヘン
し イカーヘン
し イキャーヘン
V イカヒン
⋏ イキャーヒン
◀ イケセン
△ イケヘン
◣ イケーヘン
▲ イケヘナ
▽ イケシン
▽ イケエン
⊙ イキセン
◠ イカルイ
・ その他
N 無回答

図14 「行かなかった」否定辞（2）（岸江2014より）

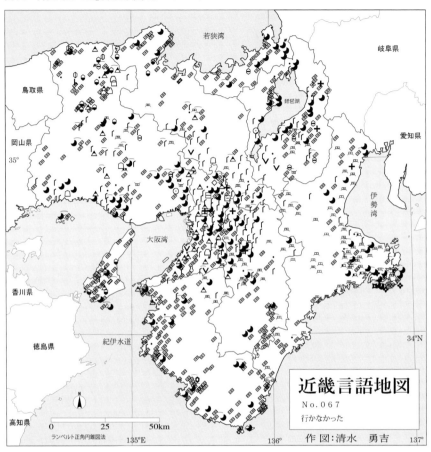

谷善史「関西若年層の新しい否定形式「〜ヤン」をめぐって」(2015年)での調査結果によれば、若年層では全域で「-ンカッタ」が使われており、「-ンカッタ」が関西弁の主流となりつつあることが判明している。

e. 仮定表現の「タラ」

仮定を表す形式としてはバ・ト・タラの三種が代表的である。いずれも標準語と関西弁の両方で使われるため気づきにくいのであるが、標準語では、たとえば、スレバイイ・スルトイイ・シタライイといった三通りの言い方が可能であり、これらはいずれも同義の表現であるが、そこに微妙なニュアンスの違いも認められるという。つまり、標準語では文脈によって使い分けがあるのである。その具体的な内容は、真田信治『関西・ことばの動態』(2001年)に詳しいが、その使い分けは関西ではほとんどなされない。つまり、タラのみが専用される傾向が指摘されるのである。図15は仮定にかかわる、国立国語研究所編『方言文法全国地図第3集』(1993年)の7項目(第126図〜第131図と第143図)の地図を重ね合わせ、タラの使用頻度を計数したものである。併用の場合は1点、専用の場合は2点を与えたので、満点は14点になる。図か

図15　仮定表現「タラ」の使用度

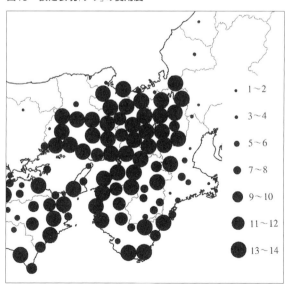

らもわかるように、関西中央部では文脈による使い分けが行われずタラが全ての文脈で使われていることがわかる。タラは、まさに関西弁らしい表現ということができよう。

f. 命令表現のミヨ、ミー、ミレ

図16は一段動詞「見る」の命令表現についての関西弁域内とその周辺部での分布である。国立国語研究所編『方言文法全国地図第2集』(1991年) 第86図のデータとプログラムによって新たに作図した。図から滋賀、三重、和歌山ではミヨの勢力が強い。一方、京都、大阪、兵庫ではミーの勢力が強いことがわかる。ミーには、2つのアクセント型がありミーが命令形であるのに対してミーは連用形によって命令を表すものである。この連用命令の形は、本来の命令形よりも優しいニュアンスがある。ただし、『方言文法全国地図』のデータには、アクセントまでは記されていないので、その区別はわからない。なお、奈良県の十津川村には、*ラ行五段化したミレがみられることも注目される。

図16 「見る」の命令形

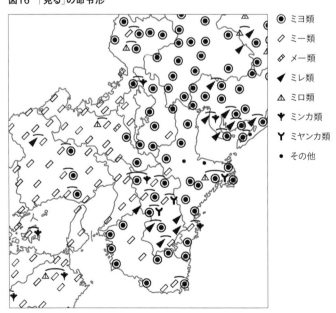

5——語彙

a. 彼岸花〈都市部 vs. 周縁部〉

図17は、岸江信介編『近畿方言地図』(2017年)からの引用である。図からはヒガンバナが圧倒的に多く、次いでマンジュシャゲが多いことがわかる。ただし、注目したいのは、大阪府泉州地域や滋賀県湖東地域では「シビトバナ類」がまとまって分布していることである。さらに、伊勢湾沿岸域にはシタマガリ、和歌山県の紀北部には「マッサケ類」など、詳細にみれば、地域ごとにさまざまな方言(*俚言(りげん))形が確認できる。関西中央部では標準形のヒガンバナでありながら周縁部ではさまざまな方言形が存在するのは、実際にその花が身近にあるかどうかであろう。この地図からは関西弁とはいえ、一括(ひとくく)りにはできない地域それぞれの生活語の息遣いが感じられる。

b. 今川焼〈比較的新しい食物の呼び名〉

比較的新しい食べ物である「今川焼」の方言分布を確認しよう(図18)。この地図も岸江信介(前掲)による。

今川焼は『日本大百科全書』によれば、「小麦粉の皮で小豆(あずき)のつぶし餡(あん)をくるみ、銅板で焼いた菓子。江戸時代後期、江戸・神田今川橋付近で屋台売りしたので今川焼の名がついた」とある。つまり標準語形はイマガワヤキである。また、同書には「焼き型により呼び名はいろいろで、太鼓焼、大判焼、魚形のたい焼などがある」とあり、「焼き型」によって呼び方が変わっていることもわかる。調査では、写真を示し回答を求めたのであるが、それはいわゆるオーソドックスな太鼓型の焼き型であった。

京都や大阪、奈良、兵庫など、広い地域でカイテンヤキが分布している。地域共通語形と考えてよいだろう。ただ、この食べ物は店を構えて売るという販売方法があまり一般的でなく、むしろ地域の祭りなどの出店での販売が普通である。ただし、方言形のゴザソーローはチェーン店の商品名なので、地域ごとの異なりはこれら実際に店を構えて販売している和菓子屋の分布実態を確認する必要があろう。屋台の移動拠点や移動状況が確認できれば、ことばと香具師(やし)の商業圏との相関も確認できそうである。また、和歌山県の海岸部や淡路島に分布するタイコヤキや和歌山県北部の内陸部に分布するズボ

図17 「彼岸花」(岸江2017より)

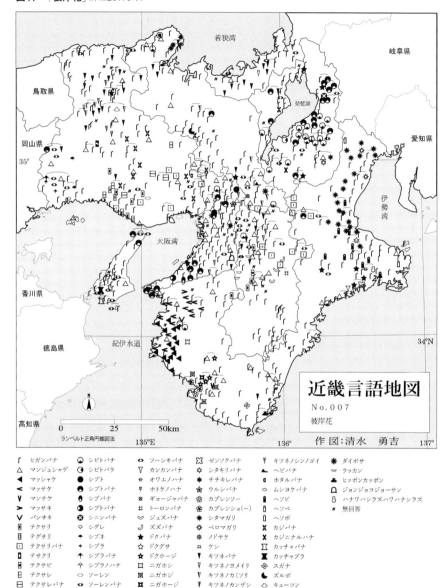

図18 「今川焼」(岸江2017より)

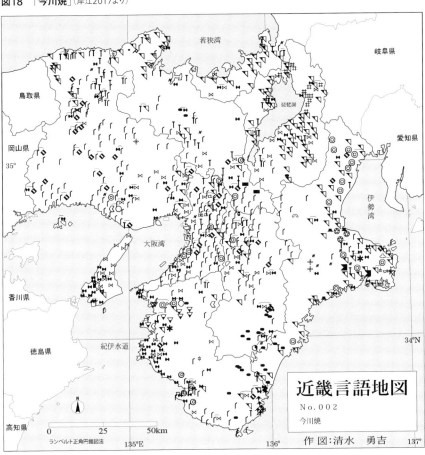

A2 関西弁の地理

ラヤキ、和歌山県南部、奈良県南部、三重県南部に分布するヤキマンジューなど、さまざまな形式も存在する。

c. 関西若年層（大学生）の関西弁使用の地理的実態

最後に若年層（大学生）における関西弁の方言使用の地理的状況の一斑を紹介し、将来の「関西弁の地理」を展望する。

関西弁では、「片付ける」や「しまう」ことを伝統的にナオス（▶語ナオス）という。ナオスは標準語では、修理や修繕をするという意味である。図19は岸江信介「新方言地図（簡略版）」（『大都市圏言語の影響による地域言語形成の研究』2011年）の「片付ける」の関西地域の分布である。標準語としては「しまう」や「片付ける」である。なお、カタスは東京方言である。この分布状況から、関西の若年層（大学生）は、メディアでの東京方言の影響を受けながらも伝統的なナオスを使い続けていることがうかがえる。なお、この調査では、「言語地図上の各地点は、回答者の「出身地」を根拠に設定している。出生後の

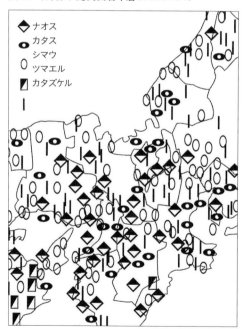

図19 「片付ける」関西若年層（岸江2011より）

外住歴については尋ねていないため、出生後、各地を転々とした場合など、厳密には適切な回答とはいえないが、これらの回答も含まれることをことわっておかなければならない」とある点に留意したい。本来は「出身地」といった聞き方ではなく、移住を含め*言語形成期を基準にすべきであるが、この調査結果は、生え抜き以外を含む地域の方言分布の実態を示すものであるとみなすべきであろう。メディアやスマートフォンなどの新しいコミュニケーションツール、人の流入・流出の影響を受けながら、徐々に変容していく関西弁の姿がここに浮彫りになっていよう。

（鳥谷善史）

▶︎[人]楳垣実
▶︎[書]『近畿方言の総合的研究』

コラム 「いる（居る）」をイテルと言うこと

　標準語での「いる（居る）」には、〈存在する〉という意味と、〈存在している〉という2つの意味がある。後者は状態性を表すものである。しかし、大阪では「イル」もあるが、それより「イテル」という形式がよく現れる。また、「オル」や「イトル」もある。「イル・イテル」は「オル・イトル」と比べて相対的に丁寧度の高いものとして運用されている。この「イテル」、「イトル」を、「イ+テ+イル」、「イ+テ+オル」と考えると、無意味な重複のようにみえる。しかし、これは、大阪での「イル」が、まだ十分には状態化しきっていなかったことによる結果なのではなかろうか。そこで状態性を表すために、状態化形式である「テル」「トル」を付加したのだと考えるのである。金水敏は「イテル」に関して、「これは、京都などで「-て+いる」から「-てる」へと先進的に発達した状態化形式を用いて、「いる」が未だ十分に状態的になりきっていない地域の「いる」が状態化されたものとみることができよう。形式は異なるが、奥羽方言に残る「いた」と原理的には同じである」（『日本語存在表現の歴史』2006年）と述べている。なお、大阪では、この「イテル」を標準形式であると認識している人も多い。

（真田信治）

関西弁と社会階層　　　　　　　　　　　　　　A3

　日本社会が平等かつ均質で、一億総中流と言われていた時期には、所得面での格差社会が問題になることはなかった。しかし、歴史的にみた場合、わが国が平等で国民の多くが中流と意識した時代は、これまでほとんどなかったと言っても過言ではない。関西、特にその中核となる京都や大阪は、かつて上方と呼ばれ、政治、経済、文化の中心地であり、多くの人びとが集まり、社会的に多様な階層のなかで生活していた。

　ここでは、大阪船場の場合に焦点を当てて述べる。

　大阪は、豊臣秀吉の大坂城築城にともない、平野や堺、京都、伏見から両替商、薬種商、呉服店などの商業者を集め、城下町が形成されたのが始まりである。その中心となった船場には「伏見町」「平野町」といった名が今でも残っている。以後、船場は、江戸時代を通じて、経済、流通の中心地として栄え、「船場商人」の名は全国に広がっていった。

1──船場でのことば

　前田勇は、上方落語のなかで、船場の若旦那が、丁稚の言った「ボタモチ」という表現をとがめて、「オハギと言いなはれ」とたしなめたことを例に、ボタモチは庶民語であるが、オハギは、いわゆる*女房詞であって、船場で暮らすのは上流階級の用語を使う人びとであると書いている（『大阪弁』1977年）。女房詞の使用をもって、ただちに船場に暮らす人びとを上流階層と認知することはできないが、後に財閥に成長する住友や鴻池といった大店が店を構える船場の商店主たちの使用言語は、当時の一般市民とは異なっていたと推測される。

　大阪船場に店をもっていたある家族の記録（上島幸子ほか『聞き書き　大阪府の食事』1991年）を読むと、

　　　上本町の岩田家は、座敷と仏間を境に、南側が大だんさん夫婦とだんさんの弟妹と女中さん三人が住み、北側がだんさん一家と使用人が住んでいる。だんさんの家族は、御寮人さんと子ども六人、子ども一

人一人についている女中さん、店の人六、七人の大世帯である。大だんさんの家族は、船場に居宅と店がともにあったころの暮らし方を続けている。一方、だんさんのほうは、大きな円卓を奥(家族)用と使用人用の二脚あつらえ、昔ながらの一人一人の箱膳はやめた。奥の食事の間と使用人の食事の間のあいだの障子をとりはずしたのも、大正・昭和の船場のしきたりのなかでは珍しいことである。
　　食事の献立は、御寮人さんがお嫁入りのときついてきた女中さんが、御寮人さんと相談して決める。使用人にもたくさん食べて働いてもらうよう心配りをする。食事の内容は、だんさん、家族、使用人と三通りある。

とあって、船場では、使用人家族と奉公人の間には明確な区別のあったことがわかる。
　船場での呼称の一斑を掲げよう(『大阪弁』1977年)。

◎主人の父——親旦那様(オヤダンサン)
◎主人の母——御家様(オエサン)
◎主人——旦那様(ダンサン)
◎主人の妻——御寮人様(ゴリョーサン・ゴリョンサン)
◎息子——坊様(ボンサン・ボンボン)・次男から下の息子：コボンチャン(3人以上息子がいる場合は、真ん中の子をナカボンチャン、下の子をコボンチャンと呼び別けていた。)
◎娘——嬢さん(イトサン・イトハン・トーサン)・一番年下の娘：コイサン、一番年上の娘：姉嬢さん(アネイトサン)、その間の娘：ナカチャン、中嬢さん(ナカイトサン)

　『守貞漫稿』(1837-1867年)には、武家の妻について「幕府の臣は奥様と称し、陪臣は御新造と云ふ」とある。「奥様」は旗本の家で主人の妻の呼称として用いられるとあるが、呼称は、社会階層と密接な関係がある。『皇都午睡』(1850年)三編申の巻「婦人の情」と題する中に、「町家の内儀を、大阪にてお家さん、京では名を呼び、江戸にては御上様」、〔御家様〕オイエの敬称。ただし一般

的にはオイェハン。若旦那の妻をゴリョンサン、当主の妻（中年以上）をオイェサン。〔御寮人様〕ごれうにんさまの約。商家など中流家庭の若奥様の称。御寮人は後世の当て字である。）『守貞漫稿』巻の四、人事の部に「新婦（あらい）を、御寮人と云ふ。寮、俗に云ふ部屋なり。未だ部屋住の謂なり。父母或は舅姑ある者、又之無きも、新婦には之を称す」とある。このように呼称には社会階層との密接な関係が存在するのである。

　船場は「商人のまち」であり、できる限り丁寧な表現を用いるように努めた結果、一般の大阪市民が多用したオマスやダスよりもゴザリマスやゴワス・ゴアスを多用したと言われる。また、尊敬語に関しても、一般市民が多用したナハルやハルよりも、その原型であるナサルや京ことばから取り入れたオ…ヤスを多用した。また、江戸時代に多用され、明治以降の大阪ではハルに押されて衰退したテヤ敬語（例：ユーテヤ＝「言っておいでだ」、▶語テ（ヤ））を船場では昭和まで用い続けた。さらには、スモジ・オスモジ（寿司）オダイ（大根）オミヤ（足）といった御所ことば（＊女房詞）を日常生活で多用した。このほか女房詞を取り入れた船場ことばには、

　オカカ（鰹（かつお）の削り節）・オカキ（欠餅）・オカズ（御菜）・オカベ（豆腐）・オカチン（餅）・オカラ（大豆から豆乳を絞った後の残りかす）・オコワ（強飯：こわめし）・オジヤ（雑炊）・オツケ（吸い物、味噌汁（みそしる））・オデン（味噌田楽、煮込み田楽）・オハギ（牡丹餅（ぼたもち））・オヒヤ（水）・オマワリ（副食物）・オマン（饅頭（まんじゅう））

などもある。

　経済力では居並ぶ者のない船場商人であるが、大阪は京都に比べ伝統や格式面では遠く及ばない新興の地であった。「銀（かね）が貯まれば次に欲しいのが名誉や権威」と言われるが、船場商人は、文化資本の蓄積した京都のしきたりやことばを受け入れようと努めた。そのため京都の大店との婚姻を繰り返したと言われる。たとえば大阪を拠点に活動した広岡浅子は、京都の豪商小石川三井家の三井高益の四女に生まれ、大阪の豪商加島屋一族の広岡信五郎に、また姉の春は、大阪一の両替商と言われた天王寺屋の当主である大眉五兵衛に嫁いでいる。『細雪』（1949年）の蒔岡家四姉妹の母親も京都から嫁いでいる設定になっている。京都のもつ文化的権威が、大阪船場の言語受容の原動力

になっていた。

　言語能力は、コミュニケーション言語能力、社会言語能力、言語運用能力の3種類の能力・知識・技能の体系から成り立っているが、なかでも社会言語能力は、社会文化的な制約の中での言語使用、丁寧体の選択、世代・性による慣習などについての知識を必要とするため、婚姻を繰り返すことで、幼少期から京都文化に馴染ませ、人格形成の基本を養成することに努めたのである。

2——階層性の消失と平準化

　大正から昭和にかけては、船場の商家がしだいに会社組織になり、店の奥に居住していた主人の家族が郊外へ住居を移す動きが盛んになった。大阪の中心部から郊外に移住する人びとのための住宅地としては、大阪南部では南海沿線の帝塚山・住吉・大浜・浜寺などが、阪神間では香炉園や六麓荘、北摂では池田や豊中などがあった。都心から生活環境のいい郊外への流出は、『細雪』に登場する船場の大店の家族のようなアッパークラスから始まった。

　その後、関東大震災によって東京から移転した会社・商社は、交通の便がよく住環境のよい郊外の住宅地に競って住宅を建設し、「月給取り＝ミドル

図1　大阪の郊外化と鉄道の延伸(大正9年　阪神急行沿線図)

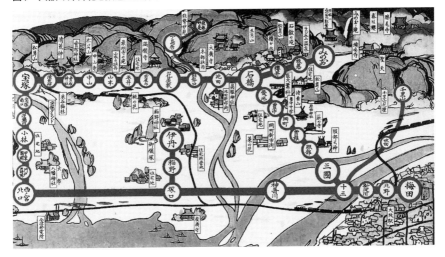

クラス」も郊外に住居を移していった。一方、日清・日露の戦争に勝利することで、近代化・工業化を加速させ、急速に進んだ工業化によって各地から大量に流入した労働者によって、大阪の人口は膨張し続けた。

　郊外に居住した中上流階層の人びとの多くは、中等・高等教育を受け、言語運用の標準化が進行した。また、大阪大空襲や戦後の社会構造の激変によって船場ことばに象徴されるような言語の階層性は急速に消えて、かつて階層性の指標であった呼称の使用や女房詞の使用といった特徴は、その機能を失い、今では関西各地で日常的に耳にするようになった。また、オカカやオカキ、オカズやオカラ、オコワ、オジヤ、オハギ、オヒヤ等は、関西出身でない者でも使用する。一方、コーヘン（来ない）やシーヘン（しない）、キヤン（来ない）やシヤン（しない）、オトン（お父さん）やオカン（おかあさん）といったかつては使用されていなかった新しい形式が生成されたり、地方から持ち込まれ、関西弁として発信されるようになった。

　このように中央部のアッパークラスの言語は、特徴を失い平準化したが、地方から新たに流入する形式や新語がどのように普及・拡大するのか、規範を失いつつある関西弁のゆくえが注目される。　　　　　（中井精一）

▶▶▶E1 御所ことば、E2 船場ことば、I1 大大阪時代の大阪弁　▶語オマス、ダス、ハル　▶人前田勇

●郡史郎編『日本のことばシリーズ27 大阪府のことば』明治書院、1997／橋爪紳也監修『大阪の教科書—大阪検定公式テキスト』創元社、2009／前田勇『大阪弁』朝日新聞社、1977

図2　沿線開発と大阪の郊外化
（昭和7年　伊丹緑ヶ丘住宅地販売リーフレット）

関西弁の研究史　　　　　　　　　　　　　　A4

　近畿地方の方言は研究上「近畿方言」として区画され、一括して扱われることがある。その範囲は主として京阪式アクセントの（▶▶▶C2 アクセント・イントネーション）領域を重視して設定されたものである。具体的には、京都府丹後(たんご)地方と兵庫県但馬(たじま)地方を除く近畿地方の大部分、および福井県若狭(わかさ)地方である。これが「関西方言」、すなわち「関西弁」の領域なのであるが、一般に「関西弁」と称されるときは、関西の代表とみなされている大阪府と京都府の方言を指すことが多い。なお、ここで取り扱う「関西弁」の範囲は、いわゆる*方言区画上の近畿方言の領域と若干ずれていることをことわっておきたい。すなわち、福井県の嶺南(れいなん)地方、いわゆる若狭は近畿方言のおこなわれる地であるが、ここでは対象外とする。また、京都府の奥丹後および兵庫県の但馬は中国方言的な色彩が濃いので、方言区画上は中国方言に含むのが一般であるが、ここでは、それぞれ京都府、兵庫県の方言として一括的に扱うことにする。

1──関西における方言研究の動向

　近畿方言の研究が本格化したのは、昭和の初期、当時の京都帝国大学の新村出(いずる)、吉沢義則の主唱によって「近畿国語方言学会」が創立されたときである。そこでは22回の例会と6回の秋季大会が開催されたという。しかし、その成果は文献の形としては残されることがなかった。戦後になって、1950〈昭和25〉年、この学会を継承し「近畿方言学会」が楳垣実(うめがき)を中心として結成されたが、この会の設立は近畿方言の研究史の上で特筆すべき出来事であった。1955〈昭和30〉年までに機関誌『近畿方言』を20号まで発刊。そして後、新たに『近畿方言双書』8冊を刊行した。その第1冊が『東条操先生古稀祝賀論文集』(1955年)である。活動の乏しかった関西がこの期にいたって全国でも最も研究の活発な地方になるにいたったのである。この「近畿方言学会」を母胎として、各地にその支部としての方言学会が組織され、互いに緊密に提携しつつ活動が開始されたのである。このような情況の現出は楳垣実の指導、統率によるところが大きい。楳垣によって編まれた『近畿方

の総合的研究』(1962年)は、「近畿方言学会」の10年の歩みを記念して、当時における調査と研究の成果を集大成したものであって、まさに関西方言研究の金字塔である。しかし、『近畿方言の総合的研究』の刊行をひとつの頂点として、この期以降、各地での個別的研究の進展の一方で、関西全般を統括するような共同研究体制は、次第にその結束を弱めはじめたのであった。そのような中、音声研究の分野で、研究発表の場が一般に東京にかたよっていることに対する対抗を宣言して、近畿音声言語研究会(代表、杉藤美代子・郡史郎)が1982〈昭和57〉年に発足した。また、1985〈昭和60〉年には大阪大学大学院の社会言語学講座を中心とした「関西方言の動態に関する社会言語学的研究」プロジェクトが発足し、①関西中央部における言語体系の動態記述、②関西中央部の言語勢力の周辺部への波及状況の解明、③関西方言の話し手における言語意識の様相把握、を課題とした総合的研究が新しく進行した。その成果は、徳川宗賢・真田信治『関西方言の社会言語学』(1995年)にまとめられている。その後、上の①の課題に関して、真田信治『関西・ことばの動態』(2001年)や西尾純二『関西・大阪・堺における地域言語生活』(2009年)が作成された。また、②の課題に焦点を当てたコミュニケーションの地域性と関西方言の影響力についての広域的研究プロジェクトが2000〈平成12〉年に発足し、研究が展開された。その成果は、陣内正敬・友定賢治編『関西方言の広がりとコミュニケーションの行方』(2005年)にまとめられている。なお、鳥谷善史「関西若年層の新しい否定形式「〜ヤン」をめぐって」(『国立国語研究所論集』9、2015年)には現時点におけるその具体相の一斑が報告されている。③に関しては、尾崎喜光編著『国内地域間コミュニケーション・ギャップの研究—関西方言と他方言の対照研究』(2011年)がその一端である。

▶[人]楳垣実、杉藤美代子、徳川宗賢　▶[書]『近畿方言の総合的研究』

2——京都府の方言研究史

　京都方言を扱った最古の文献としては慶安3(1650)年刊の安原貞室『片言』があげられよう。安原は、その師松永貞徳の説もとりまぜつつ京都ことばにみられる*俚言・訛音を是正するといった立場での見解を述べている。地域的なものとしては『丹波通辞』がある。成立や著者は未詳であるが、江戸末期のものと推定されている。科学的な研究は戦後になってからである。まず、

楳垣実の『京言葉』(1946年)をはじめとする『京阪方言比較考』(1948年)、『京都府方言の概観』(1950年)、「京都方言」(『国語学』4、1950年)などの一連の研究、また奥村三雄の『京都府方言分布・敬語法不定法の実態』(1950年)、『北桑田郡周山町方言の記述』(1954年)などの分布区画論的、記述的研究はその先頭にたつものである。奥村には「京都府方言」(『近畿方言の総合的研究』1962年)もある。京都の町で伝統的にうけつがれてきた過去の特定社会での*位相語を収集し分析する研究が進展したのは、1960年代後半以降である。この期、井之口有一、堀井令以知の長年の調査結果がまとめられた。『尼門跡の言語生活の調査研究』(1965年)、『京都語位相の調査研究』(1972年)、『御所ことば』(1974年)、そして『職人ことば辞典』(1983年)などがそれである。井之口・堀井には『京都語辞典』(1975年)、『分類京都語辞典』(1975年)の編集もある。堀井はその後、『京都府ことば辞典』(2006年)、『京都語を学ぶ人のために』(2006年)をまとめた。中井幸比古の『京都府方言辞典』(2002年)は、総合的な実態記述で、特筆に値する。中井には『日本のことばシリーズ26　京都府のことば』(1997年)もある。また、中井には『京阪系アクセント辞典』(2002年)があり、さらにDVD-ROMを付した『録音・京都アクセント辞典 (1)〜(5)』(2009-2012年)もある。京都市方言の*待遇表現をめぐっては寺島浩子による「町家の京言葉」の詳細な記述があり、社会言語学的視点からのものに、辻加代子『「ハル」敬語考』(2009年)がある。

▶︎|人|井之口有一、奥村三雄、堀井令以知
▶︎|書|『京言葉』、『京都語位相の調査研究』、『京都府方言辞典』

3——滋賀県の方言研究史

　戦前のものに、大田栄太郎『滋賀県方言集』(1932年)がある。これは郡誌などに記された俚言を集成したものである。本格的な研究がおこなわれるようになったのは戦後になってからである。とくに井之口有一『滋賀県方言の概観』(1950年)や、同『滋賀県言語の調査と対策』(1952年)はその先駆的なものである。奥村三雄は、「方言の実態と共通語化の問題点—京都・滋賀・福井」(『方言学講座3』、1961年)において、滋賀県方言の近畿における*方言区画上の位置を科学的に説いた。県下を概観した研究としては、筧大城「滋賀県方言」(『近畿方言の総合的研究』1962年)、同「滋賀県の方言」(『講座方言学7　近

畿地方の方言、1982年)があげられる。なお、熊谷直孝に湖北方言の記述があり、県立彦根東高校方言研究クラブに湖東方言の分布をめぐっての一連の報告がある。藤谷一海『滋賀県方言調査』(1975年)は大部のものである。なお、宮治弘明「近畿方言における待遇表現運用上の一特質」(『国語学』151、1987年)は、この地の*素材待遇語の独得の運用法を発見したものである。その後を受けて酒井雅史に「滋賀県長浜市方言における素材待遇形式の運用―語用論的運用とその要因」(『阪大日本語研究』27、2015年)などの研究がある。また現在、滋賀大学の松丸真大ゼミで方言変容に関する調査が進められているが、この県の方言実態については、まだ解明されていないところも多い。それゆえに今後の研究が大いに期待される好個のフィールドなのである。

▶ 人 井之口有一、大田栄太郎、奥村三雄
▶ 書 『滋賀県言語の調査と対策』、『滋賀県方言調査』

4──大阪府の方言研究史

　古典的な方言集としては、文政年間〈1820年代〉刊の『浪花方言』(『浪花聞書』とも、著者未詳)と天保12〈1841〉年刊の『新撰大坂詞大全』(著者未詳)がある。明治30年代以降、学校での児童の使う方言についての報告が教育関係者によっていくつか公にされたが、いずれも研究書というほどのものではない。その中では、南区小学校長会話編『音韻並口語法ノ取調ニ関スル事項報告書』(1909年)が、国語調査委員会での調査項目を対象としており、貴重である。戦前にも、特に和泉地方を対象とした方言集がいくつか編まれているが、大阪府方言の本格的研究は戦後を待たねばならなかった。戦後になって、この地の研究会は活況を呈する。まず、郷土大阪に愛着をもつ識者によって「大阪ことばの会」が結成され、その機関誌『大阪弁』が、1948〈昭和23〉年から1954〈昭和29〉年にかけて7輯まで刊行された。牧村史陽『大阪方言事典』(1955年、のちに『大阪ことば事典』1979年)はそこに連載されたものを増訂した大著である。ただし、ことがら的な解説が多い。大阪方言の情況をスケッチしたものとしては、前田勇『大阪弁の研究』(1949年)、同『大阪弁入門』(1961年、のちに『大阪弁』1977年)があり、また、その総合的な概要と実態記述としては和田実「方言の実態と共通語化の問題点―大阪」(『方言学講座3』、1961年)、山本俊治「大阪府方言」(『近畿方言の総合的研究』1962年)、同「大阪府の方言」(『講

座方言学7　近畿地方の方言』、1982年)、佐藤虎男「大阪府方言の研究 (1–7)」(『学大国文』15-25、1972-1981年)、郡史郎編『日本のことばシリーズ27　大阪府のことば』(1997年) などがある。近年の岸江信介・中井精一・鳥谷善史『大阪のことば地図』(2009年) では府下の分布様相が鮮明にみてとれる。社会言語学的な視点がみられるものとしては、山本俊治「女子学生にみられる大阪方言の動態」(『方言研究叢書』5、1975年) が嚆矢である。特に大阪市域は、国立国語研究所の『大都市の言語生活』(1981年)における調査のフィールドともなったが、東京に対抗する西方の中心地として、方言が全体的にどのように推移しているのか、現時点におけるその動向を把握することが重要なテーマであろう。真田信治「ことばの変化のダイナミズム─関西圏における neo-dialect について」(『言語生活』429、1987年) や真田信治・岸江信介『大阪市方言の動向』(1990年) などはこの視点を取り入れたものである。この視点からの研究を大成したものが、高木千恵『関西若年層の話しことばにみる言語変化の諸相』(『阪大日本語研究』別冊2、2006年) である。ちなみに、neo-dialect (「*ネオ方言」) は、ひとつのスタイルで、使用する本人はあくまでそれを「方言」として捉えているが、たとえば関西出身の先生が授業をするときのことば、語法は標準語でも、アクセントは完全に関西弁、しかし本人は標準語をしゃべっていると思っているというものがある。このように、使用する本人の意識においては標準語なのであるが、厳密な意味ではやはり標準語とはいえないスタイルを「*クァージ標準語」と称する (真田信治「方言研究の新たなる出発」(『言語』セレクション第2巻、2012年)。なお、大阪弁を解説した著作、テキストは数多くあるが、ここでは、その中で主要とみなす近年の3点のみを掲げることにする。それは、尾上圭介『大阪ことば学』(1999年)、札埜和男『大阪弁「ほんまもん」講座』(2006年)、岡本牧子・氏原庸子『新訂版 聞いておぼえる関西 (大阪) 弁入門』(2006年) である。

▶︎[人]前田勇、牧村史陽

▶︎[書]『大阪弁入門』、『大阪ことば事典』

5──兵庫県の方言研究史

　古典的な文献はないが、この県は領域が広く、近畿方言と中国方言、四国方言の接触地帯に位置しているため、とくに昭和以降、多くの研究報告があ

る。また、多くの地元研究者を擁していることにおいて、この県は全国のトップレベルにあった。昭和初期の淡路地方を対象とした田中万兵衛『淡路方言研究』(1934年)や但馬(たじま)地方を対象とした岡田荘之輔『国語教育と方言研究』(1936年)、また播磨(はりま)地方を対象とした玉岡松一郎の一連の論文などは、研究の本格化の端緒と位置づけられよう。戦後の1955〈昭和30〉年に「兵庫方言学会」が結成され、1956〈昭和31〉年から機関誌『兵庫方言』が6号まで発刊された。この学会の編んだものとして、島田勇雄ほか『播磨赤穂方言の研究 語法編』(1956年)がある。研究の分野についていえば、この県ではアクセントと文法についての研究がとくに盛んであった。アクセントでは、和田実「兵庫県下のアクセントについて」(『論苑』1–1、1951年)、岡田荘之輔『たじまアクセント』(1957年)、久野マリ子「接触地帯のアクセント」(『講座方言学7 近畿地方の方言』、1982年)などがその代表的なものである。文法では、鎌田良二の一連の研究が光彩を放っている。鎌田の『兵庫県方言文法の研究』(1979年)はその総集編である。県全体を概観したものとしては、山名邦男「方言の実態と共通語化の問題点──兵庫」(『方言学講座』3、1961年)、岡田荘之輔・楳垣実「兵庫県方言──北部・南部」(『近畿方言の総合的研究』1962年)、鎌田良二「兵庫県の方言」(『講座方言学7 近畿地方の方言』、1982年)がある。なお、『兵庫県大百科事典』(1983年)では、方言項目に関して多くのスペースがさかれ、和田実を中心に、県内・外の23名の方言研究者による詳細な解説が載せられている。これらに、新項目を追加したものが『ひょうごの方言・俚言』(1992年)である。この書は兵庫県の方言研究史の上でひとつのエポックを画するものである。近年、特筆すべきは、都染直也が主宰する甲南大学方言研究会でのグロットグラム調査である。1990年代後半から始まり、兵庫県とその周辺地域をフィールドとして、息の長い図集作成の作業が行われ、数多くの報告書が刊行されている。

▶▶▶I5 関西のグロットグラム

▶ 人 楳垣実、岡田荘之輔、鎌田良二、山名邦男、和田実　　▶ 書 『ひょうごの方言・俚言』

6──奈良県の方言研究史

　この県の方言集を整理したものに、大田栄太郎『方言集覧稿 奈良縣方言』(1930年)がある。県の南部には〝*言語島〟とも称される特異な方言区域が存

在するため、昭和以降、この方面での貴重な研究がいくつか発表されている。中でも、吉野郡全域の調査の上で区画を提示した岸田定雄「奈良県吉野郡の方言調査」(『方言』2–2、1932年)やアクセントについての吉町義雄「所謂十津川アクセントの一例―近畿地方に於ける特異なる方言」(『方言』2–8、1932年)などは、その先駆的なものである。十津川方言に関しては、真田信治・尾崎喜光「十津川方言音声のグロットグラム―ガ行子音・ダ行子音」(『待兼山論叢 日本学編』22、1988年)、同「十津川流域における1・2モーラ名詞アクセントの分布と変化」(『音声言語』Ⅲ、1989年)などもある。平山輝男ほか『周辺地域方言基礎語彙の研究―奈良県十津川方言を中心として』(1979年)は各分野にわたる総合的研究である。戦後におけるこの県の方言研究界においては、西宮一民の活動が際立っている。西宮は「奈良県方言南区画線」(『近畿方言双書』1、1955年)の発表以来、県下の*方言区画をめぐるいくつかの論を公にしている。そして、県全体の概観としての「奈良県方言」(『近畿地方の総合的研究』1962年)、「奈良県の方言」(『講座方言学7 近畿地方の方言』、1982年)などを書いている。新しくは、中井精一編『日本のことばシリーズ29 奈良県のことば』(2003年)がある。この県をフィールドにした言語地理学的研究としては、市町村史における鏡味明克によるいくつかの報告、また、吉野郡南部を対象とした佐治圭三の指導による大阪女子大学方言研究グループによるもの、そして、W・A・グロータースの指導による天理大学方言研究グループによる奈良・三重県境を対象としたものがある。その後、中井精一が*待遇表現形式の分布と運用法を詳細に分析した『都市言語の形成と地域特性』(2012年)はそのひとつの総括である。

▶︎ 人 大田栄太郎、W・A・グロータース、西宮一民、平山輝男　▶︎ 書 『方言集覧稿 奈良縣方言』

7――和歌山県の方言研究史

　古いものとしては、和歌山県女子師範学校・和歌山県立日方高等女学校『和歌山方言』(1933年)がある。これは県全域を対象とした*俚言の集大成で使用域が掲げてあり有益である。この県の本格的な研究の開始は、戦後になってからである。村内英一の主宰になる「和歌山方言学会」が生まれ、貴志正造の尽力で1954年から機関誌『和歌山方言』が6号まで発刊された。一地点の詳細な記述分析としては、村内英一「和歌山方言」(『近畿方言の総合的研究』

1962年)、同「和歌山方言」(『講座方言学7　近畿地方の方言』、1982年)がある。村内にはこの他にも語彙、文法に関する論考が多数あり、戦後この県の方言研究は、まさに村内の独壇場であった。その後、柏原卓が村内の研究を継承しつつ、語彙や談話に関するいくつかの報告をしている。柏原の指導による和歌山県教育委員会『わかやまことばの探検隊報告書』(2007年)は中高生が行った調査の結果で貴重である。その他、井上文子『日本語方言アスペクトの動態』(1998年)は和歌山方言の*アスペクト表現を軸として考察を展開したもの。なお、岸江信介・中井精一『大阪～和歌山間方言グロットグラム』(1999年)には方言接触にかかわる貴重なデータが収載されている。

▶ 人 村内英一

8──三重県の方言研究史

　戦前まではあまり見るべきものがなかったが、戦後になってこの県の方言研究は一気に興隆する。その原動力となったのは前述の1952年に発足した「三重県方言学会」である。その機関誌『三重県方言』は1955年の発刊以来、1977年までに計33号を数えた。その編集は、主として倉田正邦の尽力

コラム　北海道の人からみた「関西」──「関西人」って誰のことさ

　北海道産の少しずんぐりとした馬のことを「道産子」という。この「道産子」を北海道出身者の意味で用いることは、全国で広く行われているらしい。ということを知ったのは、故郷函館を離れてからのことだった。同時に、遠い釧路や稚内の人と「同じ道産子だね」とひとくくりにされ、妙な違和感を覚える機会が増えた。大学のゼミの先生は奈良の方だった。先生はお話上手で怒ると怖い。道産子が抱いていた「関西人」のイメージにぴったり。ただ、「俺はお笑い番組はミーヒン(見ない)」ということだけは意外だった。このミーヒン、同じ奈良でもお年寄りはミヤヘン、大阪の若者はミーヒン／ミヤンなど、関西でも地域や世代によって異なる表現が用いられる。「関西人」の言語バリエーションの豊富さは「道産子」の比ではない。大阪だ、京都だ、奈良だと個性を主張しつつも、イザという時にまとまれる「関西人」。「道産子」は、ちょっと羨ましく見ています。

(市島佑起子)

によるものだが、一県の方言に関する研究誌がこれだけ続けられたことは驚異的なことである。全県を概観した研究としては、楳垣実「三重県方言」(『近畿方言の総合的研究』1962年)と佐藤虎男「三重県の方言」(『講座方言学7　近畿地方の方言』、1982年)とが双璧である。新しくは、丹羽一彌『日本のことばシリーズ24　三重県のことば』(2000年)がある。近年におけるこの県の研究動向として注目されるのは、県内各地で言語地理学的な調査が盛んになったことである。まず、丹羽が指導した南牟婁郡での調査結果が『三重県南牟婁郡のことば』(1980年)としてまとめられている。佐藤虎男が指導した志摩での調査結果は『志摩前島半島方言事象分布図集』(1980年)として公表されている。民俗語彙に関するものに、江畑哲夫『三重県方言民俗語分布一覧』(2001年)がある。新しくは、中井精一が伊賀市をフィールドとして、2009年以降、「都市の地域中心性と敬語行動」プロジェクトを展開、『伊賀上野言語地図』(2013年)など、数々の報告書を刊行している。なお、岸江信介・太田有多子・中井精一・鳥谷善史編著『都市と周縁のことば—紀伊半島沿岸グロットグラム』(2013年)は社会言語学的な視点からの総合的研究である。　　(真田信治)

▶入 楳垣実、倉田正邦　　▶書『三重県方言民俗資料集覧』

関西弁の言語地図　A5

　言語地理学は、方言調査にもとづき、方言の地理的分布を明らかにすることにより、言語変化を跡づけることを目的とした研究である。たとえば、語彙変化のメカニズムの解明など、言語変化を説明するには言語地理学的な解釈を行うことが不可欠となる。柴田武『言語地理学の方法』(1969年)によると、「言語史を再構成する」ことを目指す学問であるとしている。

　言語地理学では、調査結果を地図上に描くことが必要になるため、言語地図を作成する。日本では明治期、国語調査委員会によって刊行された『音韻分布図』『口語法分布図』(1906年)以来、100年以上が経過し、この間、全国各地で多くの言語地図が作成されてきた。大西拓一郎「言語地理学とは何か」

(「中日理論言語学」国際フォーラム、2013年)は、日本では1970年代から1980年代にかけて言語地図が約30,000枚、地図集では約400冊が刊行されていることを報告している。この時期、日本において言語地理学が隆盛を極め、言語地図がこれほど多く作成された国は他にはないといってよい。

　全国的な規模で方言分布を明らかにするための調査が1960年代から1980年代にかけて国立国語研究所を中心に行われてきた。その成果として、1966年から1974年にかけて『日本言語地図』全6巻、各巻50図計300図、1989年から2006年にかけて『方言文法全国地図』全6巻、各巻50図計300図がいずれも国立国語研究所から刊行された。これによって方言語彙に関する全国の詳細な分布のみならず方言文法に関する全国分布が明らかになった。

　対象とする地域の広さによって言語地図を2種類に分けて呼ぶことがある。全国あるいは広域な地方を対象とした鳥瞰的言語地図と、地方の狭域な地域を対象とした微細言語地図という呼び方である。前者を代表するものとして日本では『日本言語地図』や『方言文法全国地図』のほか、広戸惇『中国地方五県言語地図』(1965年)、藤原与一『瀬戸内海言語図巻　上下巻』(1974年)、大橋勝男『関東地方域方言事象分布地図　1音声篇2表現法篇3語彙篇』(1974–1976年)などがある。

　後者のような微細言語地図を代表するものとしては、柴田武『言語地理学の方法』(1969年)の中に別冊地図集として収められた糸魚川地方の言語地図があげられる。

　日本の言語地理学は、特に『日本言語地図』や糸魚川地方の言語地理学的研究が契機となり、全国各地で言語地図集が作られるようになった。特に全国の各大学で組織された方言研究会やゼミや演習等の授業での取り組みが原動力となってきた。関西地方においてもこれまで数多くの言語地図が作成されてきたが、やはりその大半は大学単位での取り組みが中心である。

　上述したように、言語地理学が隆盛を極めた時期は1970年代から1980年代にかけてであり、この間全国各地で多くの言語地図集が作られるが、関西弁の言語地図は必ずしもこの期間に集中しているわけではない。末尾に掲載した「関西弁の言語地図集」について1960年代から現在までに作成された言語地図を10年ごとに整理したものが以下の**表**である。

表　関西弁の言語地図／年代別

年代	1960	1970	1980	1990	2000	2010	計
件数	1	10	11	19	13	7	61

　表によると、関西弁による言語地図集作成のピークは、1990年から2000年であることがわかる。この理由は、この間、甲南大学方言研究会を率いた都染直也が精力的に言語地理学的調査を行い、毎年、言語地図集を出版したためである。関西弁の言語地図全体の約1/3は、都染によるものである。

　なお、言語地図集として公刊には至っていないが、論文等の中で言語地図が扱われているものも多々ある。その中で特に注目されるものに、琵琶湖畔の言語地図である佐藤虎男「琵琶湖畔方言事象分布」(『大阪教育大学紀要』I、人文科学26(3)、1978年)、木曽三川の河口を対象とした鏡味明克「三重県から愛知県に編入された地域を中心とする言語地理学的研究」(『名古屋・方言研究会会報』6、1989年) ほか、同地域での一連の研究、奈良盆地を対象とした中井精一「奈良盆地中・南部における待遇表現形式の分布について」(『地域言語』創刊号、1989年)、和歌山県田辺市を対象とした谷口弘直「紀伊田辺方言の研究」(『地域言語』創刊号、1989年)、大阪府和泉地方の*アスペクトの動態を地図にして示した城野博文「大阪府南部地域における言語の動態」(『地域言語』4、1992年)、奈良県東部の山間地域の語彙や語法の変化を示した関戸宏信「奈良県宇陀地方における言語状況」(『地域言語』5、1993年)、語彙を中心とした淡路島の言語動態を論じた平野活「淡路島方言の分布動態」(『地域言語』8、1996年)、泉南・紀北地域を対象とした岸江信介「大阪府泉南方言の分布と動態」(『徳島大学言語文化研究』7、2000年) などがあげられる。

(岸江信介)

関西弁の言語地図集（『書名』、編著者、発行所、発行年の順で表示）

- 『播備国境言語地図論集 第1集』　鏡明克編　岡山大学教育学部国語教室方言研究会　1968
- 『播備国境言語地図論集 第2集』　鏡明克編　岡山大学教育学部国語教室方言研究会　1972
- 『瀬戸内海言語図巻 上・下巻』　藤原与一・広島方言研究所　東京大学出版会　1974
- 『滋賀県湖東方言地図』　滋賀県立彦根東高等学校方言研究クラブ編　滋賀県立彦根東高等学校方言研究クラブ　1975
- 『瀬戸内海域方言の方言地理学的研究』　藤原与一　東京大学出版会　1976
- 『因幡播磨接境域の方言事象分布図集：およびそれについての方言地理学的考察』　今石元久・谷本美智枝　鳥取大学教育学部国語学教室　1976
- 『湖東のことば 1976年夏』　滋賀県立彦根東高等学校方言研究クラブ編　滋賀県立彦根東高等学校方言研究クラブ　1976
- 『湖東のことば 1977年夏』　滋賀県立彦根東高等学校方言研究クラブ編　滋賀県立彦根東高等学校方言研究クラブ　1977
- 『但馬ことば』　岡田荘之輔　但馬文化協会　1977
- 『奈良県吉野郡南部方言地図』　大阪女子大学国文学科方言研究グループ編　大阪女子大学人文社会学部人文学科日本語日本文学専攻　1978
- 『志摩前島半島方言事象分布図集』　佐藤虎男　大阪教育大学方言研究会　1979
- 『但馬播磨接境域の方言事象分布図集：およびそれについての方言地理学的考察』　今石元久・片山繁樹　鳥取大学教育学部国語学教室　1980
- 『三重県南牟婁郡のことば』　丹羽一彌・杉山代志子・鋤柄乃吏子　中部日本教育文化会　1980
- 『奈良県と三重県の境界地帯方言地図』　天理大学方言研究会編　天理大学方言研究会　1983
- 『大阪市域言語地図集』　佐藤虎男編　大阪教育大学国語学研究室　1983
- 『近畿北西小域方言事象分布図集：但馬丹後接境域の方言事象分布地図・但馬北西部の方言事象分布地図』　大阪教育大学方言研究会　大阪教育大学方言研究会　1984
- 『熊取町の方言』　岸江信介　熊取町教育委員会　1984
- 『鈴鹿市言語地図：付、鈴鹿市の方言』　三重県立神戸高等学校必須クラブ方言研究会編　三重県立神戸高等学校必須クラブ方言研究会　1985
- 『兵庫岡山県境言語地図』　鏡味明克編　方言研究海やま会　1986
- 『能勢地方言語地図集』　佐藤虎男編　大阪教育大学方言研究会　1987
- 『奈良県の言語（奈良県史・民俗・下）』　岩井広実・鏡味明克編　名著出版　1988
- 『鈴鹿巡見街道方言 地図集（解説付）』　岸江信介　1988
- 『中国四国近畿九州方言状態の方言地理学的研究』　藤原与一　和泉書院　1990
- 『兵庫県多紀郡氷上郡接境地域言語地図』　甲南大学文学部　甲南大学方言研究会　1991
- 『泉南市岡田地区民俗資料調査報告』　摂河泉地域史研究会編　泉南市教育委員会　1991
- 『続・兵庫岡山県境言語地図』　鏡味明克編　方言研究海やま会　1991
- 『兵庫県多紀郡言語地図』　都染直也編　甲南大学方言研究会　1992
- 『兵庫県氷上郡言語地図』　都染直也編　甲南大学方言研究会　1993
- 『兵庫県言語地図』　鎌田良二編　甲南女子大学方言研究会　1993
- 『兵庫県小野市言語地図』　藤原真美子・都染直也編　甲南大学方言研究会　1994
- 『兵庫県北播磨地方（西脇市・多可郡）言語地図』　都染直也編　甲南大学方言研究会　1994
- 『兵庫県加東郡言語地図』　都染直也編　甲南大学方言研究会　1996
- 『兵庫県旧美嚢郡言語地図（三木市・美嚢郡吉川町・神戸市北区淡河町）』　都染直也編　甲南大学方言研究会　1997
- 『兵庫県加古川市言語地図』　池下昌夫・安藤正康・都染直也編　甲南大学方言研究会　1998
- 『兵庫県小野市新言語地図』　都染直也編　甲南大学方言研究会　1998
- 『伊勢市とその周辺の方言事象分布地図』　佐藤虎男編　皇學館大学文学部国文学科　1998

- 『兵庫県加西市言語地図』 都染直也編 甲南大学方言研究会 1999
- 『兵庫県三田市言語地図』 都染直也編 甲南大学方言研究会 1999
- 『方言文法全国地図4』 国立国語研究所編 財務省印刷局 1999
- 『大阪府南河内郡千早赤阪村言語地図』 中井精一・岸江信介・鳥谷善史編 千早赤阪村教育委員会 1999
- 『兵庫県の方言地図』 鎌田良二編著 神戸新聞総合出版センター 1999
- 『兵庫県朝来郡神崎郡接境地域言語地図（朝来郡朝来町・生野町、神崎郡神崎町・大河内町）』 都染直也編 甲南大学方言研究会 2000
- 『兵庫県姫路市言語地図』 江藤彩・岡悠志・都染直也編 甲南大学方言研究会 2000
- 『兵庫県神崎郡南部言語地図（神崎郡市川町・福崎町・香寺町、姫路市北東部）』 都染直也編 甲南大学方言研究会 2001
- 『大阪府言語地図』 岸江信介・中井精一・鳥谷善史 近畿方言研究会 2001
- 『兵庫県飾磨郡宍粟郡姫路市接境地域言語地図（飾磨郡夢前町・宍粟郡安富町・姫路市林田町）』 都染直也編 甲南大学方言研究会 2002
- 『兵庫県川西市・川辺郡猪名川町言語地図』 片岡理恵・藤田直子・都染直也編 甲南大学方言研究会 2002
- 『中ノ川における魚の昔の呼び名：中ノ川流域における魚類等の地方名に関する調査報告書』 水辺づくりの会鈴鹿川のうお座 水辺づくりの会鈴鹿川のうお座 2004
- 『鈴鹿川における魚の昔の呼び名：鈴鹿川流域における魚類等の地方名に関する調査報告書』 水辺づくりの会鈴鹿川のうお座 水辺づくりの会鈴鹿川のうお座 2006
- 『兵庫県高砂市言語地図』 大高陽子・松下真由美・都染直也共編 甲南大学方言研究会 2008
- 『日本語方言の層位：GAJ-Sugdas 2007』 高橋顕志 群馬県立女子大学文学部国文学科高橋顕志研究室 2008
- 『鈴鹿郡における動物等の昔の呼び名』 桜井好基調査・編集 鈴鹿の国方言研究会 2008
- 『兵庫県加古郡稲美町言語地図』 浅井知佳ほか共編 甲南大学方言研究会 2009
- 『大阪のことば地図』 岸江信介・中井精一・鳥谷善史編著 真田信治監修 和泉書院 2009
- 『鈴鹿郡における昆虫等の昔の呼び名1』 桜井好基調査・編集 鈴鹿の国方言研究会 鈴鹿の国方言研究会 2010
- 『兵庫県姫路市新市域言語地図集（甲南大学方言研究会報告11・12、甲南大学方言研究会叢書7の合冊）』 都染直也編 甲南大学方言研究会 2010
- 『三重県志摩市のことば』 岸江信介・岡部修典・清水勇吉・村田真実編 徳島大学日本語学研究室 2011
- 『鈴鹿郡における天候等に関する昔の呼び方と伝承・諺』 鈴鹿の国方言研究会 2011
- 『兵庫県丹波地方域言語地図集』 都染直也編 甲南大学方言研究会 2012
- 『淡路島言語地図』 岸江信介・村田真実・峪口有香子・曽我部千穂・森岡裕介・林琳編 徳島大学日本語学研究室 2013
- 『伊賀上野言語地図（平成24年度科学研究費（基盤研究（B）(1))：都市の地域中心性と敬語行動)』 中井精一・能美仁編 富山大学人文学部日本語学研究室 2013

【参考資料】
この一覧を作成するにあたり、国立国語研究所、大西拓一郎作成の『国研言語地図目録』および日本方言研究会、吉田雅子作成の『方言関係書目』をそれぞれ参考とした。これらの資料は下記、URLで閲覧およびダウンロードが可能である。

『国立国語研究所言語地図データベース』（大西拓一郎作成）
http://www2.ninjal.ac.jp/hogen/dp/ladp/index.html　　　　　　　　平成27年6月30日閲覧

日本方言研究会『方言関係書目』（吉田雅子作成）
http://dialectology-jp.org/　　　　　　　　平成27年9月5日閲覧

地域別概説

B

1	京都府の方言概説	54
2	滋賀県の方言概説	64
3	大阪府の方言概説	74
4	兵庫県の方言概説	83
5	奈良県の方言概説	92
6	和歌山県の方言概説	101
7	三重県の方言概説	108
8	河内弁	118
9	泉州弁	120
10	神戸弁	122
11	播州弁	123
12	淡路弁	125
13	伊賀弁	126
14	志摩弁	127
15	丹波弁	128
16	若狭弁	130

京都府の方言概説   B1

1──はじめに

　京都は江戸時代の中期まで日本の中心であり、そこでのことばは中央語としての地位を長く保ってきた。したがって、現存する文献資料の多くは京都のことばで書かれているといえる。しかし、古くから京都のことばと地方語の語彙(ごい)・語法を比較したものはあっても、その多くは歌の解釈のために執筆されたものであり、京都のことばそのものを対象とした記述は少なかった。その後、政治・経済の中心が江戸に移り、京ことばの地位が中央語(標準語)から方言に変わっても、京都「方言」の研究はなかなか進まなかった。京都「方言」の研究は、その圧倒的な資料数に比して驚くほど少ないのである。京都府全体となるとその数はさらに少なくなる。本格的に京都府下のことばを「方言」として研究することが始まったのは戦後になってからである。楳(うめ)垣(がき)実の主宰した近畿方言学会による調査研究がその嚆矢(こうし)である。

　京都方言(その中でも京都市方言)は、大阪方言とともに関西を代表することばと考えられている。しかし、京都と大阪とでは異なる部分も少なくない。たとえば、(1)否定の表現は上一段動詞「見る」がミーヒン(大阪はメーヘン)、「来る」がキーヒン(大阪はケーヘン)など、否定辞ヒンが用いられること、(2)五段動詞「行く」の不可能の表現はイケヘン(大阪はイカレヘン)、否定の表現はイカヘン(大阪はイケヘン)であり、イケヘンの意味が京都と大阪とで異なること、(3)敬語形式ハルが五段動詞「行く」に接続する場合イカハル(大阪はイキハル)となり、「行っておられる」の表現がイッタハル(大阪はイッテハル)となること、(4)丁寧形式にドス・オス(大阪はダス・オマス)を使うこと、(5)「〜なのだ」にあたる表現で「学生ネン」(大阪は「学生ヤネン」)を使うこと、などである。

2──京都府の方言区画と方言概説

　京都府は旧国名では山城(やましろ)・丹波(たんば)・丹後(たんご)の三国から成る。北は日本海に面した丹後地方から、南は大阪府と接する八幡市・京田辺市や、奈良県と接する

南山城村まで南北に長く、その間に低い山並みで区切られた地域が広がる。そのため、内部でことばの地域差が大きく、京都府全域に共通する言語的特徴は意外に少ない。共通する形式としては、方向を表す格助詞イ（「ヘ」からの変化）を用いる、原因・理由の接続助詞としてサカイ（あるいはそれが音声的に変化したハカイ・サケ・ハケなど）を用いる、アコーテ（赤くて）など形容詞のウ音便形を用いる、などがあげられる。京都府の*方言区画案に、奥村三雄の案（「京都府方言」『近畿方言の総合的研究』1962年）・遠藤邦基の案（「京都府の方言」『講座方言学7 近畿地方の方言』、1982年）・中井幸比古の案（『日本のことばシリーズ26 京都府のことば』1997年）があるが、大局的にはほぼ一致している。以下に、奥村の案（1962）をあげる（図）。

図 京都府の方言区画（奥村1962をもとに作成）

この区画では、まず、丹後の西北部（現在の京丹後市・伊根町・与謝野町・宮津市北部。以下「奥丹後」と呼ぶ）とそれ以外の2つに大きく分けられる。後者はさらに、丹波（丹後東南部と丹波）と山城（京都市を中心とする京都府南部地域）に分けられる。さらに、丹波は奥丹波（舞鶴市・宮津市南部・綾部市・福知山市）と口丹波（京丹波町・南丹市・亀山市・京都市北部）に分けられ、山城は京都市と南部地域（宇治市・城陽市・木津川市など）に分けられる。ただし、近年、これらの方言差は明確でなくなり、境界が曖昧になってきている。以下では、奥丹後・丹波・山城の3区画の特徴をあげ、内部での地域差にもふれることにする。

　奥丹後に特徴的な現象としては、(1) アクセントが東京式アクセント（▶▶▶C2 アクセント・イントネーション）、(2) *連母音の融合が顕著、(3) 断定辞がダである、(4) 五段動詞以外の意志形がオキョー（起きよう）・アキョー（開けよう）のようになる、などがあげられる。(2) は連母音アイ・アエ・オイ・ウイが融合してそれぞれ別の音になる現象である。連母音アイ [ai]・アエ [ae] は融合して拗音 [ja:] になり、たとえば「赤い」がアキャー [akja:]、「名前」がナミャー [namja:] と発音される。連母音オイ [oi] はエー [e:] に（白い→シレー）、ウイ [ui] はイー [i:] に（悪い→ワリー）なる。なお、奥丹後の西北部に限り、ワ行五段動詞の過去形・テ形がカータ・カーテ（買った・買って）となったり、サ行五段動詞がイ音便形ハナェタ（話した）になったりすることがある。これは隣接する兵庫県北部の但馬と共通する現象である。

　山城に特徴的な現象としては、(5) アクセントが京阪式アクセント（▶▶▶C2 アクセント・イントネーション）、(6) 断定辞がヤである、(7) 仮定表現としてイケバ・イキャーのようなバ形が用いられず、専らイッタラのようなタラ形を用いる、(8) 豊富な敬語表現がある（詳細は次節で述べる）。

　奥丹後と山城に挟まれた丹波は、(9) *垂井式アクセント、(10) ダシキ（座敷）、マンドク（満足）、マデル（混ぜる）のようにザ行音のダ行音化が顕著、(11) 断定辞にはジャの使用が多い（ヤも併用）、(12)「行ってヤ」（または行ってジャ）、「行っチャッタ」（または行ってヤッタ・行ってジャッタ）のようなテヤ敬語（▶図テ（ヤ））を用いる、(13) 逆接の接続助詞ケンドを用いる（奥丹後はケード・ケド、山城はケド）、(14)「行くコ」のような疑問の終助詞コを用いる、などの現象が特徴的である。なお、(9) の垂井式アクセントにはさまざまなものがあり、中井幸比古「京都府におけるいわゆる垂井式諸アクセントについて (1)(2)」

(『国語研究』54、55（1990、1991年））によると、口丹波北部〜奥丹波にかけて少なくとも3種類のアクセント体系が認められるとされる。

その他、奥丹後と奥丹波（特に旧丹後地域）に共通する現象として、(15)語頭以外のガ行音が非鼻濁音［ɡ］になる（ただし最近は府下全域で非鼻濁音化が進んでいる）、(16)ナ行変格活用「死ヌル」の残存、(17)形容詞の仮定形タカケリャ、推量形タカカロー（ガ）の使用、(18)「行きナル」（または、行きナール）のような敬語ナ（ー）ルの使用、(19)原因・理由の接続助詞デの使用（口丹波〜山城ではシを用いる）などがある。また、口丹波と山城で共通する特徴として、(20)否定の表現で「行カン・開けン」よりも「行かヘン・開けヘン」のような否定辞ヘンの多用、(21)敬語形式ハルの使用、(22)丁寧形式ドス・オスの使用、などがある。山城南部は、大阪府と接しているため、大阪方言的な特徴が混じっている。

語彙の点でも地域差がある。中井幸比古『京都府方言辞典』（2002年）では、府内各地の*俚言集を総合し、俚言集に載せられることの多い語を地域ごとに掲げている。たとえば次のようなものである。

◎府内全域：ダンナイ（差し支えない、かまわない）、
　アンジョー（よくよく、とっくり）、ホタエル（ふざけ騒ぐ、あばれる）、など
◎丹後に多い：シャッテモ（ぜひとも、どうしても）、
　イカメー（羨ましい）、ホテ（脇、傍、側）、など
◎奥丹波に多い：ベコ（牛、子牛）、ヒッサ（久しく）、
　イゲチナイ（かわいそう、いじらしい）、など
◎口丹波に多い：ケナリー（羨ましい）、イヌ（帰る、立ち去る）、
　ヤクタイ（無茶、迷惑、だいなし）、など
◎洛北に多い：ウネ（姉）、ワレ（お前）、カカ（母）、イカイ（大きい）、
　イシナ（小石）、など
◎京都市内：アカン（駄目だ）、オーキニ（ありがとう）、
　ウチ（自称、女性語）、センド（長い間、たいそう）、など
◎山城南部に多い：ケツネ（狐、訛音）、コロモン（沢庵漬）、
　オーコ（天秤棒）、など

3──京都市方言の特徴

前節で述べたように、京都府内の方言は地域差が大きいため全体的な特徴をまとめることが難しい。そこで本節では、いわゆる京ことばとして認識されている京都市方言をとりあげ、その特徴を簡単にあげておく。

a. 音声・音韻

◎長音化：キー（木）・メー（目）のように一音節語は原則として長音化される。特に、上昇調のアクセントの場合によくみられる。多音節語の語尾は、たとえば「アメェ（雨）」のように、下降調の場合に長音化することがある。

◎短音化：センセー（先生）→センセ、イコー（行こう）→イコ、ハヨー（早く）→ハヨなど、語尾の長音が脱落することがある。この特徴はオ段音に多い。

◎サ行音のハ行音化：オバハン（おばさん）、ヒチ（七・質）、布団をヒク（敷く）、ヒツレイ（失礼）、ホレカラ（それから）など、サ行音がハ行音で発音されることがある。ただし、全てのサ行音がハ行音になるわけではなく、限られた語彙にしかみられない。なお、スがフになることはない。

◎ヤ行音の拗音化：トッショリ（年寄）、オンミャハン（お宮さん）、ニッチョー（日曜）、シンニョル（死による）、カッジャ（火事や）のように、イ段・ウ段音にヤ行音が続く場合に、ヤ行音が拗音になることがある。拍数を保つために、イ段・ウ段音の前に撥音、または促音が挿入されることが多い。イ段・ウ段音が鼻音（マ行・ナ行音）の場合は撥音が、それ以外の場合は促音が挿入される。

b. アクセント

京都市方言は京阪式アクセントである。たとえば、次のように、1拍名詞のアクセントは3種類、2拍名詞のアクセントは4種類ある。2拍動詞のアクセントも併せて示す。アクセントが高く始まるか（*高起式）、低く始まるか（*低起式）の区別と、音の下がり目の有無、下がり目がある場合はその位置によってアクセント型が区別される。

1拍	名詞	カ̄ー	カ̄ーガ（蚊）1類				
		ハー	ハ̄ーガ（葉）2類				
		テ̄ー	テ̄ーガ̄（手）3類				
2拍	名詞	ト̄リ	ト̄リガ（鳥）1類		動詞	キ̄ル（着）1類	
		イシ̄	イシ̄ガ（石）2・3類				
		フネ̄	フネ̄ガ̄（船）4類			ミ̄ル（見）2類	
		ア̌メ	ア̌メガ（雨）5類				

c. 語法・活用など

　否定形は、カカヘン（書かない）・ミーヒン（見ない）のような形になる。もともとカキワセン・ミワセンという形から変化したものである。また、敬語形はカカハル・ミハルのような形になり、こちらも元はカキナサル・ミナサルから変化したものである。否定形も敬語形も学校文法では未然形（カカ-）のようにみえるが、上述のように連用形からの音声的な変化の結果、現在の形になったのである。そのため、カカス（書かせる）・カカレル（書かれる）のような未然形とはアクセントが異なる。未然形は、カカ̄ス・カカレ̄ルであり、否定形・敬語形は、カカ̄ヘン・カカ̄ハル（またはカカハ̄ル）である。

　また、いわゆる連用形の勢力が強い。たとえば、仮定形カケバ・カキャーはほとんど用いられず、代わりにカイタラが用いられる。また、敬語形「オ書キタ」や、優しい命令形「書キー（ヤ）・書キヨシ・書イトーミ」、優しい禁止形「書キナ（ヤ／イナ）」など、連用形をもとにした表現が多い。これと関連して、カ変動詞「来る」やサ変動詞「する」は、キサス（来させる；使役）、キラレル（来られる；受身）、キーヒン・シーヒン（否定）、キ（ヤ）ハル・シ（ヤ）ハル（敬語）、キー・シー（命令）など、イ段の音（連用形）に揃える傾向が強い。

　形容詞の否定形・テ形は、タコーナイ（高くない）・タコーテ（高くて）のようにウ音便形になるのが伝統的な方言特徴である。「高い」「エー（良い）」「黒い」のように語幹（タカ・エ・クロ）がア・エ・オ段の音で終わる場合はタコーテのようにオ段長音に、「嬉しい」のようにイ段の音で終わる場合はウレシューテのようにイ段＋拗音に、「悪い」のようにウ段で終わる音の場合はワルーテのようにウ段長音になる。しかし、近年はタカーナイ・ヨーナイ・ウレシーナイのように、語幹の長音形にナイ・テを付けた形が使われ始めて

いる。また、語幹が2拍以上の場合はタカナイ・ウレシナイのように長音化しない形も使われている。形容詞の仮定形は、動詞と同様にタカカッタラなどの形が用いられ、タカケレバ・タカケリャの使用は稀である。

　形容動詞・名詞述語の否定形は「静かヤナイ」の他に、「静かヤアラヘン（静かヤラヘン）・静かトチャウ」を用いるのが特徴的である。また、標準語では形容動詞の連体形でしか現れない「静かナ」が、京都市方言では「静かナサカイ・静かナナー」のように、接続助詞や終助詞の前に現れることがある。

d. 待遇表現

　京都市方言の大きな特徴は*待遇表現である。代表的なものが「書カハル・見（ヤ）ハル」のようなハル敬語であろう。第1節でも述べたが、京都市方言では五段動詞に接続する場合、「書カハル・行カハル」のようにア段の形に接続する。一段・カ変・サ変動詞に接続する場合は、「見（ヤ）ハル・寝（ヤ）ハル・キ（ヤ）ハル・シ（ヤ）ハル」のように、語幹（連用形）に（ヤ）ハルを付ける形になる。その他、使用者が少なくなってきているが、「オ行キヤヘン・オ行キタ・オ行キル・オ行キ」のように「オ＋動詞連用形＋ル」の形で軽い敬意を表すこともある。ただし、現在では命令形「オ行キ」以外はあまり使われなくなってきている。さらに、「オ行キヤス・オキバリヤス」のような「（オ＋）動詞連用形＋ヤス」がある。現在では観光用の接客用語としてオイデヤス・オコシヤスがよく聞かれ、京都市方言の特徴のように思えるが、実際に使用するのは高年層以上の話者に限られる。日常的に使用されるハル以外は、「オ行キ・オ行キヤス」のような命令形のみが残り、他の活用形は使われなくなってきている。特にヤスは、オキバリヤス・ゴメンヤスのようなあいさつ表現（▶▶▶C9 あいさつ表現と関西弁）でしか用いられなくなっている。なお、ハルは近代になって発達した敬語であり、仮定形・命令形・推量形が欠けている。京都では命令形が好まれないためあまり使用されないが、どうしても必要な場合は「オ行キヤス」か「行キナハイ」のような形が用いられる。

　形容詞の丁寧形にはアツオス（暑いです）・アツオヘン（暑くありません）のように、オス・オヘンが用いられる。このオス・オヘンは「あります・ありません」を意味する動詞として単独でも用いられる。形容動詞・名詞の丁寧形には「静かドス・祇園ドシタ」のように、ドス・ドシタが用いられる。

なお、京都市では人の存在を表す動詞はイルで、オルは*下向きの待遇を表す。したがって、「先生がオル」というと単に「先生がいる」ことに加えて、話し手が先生に敬意を示さないことも表してしまう。これと関連して「書きヨル」(「書き＋オル」からの変化)や「書いトル」(「書いて＋オル」からの変化)も、下向きの待遇を表す。大部分の西日本方言では「書きヨル」が動作・変化の「直前」または「継続」を表し、「書いトル」が動作・変化の「結果」を表すが、京都市方言ではヨルが「下向き待遇の反復・習慣的動作」を表し、トルが「下向き待遇の継続・結果」を表す。たとえば、「あいつすぐ泣きヨル」は、「あいつはすぐに泣く習慣がある」ということを下向き待遇で表し、「あいつ泣いトル」は「あいつは今泣いている」あるいは「あいつはすでに泣いている」ことを下向き待遇で表す。待遇的に中立な「継続・結果」を表すには「泣いテル」のようにテルが用いられる。

▶▶▶C7 敬語・敬いの表現、C8 第三者を明示するハル敬語　　▶語 オス、ドス、ハル、ヤス

e. その他

　その他の特徴としては、カキヨシ・カイトーミなど主に女性が使う優しい命令表現、否定意志でカカントコ、禁止でカカントキなど標準語よりも用法が広いトク(「テオク」からの変化)、「子供カテ(でも)知っている」「言うたカテ(言っても)聞かへん」のような副助詞・接続助詞として用いられるカテ、「柿ヤラ栗ヤラ(柿や栗を)持ってきた」「誰ヤラ(誰か)が言うてた」「誰ぞ(誰か)知らんか」のように標準語の「や・か」にあたるヤラ・ゾ、「かんにんエ(ごめんなさいね)」などの終助詞エ、「あんナーヘェ、昨日ナー、…」のような間投助詞ナー(ヘェ)、「イヤー、かなんわー」のような感動詞イヤ、女性が使う自称詞ウチなどがある。

▶語 ヨシ

4——近年の動向

　京ことばという伝統の重みのせいか、従来はできるだけ古い状態の方言を残そうとする研究や、京都市内の*位相語を調査する研究が多かった。しかし近年は社会言語学的な調査研究が行われ、京都市内で現在進行中の変化も観察できるようになってきた。岸江信介・井上文子『京都市方言の動態』(1997

年)は、京都市内生え抜き話者982名を対象とした質問調査をおこない、その結果を年齢別・男女別に示している。その結果では、たとえば、動詞過去否定の表現「行かなかった」がイカナンダからイカヘンカッタに変化しつつあり、当時の10代(1970～1980年代生まれ)ではその変化がほぼ完了していること、さらに、その変化は女性の方に早くみられることなどが明らかになった。その他にも、次のような傾向が明らかになった。

◎語形の新旧交代：動詞の可能否定形「行くことができない」でイカレンからイケヘンへ、動詞の否定形「来ない・見ない」がキヤヘン・ミヤヘンからキーヒン・ミーヒンへ、尊敬語「出られたの」の表現がデヤハッタンからデハッタンへ、など、古い形式から新しい形式への交替が認められる。

◎伝統的な京都市方言の衰退：丁寧形式ドス・オス・オヘン、形容詞の拗音ウ音便形ウレシュー(嬉しく)、オカチン(餅)、オマワリ(おかず)、ホッコリ(疲れてほっとする、▶語ホッコリ)など。なお、ハンナリ(上品で鮮やかなさま、▶語ハンナリ)、ケナルイ(羨ましい)は若年層では全く使われなくなっている。

◎伝統的な京都市方言の維持：ヨミヨシ(読みなさい)、ヨンドーミ(読んでみなさい)、原因・理由の接続助詞サカイ、接続詞ソヤカラ、形容詞のウ音便形アツーテ、シンドイ(辛い)、ヨー(よく)、シンキクサイ(面倒くさい)などは、まだ一部の若年層に用いられている。

◎新たな方言形式の発生：メッチャ(とても、▶語メッチャ)、原因・理由の接続助詞シ、「じゃないか」にあたる終助詞ヤン(カ)(▶語ヤン(カ))などの表現が若年層で用いられるようになってきている。

◎標準語形式の浸透(共通語化)：若年層では、原因・理由の接続助詞カラ、接続詞ダカラなど、標準語形式の使用が増えつつある。

この資料をもとにして、岸江信介「京阪方言における親愛表現構造の枠組み」(『日本語科学』3、1998年)では、ハル敬語の運用が京都と大阪で異なることが明らかにされている。また、辻加代子『「ハル」敬語考』(2009年)は、質問調査や談話資料を用いて、京都市方言のハル敬語の運用について詳細に記述

した。これらの成果から、京都市方言のハルは、尊敬語というよりも三人称を標示する機能をもつことがわかり、同じハルでも大阪とは運用上の機能が異なることが明らかになった。

　さらに、近年の中年層以下で増えつつある「ねん」（▶語ネン）や「やんか」（▶語ヤン（カ））という表現についても研究が進んでいる。中井幸比古「「やんか」など」『方言研究（1）』（1991年）などの調査から、「昨日、梅田に行ったんだよ。それでね…」に相当する表現が、京都と大阪で異なることがわかってきた。たとえば、大阪での「昨日、梅田に行ッテンヤンカー」という表現が、京都では「昨日、梅田に行ッテンカー」のようになることが多い。このように、伝統方言にはなかった新しい表現の研究が今後さらに増えてくるだろう。

　京都市以外でも、丹波のテヤ敬語を詳細に記述した研究（福居亜耶「京都府福知山市方言におけるテヤ敬語の運用について」『阪大社会言語学研究ノート』13、2015年）や、丹後・宮津市の音声・語彙・*待遇表現・言語意識に関する調査報告も出ている（『阪大社会言語学研究ノート』13–14、2015–2016年）。これらによれば、たとえば、奥丹後・奥丹波ではナル敬語が使用されるが、このナルは命令形など全ての活用形を備えていること、テヤ敬語よりも待遇価が低いこと、丁寧形式とともに用いられにくいこと、などが明らかになった。

　京都府内の地域差・年齢差についても研究が進んでいる。都染直也による一連のグロットグラム調査（▶▶▶15 関西のグロットグラム）によって、奥丹後・奥丹波・口丹波・山城地域の境界や、各*方言区画内での地域差やその変化がはっきりとわかるようになってきた（都染直也編『JR山陰本線 京都－和田山間グロットグラム集』（甲南大学方言研究会、2010年）、同『JR山陽本線・加古川線・福知山線 姫路－福知山間グロットグラム集』（2012年）、『KTR宮津線、JR舞鶴線・山陰本線 豊岡－西舞鶴－福知山間グロットグラム集』（2015年）、同『敦賀－綾部間グロットグラム集』（2016年））。たとえば方言区画の指標のひとつである断定辞ダ／ジャ／ヤ（第2節）については、高年層で奥丹後（宮津市）～但馬（豊岡市）でダが用いられ、伝統的な方言特徴が残っている。ところが若年層ではヤの使用が増えつつあり、当地でダからヤへの変化が進んでいることがわかった。奥丹波から山城にかけては全世代でヤが使われており、丹波の特徴だったジャはすでに衰退したこともわかった。敬語に関しては、和知～上夜久野までテヤ敬語（イッチャッタ）が分布し、それよりも北西部でナル敬語（イキナッタ）が分布すると

いうように、奥丹波と奥丹後の境界がはっきりと観察できる一方、イカハルが京都〜綾部に分布し、その領域を広げていることがわかった。

　京都市方言の記述、その中でもアクセントや語彙についてはかなりの蓄積があるが、文法事象に関しては未だわからないところも多い。京都市以外の地域の方言に関してはさらに記述が少ない。今後の調査・研究が待たれるところである。

（松丸真大）

▶人 楳垣実、奥村三雄　　▶書『京都府方言辞典』、『近畿方言の総合的研究』

滋賀県の方言概説　　B2

1——滋賀県の方言区画と方言概説

　滋賀県はかつての近江国(おうみのくに)であり、近畿では伊勢国(いせのくに)や播磨国(はりまのくに)と並ぶ大国であった。県の中央には琵琶湖(びわこ)が位置し、水運が盛んだった時代には、若狭から上方へ物資を運ぶ中継地として発展した。また、県内には東海道・中山道・北陸道が通るため、陸上交通の要衝としても重要な役割を果たしてきた。現在でも、北西部は若狭地方と、東部は中部地方と、南部は近畿地方との結びつきが強い。

　滋賀県は琵琶湖を中心にして湖南・湖東・湖北・湖西の4つに区分するのが一般的である。各地域には次の市町村が属する（2016年現在）。なお、湖南地域は、ここでは大津地域と甲賀地域に分ける（後述）。

　滋賀県の*方言区画も、大きく湖南・湖東・湖北・湖西の4つに区分されてきた（図1）。筧大城(かけひもとき)「滋賀県方言」（『近畿方言の総合的研究』1962年）によると、滋賀県方言はまず湖北方言とそれ以外の方言に分けられ、湖北以外の方言はさらに湖東・湖南・湖西の3方言に区分される（表1）。湖北とそれ以外の方言をまず分けるのは、アクセントによるところが大きい。湖北以外の方言は京阪式アクセント（▶▶▶C2 アクセント・イントネーション）であるのに対して、

湖南 ─┬─ 大津地域：大津市、草津市、守山市、栗東市、野洲市
　　 └─ 甲賀地域：甲賀市、湖南市

湖東 ─── 東近江・湖東地域：東近江市、近江八幡市、彦根市、日野町、竜王町、愛荘町、豊郷町、甲良町、多賀町

湖北 ─── 湖北地域：米原市、長浜市

湖西 ─── 高島地域：高島市

図1　滋賀県の方言区画（筧1982をもとに作成）

表1　筧大城による方言区画（筧1962）

滋賀県方言			
特異な湖北方言			（伊香・東浅井・坂田・長浜市）
京都的湖東・湖南・湖西方言	湖東方言	湖東北部方言（彦根市・犬上）	
		湖東南部方言（愛知・近江八幡市・八日市・神崎・蒲生）	
	湖南方言	湖南本部方言（大津市・草津市・栗田・野洲）	
		湖南甲賀方言（甲賀）	
	湖西方言	湖西高島方言（高島）	
		湖西滋賀方言（滋賀）	

湖北方言は京阪式に加え*垂井（たるい）式アクセントやその他のアクセントが用いられ、これらが坂田・長浜・木之本など、場所によって異なるという、複雑な分布を示す。各方言区画の特徴を大まかに言うなら、湖南方言は隣接する京都市方言とよく似た特徴を示し、その特徴が湖東・湖西方言、そして湖北方言になるにつれて徐々に薄くなっていくと言える。滋賀県全体を通して、動詞否定形のイカン（行かない）・ミン（見ない）など否定辞ン、敬語形式ハル、接続助詞サカイ・シを用いるなど、京都市方言と共通する特徴が認められる。

　湖南方言は、動詞否定形としてイカヘン（行かない）・ミーヒン（見ない）のような否定辞ヘン・ヒンを用いるなど、京都市方言と似た特徴を示す。ただし、湖南方言域の中でも甲賀方言は少し異なり、イカッサル（いらっしゃる）・ミサッサル（ご覧になる）のような敬語形式（サ）ッサル、イコニー（行こうね）のような終助詞ニーを用いる点で隣接する三重県伊賀方言と共通している。一方で、イキヤル・ミヤルのような敬語（親愛語）形式ヤルや、イカヒン（行かない）・ミヤヒン（見ない）のような否定辞（ヤ）ヒンを用いるという点では湖東方言と共通する特徴をみせる。このように、甲賀方言は湖南方言域の中でも特徴的であるため、新しい方言区画として、湖南方言とは別に設定したほうが良いと考える。

　湖東方言は、敬語イカ（ー）ル（行かれる）・ミヤ（ー）ル（見られる）を用いる点、湖東北部地域ではイカンス（行かれる）・ミヤンス（見られる）のような（ヤ）ンスが用いられる点で、湖北方言と共通する。なお、動詞「来る」に（ヤ）ンスを接続した形にはキヤンス・キャンス・コヤンス・ゴンスなどがあり、地域によって用いられる形式が異なる。敬語形式のほかには、「危ないホン」のような終助詞ホン、「ほんでナーシ」のような間投助詞ナーシ、「そこに行くトサイガ（行くと）」「行くサケ／ハケ／デ（行くから）」のような接続助詞、「一緒に行こマイ」のように勧誘表現にマイを用いるなどの特徴がある。接続助詞トサイガ・デや勧誘表現マイを用いる点は、隣接する岐阜県美濃（みの）方言とも共通する。

　湖北方言は、敬語（親愛語）形式（ヤ）ール・（ヤ）ンス、終助詞ホン、接続助詞トサイガ・サケ／ハケ／デ、間投助詞ナーシ、勧誘表現マイを用いるなど、湖東方言と共通する特徴が多い。一方、湖西方言と共通する特徴もあり、動詞否定形にイカセン（行かない）・ミヤセン（見ない）のような否定辞（ヤ）セ

ンを用いることがある。湖北方言のみにみられる特徴として、上述のアクセントのほか、文法の面で五段動詞に*軽卑を表すヨルが接続する場合に行ッコル（「行く」の下向き待遇）・飲ンモル（「飲む」の下向き待遇）（他地域は「行ッキョル・飲ンミョル」）という形になることがあげられる。また、「していない」にあたる表現でシテンを用いるのは、若狭地方のシテエンに通ずるところがある。

　湖西方言は、敬語（親愛語）形式（ヤ）ンス、動詞否定形式（ヤ）セン、接続助詞ハケ／サケを用いる点で湖北方言と共通する。また、「お行きヤス」など敬語ヤスを用いることが多い。音声的な面では、シェンシェー（先生）、ジェーキン（税金）など、セ・ゼの発音が*口蓋化したシェ・ジェになっている。しかし、近年、この発音は消滅しつつある。

　以上、滋賀県の方言区画とその方言特徴の概要を記した。上述のように甲賀方言を独立させ、**表2**のような新しい方言区画の案をここに提示する。

表2　新しい滋賀県方言区画

2——滋賀県独自の特徴

　隣接する地域、その中でも特に京都市方言との共通点が多い滋賀県方言であるが、独自の特徴もある。

　まず、多様な敬語形式を用いる点、そしてそれらの敬語形式の運用があげられる。上で述べたように、県内ではハル／（ヤ）ル／（ヤ）ール／（ヤ）ンス／ヤス／（サ）ッサルなど、多様な敬語形式が使われる。上述のように地域によって用いる敬語形式が異なり、それぞれの地域内では複数の敬語形式が使い分けられる。大まかに使い分けの基準を示すと、ハル・ヤハルの変異である（ヤ）ールは敬語として用いられることが多く、（ヤ）ンス／（ヤ）ルは親愛語として用いられることが多い。

　また、敬語の運用については京都市方言より厳密である。たとえば、滋賀

県甲賀郡水口町八田(みなくちちょうはった)においておこなわれた待遇表現の全数調査（リーグ戦式調査）の結果をみてみよう（宮治弘明「滋賀県甲賀郡水口町八田方言における待遇表現の実態」『語文』46、1985年）。この調査によって、*素材待遇語（*上向き待遇の尊敬語のほかに、*下向き待遇の軽卑語ヨル・トルも含む）の使用が*第三者待遇場面に偏り、対者待遇場面ではほとんど用いられないことがわかった。また、第三者待遇場面では素材待遇語の使用が半ば義務的であり、敬語・親愛語・*軽卑語が使い分けられていることも示された。京都や大阪でも素材敬語が第三者待遇場面に偏る傾向はあるが、滋賀県ほど厳密ではない（宮治弘明「近畿方言における待遇表現運用上の一特質」『国語学』151、1987年）。また、京都市方言では「隣の赤ちゃんまた泣いたハル」のようにハル敬語を「心理的遠ざけ」で用いたり、「猫が鳴いトル」のようにヨル／トルを「見下げ」で用いたりするなど、話し手の感情表現の手段として運用されている。一方、滋賀県方言での機能は、感情というよりは話し手と話題の人物の関係性を示すことが主である。ハルやヨル／トルという京都市方言と同じ形式を使っていても、その運用の仕方は異なるのである。

　敬語に加えて「特殊な*サ行イ音便」という現象も滋賀県に特徴的である（近畿では奈良県南部にも分布する）。サ行五段動詞の音便形が「傘サイセ（傘さして）」「ゴミ出イサ（ゴミ出した）」のようにイ音便化し、さらにそれに続くタ行音がサ行音化する現象を「特殊なサ行イ音便」と呼ぶ。このような現象がかつては湖東〜湖南甲賀方言域に分布していたが、近年はあまり聞かれなくなった。

　文法面ではこのほかに、*アスペクト・待遇形式ヨルが「飲んでヨル・降ってヨル」のような接続をすることが報告されている（筧大城「滋賀県方言」『近畿方言の総合的研究』1962年）。また、湖東から湖北にかけて「知らんテヤール（知らないでいらっしゃる＝知っていらっしゃらない）」のような表現が用いられている。ヨルやヤールなど、待遇にかかわる形式が動詞テ形の後に現れるという点で特徴的である。

　語彙(ごい)の面では、ウイ（気の毒な・可哀想な）という形容詞を用いたり、ホッコリスル（▶語ホッコリ）を「疲れた（が、ほっと一息つく）」といった本来の意味で用いたりすることがあげられる（中山敬一『ええほん 滋賀の方言手控え帖』2012年）。

3——近年の動向

　近年の滋賀県方言には、(a) 京都市方言の影響を受ける（あるいは広域関西方言の影響を受ける）変化と、(b) 岐阜方言（あるいは中部方言）の影響を受ける変化の2つの方向がある。

　京都市方言の影響の例としては、動詞否定形があげられる。**図2**は、井上史雄・山下暁美『湖東グロットグラム集』(2011年) におけるJR琵琶湖線大津駅〜余呉駅沿線での「しない」のグロットグラム（▶▶▶**I5 関西のグロットグラム**）である。

　従来の滋賀県方言での「しない」にあたる表現としては主にセンが用いられていた。しかし、このグロットグラムによると、湖南で「セン」が用いられることはなく、高年層話者でもセーヘンを用いていることがわかる。また中年層〜若年層話者を中心に京都市方言のシーヒンが用いられており、湖南から徐々に京都市方言の形式が進入していることをうかがうことができる。しかし、京都市方言化の程度は語形によって異なっており、過去否定形「行かなかった」の図（**図3**）ではイカンカッタが多く、イカヘンカッタが非過去形に比べて少ないことがわかる。京都市方言化の例としては、他にも「先週、旅行に行くんだよ／行ったんだよ」にあたる表現で、イクネンカー／イッテンカーを使用することがある（中井幸比古「「やんか」など」『方言研究 (1)』1998年）。大阪・奈良・兵庫ではイクネ(ン)ヤンカー／イッテンヤンカーを使用しており、ここに京都市方言との共通性が認められるのである。

　広域関西方言化の例としては、「来ない」を表すコーヘン（伝統的京都市方言ではキーヒン、伝統的滋賀県方言ではコン）、動詞否定中止形イカンクテ（行かなくて；従来はイカナクシテ）、動詞過去否定の中止形イカンカッテ、同意要求形式「こんな問題、誰でもできるクナイ？」など、近年の京阪方言で起こっているのと同じ事象が滋賀方言でも起こっている。

　一方、例は少ないものの、岐阜方面からの影響によると考えられる変化もある。湖北・湖東方言で用いられる接続助詞トサイガやデが岐阜方言と共通する形式であることからもわかるように、湖北・湖東地域は従来から岐阜県との交流が盛んであった。現在でも「来れば」を意味するコレバ（伝統的な方言ではキタラ）が岐阜方面から進入しつつある。**図4**によれば、コレバという形式が米原あたりから進入し、南下していることがわかる。

滋賀県は、東西方言の境界付近に位置し、北陸・中部方言域に隣接している。このような地理的状況から、滋賀県の方言では京阪方言の影響による変化だけでなく、隣接する他地域の方言の影響による変化もみられる。方言接触による言語変化を観察する格好のフィールドであると言える。しかし、滋賀県方言を扱った研究は、京都や大阪に比べるとまだまだ少ない。今後の調査研究が期待されるところである。

(松丸真大)

▶▶▶B1 京都府の方言概説、C8 第三者を明示するハル敬語、I3 関西共通語
▶ 語 ハル　▶ 書 『近畿方言の総合的研究』

コラム　北関東の人からみた「関西」

　たとえば筆記用具を忘れてしまい、誰かに借りようとする場面があったとする。北関東人同士の依頼と許可の会話は、単純に済むことが多いように思う。「鉛筆隣の部屋に忘れちゃったので貸して」という依頼の表現に、すぐさま「はい、いいよ」という許可の表現が続き、ごく単純に鉛筆が渡される。この場に関西人がいると、そうはいかない。依頼を隣で聞いているだけなのにもかかわらず、「横着ですねぇ」などと、まずは口を差しはさむ。その瞬間、依頼した方の北関東人は、会話のスイッチを切り替えざるをえなくなる。笑いをこらえつつ「自分の鉛筆を取りに行けばいいのに……」と、その関西人の心を代弁する独りごとを言い、鉛筆が手渡されるのをじっとまつ。そして、許可する側の北関東人が「せっかくだから削ってあげよう」と言い、鉛筆削りを出そうものなら大変である。それをみた関西人は、すかさず「削らせるんかい！」と、依頼した方の北関東人を大げさに評価する。このとき、許可する方の北関東人もすでにスイッチが切り替わっており、「僕の大事なガールフレンドだから！」と、ついふざけてしまう。笑いの渦の中で鉛筆が削りおわると、やっと鉛筆は依頼者へと渡る。関西人は、北関東人同士の会話に大きな変革をもたらす。折り重なる会話場面を楽しんだあとでなければ、他人の鉛筆の貸借さえ成立させない。群馬、すなわち北関東の人間である私にとって、関西人との会話は別言語の世界に放り込まれた気分になり、なんともいえない解放感と緊張感がある。

(新井小枝子)

図2 湖東グロットグラム「しない」
（井上・山下2011）

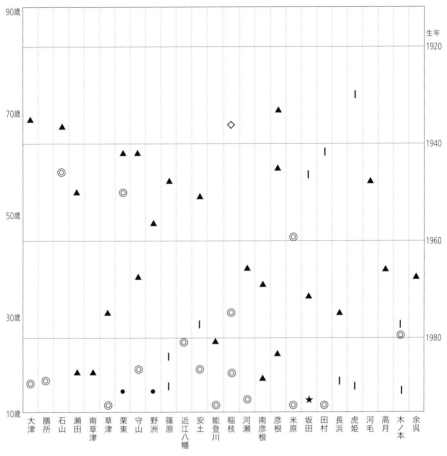

B2 滋賀県の方言概説

図3　湖東グロットグラム「行かなかった」
（井上・山下2011）

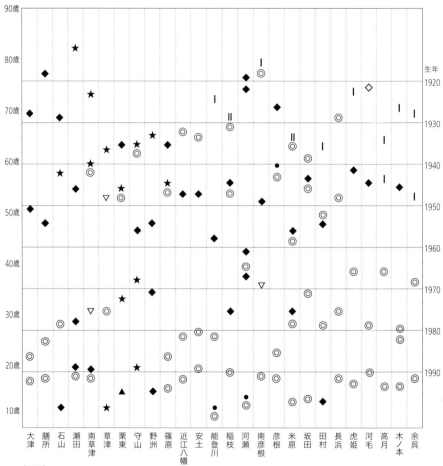

図4 湖東グロットグラム「来れば」
（井上・山下2011）

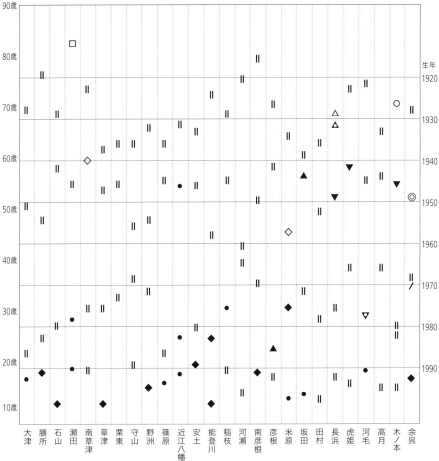

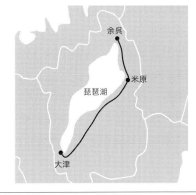

B2 滋賀県の方言概説

大阪府の方言概説 B3

1——大阪府の方言区画

a. 伝統的な*方言区画

　大阪府下の方言はこれまで、大阪市から北摂地方にかけての摂津方言、大阪府東部に位置する河内方言、堺市以南を領域とする和泉方言の3つに分けられてきた。それぞれ旧摂津国（東半分、西半分は現在の兵庫県）・旧河内国・旧和泉国の境界に沿った区分である。山本俊治は「大阪府方言」（『近畿方言の総合的研究』1962年）において、大阪府下の地理的条件や交通網の発達度合いの違いにもとづき、上記の3つの方言域に図1のような下位区分を施している。

　まず摂津方言は、大阪市を中心とする狭義の摂津方言と、京都府に接する三島方言、そして北部山間部の能勢方言に分けられる。一般に「大阪弁」として言及されるのは狭義の摂津方言である。三島方言には京都のことばの影響が、能勢方言には丹波方言の影響がみられることから、摂津方言とは区別される。

　河内方言域はおもに奈良県と境を接している地域であり、ことばの上でも奈良との共通性を持っている。また河内の中でも北中部と南部とでは違いがあることから、北中河内方言と南河内方言という下位区分が設けられる。河内方言は俗に、荒っぽい、きつい、ぞんざいなどのイメージで語られ、その具体的な例としてラ行音の巻き舌化や二人称としてのワレの使用、疑問の終助詞ケの使用などがあげられることがある。しかしながら、これらは摂津方言話者にとってのぞんざいな表現にすぎず、河内方言としてはいずれもふつうのもの言いである。すなわち河内方言に対する上記のようなイメージは、摂津方言との対比のなかで、摂津方言話者の目を通して語られたものなのである。▶▶▶B8 河内弁

　和泉方言は、堺市を中心とする泉北方言と岸和田市から大阪の最南端に至る泉南方言とに二分される（▶▶▶B9 泉州弁）。言語的な特徴からみて泉北方言は摂津方言との連続性を保っているが、泉南方言は和歌山方言との共通点が

図1　大阪府の方言区画（山本1962をもとに作成）

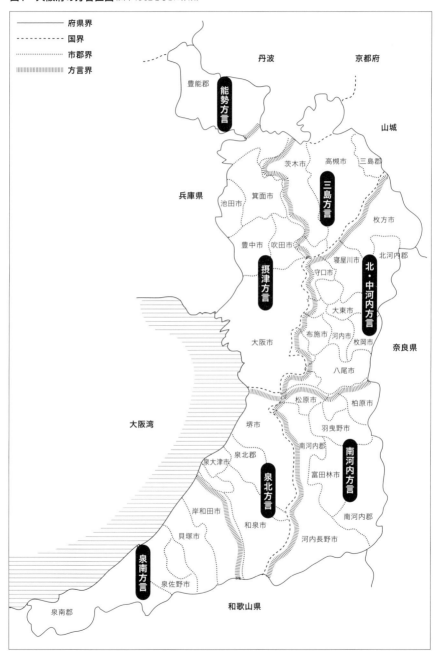

多く大阪府下の方言の中では特異な存在である。具体例をいくつかあげると**表1**のようになる。

以上が大阪府下を「面」でみた場合の*方言区画であるが、山本（前掲）ではさらに人の移動・交流を「線」の観点でも捉え、大阪方言の区画を**表2**のようにまとめている。

表1　摂津・河内方言、和泉方言、和歌山方言の対照

表現形式	摂津・河内方言	和泉方言（泉南）	和歌山方言
「してある」	シタール	シチャール	シチャール
「してやる」	シタル	シチャル	シチャル
方言敬語ハル	使用	不使用	不使用
「あるじゃないか」	あるガナ、あるヤン	アラシ、アラシテ	アラシ、アラシテ

表2　山本俊治による大阪方言の下位区分(山本1962)

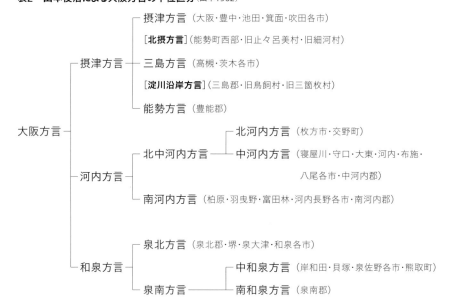

b. 方言区画の再編

　さて、伝統的には先のような区画がなされてきた大阪府下の方言であるが、交通網の発達に伴う日常的な人の移動や地域間の人的交流の常態化によって府内のことばの地域差は縮小している。このことは山本（前掲）においてすでに指摘があり、なかでも摂津方言と河内方言のことばの差はかなり小さいと述べられている。郡史郎編『日本のことばシリーズ27　大阪府のことば』（1997年）では山本の指摘を方言区画に反映し、大きな区分として摂津・河内方言と和泉方言の2つを設けることが提案されている。

　大阪府下における方言区画の再編成について、大量の言語データにもとづいて実証的に示したのが岸江信介「大阪語とは何か」（『大阪のことば地図』2009年）である。岸江（前掲）は、府下の言語差の指標となりうる60の言語項目（音声・文法・語彙）について、府下159地点で得られた結果を数量化Ⅲ類という手法によって分析し、市町村間のことばの類似度を明らかにした。図2はその結果を示したものである。図中では、言語的類似度の高い市町村ほど近くにプロットされている。この図によれば、従来の区画で摂津方言に区分されてきた市町（摂津市・高槻市・豊中市・箕面市・池田市・大阪市・豊能町・能勢町・茨木市）は図の左上にまとまって分布しており、言語的類似度の高さがうかがえる。また河内方言域とされてきた市町村も比較的まとまって分布しているが、それだけでなく、守口市・寝屋川市・四条畷市といった中河内方言域に属する各市が摂津方言域の各市町と非常に近い位置にあることが注目される。大東市・東大阪市・富田林市・藤井寺市・河南町なども同様である。地理的に連続していない市町であっても言語的類似度はかなり高いということになる。

　図2では、和泉方言域についても非常に興味深い結果が現れている。摂津方言域や河内方言域の市町村が比較的まとまって分布していたのに対して、和泉方言域の市町は、泉北方言域と泉南方言域とで分布がはっきりと異なっており、泉北方言域の各市は摂津・河内方言域の各市町村とかなり近い位置に分布しているのである。なかでも堺市は、言語的には摂津・河内方言と変わるところがないという結果となっている。これに対して泉南方言域の各市町は摂津・河内・泉北方言域とは離れたところに位置しており、言語的に独自性を保っていることがみて取れる。このような結果から岸江（前掲）は、従

図2 数量化Ⅲ類による大阪方言の区画（岸江2009）

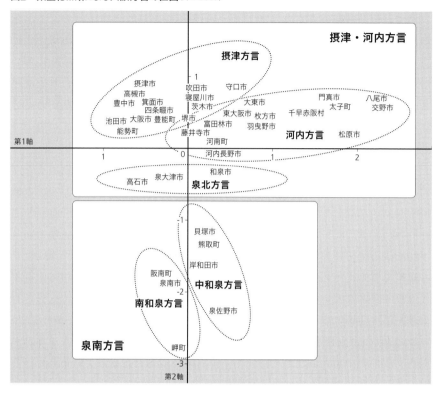

表3 岸江信介による大阪方言の下位区分（岸江2009にもとづいて作表）

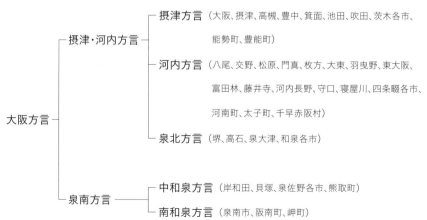

来の和泉方言という区画を廃し、大阪府下の方言を①摂津・河内方言と②泉南方言とに二分することを提案した（表3）。

　大まかにいえば、大阪府下には「大阪弁」と「泉州弁」の2つが存在するということになる。しかし泉南方言の特徴のなかには、若い世代のあいだで大阪方言化が進んでいるものもある。今後も泉南方言がその独自性を保ち続けるのか、大阪方言の影響を受けて変容していくのか、引き続き観察していく必要があろう。

2──伝統的な大阪方言の特徴

　ここでは、摂津方言を中心に伝統的な大阪方言の特徴について述べる。現代ではすでに聞かれなくなりつつあるものもあるが、近年の大阪方言の変容については3節で取り上げることとする。

a. 音声・音韻およびアクセントの特徴

　大阪方言の音韻は、現代標準語のそれと同じく母音が5（／aiueo／）、子音が13（／kgsztcdnhpbmr／）、そして半母音が2（／jw／）である。かつては大阪府下でも「火事」をクヮジ、「元旦」をグヮンタンというなど、*合拗音クヮ・グヮが聞かれたが、1980年～1990年を境にほとんど失われてしまっている。

　音声的な特徴としては、(1) 円唇のウ、(2) 母音が*無声化しにくいこと、(3) セ・ゼの*口蓋化、(4) ザ行・ダ行・ラ行の混同などがあげられる。

　(1)──円唇のウ：大阪方言の母音／u／は、標準語のそれに比べて唇の丸みを伴って実現される。たとえば「もらう」「書く」「出す」「立つ」などの語末の母音／u／はいずれも標準語では口を横に引いて（笑顔を作るようなかたちで）[ɯ] と発音されるが、大阪では唇をやや丸めた [u] に近いかたちで発音される。

　(2)──東京方言などの場合、キ・ク・シ・ス・チ・ツなどの音は、語中や語末で母音が省略され子音だけで発音されることがある（アキ、アキタ、アシ、アシタなど）。この現象を母音の無声化というが、大阪方言はこれが少ないことで知られる。「大阪弁は声が大きい」と言われることがあるが、これは母音がはっきり発音されることから来る印象なのかもしれない。

(3)──セ・ゼの口蓋化：「汗」をアシェ、「風」をカジェというなど、セ・ゼの音がシェ・ジェで実現されることを口蓋化という。大阪でもかつてはこれがよく聞かれたようである。ただし先の合拗音と同じく、これらも現代ではほぼ聞かれない。

　(4)──ザ行・ダ行・ラ行の混同：「ざぶとん」をダブトン、「うどん」をウロン、「ろうそく」をドーソクというなど、ザ行・ダ行・ラ行が発音のうえで混同される現象である。

　アクセントに関しては、府下全域で京阪式アクセントが行われており、これが大阪方言（ひいては関西方言）としての一体感のもとになっている。

▶▶▶C1 音声（音便）、C2 アクセント・イントネーション　　▶コ 「かろのうろんや」はどこへ行った

b. 文法・語彙の特色

　大阪方言の文法項目には、西日本諸方言に広く共通してみられるもの、関西の近隣方言と共通のものが多く、実際のところ大阪方言独自といえるものは多くない。西日本に広くみられる形式としては、名詞述語を作る断定の助動詞ヤ・ジャ（ただし大阪方言においてジャは卑語形式）、動詞の否定形を作る否定辞のン、その過去表現であるナンダ、ワ行五段動詞や形容詞の連用形におけるウ音便形などがある。近隣方言とも共通している形式には、原因・理由を表す助詞サカイニ・ヨッテニ、敬語表現のハル、*下向きの待遇を表すヨル・トル、名詞述語の否定形をつくるチャウ、および、ワ・デ・ナ・ヤンカ・ガナといった文末詞類があげられる。このうちハルは、大阪のほか奈良・兵庫・京都にも使用がみられる形式であるが、京都のハルは他の関西方言とは異なる機能をもっている（▶▶▶C8 第三者を明示するハル敬語、▶語 ハル）。またヨル・トルも関西一円に広く分布している形式であるが、目下・同等の人物に使用される下向き待遇形式としてのヨル・トルのほかに、「雨が降りヨル（雨が降っている）」「花が咲いトル（花が咲いている）」のように事態の継続や結果状態を表す*アスペクト形式としてのヨル・トルがある。大阪のヨル・トルは前者であり、神戸のヨル・トルは後者である。否定辞のヘンについては、ヘンの使用自体は関西の他方言と共通しているが、「行かない」ことをイケヘンといい、「見ない」ことをメーヘンというなど、動詞との接続のしかたには大阪方言らしさがある。

方言語彙としては、メバチコ（麦粒腫）、ナンギナ（困ったこと）、ケッタイナ（妙な）などが代表的な大阪方言として知られている（▶語ケッタイ、ナンギ、メバチコ）。またチャリンコ・チャリ（自転車）のように昭和〜平成期にかけて大阪で誕生した新しい方言語彙もある（▶▶▶E12 関西弁のスラング）。ただしこうした語彙も関西各地で使用がみられるため、大阪方言独自のものとはいいにくい。

　定型的な表現には、オハヨーオカエリ（行ってらっしゃい）、ヨロシューオアガリ（「ごちそうさまでした」に対する応答表現）、オーキニアリガトー（ありがとう）、マイドなどがあげられる。マイドは「毎度どうもお世話になっております」の下略形で、商売人が得意先を訪問する際の互いのあいさつとして使用される表現である（▶語オーキニ、オハヨーオカエリ、マイド）。

3——近年の動向

　全国的にみても方言が盛んに使われている地域といえる大阪であるが、伝統的な方言の特徴のなかにはすでに消失したり衰退したりしてしまっているものも多い。方言音声については、円唇のウは現代の若年層にも広くみられるが、母音の無声化は顕著に現れてきているし、シェ・ジェの口蓋化やザ行・ダ行・ラ行の混同は高年層においてさえほとんどみられなくなっている。アクセント体系については、先述のとおり大阪方言らしさを担保するものとして機能している側面があるものの、1960年代生まれ以降の世代は「拍内下降」（▶▶▶C2 アクセント・イントネーション）という京阪式アクセントの重要な要素をすでに失ってしまっている。また文法面においてもウ音便形の著しい衰退がみられるし、イカナンダ（行かなかった）・コナンダ（来なかった）などの伝統的な過去否定表現も中年層以下ではほぼ聞かれない。

　変化の方向としては、方言語彙の衰退のように、方言要素が失われて全国共通語的になっていくもの（▶▶▶I3 関西共通語）と、伝統方言に代わる新しい方言形を作りだすものとがみとめられる。後者はとくに、標準語と方言を対比的に眺めつつ、方言と標準語とがうまく対応するように体系を作り替えている点が特徴的である（▶▶▶I2 ネオ関西弁）。たとえば動詞否定過去表現の場合、伝統形であるナンダ型は衰退してしまっているが、代わって用いられているのは標準語形のナカッタではなく、それを方言的にアレンジしたンカッタ・

ヘンカッタという形式である。同様に、中年層以下の世代では過去回想の表現として〜ヤッケという言い方が使用されているが（例：明日って何日ヤッケ）、これなども標準語の「〜だっけ」という形を方言的にすることで作られた新形式である。標準語形を「方言化」させて取り込んでいくこのような事例は、標準語に対する対抗心、つまりは方言に対する話し手のつよい自負を表しているといえるだろう。

　もう一点、近年注目されている現象に大阪におけるミヤン（見ない）、コヤン（来ない）といった新しい否定形式の使用がある。これらはもともと奈良や三重で使われてきた形式であるが、大阪の若年層に急速に広まっているという（鳥谷善史「関西若年層の新しい否定形式「〜ヤン」をめぐって」『国立国語研究所論集』9、2015年）。この新しい形式が大阪方言として定着してゆくことになるのか、一時的な流行語として次の世代には受け継がれることがないのか、今後の動向が注目されるところである。

（高木千恵）

●真田信治「ことばの変化のダイナミズム」『言語生活』429、1987／山本俊治「大阪府の方言」『講座方言学7　近畿地方の方言』国書刊行会、1982

コラム　東北の人からみた「関西」

　私は福島県生まれの福島育ち。東京には親戚（しんせき）がたくさんいるけれど、それより向こうは未知の世界だった。中世ヨーロッパの世界地図では海の向こうに化け物が描かれていたりするが、東北人の私にとって関西はそういう異世界であって、本やテレビで話に聞くだけの、想像上の場所だった。高校の修学旅行で初めて関西に行き、「すごいや、大阪は本当にあったんだ」と興奮したのを覚えている。バスガイドがしゃべると「関西弁だ！」と車内は大いに沸き立った。2001年に大阪の大学に進学した。本物の関西人と接する機会がないから「おしゃべりで下品でがめつい」という*ステレオタイプは強い。周囲からは大阪行きを心配された。実際に行ってみると、どんくさい私にも居場所を与えてくれる懐の深い街だった。個人的な追憶で恐縮だが、だいたいこれが20世紀の東北人の関西観だったと思う。人の移動が増え、ネットで会話ができる現在、あの頃の関西観も過去のものになりつつあるかもしれない。

（白岩広行）

兵庫県の方言概説　　　　　　　　　　　　　　　B4

1——兵庫県の方言区画

　兵庫県の方言は、播磨・但馬・丹波・淡路・摂津の旧五国にもとづいて区画されるのが一般的である（図1）。ここでは鏡味明克による区画案（和田實・鎌田良二編『ひょうごの方言・俚言』1992年）を示す（図2、表1）。その特徴として、「神戸を神戸播磨方言として阪神方言と区画」「但馬を南北に区画」「播磨のうち西播方言を区画」があげられる。また、元は岡山県に所属した地域を「小地区中国方言」として示すなど、各地での研究成果が反映されている。神戸は、大都市への成長過程で、方言面でも独自の変化を遂げているため、特に播磨方言とはせずに、神戸・播磨方言と名付けられている。

　全国的な*方言区画からみると、播磨・丹波・淡路・摂津は近畿方言に属するが、但馬方言は中国方言に属する。旧国内では、播磨で姫路市以東の県南東部における京阪式アクセント（▶▶▶C2 アクセント・イントネーション）地域と、播磨西部・北部の*垂井式アクセント地域、丹波で京阪式アクセントの篠山市と垂井式アクセントの丹波市とで小区画される。また、三田市は旧摂津国ではあるが、伝統的集落生え抜き高年層話者（大正末期～昭和初期生まれ）の敬語表現としてはハル（▶語ハル）ではなく播磨につながるテ（ヤ）（▶語テ（ヤ））が主流であり、この点に重きを置くとするならば、摂津方言というよりも播磨方言的な存在とすべきであろう。また、丹波は、兵庫県だけで扱えば上のようになるが、京都府丹波と一緒に扱うとなれば県境を越えた区画という考えも必要になってくる。

　なお、兵庫県西部の赤穂市、佐用郡佐用町、宍粟市には岡山県から兵庫県に編入された地域があり、但馬地方とは異なる理由での中国方言地域がある（図2の「小地区中国方言地域」）。

図1 兵庫県の方言区画(楳垣1962をもとに作成)

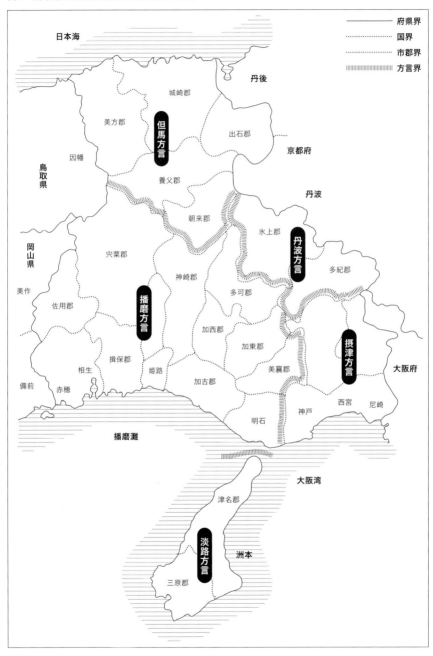

図2　鏡味明克による区画図

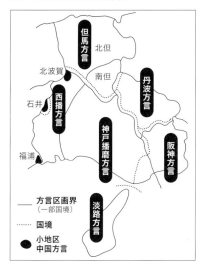

表1　鏡味明克による区画案

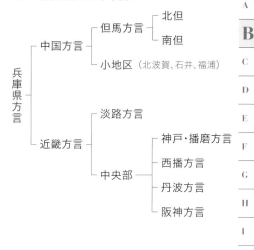

2── 兵庫県方言の特徴と現況

a. 音声・音韻・アクセント

　播磨・丹波・淡路・摂津では、伝統的な方言においても基本的な音節の発音は標準語とほぼ同じである。但馬では母音連続が融合し「エァ」のような音が聞かれることがある。

　*ガ行鼻濁音（[ŋ]）は、若い世代や播磨西部では*破裂音（[g]）が多く、鼻濁音は少なくなっている。『日本言語地図』には、「火事、スイカ、元日、正月」のいわゆる「*合拗音（クヮ）」に関する4項目で、県内5地点に回答がみられるが、今日では高年層においてもほとんど合拗音が聞かれることはなくなっている。同様に、「汗、背中、税金」での「シェ、ジェ」という中世以来の発音が、ごくわずかにみられるものの、現在ではほぼ消滅している。

　播磨東部や丹波では、ザ・ダ行の混同がみられ、「溝＝ミド」「座敷＝ダシキ」等がある。「何ぞ有るか？」は神戸でも「何ドあるか？」となり、俗に言う「長崎バッテン、江戸ベラボー、兵庫神戸のナンドイヤ」という諺のもとになっている。

高年層の中には「有るやろ、あり合わせ」など「リ・ル」に「ヤ行・ア行」が続く場合に、アッリャロ［arrjaro］のように促音部分が［r］になることがある。
　＊連母音の融合現象について、但馬では母音の融合現象が顕著で、「阿呆(あほう)」がアハーになるなどアウがアーに、「高い」がタキャーに、連母音アイがエーやエァーになる。一方、淡路では、「鷹が」「蛸が」などは格助詞「ガ」が直前の母音と結合し、いずれもタカーのように発音される。
　播磨では、融合現象と言うよりは縮約による発音変化が多くみられる。たとえば、「行かない」のイカヘン［ikahen］がイケーン、さらにイケンとなり、［ah］が脱落したような形になっている。
　アクセントは但馬北部が東京式アクセント（▶▶▶C2 アクセント・イントネーション）である。但馬以外は京阪式アクセントが広く分布し、但馬南部、丹波北部（丹波市）、播磨西部・北部には＊垂井式アクセントが分布する。「船が見える」でこれらの違いを具体的に示すと次のようになる。

神戸・姫路：フネ̄、このフネ̄、フネ̄が見える
龍野・赤穂：フ̄ネ̄、このフ̄ネ̄、フ̄ネ̄が見える
浜坂・豊岡：フ̄ネ、このフ̄ネ、フ̄ネが見える

　伝統的な京阪式アクセント地域では「肩・松・船」等（2拍名詞4類）と「朝・秋・雨」等（2拍名詞5類）が次のようにアクセントの型で区別されていた。しかし、若い世代（おおよそ1960年代以降生まれ）ではその区別が失われる傾向が明瞭で、神戸・阪神間などの人口集中地域で特に顕著である。

伝統的な型
肩：カタ̄、カタ̄がこ̄る（凝る）、カタ̄がい̄たい（痛い）、カタ̄い̄たい
朝：アサ、アサがく̄る（来る）、アサがは̄やい（早い）、アサは̄やい
若い世代での型
肩：カタ̄、カタ̄がこ̄る、カタ̄がい̄たい、カタ̄い̄たい
朝：ア̄サ、ア̄サが来̄る、ア̄サがは̄やい、ア̄サは̄やい

京阪式アクセント地域内でも、語によってアクセント型に地域差のみられるものがある。たとえば次のようなものである。おおむね左が神戸以西、右が阪神間である。

　男・女：オ￣トコ・オ￣ンナ vs. オト￣コ・オン￣ナ
　眼鏡・花火：メ￣ガネ・ハ￣ナビ vs. メガ￣ネ・ハナ￣ビ
　電車・選手：デ￣ンシャ・セ￣ンシュ vs. デン￣シャ・セン￣シュ
　十・地図：ジュ￣ー・チ￣ズ vs. ジュー￣・チ￣ズ

　龍野・赤穂などは丹波の丹波市などと同じく、垂井式と呼ばれるアクセント地域である。垂井式アクセントには、2拍名詞＊類別語彙の類の分かれ方によって次のようなものがあった（1類：鼻・鳥…、2類：石・音、3類：犬・花…、4類：肩・松…、5類：朝・秋…）。同じ型になるものを／で区切る。

　1類・4類／2類・3類／5類
　1類・4類／2類・3類・5類

　しかし、若い世代では、それらの統合が変化し、京都・大阪・神戸でもなく、東京でもない、特別な分かれ方の

　1類／2類・3類・4類・5類

となっている（兵庫県朝来市山口や奈良県天川村などは従来からこのタイプ）。
　イントネーションでは、丹波・但馬で文末の「ネー」が「下降＋上昇」という型をとり、北陸方言のいわゆる「＊うねり音調」に似たもの（少し弱まったような印象）で、県内の他地域にはない特徴をもっている。

b. 語彙

　区画で述べたとおり、語彙でも但馬は他と異なる面をみせる。兵庫県の全体的な特徴を捉えて言うならば、京都・大阪といった近畿中央的な要素と、中国地方につながる要素が共存する地域である。もちろん、阪神方言のよう

に元々大阪方言色の濃いものから、播磨方言のように中国色がより濃い地域まで、連続的な濃淡変化（グラデーション）がみられる。

『日本語地図』等をみると、近畿方言的な要素をもっており、中国方言とは異なるものとして、次のようなものがある。

「襖」：近畿のフスマ、中国のカラカミ。近畿のアホ、中国のアホー、アンゴー、ダラ。

一方、中国方言的な要素をもつものとして次のようなものがある。

「細かい」：中国のコマイ、近畿のコマカイ。
「茸」：中国のタケ（姫路以西）、近畿のキノコ。

『日本言語地図』には、瀬戸内海と日本海に面した兵庫県ならではの現象として、「瀬戸物」を表すカラツモノの分布がある。カラツモノは、江戸時代の北前船によって運ばれたものと考えられているが、この語形が日本海側から中国山地北側までと、その航路に当たる淡路に分布している。それ以外の瀬戸内側地域ではセトモノが分布しており、兵庫県におけるかつての物流の名残を留めるものと言えよう。

分布との関連で言えば、兵庫県方言が近畿中央部の方言とは一線を画すものとして、「腹が立つ」という意味のゴーガワク（ゴーワク）（▶語ゴーガワク）がある。この表現は、近畿中央部にはみられないが、西は岡山県・島根県東部・鳥取県から神戸市まで、北は京都府丹後地方、東は滋賀県・愛知県・長野県まで分布するもので、かつて中央部で使われていたものがその周辺部に残る、いわゆる「*方言周圏分布」にあたるものである。

c. 文法・語法

県内各地でさまざまな特徴がみられる。たとえば敬語表現をとりあげると、阪神間はハル、播磨・丹波（篠山市）はテ（ヤ）、但馬・丹波（丹波市）(・淡路)ではナル・ナハルと異なる。以下、各地域での特徴的なものについてとりあげる。

中国方言地域である但馬地方は、他地域と異なる点が多い。たとえば、断

定を表す〜ダがあり、「今日ワ、エー天気ダ」などとなる。

　淡路でもダがあり、「大丈夫ダー？(大丈夫かい?)」のように使われる。

　丹波には、過去の打ち消し〜ヘンダや、文末詞ニー（〜だよ）がある。

　播磨では、赤穂に、関西中央の〜ンヤデから断定のヤが落ちた「来月旅行に行くんデー」のような表現や、やや丁寧な依頼表現に〜テッカ（これ教えテッカ）がある。また、播磨の古老には、「こそ＋已然形」のいわゆる係り結びが残存し、「そんなこと言いコソスレ実際は無理や」のように使われる。

　姫路市家島町（いえしま）の坊勢島（ぼうぜ）では打消辞に〜シンがあり、上一段動詞「見る」をはじめ、五段活用動詞や変格活用においてもイ段接続し、「見ーシン、読みシン、しーシン、来ーシン（き）」となる。

　阪神方言以外では中国方言につながって行く文法的な特徴がみられる。そのひとつに＊アスペクトと呼ばれる現象があり、動作・動き・ようすが継続中である場合と、動作・動きが終了してその結果の状態が残っている場合とを区別することがある。

　たとえば、伝統的な播磨方言では、今まさに雨が降っており傘が必要な状態を「雨が降りヨル、降りヨー、降っリョー」などと「ヨル（ヨー）」を用いる。一方、雨が止んで地面が濡れており、傘は不要である状態を「雨が降っトル、降っトー」などと「トル（トー）」を用いる。この「ヨル／トル」の使い分けは動詞によってさまざまなようすを表す。「咲く」の場合、たとえば夏の早朝日の出のころ、アサガオのつぼみが少しずつふくらんでまさに花を開こうとしている状態が「咲きヨル、咲きヨー、咲っキョー」であり、完全に開花した状態は「咲いトル、咲いトー」である。一方、「知る」の場合は、「昔のことをよー知っトル、知っトー」とは言うが「知りヨル、知りヨー」という表現は稀である。「有る」については、「有りヨル」という表現をもつ地域もある（有りヨッタ等）が稀な用法であり、「有っトル」は用いられない。神戸方言の特徴として「〜トー、〜トン（その話知っトー。この本持っトン?)」の多用があげられるが、これらは元々アスペクトの「トー」である（▶語シトー）。

　このヨルに関連して、神戸などではヨルをアスペクトに用いる（ようすや時間の動きを表す）のに対し、阪神間では大阪などと同じように目下に対する＊待遇（ぞんざいな、敬語の逆の用法）として用いられる。なお、これらは、アクセントで区別がつく。

神戸：先生が教室に来ヨッた。(教室に来られる途中だった＝未到着)
阪神：先生が教室に来ヨッた。(先生が教室に来やがった＝到着・歓迎していない)

　アスペクト以外でも、兵庫県方言の特徴としてあげられるのは先の敬語表現〜テ(ヤ)である。用法は大阪・京都や県内阪神地域の親愛表現「〜ハル」と同様で、敬いの度合いが高い敬語としても、ちょっとした丁寧な物言いとしても用いられる。言い切りの場合は「先生明日来テヤ(先生は明日いらっしゃる)。」のように「テヤ」形を取るが、「先生明日来テか?(先生は明日いらっしゃいますか?)」「昨日来テでした(昨日いらっしゃった)。」では「テ形」になる。そのためこの語法は「テヤ敬語」「テ敬語」等と呼ばれる(▶語テ(ヤ))。また、「テヤ」の過去表現については、瀬戸内海沿岸地域が「〜タッタ、〜タータ」形になるのに対し、北播磨・丹波など内陸部(京都府丹後地域につながる)では「〜チャッタ」形になり、意味の異なる東京方言「〜チャッタ(〜てしまった)」と同じ形になる。

姫路市：先生昨日行タータ、行ッタータ(昨日お出かけになった)。
丹波市：先生昨日行っチャッタ(昨日お出かけになった)。
東京：先生昨日行っチャッタ(昨日(行き先も言わずに)行ってしまった)。

　アスペクトとこの「テ(ヤ)敬語」が同時に使われると、関西方言として有名な「チャウチャウ…」に匹敵する複雑な表現となり、「先生あっちゃこっちゃ行ッキャッキョッタータ(行き＋歩き＋ヨル＋テ＋ヤッタ)(先生はあちらこちら行って回っていらっしゃった)。」のような用法をよく耳にする。

3──兵庫県方言の研究動向

　兵庫県はその成り立ちから県内の方言差が大きく、研究が盛んである。
　古くは『物類称呼』(1775年)に「播磨・摂津・淡路・丹波・但馬」として取り上げられる。明治時代には国語調査委員会の『音韻分布図』『口語法分布図』がある。また、1907〈明治40〉年には神戸市立明親尋常高等小学校から方言矯正を目的とした『兵庫のかたことば』が刊行されている。1927〈昭和2〉年

には柳田国男（飾磨県神東郡田原村、今の兵庫県神崎郡福崎町出身）によって「蝸牛考」がまとめられた。戦前・戦後は玉岡松一郎など民俗学関係者の報告が多くみられ、1930年代には播磨郷土研究同攻会による雑誌『播磨』が刊行され、貴重な報告が数多く収められた。昭和30年代になって兵庫県方言学会が設立され、『兵庫方言』1〜6が刊行された。このころ、和田実や山名邦男による県内各地のアクセント分布調査がなされている。また、和田実「兵庫県高砂市伊保町（旧　印南郡伊保村）」（『日本方言の記述的研究』1959年）は、伝統的な播磨方言の記述的研究として貴重である。全県域に及ぶ全国的調査研究としては、国立国語研究所の『日本言語地図』『方言文法全国地図』がある。県内で企画された調査研究・報告書としては、『兵庫県の方言』『兵庫県の方言地図』『ひょうごの方言・俚言』（『兵庫県大百科事典』の方言関係項目をもとに構成）、『兵庫県ことば読本』『ひょうごの方言』がある。播磨では、松本多喜雄『播磨方言集撥』、冨田大同「播州小野市方言稿」、井口宗平『兵庫県佐用郡俗語方言集』、橘幸男の明石市方言における生活語の記述など、大部の語彙集がまとめられている。但馬では岡田荘之輔に「たじまアクセント」や『但馬ことば』が但馬方言の全体を素描する。淡路では明治に田中萬兵衛『淡路方言研究』、近年は岩本孝之『淡路ことば辞典』がある。その他広域にわたるものとして、鎌田良二『兵庫県方言文法の研究』・『兵庫県の方言地図』、岡山大学鏡味研究室による播磨西部地域での言語地理学的調査と言語地図集の刊行がある。甲南大学方言研究会による県南東部地域での地理言語学的調査と言語地図集の刊行、同じくJR等沿線における社会言語学的調査とグロットグラム集の刊行などがある。

(都染直也)

▶▶▶B10 神戸弁、B11 播州弁、B12 淡路弁、B15 丹波弁、C2 アクセント・イントネーション

▶ 人 岡田荘之輔、鎌田良二、山名邦男、和田実

▶ 書 『但馬ことば』、『ひょうごの方言・俚言』、『兵庫県ことば読本』、『ひょうごの方言』、『淡路ことば辞典』

奈良県の方言概説　　　　　　　　　　B5

1——地域性

　盆地と山地。これが奈良県の地域性をもっとも際立たせていて、この自然環境をもとに人びとは長い時間をかけてこの地域特有の暮らしや社会、経済や文化を形成してきた。

　奈良県は近畿地方のほぼ中央に位置し、地形、地質上からみると吉野川に沿って走る中央構造線により、北部と南部の吉野山地に分かれる。北部には標高500mないし600mの山地が多く、それらが奈良盆地の四方を囲んでいて、これを地元では国中(くんなか)と、生駒(いこま)・平群(へぐり)の河谷あたりは西山中(にしさんちゅう)、三重県の伊賀地方や滋賀県の甲賀(こうか)地方につながる高原地域を東山中(ひがしさんちゅう)と呼び、県南部の山岳地帯である吉野郡は奥(おく)と言い習わしてきた。

　国中や西山中は、大和川水系にあって、古来よりその水運によって、大坂との経済交流が盛んに行われてきた。また、東山中は木津川（淀川）水系であり、京・大坂と水運でつながりをもってきた。一方、奥は、紀ノ川（吉野川）水系と熊野川（十津川・北山川）水系に分けられ、紀ノ川水系が、和歌山方面とのつながりをもつが、熊野川水系は黒潮洗う紀伊半島沿岸部につながっている。奈良県は、こういった地域区分によって、人びとの生活、文化、食習慣までもが違っていると言われている。

　このうち北部の奈良盆地は、近世以来、商都大坂とつながる在郷商人が数多く商いし、周辺農村においても換金作物の生産などによって都市近郊地域にみられる言語環境を保持してきたため、京都や大阪の中心部で話されてきた「*上方語」と非常に類似度の高いことばが用いられている。これに対して、南部吉野地方では十津川村に代表されるような古いことばの特徴を多く伝え残している。

2——方言の特徴

　奈良県の方言は、明治の末年から大正期にかけて実施された国語調査委員会の音韻・口語法に関する全国調査および奈良県教育会による『奈良県風俗

誌（26類「言語」）』の調査などによって、研究が本格化したと言われる。特に『奈良県風俗誌（26類「言語」）』は、県内各市町村の小学校教員を調査員として全県的に実施され、詳細な報告が行われている。

　また、戦後、国立国語研究所の設置によって方言の記述研究が推進され、佐藤誠『奈良県方言研究の概観（稿本）』(1950年)、西宮一民『磯城郡織田村方言の記述（稿本）』(1954年)の成果や大正15年に創設された奈良地理学会が中心になって取り組んだ地域研究に西宮一民らも参加し、それら共同研究の成果は、奈良地理学会編『奈良文化論叢』(1967年)として結実した。こういった研究の成果をもとに奈良県方言、特に大阪や京都と関係の深い北部奈良盆地について考えてみる。

a. 音韻

　一音節語は、蚊を「カァ」、木を「キィ」のように長音化する。

　また、「ウ」の発音については、東京で発音される「ウ」の音は唇を丸めることのない [ɯ] で発音されるが、奈良県内では唇を少しとがらせて丸めるように発音する [u] である。

　その他、「イ」を含む*連母音で「エイ」はすべて「エー」となる規則、たとえば衛生（えいせい）→「エーセー」、丁寧（ていねい）→「テーネー」というふうに規則的変化する。

　半母音の [kw・gw]「クァシ」菓子、「クァジ」火事のような*合拗音も、かつては老年層でよく聞かれた。

　近畿地方の周辺部で観察される連母音「アイ」[ai] が融合して、「エー」や「アー」になる現象は、奈良県北部地域ではほとんど認められない。ただ、奈良県南部では、「アー」となる。

　子音では、サ行音とハ行音が入れ替わる現象が観察される（▶□サ行とハ行）。たとえば数字の七を「ひち」といったり、「布団を敷く」というときに「布団をひく」といったりするように、本来サ行音で発音するところをハ行音で発音する傾向がある。そのほかの用例としては、「しません」→「しまへん」、「しつこい」が「ひつこい」、「おかあさん」が「おかあはん」となることなどがよく耳にするところで、これは摩擦が弱いという近畿中央部の発音の特徴のために生じる現象である。

また、ザ行音とダ行音あるいはラ行音が入れ替わる現象（▶□「かろのうろんや」はどこへ行った）についても、この地域の音声的特徴として有名である。たとえば「座敷」が「だしき」、「かぜ」が「かで」、「雑巾」が「どうきん」、「満足」が「まんどく」というように、本来ザ行音のところをダ行音で発音されることが多い。また「淀川の水」は、「ヨロガワノミル」というようになることもある。

b.文法や表現法

　打消表現では、五段動詞「書く」を例にとれば、打消は、カカン・カカヘン・カケヘンの3つであるが、助動詞ンは古い形式で、ヘンを用いるのが一般的である。

　使役表現には、スとヤスがある。ともに未然形の接続で、五段動詞・サ変動詞にはス、それ以外にはサスを後続させる。イカス（行かせる）、ノマス（飲ませる）、ネサス（寝させる）、ミサス（見させる）、コサス（来させる）、サス（させる）など。このほか、一段活用の動詞に〜ヤスをつけて、ネヤス（寝させる）、ミヤス（見させる）、コヤス・キヤス（来させる）という古い言い方もある。

　次に*待遇表現では、標準語でも用いる尊敬の助動詞レル・ラレルのほかに、近世以来使用されてきた伝統的方言形式のナハルや、この地域の暮らしに根ざした待遇表現ハル・ヤハル、ヨルといった補助動詞がある。補助動詞ハル（▶語ハル）・ヤハルは、話し相手や話題の人物に対して、「大切に思っている」あるいは「好意を抱いている」といった心情を表現するために使用される。補助動詞ヨルは、迷惑感を抱く場合や、軽く卑しんでいうときなどに使用される*下向きの待遇表現を示す（逆に、親近感や共感をこめて親しい人の動作に対する場合もある）。

　また、近畿地方中央部では、*アスペクト表現で、継続態と結果態の言語形式上の区別がほとんどみられないという特徴がある。

　　i ──「〜した」「行く」を例にすれば、イッタのほかにイタという場合もある。
　　ii ──「〜している（最中だ）」進行中の動作や習慣的な動作を示す「継続態」では、〜シトル、〜シテルか〜シト（ー）ルと表す。

ⅲ——「〜してある」「〜してしまっている」動作が終わった結果生じた状態や、もとからある状態を表す「結果態」では、〜シトル、〜シタールおよび〜シテルを使うことが多い。

3——方言区画

奈良県の*方言区画については、西宮一民「奈良県の方言」(『講座方言学7 近畿地方の方言』1982年)を主に記述し、伝統的な方言形式の違いを比較したい。

西宮(前掲)による奈良県内の区画は、

北部方言

1 京阪式アクセント
2 一音節語の長音化現象
3 断定の助動詞ヤを用いる
4 過去の推量表現「降ッタヤロ」となる
5 継続態に「降ッタル・降ットル」、結果態に「降ッタル」
6 文末助詞のナーが親しみを表す
7 連母音aiは融合しない

南部方言

1 東京式アクセント
2 一音節語の長音化現象なし
3 断定の助動詞ジャおよびダを用いる
4 過去の推量表現「降ッツロー」となる
5 継続態に「降リョル・降リョール」、結果態に「降ットル」
6 文末助詞ナーが*軽卑表現となる
7 連母音aiは、a:となる

とアクセント、音韻、語法などから南北に区分している。

南部方言(吉野郡大塔村・十津川村・天川村・上北山村・下北山村)
北部方言(上記以外の市町村)

図1　奈良県の方言区画（西宮1982をもとに作成）

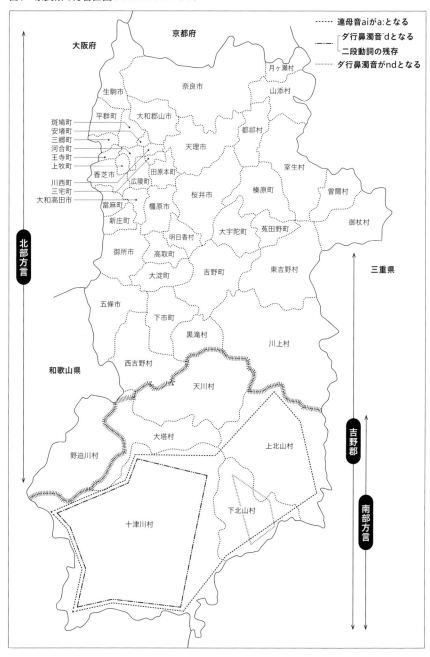

となる（**図1**）。「上記以外の市町村」とは、平成の大合併以前の自治体名であげれば吉野郡野迫川村・西吉野村・黒滝村・東吉野村・吉野町・下市町・大淀町、北葛城郡、磯城郡、高市郡、生駒郡、添上郡、山辺郡、宇陀郡、五條市、御所市、香芝市、大和高田市、橿原市、大和郡山市、奈良市、天理市、桜井市、生駒市である。

4──方言の南北差

a. アクセント

　北部は京阪式アクセントであり、南部は東京式アクセントである（▶▶▶C2 アクセント・イントネーション）。奈良県南部は、近畿の屋根と呼ばれる山塊によって、北部との交通が不便で、京阪式アクセントの中で、南部方言だけが東京式アクセントであるため、「*言語島」として著名である。

b. 音韻

　◎北部方言には一音節語の長音化があるが、南部方言にはない。
　◎連母音aiは南部ではa:となるが、北部ではならない。aiについては、十津川・下北山両村では動詞の音便形「書いて・泣いて」は「カーテ・ナーテ」となるが、大塔・天川・上北山ではそうはならない。
　◎南部の十津川村ではダ行鼻濁音が ̃d、下北山村ではndとなる。

c. 文法や表現法

　◎動詞上一段・下一段の五段化現象は南部方言に顕著である。たとえば「見ラン・見リター（見たい）・見レ・見ロー」となる。
　◎十津川・下北山両村では、動詞撥音便「飲んで」は「ノーデ」となり、天川村洞川では動詞イ音便「研いで」は「トンデ」となる。特に十津川村では、二段動詞および二段活用型助動詞の残存をみる。オクル（起きる）・シラブル（調べる）・ワラワルル（笑われる、受身）・ミサスル（見させる、使役）・トバルル（飛ばれる、可能）がそれである。これらはすべて北部にはない。
　◎指定の助動詞は、南部ではジャ（ダ）、北部ではヤとなる。
　◎打消の助動詞は、南部では（ヤ）セン、北部では（ヤ）ヘンとなる。ただし、

図2 奈良盆地中南部における待遇表現形式の分布

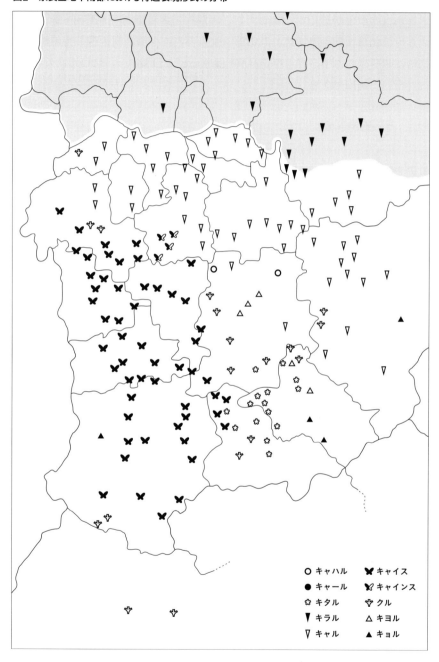

野迫川村のみ（ヤ）センを用いるから、この限りでは南部的である。
◎過去の推量表現は、南部ではフッツロー（降っただろう）、北部ではフッタヤローとなる。
◎アスペクトの中、結果態と継続態との区別は、南部ではフットル（結果）とフリョル・フリョール（継続）のように顕著であるが、北部ではフッタル（結果・継続）・フットル（継続）のように、継続では両形を用いて区別がない。

d. 待遇表現

南北の差がきわめて明瞭（めいりょう）で、南部は文末助詞による待遇法しかないのに対して、図2にみるように北部はハル・ヤハルをはじめとして、イス・ヤイスやル・ラル、タル、ヤルなどのように助動詞また補助動詞による待遇表現が盛んである（図2）。

5——奈良県方言の大阪化

近代に入ると、1895〈明治28〉年の大阪～奈良間の鉄道開通につづき、つぎつぎと交通網が整備され、1914〈大正3〉年の大阪電気軌道（現近鉄奈良線）の開通によって大阪中心部が通勤圏になり、その暮らしぶりが大きく変わることとなった。特に、奈良市・大和高田市といった都市周辺では、早くから大阪大都市圏に組み込まれ、多くの労働力と農産物の供給地となった。そしてこの傾向は、昭和40年代以降の急激な人口増加となってより明確になった。また大阪からの溢流（いつりゅう）人口による住宅都市としての性格だけでなく、後背地として南部の吉野郡や東部の山辺郡からの出口に当り、山地・山村の人びとの人口流出分をかなり受け入れたこと、などの条件が相乗したことによるものと考えることができる。

西宮一民（「奈良県の方言」『近畿方言の総合的研究』1962年）には、奈良県北部方言の特徴を「昔の京都弁の素地に、近年は大阪弁の勢力下にまきこまれたため、大阪弁の上塗りをした状態にある」と記されていて、京都を中心にした近畿中央方言の素地に、近代的で都市的な大阪方言が伝播（でんぱ）しこの地域の方言体系を変容させていることを述べている。

このことは、『日本言語地図』112図（近畿地方拡大）からも明らかで、大阪

を中心に使用されてきたメバチコ（▶︎語メバチコ）が近畿中央方言の古い方言形式であるメイボやメボに替わって奈良県内で勢力を拡大してきていることがわかり、西宮が指摘するように、語彙の面からも奈良県北部方言は大阪都心部のことばの影響をダイレクトに受けていることがわかる（図3）。(中井精一)

▶︎▶︎▶︎I3 関西共通語　　▶︎人 西宮一民　　▶︎書『奈良県風俗誌』

●中井精一『奈良県風俗誌（26類言語）国中地域編』（新村出記念財団刊行助成図書）1998／中井精一ほか『日本のことばシリーズ29　奈良県のことば』明治書院、2003／奈良県教育委員会文化財保存課『奈良県の方言 奈良県方言収集緊急調査報告書』1991／西宮一民「奈良県方言の待遇表現について」『国語学』36国語学会、1959

図3　奈良県方言の大阪語化(大西拓一郎編『新日本言語地図』2016をもとに作図)

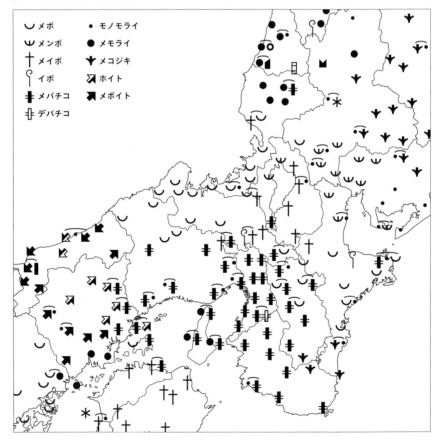

和歌山県の方言概説 B6

1──伝統的な和歌山方言の区画

昭和期の和歌山方言は紀北方言、紀中方言、紀南方言の3つに分かれ、紀中方言と紀南方言には内陸の山間部に奥地方言域が設定される（**図1**）。

図1　和歌山県の方言区画（村内1982をもとに作成）

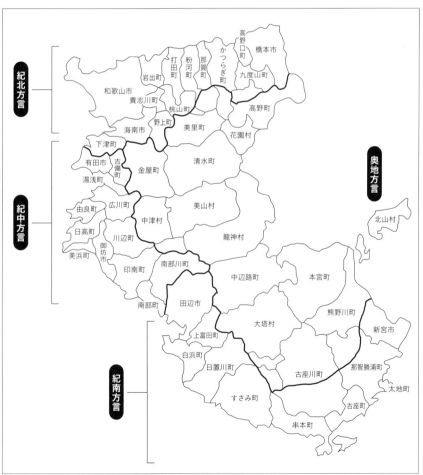

紀北地域は和泉山地によって大阪府和泉地方と隔てられる。しかしその地理的条件にもかかわらず、紀北方言と和泉地方岸和田市以南の泉南方言とは共通するところが多い。両方言には、在来の方言敬語がほとんどない。また、「テ＋存在動詞アル」に由来する*アスペクト形式タール・チャールをもつことや、アラショ（アル＋ワシ＋ヨ＝あるじゃないか）などのように、終助詞ワシを含む文法形式がある。他に「面白い」がオモシャイになり、アカンワ（だめだわ）がアカナと［w］が脱落する。「てやろうか」がチャロカとなるように、*口蓋化を起こしながら音融合し、拍数を減らす。これらの現象も泉南方言と共通するところがある。方言語彙だけでなく、これらの文法や音韻のことばの体系についての現象に共通点がみられるところに、紀北方言と泉南方言のかかわりの深さが認められる。

　紀中方言は、有田市、御坊市を含む紀中平地方言と、旧日高郡の美山村、龍神村を含む紀中奥地方言とに分かれる。図2では紀中にデクル（できる）、

図2　村内英一による方言分布図（村内1982）

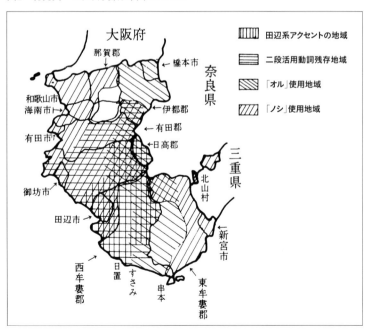

ヨスル（寄せる）などになる、動詞の二段活用が分布している。また、丁寧な態度を表す終助詞のノシも分布している。これらの特徴がこの地域を紀中方言として設定する根拠になっている。

紀南平地方言域や、紀中奥地方言域には、現在の京阪式（▶▶▶C2 アクセント・イントネーション）の前身と考えられるアクセントが分布する（村内英一「和歌山県方言」『近畿方言の総合的研究』1962年）。前者は田辺式アクセント、後者は龍神式アクセントと呼ばれる。田辺式アクセントではサガル（下がる）、アカイ（赤い）などと発音され、龍神式アクセントは、田辺式アクセントよりも現在の京阪式アクセントに近いものとされる。つまり、京阪→龍神→田辺と、南下するほどに京阪系の古いアクセント体系がみられることになる。

紀南方言は、存在動詞がオル／アルのいずれであるかや、聞き手に対する丁寧さを表す終助詞ノシの有無などから、西牟婁方言と東牟婁方言に分けられる。また、西牟婁方言には、田辺市を中心とする地域に分布する田辺式アクセントや動詞の二段活用が及んでいる。しかしこれらは、東牟婁方言には及んでいない。

和歌山県全域では、サカナガアル（魚がいる）など、有生物を主語とするアルが残存していることが知られる。このアルは動詞のテ形に後接してテアルがタール／チャール／チャル、動詞のイ段に接続してイアルがヤルになり、*アスペクト形式を形作る。これらは、全県内平地部でみられる現象である。存在動詞がオルである紀南奥地方言（図2）では、アスペクト形式もテオルに由来するトルである。存在動詞とアスペクト形式とはよく対応している。なお、紀北方言の特徴としても述べたが、和歌山県全域で、ハルのような方言敬語助動詞はほとんど存在しない。ナ、ネ、ノー、ヨシ、ノシなどによって話し相手を*待遇しわけることはできるが、これらは終助詞なので話題の人物を待遇することはできない。

2──紀伊国と方言古態の残存

和歌山県の方言は、近畿中央部の発信力のある方言の影響を受けにくいところに特徴がある。

中世期、紀北地域で勢力をもった根来寺、高野山勢力などは、その領地（寺領）内で独立性の高い自治と、仏教の聖地として文化的先進性を体現してい

た。紀伊国は安土桃山時代の宣教師ルイス・フロイスに、宗教勢力の共和国と言わしめ、農民たちも豊かであったと描写される。特に根来寺の勢力は、南河内・和泉南部(泉南)にまで及び、多くの僧兵と早くに取り入れた鉄砲によって、戦国武将の侵攻に激しく抵抗した。険しい地形に加え、このような中央政権を寄せつけない状況は安土桃山期以前から続いていたが、畿内に接していながら、紀伊国は言語面でも近畿中央部の方言を寄せつけない異界を形成していたとも考えられる。

たとえば、先述した有生物を主語とする存在動詞アルは、文献史上、上代(奈良時代以前)にみられるが、中古(平安時代)には姿を消す。動詞の二段活用も、中世期には畿内中央部のことばの歴史から姿を消す。これらの古態の残存が、本州ではこの地域にのみ確認される。語彙では、アカイ(明るい)、オドロク(目が覚める)、ボーボーラ(かぼちゃ)、テキ(三人称代名詞)など古い中央語とみられる形式が多く残存している。

紀伊国の言語変化の歩調は、畿内地域からほど近いにもかかわらず、独自なものとなっているのである。

3——奔放な言語変化と近畿方言としての性格

和歌山方言は、中央語の古態を残すだけでなく、奔放な変化がみられることも特徴的である。

長音節は、シンボ(辛抱)やサト(砂糖)など長音を短呼したり、逆にニール(煮る)やターカイ(高い)など逆に短音を長呼したりする。促音節は、ミトモナイ(みっともない)やオッサエル(押さえる)のように、促音が脱落することもあれば、添加されることもある。子音では、ドーキン(雑巾)、マラ(まだ)など、[d] [z] [r] の混同がみられることで知られる。母音はマット(もっと)、ハソム(挟む)、タノキ(狸)、ヨムギ(蓬)などの母音交替も多くみられる。マットは [o]→[a]、ハソムは [a]→[o]。タノキは [u]→[o]、ヨムギは [o]→[u] である。母音の交替の方向性は一定しない。

助詞類も多様であり、主格助詞の雨ン(雨が)、勧誘を表す行コラ(行こう)、比較を表すソレシカ(それのほうが)、否定的な限定を表すイッポンハカナイ(一本しかない)などがある。

以上のように、和歌山方言には多くの特徴があるが、やはりこの方言は基

本として近畿方言的な性格をもっている。母音は強く発音され、1拍名詞は他の近畿方言と同様に、カァ（蚊）、チィ（血）、スゥ（酢）、テェ（手）、オォ（尾）などと長呼される。アクセント体系についても、先述のように近畿方言のアクセントにルーツをもつ。県内のほとんどは*甲種アクセントであり、特に紀北のアクセントは、現在の京阪方言に近い。紀中の田辺式アクセントも、江戸初期の京都アクセントであるとされている。原因理由を表す、そや－サケ／－サカ（～だから）は、近畿の他地域でも使用される接続助詞のサカイが音変化を起こしたものである。

音韻・文法の各種現象が、近畿方言的な性格を有していることは明らかであるが、そこからの変化の遅速や方向性に独自性が強いことが、和歌山県方言の特徴と言えるだろう。

4――近年の動向

和歌山県方言の特徴が大阪府泉南方言と類似するのは、和歌山県方言が和泉山地を越えて影響を及ぼしたものと考えられる。しかし、鉄道や高速道路などが整備された近年、その交通網の中にある紀北の和歌山市や橋本市では、逆に大阪方言化が進行している。

徳川宗賢・真田信治「和歌山県紀ノ川流域の言語調査報告」（『大阪大学 日本学報』5、1986年）では、紀北・紀ノ川流域で、否定表現のン、ナンダに代わって、大阪的なヘン、ヘンカッタが使用されつつあることが明らかにされている。京阪方言のハル敬語については、橋本市でわずかながら使用されるという報告が村内英一「和歌山県方言」（『近畿方言の総合的研究』1962年）にある。ただし、徳川・真田らの調査ではさらなる普及は確認されない。大阪方言化はゆっくりと進行している。

近年、［z］［d］［r］の混同は、紀中方言の中高年層にはみられるが、若年層にはみられなくなっている。紀北方言、紀南方言では中高年層にも確認されない（清水勇吉・奥友里恵「ザ行音・ダ行音・ラ行音の混同」『都市と周縁のことば』2013年）。二段活用は、紀中奥地方言域の田辺市龍神（旧龍神村）で確認されるものの、紀中平地方言域には、二段活用の残存は認められなくなった。1979年から1981年に調査が行われた国立国語研究所『方言文法全国地図第4集』（1999年）においても、状況可能の形式として二段活用するヨムル（読め

る）、キルル（着られる）などがみられるが、奥地方言域のみで平地部には分布していない。さらに、紀中平地部では、否定辞ヘンや*アスペクト形式テルなどが、紀北方言と同様に確認される。こういった状況を踏まえると、近年の区画として、紀中平地方言を紀北方言と区別する根拠は薄れつつある。

紀南の新宮市、東牟婁郡の方言は、三重県との県境を越えて旧紀州藩の領地（紀勢町以南）にまで及んでいる。図3は岸江信介らの調査によるグロットグラム（▶▶▶15 関西のグロットグラム）であるが、進行態のアスペクト形式「ヤ（ー）ル」は、紀州藩領域であった三重県の南牟婁郡美浜町付近にまで分布する。このような和歌山・三重間の県境を越えた分布は、結果態の「タール（紀州側）／トル（伊勢・志摩側）」や、否定辞の「ン（紀州側）／ヘン（伊勢・志摩側）」など、多くの言語事象にみられる。

三重県南部の南牟婁と和歌山県東牟婁の方言の一致は、東牟婁から南牟婁に伝播したというよりは、従来からの紀伊国の方言分布が、三重・和歌山県境に分断されず保持されているものとして考えるのが自然である。旧律令国境界が、今日に至るまで、方言境界となっているのである。

大阪府の方言が和歌山県に及びつつあるなか、和歌山方言でみられる母音語幹動詞に接続する否定辞のヤン（シヤン、来ヤン、見ヤン、起キヤン、寝ヤン、食べヤンなど）が、大阪をはじめとする近畿中央部の若年層にも多くみられるようになったことは興味深い。しかし、この現象が近畿中央部方言の自律的な変化なのか、和歌山方言などから近畿中央部への伝播であるかどうかは、さらなる検討を待たねばならない。

和歌山方言全体においては、残存していた方言の古態が消失しつつある。紀北方言においては、泉南や大阪市方言との交渉。紀中方言においては、田辺式アクセントや二段活用の動向。紀南方言においては、現在の三重県南部にまで及ぶ、紀州藩域・紀伊国で形成された方言区画の動向が今後注目される。

〈西尾純二〉

▶▶▶B9 泉州弁　　▶コ「かろのうろんや」はどこへ行った　　▶人徳川宗賢、村内英一

●岸江信介「紀伊半島沿岸におけるアスペクト表現の変異」『都市と周縁のことば』和泉書院、2013／村内英一「和歌山県の方言」『講座方言学7　近畿地方の方言』国書刊行会、1982

図3 進行態の「来ている」
（岸江2013）

質問：「太郎は今こっちに来ている最中だ」という場合、「来ている」の部分をどう言いますか。

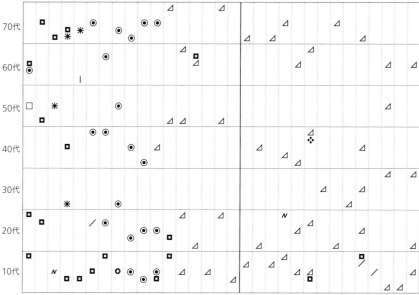

B6 和歌山県の方言概説

三重県の方言概説　　　　　　　　　　　　　　B7

1──はじめに

　三重県は、かつての伊勢国、伊賀国、志摩国および紀伊国（の一部）を合わせて誕生した。伊勢湾・熊野灘に面し、南北に長く延び、近畿地方の東部地域に位置している。経済面や文化面では、名古屋を中心とした中京圏との結びつきが強く、東海地方に属して、愛知県、岐阜県、静岡県とともに東海四県と呼ばれることもある。愛知県とは木曽川、岐阜県とは養老山地がそれぞれの境界となっている。一方で、三重県は、大阪府・京都府・奈良県・兵庫県・滋賀県・和歌山県とともに近畿地方（2府5県）にも属している。滋賀県とは鈴鹿山脈や信楽(しがらき)山地、京都府とは笠置山地、奈良県とは台高(だいこう)山脈、和歌山県とは熊野川が、それぞれの境界となっている。

2──三重県の方言区画

　三重県は、北部に位置する桑名・四日市・いなべ地域からなる北伊勢、鈴鹿市・亀山市・津市・松阪市・伊勢市・鳥羽市・大台(おおだい)町などの広い地域からなる中伊勢、かつて度会郡に属した大紀(たいき)町、南伊勢町などからなる南伊勢、伊賀市・名張(なばり)市を中心とする伊賀、志摩市を中心とする志摩、尾鷲(おわせ)市、熊野市を中心とする東紀州の5つの地域に分割される。三重県の*方言区画も、ほぼこの5つの地域にもとづいておこなわれてきた。楳垣実(うめがき)「三重県方言」（『近畿方言の総合的研究』1962年）に従うと、まず、北三重方言と南三重方言に二分される（表1）。北三重方言は、さらに北伊勢、中伊勢、伊賀の各方言に分けられる。一方、南伊勢方言は、志摩・南伊勢方言、尾鷲方言、熊野方言に分割される。北三重の北伊勢、中伊勢などの方言にはあまり差がなく、伊勢方言という場合には、主として、これら地域の方言を指す。志摩および南伊勢の方言は、特に漁村などにおいて共通する部分も多く、志摩・南伊勢を一括して扱うことが通説となっている。東紀州は漁村を中心とした集落が多く、集落間での方言差が大きい。かつての北牟婁(むろ)郡、南牟婁郡という郡の境界にしたがい、北牟婁方言と南牟婁方言とに区分される。

図1 三重県の方言区画(楳垣1962をもとに作成)

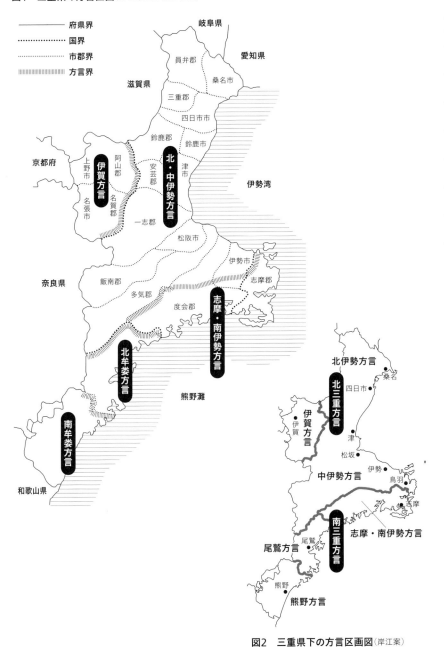

図2 三重県下の方言区画図(岸江案)

以上が楳垣の方言区画案であるが、表1で示したように、ここでは、平成の大合併により現在の尾鷲市、熊野市を中心とした呼び方がふさわしく思われるので、北牟婁方言を尾鷲方言、南牟婁方言を熊野方言とそれぞれ称することにする。図2は、岸江による三重県下の方言区画図である。図1では鳥羽市を志摩方言に含めているが、図2では中伊勢方言に含めている。

隣県の方言との関係で言えば、北伊勢から南伊勢にかけての伊勢地方の音韻体系やアクセント体系はきわめて京都方言に近く、岐阜・愛知の方言とは大きく異なる。特に東西アクセントの境界線が長良・木曽・揖斐の三川付近にあることが、昭和初期、服部四郎によって発見された。長島町（現在、桑名市長島町）などは、京阪式アクセント（▶▶▶C2 アクセント・イントネーション）が話される桑名市街地とは異なり、愛知県と同様、東京式アクセント（▶▶▶C2 アクセント・イントネーション）が行われている。一方、語彙・文法面では、桑名市や四日市市など北伊勢を中心に、愛知・岐阜の方言と共有する事象が多くみられる。上述したように、伊賀方言は、奈良方言や大阪・京都方言との関連が深く、伊勢方言とは異なる部分が多い。

尾鷲方言や熊野方言は、アクセント体系などが集落毎で異なると言ってもいいほど、多様性に富んでいる（金田一春彦「熊野灘沿岸諸方言のアクセント」（『日本の方言』1975年）。なお、熊野方言は、語彙・語法面で和歌山方言や奈良南部の方言と共通する現象が多い。

表1　三重県方言区画表
（楳垣1962を改訂）

三重県方言
- 北三重方言
  - 北・中伊勢方言
    - 北伊勢方言
    - 中伊勢方言
  - 伊賀方言
    - 南伊賀方言
    - 北伊賀方言
  - 志摩・南伊勢方言
    - 南伊勢方言
    - 志摩方言
- 南三重方言
  - 尾鷲方言
  - 熊野方言

3——三重県方言の特徴と動向

a. 音声・音韻・アクセント

　三重県の音韻体系は、北三重方言、南三重方言ともに京都や大阪の音韻体系とほとんど変わらず、／aiueo／5母音体系である。[u] は唇がやや丸みを帯びており、東京などの平口の [ɯ] とは異なる。全県下で*連母音の融合現象も少なく、一部、伊賀方言に属する名張方言で [ai] が [æě] となる地区もある（「大根」はダエコ [dæěko]、「赤い」はアカエ [akæě] など）。子音では、サ行子音で、セ [se] がシェ [ʃe] と*口蓋化する現象が志摩方言をはじめとする、特に南三重方言で観察される。また、シ [ʃi] はヒ [çi] となることがあり、たとえば「敷く」はヒク [çiku]、「七／質」はヒチ [çitʃi] と発音される。

　三重県のアクセントは、北三重から中伊勢までの地域では、京阪式アクセントに準じる。一方、南三重では、各集落間の差が大きく、日本で最もアクセント体系の多様な地域である。愛知県と三重県のアクセント体系の境界は県境と一致せず、旧長島町（現在、桑名市長島町）と旧桑名市との間を流れる揖斐川がその境界となっている。

　図3は、岸江信介「名古屋市－伊勢市間にみられるアクセント変化の動向」（『地域語研究論集』2002年）による*類別語彙2拍名詞のアクセント型の体系である。これによると、50代以上の世代では、長島町南部と桑名市旧市街との間にアクセントの境界が存在することが確認できる。ただ、注意すべきは、特に桑名市－四日市市富田間の若年層では、名古屋市と同様の類別体系で各類の音調型も名古屋市と同じ型を示すことである。また、朝日町－伊勢市間の若年層は、各地の60代以上とは異なり、第4・5類が合流する傾向が強く、類別体系そのものは、標準語のアクセントと同じ類別体系へと変化していることがわかる。この変化は、80年代後半に関西中央部で起きた変化と同じで、真田信治「ことばの変化のダイナミズム——関西圏における neo-dialect について」（『言語生活』429、1987年）によって発見された新しい型である。なお、この変化は、近畿地方の京阪中央式アクセント地域のみならず、四国地方（徳島県）などの京阪系アクセント地域にも及んでいる。

　南三重アクセントでは、**図4**で示したように、紀北町紀伊長島のアクセント体系が、式の対立を欠いた、核の位置のみで弁別する東京式アクセントと

図3 名古屋－伊勢間における2拍名詞アクセントの類別体系
（岸江2002）

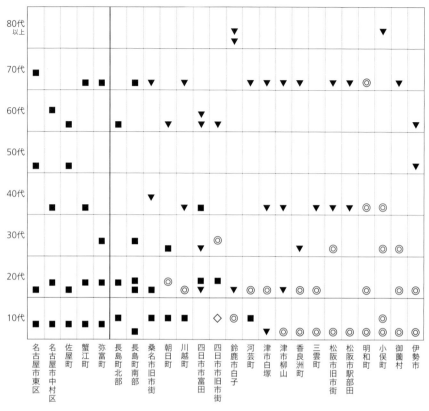

[凡例]
- ■ ── 1（LHH）／23（LHL）／45（HLL）
- ▼ ── 11（HHH）／23（HLL）／4（LLH）／5（LHL）
- ◎ ── 1（HHH）／23（HLL）／45（HLL）
- ◇ ── 判定不能

同じ体系で、北に位置する紀勢町崎（現、大紀町崎）の京阪式アクセント系とは異なる。また、紀勢町錦（現、大紀町錦）は、紀伊長島と同様、東京式アクセント的体系であるが、2拍名詞の類別体系が大きく異なる。

図4　南三重方言アクセントの式対立の現状（岸江1992）

図4は、岸江信介「熊野アクセントの句頭卓立調について」(『第54回日本方言研究会発表原稿集』1992年)による南三重のアクセントの式対立の状況を示したものである。尾鷲市内のアクセント体系は、旧市街では、「式の対立と核の位置」で弁別するが、京阪中央式アクセントとは類別の所属が逆であり、たとえば、一拍名詞「蚊・子・血・戸など」、二拍名詞「箱・竹・飴(あめ)・牛など」、三拍名詞「車・魚・桜・身体など」等の中央式で*平進式のものは*上昇式(○ガ、○○ガ、○○○ガ)に、中央式で上昇式のものは平進式(○ガ、○○ガ、○○○ガなど)というように各類の所属が完全に逆転している。尾鷲市内の海沿いの集落では、尾鷲市古江のように*垂井(たるい)式アクセントに近いものもあれば、京阪式アクセントに近い体系を示すところもある。

　熊野市は、旧市街をはじめとして、京阪式アクセントと同じ体系を有する地域が多いが、山間部には垂井式アクセントと同様の集落もある。また、金田一(前掲)で示された御浜町阿田和(みはまちょうあたわ)アクセントのように、京阪式から東京式のアクセント体系へと変化する途上にある方言もある。式対立の有無の状況については、**図4**に示したとおりである。なお、尾鷲市賀田(かた)から海岸線に沿って熊野市・鵜殿村(うどの)(現、紀宝町(きほうちょう))を経て和歌山県新宮市(しんぐう)旧市街までの地域には、一単語(一文節)内に高い部分が二か所ある重起伏調のアクセント(例.スズメ、チョコレートなど)が現れるといった特徴がある。

b. 文法・語彙

　三重県の文法・語彙(ごい)の特色としては、京阪の方言と共有する部分が大きいために近畿方言に属するとされるが、一方で、名古屋方言の影響も強く受けている。京阪方言と共通する現象としては、否定形式のヘン、敬語形式のナハル、原因・理由を表す接続助詞のサカイやヨッテ(中伊勢方言の松阪方言)などを用いる。名古屋方言と共通する事象としては、否定形式のセン、特に北三重方言で敬語形式のイカッセル(いらっしゃる)、伊勢方言全域での敬語動詞ミエル(お越しになる)のほか、原因・理由を表す接続助詞デがある。なお、一段活用の動詞やサ行変格活用・カ行変格活用の動詞にはヤンを用いる。たとえばミヤン(見ない)・シヤン(しない)・キヤン(来ない)など。ただし、若年層ではコヤン(来ない)も使用する。なお、このヤンは、和歌山方言と共通する。過去の否定形式は、伊勢方言では京阪のナンダ(行カナンダ・見ナンダなど)より、

ンダ（行カンダ）・ヤンダ（見ヤンダ）を用いることが多い。これは滋賀県方言と共通する現象である。

　また、敬語形式においても同様に、京阪的な形式と名古屋の形式および三重県方言独自の形式の三者を使用するため、特に中伊勢方言などの高年層では、非常に複雑な敬語体系を有しているのが特徴である。尊敬語形式として、たとえば、「来る」には多くの敬語形式がある。敬語動詞としては、最も敬意が低いゴザル（この形式は補助動詞的にも使用され、来てゴザル、飲んでゴザルといった使用もある）、オイデル、ミエルがあるほか、オイナハル、オイナサル、キヤンス、オイデヤンスなど、話者によってはこれらの形式をすべて使用するケースもある。また、このほか、キテヤ（来ておられる）といったテヤ敬語（▶語テ（ヤ））のほか、「キトイデル（来ておいでる）」という形式も使用される。このように複雑な敬語形式を使用する地域は、津市や松阪市など中伊勢方言の、主に旧市街地である。北伊勢方言では、イカッセル（行かれる）、コサッセル（来られる）が使用され、イカンス（行かれる）、コサンス（来られる）といった形式は用いられない。ただし、イカンセなど命令形のみ使用している地域が県下各地にみられる。伊賀方言では、京阪方言の影響を受けてのハル敬語（▶語ハル）の使用はみられるが、中伊勢方言で使用されるような敬語形式はほとんど使用されない。また、志摩・南伊勢方言、さらに尾鷲・熊野の方言は無敬語に近い（尊敬語形式はほとんどないが、文末の助詞の使い分けによって＊待遇差を表現することがある）。

　なお、京阪方言からの影響とみられる形式として、オーキニ（ありがとう、▶語オーキニ）、アカン（だめだ、▶語アカン）、ゴメンナシテ（ごめんください）、トットクンナハレ（取ってください）などがある。三重県方言独自の特徴としては、伊勢方言でのオーキンナ（ありがとう）、ヨーオイナシテ（ようお越しくださいました）、伊賀方言でのトッテダーコ（取ってください）、志摩方言でのハザン（だめだ）などがある。

　北伊勢方言には、岐阜・愛知方言の影響を受けているものが多く、語彙としてはコーライ（玉蜀黍）、メンボ（麦粒腫、▶語メバチコ）などある。これらは、中伊勢方言や南三重方言ではナンバ、メボである。志摩方言の布施田には、動詞の音便形に特色があり、丹羽一彌編『日本のことばシリーズ24　三重県のことば』（2000年）によると、マ行の五段活用の動詞の語幹の母音が［u］の

場合(「積む・汲む」)には撥音便(ツンダ・クンダ)となるが、[u]以外の[a i e o]の場合(飲む・噛む)には「ノーダ・コーダ」とウ音便となる。この傾向は、九州方言や奈良県十津川方言とも共通する現象であるとともに、室町時代における口語形式とも一致する古形の残存と考えることができる。

＊アスペクト形式に関して、北三重方言では進行態／結果態の対立がなく、トル形だけが使用されるが、南三重方言では、大紀町錦から熊野市飛鳥にかけての熊野灘沿岸で、ヨル(進行態)／トル(結果態)の使い分けがある。また、熊野市旧市街から紀宝町鵜殿にかけて、ヤル(進行態)／タール(結果態)の使い分けがある。ヨル／トルの使い分けに関しては、奈良県南部方言(十津川方言など)との関連が認められる。また、ヤル／タールの使い分けは和歌山県南部方言と同様である。存在動詞では、三重県全般で西日本諸方言と同様のオルが使用されるが、南三重方言の熊野市飛鳥や紀和町などにアルの使用が認められ、これは紀伊半島の南端部と共通する。ただ、注目すべきは、志摩市名田にもアルが存在することである。

最後に、名古屋方言と大阪方言が三重県の方言に同時に影響を及ぼしている例として、鳥谷善史「都市と周縁の語彙変化」(岸江信介・太田有多子・中井精一・鳥谷善史編『都市と周縁のことば』2013年)に掲載されている「自転車」の呼び方の世代×地域による実態を、図5に示す。名古屋市で使用されたケッタは、南下して、磯部町(現、志摩市磯部町)まで及んでいることが確認できる。一方、大阪市内で生じたと考えられるチャリが県全域の若年層で使われており、ケッタとチャリの攻防が三重県内で繰り広げられているのである。(岸江信介)

▶▶▶B13 伊賀弁、B14 志摩弁、C2 アクセント・イントネーション

▶ 人 楳垣実、金田一春彦、服部四郎

図5 「自転車」の世代差×地域差
(鳥谷2013)

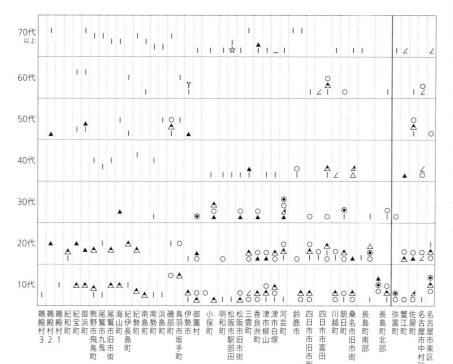

[凡例]
- | ── ジテンシャ
- ▲ ── チャリンコ
- ○ ── ケッタ
- ∠ ── ジデンシャ
- ⦿ ── ケッタマシン
- △ ── チャリコ
- Y ── ワッパ
- ‒ ── ジテン
- ▲ ── チャリ
- ☆ ── チンチン
- ⊿ ── ママチャリ

河内弁　　　　　　　　　　　　　　　　　　　　　　　　　　　B8

　大阪府はかつての摂津・河内・和泉の三国からなっている。河内弁は、このうちの河内の領域で使われる方言である。河内弁の特徴とされるのは、「イッコル（行きよる）」「ノンモル（飲みよる）」「ヨロガワノミル（淀川の水）」「カロノウロンヤ（角のうどん屋）」「疑問の終助詞〜ケ」「ラ行音のふるえ（巻き舌音）」「テンポの早さ（談話速度）」などである。ただし、これらの特徴はいずれも、近世後期あたりから昭和初期にかけて、摂津方言でも使われたもので、過去において摂津方言と河内方言は同じ基盤の上に立つ方言であったのである。その後、摂津方言は大きく変貌を遂げた。それは、この地の工業地帯に各地からの移住が進み、各地の方言が少なからず影響を及ぼして、諸方言の混合言語の性格を帯びた改新的なものとなっていったことである。明治・大正・昭和と時代が変化していくなかで、大阪市は文字通り西日本第一の大都市となった。そして、摂津方言は大阪ことばの中心的存在として、階層性を包含しつつ威光を放つものに成長したのである。その一方で、河内はこの流れに取り残される形で、濃密な人間関係（人情）を保ちつつ、豊かな農村的共同体を維持してきた。その結果、河内のことばは古い表現形をそのままに保存する「古方言の宝庫」的な存在となったのである。その河内弁が、品のないことばとして、より強くイメージされるようになったきっかけは、今東光による小説『悪名』である。この小説を原作とした映画も制作され（1961年）、八尾の朝吉親分がすごんで啖呵を切る「やぃわれ、いてもたろか」といった言い回しによって、フィクションとしての「河内のヤーサン」なるものと悪態表現が全国的に喧伝されることになった。さらに、ミス花子（本名、鍵谷和利）が作詞作曲した「河内のオッサンの唄」（1976年）では、「久しぶりやんけワレ」「何しとったんどワレ」などの河内の人びとの真情あふれる日常会話を、彼が悪たれ調で歌ったために、河内弁へのイメージダウンが倍加したのである。当時、地元の文化団体が、この唄に対して、「河内に対する偏見を助長する」と抗議したことがメディアでも話題になった。

（真田信治）

▶▶▶B3 大阪府の方言概説、I1 大大阪時代の大阪弁

●富田林河内弁研究会編『河内弁大辞典　やぃわれ!』リブロ社、2003

コラム 「かろのうろんや」はどこへ行った

　全国各地には、方言のあり方を端的に描写する言い回しがある。三河方言には「じゃん、だら、りん」などの文末形式の特徴を描写したフレーズがあるし、古くは「京へ、筑紫に、坂東さ」というように、各地の方向を示す格助詞についてのフレーズが語られていた。「かろのうろんや」も、そのようなフレーズの一種である。

　「かろ」は「角」、「うろん」は「饂飩」なので、このフレーズは[d]と[r]の交替を捉えたものである。このような[d]と[r]の交替現象は、かつては関西で広くみられたものの、近年では使用地域が限られ、1980年代で既に、奈良県や和歌山県のほか、近畿北部地域などに分布が限られることが、杉藤美代子らの調査によって確認されていた。最近は使用される地域がさらに縮小している。

　「かろのうろんや」は、かつては関西のかなり広域で言われていたが、その言い方は「どこかに行った」というよりは、大都市部からどんどんシャッターを下ろして「店じまい」しているのである。代わりに全国展開する「うどん」という言い方がやってきた。

　関西の都市部の人びとが「うろんや」と聞くと、相手に通じないか、鄙びた言い方だという感覚を持たれるかもしれない。しかし、「うろん」という看板を掲げたうどん屋があるならば、それは個人経営ではあるが、由緒ある老舗かもしれない。

(西尾純二)

▶ コ 九州の人から見た「関西弁」
▶ 人 杉藤美代子

泉州弁　　　　　　　　　　　　　　　　　　　　　　B9

　大阪市と堺市の境界を流れる大和川以南の和泉地域は、昭和前中期ごろまでは、大阪市を中心とする摂津方言や内陸部の河内方言とならび、泉州方言域として区画をなしていた。そして、泉州方言はさらに、泉州北部地域の泉北方言、南部地域の泉南方言に分かれる。しかし大阪市に隣接する泉北方言は、近年、大阪市方言との同化が著しく、その特徴をほとんど失っている。大阪市域では、昭和後期から、キサス（来させる）をコサセルにするなど、府内でいち早く標準語を取り入れたり、カカヘン（書かない）をカケヘンとし、ミーヘン（見ない）をメーヘンにするなど、-ehen 形の否定表現を発生させたりした。そして大阪市方言は、それらの形式を隣接する河内や和泉地域に波及させる強い発信力を持った。泉州弁のなかでも、大阪市に隣接する泉北の方言は、この影響を強く受けている。

　一方、泉北の和泉市と接する岸和田市以南の泉南地域では、現時点においても、大阪市方言の影響を受けにくい。泉北方言域と泉南方言域とを分かつ和泉市と岸和田市との境界には、大きな河川や険しい山など、言語を違わせる自然的要因はほとんどない。にもかかわらず、泉北方言と泉南方言とは鋭く対立する。さらに興味深いのは、泉南と紀北との間には険しい和泉山脈があるにもかかわらず、泉南方言には、和歌山県の紀北方言との類似点が多くみられることである。

　その類似点は、語彙だけでなく、文法的な形式にもみられる。たとえば、図のフッチャーラ（降っているよ）のチャールは、存在動詞「ある」に由来する*アスペクト形式である（て＋ある→チャール）。またチャーラの「ラ」は、自称詞に由来する終助詞ワシとチャールとの音融合（チャール＋ワシ→チャーラシ→チャーラ）によって形作られたものであるとみられる。方言敬語がほとんど存在しないことなども、泉南方言と和歌山方言との共通点である。

　泉南のほぼ全域は江戸期に岸和田藩があった。そのことが影響して、岸和田藩内に独自の言語圏が形成され、泉南が独自性を保っているとは推定できる。しかしそのことは、泉南方言が紀北方言と連続性をもつことについての説明にはならない。泉南が強固に独自の方言を残す要因として、室町・安土

桃山期に和歌山で強力な自治を展開していた根来衆という寺社勢力が、岸和田市までを領地化していたことが注目される。

(西尾純二)

▶▶▶B3 大阪府の方言概説、B6 和歌山県の方言概説

●岸江信介・中井精一『大阪〜和歌山間方言グロットグラム』摂河泉地域史研究会、1999

図 「フッチャーラ」を言うか（大阪市〜和歌山市間）
(岸江・中井1999をもとに作成)

質問:「雨降っちゃーら」という言い方をしますか。

［凡例］
● ——使用する
▽ ——聞くことはあるが使用しない
／ ——聞いたこともない

神戸弁　　　　　　　　　　　　　　　　　　　　　　　B10

　神戸は1989（明治22）年に神戸市となり、その後、市域拡大とともに人口が急増し、150万人を超える都市となった。現在、神戸の中心と言えば、中央区三宮など商業・観光施設が密集した地域だが、市発足当時の中心地域は今の兵庫区の和田岬あたりとされる。

　誕生当時の神戸ではどのようなことばが使われていたのか。神戸市で最も古いとされている神戸市明親尋常高等小學校から1907（明治40）年、方言矯正を目的とした方言集『兵庫のかたことば』が刊行されている。その内容は「〜だす（〜です）、〜ごわす（〜でございます）」など大阪的なものもあるが、「ザ行ダ行の混同」「ぜっぺー（ぜひ）、〜とー（〜てください）、〜よんの（〜しているの）」など、播磨地方に通じるものが多い。

　関西におけることばの異なりは、文字通り京阪神で三様で、隣接する大阪とのことばの違いが比較的話題にのぼりやすい。大阪側からみて最も違和感を抱くのは「〜トー」であるという。「この本持っトン？（この本持ってる?）」「うん、話の筋も知っトーで。（ああ、話の内容も知っているよ。）」この「トー」は、*アスペクトと呼ばれる、動作のようすを表すものである。神戸市以西の日本では、「〜ヨル（継続中）」「〜トル（完了）」を区別しており、「トル」が発音変化して「トー」となったものである。なお、大阪（および以東の日本、東京など）では上の二種類の状態を区別せず「〜テイル（〜テル）」で表現する。単純化すると「神戸：トー vs. 大阪：テル」となるが、その対立の根本が意味するものは深く大きい。また、敬語（丁寧度は高くない親愛的表現）も大阪と対立する（厳密に言うと対立していた）。「大阪の人は目上の人に、来ハッタとか、行かハルて、言うテヤロ（大阪の人は目上の人に対して、来ハッタとか行かハルっておっしゃるでしょう）。」「京都の人もおんなっしょー言うとっターッタなあ（京都の人も同じように言っていらっしゃったね）。」この「テヤ」「ハル」の境界線は、鎌田良二の研究によって神戸市東灘区を流れる住吉川であるとの報告（「尊敬表現「て」について」『文学・語学』25、1962年）がある。

　　　　　　　　　　　　　　　　　　　　　　　　　　　　　（都染直也）

▶▶▶B4 兵庫県の方言概説、B11 播州弁

播州弁　　　　　　　　　　　　　　　　　　B11

　兵庫県の約三分の一の面積を占めるのが旧「播磨国(播州)」。播州弁は播州地域で使われる方言をさす。播磨は姫路市をはじめ、12市・8町からなり、東播磨と西播磨に二分されるが、加古川・市川・千種川の三水系によって東播磨、中播磨、西播磨に三分類されることもある。東播磨北部を北播磨と細分することもある。一方、播州弁を二分する最も大きな要素はアクセントで、千種川水系の西播磨(たつの市、赤穂市、相生市、宍粟市、太子町、上郡町、佐用町、姫路市の一部)は「*垂井式アクセント」、東・中播磨の「京阪式アクセント」(▶▶▶C2 アクセント・イントネーション)とはやや性質を異にする。具体的には次のような違いがみられる(上線部を高く発音する)。

　　垂井式：その<u>ふねがみえ</u>る(その船が見える)。<u>無</u>い。
　　京阪式：その<u>ふねがみえ</u>る。<u>無</u>い。

　その他の音声面では、西播磨では*ガ行鼻濁音が劣勢で*破裂音が多くなる。一方、東播磨ではザ・ダ・ラ行の混同現象がみられる(ムカゼ＝百足、何どおくれ＝何ぞおくれ(頂戴))。
　播州弁は関西弁的要素と中国方言的要素を併せ持つ方言である。たとえば敬語表現の「テ(ヤ)」があり(関西では丹波方言にもみられる)、たとえば、

　　先生今日は来てか?(先生は今日いらっしゃるだろうか?)
　　じき来てや、昨日も来たーったで。(すぐにいらっしゃる、昨日もいらっしゃったよ)

のように用いられる。北播磨では「来ちゃった」となる地域もある。また、*アスペクトにおいて「進行態と結果態の区別」があり、「雨が降りヨー、雨が降っトー」が区別される。
　播磨の中で、姫路市家島町(家島・坊勢島)の方言は、発音(「ウサギが<u>逃げ</u>る」のような「低進式」と呼ばれるアクセント)・語法(「行けマ」のような命令辞、「書きシン」の五段動詞イ段に否定辞シンが接続)など、対岸域とは異なる。

『風土記』をはじめ、江戸時代の全国方言辞典『物類称呼』にも「播磨にて」との記述があるように古くからの資料が残っている方言である。　　（都染直也）

▶▶▶B4 兵庫県の方言概説、B10 神戸弁
▶語 シトー、テ（ヤ）

コラム　方言イベント

　兵庫県の播州地方は、京都や大阪、さらには神戸とも異なる（多くはマイナスイメージが強調されて）関西弁として、マスコミでも取りあげられることがある。一方で、伝統文化としての播州弁に対する理解を深めるとともに、社会的な活動としていくつかのイベントが計画・実行された。

　2004年5月には、神戸新聞などの後援により、播州弁サミットが開催され、講演や、各界からパネリストを招いてのシンポジウムが開かれた。また、会場では「べっちょない（大丈夫）」などの播州弁をプリントしたTシャツが販売され、好評であった。2010年には、NPO法人が中心となり、「播州弁缶バッチ（バッジ）」が製作・販売された。「ごおわく（腹が立つ）」「せんどぶり（久しぶり）」等10種類が製作され、ガチャポン方式で販売され、その売り上げの一部は市民活動に活かされた。2014年には、高砂市と住民グループが協同で「播州弁ラジオ体操」CDを作成し、出席カード等とともに無料配布された。2014年のNHKの大河ドラマが「黒田官兵衛」であったことから、兵庫県立図書館では、イラストによる「カンベッチョナイ」を主人公とした方言絵本や文具を作成した。「かんべっちょない」とは、「官兵衛」と播州方言「べっちょない（大丈夫）」を掛けたもの。2016年も大河ドラマ「真田丸」にあやかり、「ラッチョモネエ（つまらない、取るに足りない）・ユキムラ」と後藤又兵衛を模した「ホナマタベエ（それじゃまた）」をイラストの主人公に企画展示を実施した。また、2016年6月には、兵庫県加西市立図書館が中心となり「播州弁検定試験」が実施された。各地の地域検定の一部に方言に関する出題が含まれることがあるが、方言だけを対象とした検定は全国でも珍しい取組である。　　（都染直也）

▶▶▶G4 関西の方言土産（グッズ）
▶コ ご当地検定と関西
▶語 ゴーガワク、センド

淡路弁

　兵庫県に属する淡路島は旧淡路国であり、そのことばは淡路弁と呼ばれている。兵庫県の方言は、まず但馬とそれ以外に区画されるが、次に淡路とそれ以外に分類される。陸続きである他の4国とは異なり、海を隔てて四国(徳島)・和歌山に近く、それら地域のことばの影響がみられる。

　淡路弁は北部・中部・南部と大きく3つに区画されるが、それらはおおよそ現在の三市(淡路市・洲本市・南あわじ市)の地域に一致する(淡路市南部は中部方言的)。これらの間では、音韻やアクセントにも異なりがある。

　淡路弁の特徴として敬語が少ないと言われるが、ナハルやオマスなど、京阪につながるものが使われているようである。上記の通り、徳島や和歌山との共通性は古くから知られている。また、沿岸部で漁業に携わる人たちと、内陸部で農業に携わる人たちとのことばの違いもみられる。

　音声・音韻では、アクセントはほぼ全域が京阪式アクセント(▶▶▶C2 アクセント・イントネーション)である。なお、ザ・ダ・ラ行の混同がみられ対岸の和歌山方言にも通じる現象である。

　語彙では、人形浄瑠璃がさかんな土地柄から、浄瑠璃に由来する語彙が多くみられる。漁業関係のことばが一般化した例に、カタフネがある。元々は漁をする際の僚船をさしていたが、同僚・親友などの意味になり、対称(親しい間柄)としても用いられることがある。

　語法面では、「〜ダ」の存在があげられる。兵庫県では但馬の断定辞がダであることはよく知られているが、淡路でも推量の意味で〜ダー、〜ダレ(北部)・〜ダロ(南部)が用いられ、「大丈夫ダー」は「大丈夫だろう?」の意味になる。また、主格を表す助詞の「が、は」は、名詞に融合した形になり、「蛸が、蛸は、鷹は、鷹が」はすべてタカーになる。したがって、標準語での「が、は」の違いは文脈によって判断することになる。興味深いところでは、「〜してください」にあたる〜テッカがある。「教えテッカ」のように使うが、この表現は兵庫県赤穂市などでも使われているが姫路や明石にはないもので、海を隔てた両地域での共通性が注目される。

(都染直也)

▶▶▶B4 兵庫県の方言概説　　▶語 オマス、ハル

伊賀弁　　　　　　　　　　　　　　　　　　　　B13

　伊賀地方は、大阪・京都・奈良に隣接しながら、周囲はけわしい山々に囲まれている。歴史的には周囲の地域との交渉を持ちつつも、中世期には伊賀忍者で有名な伊賀国人衆が勢力をもった独自性の強い地域であった。

　このような地域特性が、伊賀にイッテダーコ（行ってください）のような依頼の敬語表現や、タエ（鯛）、アカエ（赤い）のような*連母音といった特徴的な方言を定着させたと考えられる。これらの方言は衰退しつつあるが、ダーコに関しては、使用する人が少なくなっても、伊賀を代表する方言として人びとの記憶に残り、町の看板などで見かけることができる（図）。

　一見、授受表現にみえる「帰ってクレル」などが、「お帰りになる」という尊敬語相当で使われることがあるのも、この地域の特徴である。

　また、伊賀地方の東隣は三重県内の伊勢地方である。方言としても、メボ（ものもらい）、イコニ（行こうよ）、ツル（机を運ぶ）などといった伊勢方言やその他の東海方言的なものと、カエルサカイ（帰るから）、シアサッテ（明々後日。三重側はササッテ）、雨がフッテル（三重側はフットル）などの関西方言的なものが入

図　伊賀市の公共施設の駐車場（2016年撮影）

り混じり、せめぎ合う。

楳垣実「三重県方言」(『近畿方言の総合的研究』1962年) によると、旧上野市を中心とする京都・滋賀に近い北部と、名張市を中心とする大阪・奈良に近い南部とでは違いがあり、北部では京都方言、南部では大阪方言の影響を受けている状況を指摘した。しかし、近年は状況が変わり、南部だけでなく北部でも、大阪的なイキハル（行かれる）、イケヘン（行かない）が、京都的なイカハル、イカヘンよりも優勢（中井精一「都市の地域中心性と待遇表現体系」『都市・社会・言語』2013年）なことなど、大阪方言の影響が強くなっている。　　（西尾純二）

▶▶▶B7 三重県の方言概説

▶ 語 ハル、メバチコ　　▶ 人 楳垣実　　▶ 書 『近畿方言の総合的研究』

志摩弁　　B14

　旧志摩国を引き継ぐ志摩地方は、三重県の志摩半島に位置する。真珠養殖で有名な英虞湾を中心とした旧志摩郡の5町（浜島・大王・志摩・阿児・磯部の各町）が、2004年10月に合併し、志摩市となった。

　志摩の方言は、南伊勢方言に属し、音韻・アクセントが北・中伊勢地方と同様、京都や大阪と同じ体系を有するが、語彙や語法面で特色がみられる。

　漁業に関係する例として、「海女」ではオカズキ（和具）・イソド（和具・安乗・名越）、「あわび」をオービ（和具・布施田）・フクダメ（迫子）、「うに」をガゼ（名田・名越）・ガンゼン（和具）・ガンジョ（安乗）など、志摩市の集落間で方言差があるものが目を引く。表現形式にも志摩弁独特のものがみられる。たとえば、「（しては）いけない」の「いけない」に相当する形式として三重県では全域でアカンが優勢であるが、志摩ではほぼ全域で「はずが合わぬ（弓の弦に筈が合わない）」から生じたとされるハザンが使用されている。語法面では、まず*待遇形式が乏しく、特に漁村部はほぼ無敬語に近い。隣接する鳥羽方言などが属する中伊勢方言は待遇形式が多く、対照的である。

　また、志摩の方言では動詞の音便形に特色があり、ダイタ（出した）・サイ

タ(刺した)などの*サ行イ音便が志摩市和具を中心に残っている。撥音便化の現象としては、「研いだ」がトンダとなり、志摩市内の漁村である越賀や和具で聞かれる。バ行・マ行の音便形は通常、「飛んだ」「飲んだ」のように撥音便となるのが一般であるが、平山輝男編集代表・丹羽一彌編『日本のことばシリーズ24 三重県のことば』(2000年)によると、志摩市布施田では、トーダ(飛んだ)・ノーダ(飲んだ)などウ音便形となる傾向があるとのことである。この現象は、九州地方などにもみられ、室町時代の名残である可能性も否定できない。このほか、打消・過去「行かなかった」で、イカザッタ・イカラッタ・イカダッタなどの形式が志摩市各地で聞かれる。〜ザッタは、高知県や宮崎県などで否定過去の形式としてよく聞かれ、西日本の地理的分布の状況から〜ナンダ(イカナンダ)よりもさらに古い形式であろう。関西地方では唯一、志摩市での使用は*周圏分布の視点からも興味深い。なお、「歌を歌う」という場合の格助詞「を」にあたる部分は、三重県の方言では全体的に無助詞となることが多いのだが、波切(なきり)では「ウタオチウトタ」のように「を」の部分をオチと表現する。湯澤幸吉郎『室町時代言語の研究』(1929年)によると、室町時代の口語資料である抄物に、格助詞「を」にあたるオチの使用例が多くみられ、関連性をもつとみられる。

　志摩の方言は、関西地方からすでに姿を消したとみられる中世期の語法がその名残をとどめているという点に特色がある。

(岸江信介)

▶▶▶B7 三重県の方言概説　　▶語アカン　　▶人平山輝男

●岸江信介・岡部修典・清水勇吉・村田真実編『三重県志摩市のことば』徳島大学総合科学部日本語学研究室、2010／佐藤虎男編『伊勢市とその周辺の方言事象分布地図』私家版、1998

丹波弁　　B15

　旧丹波国(たんばのくに)は、現在は京都府(福知山市・綾部市・南丹市(なんたん)・京都市(右京区・左京区)・亀岡市・船井郡京丹波町)と兵庫県(篠山市・丹波市)に分かれている(加えて大阪府高槻市・豊能町の一部)。かつては、ともに京都の影響が強い地域であったが、

図　『兵庫県多紀郡・氷上郡接境地域言語地図』（甲南大学方言研究会1991）

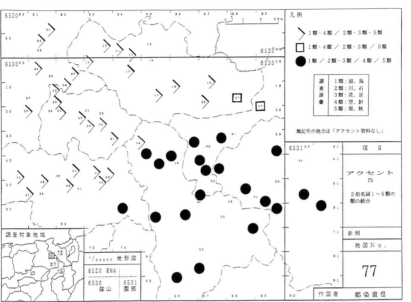

　篠山市・丹波市は鉄道の便が良くなったことで大阪への通勤圏となり、大阪や神戸とのつながりも強くなっている。一方、篠山市東部地域は、京都府南丹市の園部を経由して京都に出ることも多いようである。

　ことばの面ではいずれも近畿方言に含まれており、広い意味での関西弁地域と言える。しかし、旧丹波国地域のことばは、京都府で北部（福知山・綾部）と南部（南丹・亀岡等）、兵庫県で丹波市と篠山市というように、4つの地域に細かく区画できるようである。

　『方言文法全国地図』をみると、京都府丹波と兵庫県丹波とで異なるのは、過去の打ち消しで、兵庫県では〜ヘンダ系、京都府では〜ヘナンダが多い。他の資料では京都府にも〜ヘンダはみられるが、〜ヘナンダ・〜ヘンカッタ系が優勢である。

　京都府での南北の異なりについては、たとえば「来ない・来なかった」は北部でコン・コナンダ、南部でキーヒン・キヤヘンカッタ・キーヒンカッタが優勢である。また、敬語表現についても北部の〜テヤ・〜チャッタ（過去）

に対し、南部の〜ハルが対立している。これらについては山陰本線の下山駅と胡麻駅あたりが境界線になるようである。

　兵庫県での南北（丹波市か篠山市か）の異なりでも敬語表現があり、京都府同様、北部には〜チャッタ（過去）があるほか、〜ナサル・〜ナハルもみられ、篠山市は〜テヤ・〜タッタ（過去）である。下のアクセントの異なりとともに、兵庫県丹波域内での地域差として地元の認識度も高い。

　京都府・兵庫県ともに、南北で異なるのはアクセントである。南部は京阪式アクセント地域、北部は京阪式アクセントの流れを汲む*垂井式アクセントと呼ばれる地域で、二分される。たとえば、兵庫県は篠山市（旧多紀郡）が京阪式アクセント、丹波市（旧氷上郡）が垂井式アクセントときれいに分かれる（図参照。●記号の地点が京阪式、＞と□記号の地点が垂井式）。単語の例では、「雨・秋」が篠山市では［ア￣メ、ア￣メガ、ア￣キ、ア￣キガ］、丹波市では［ア￣メ、アメ￣ガ、ア￣キ、ア￣キガ］となる。

　丹波全域での共通性が高い語句には、桑の実を表すフナメ・フナベ・フナミ・ホナメ、雨の降り始めの擬態語ピリピリ、過去の否定形「〜ヘンダ：昨日は行かヘンダ」等がある。

（都染直也）

▶▶▶B1 京都府の方言概説、B4 兵庫県の方言概説
▶語 テ（ヤ）、ハル、ピリピリ（スル）

若狭弁　　　　　　　　　　　　　　　B16

　若狭弁とは福井県南部の嶺南地方の旧若狭国の範囲（東は三方郡美浜町から西は大飯郡高浜町までの範囲）の方言を指すが、広義には東條操の*方言区画で北陸方言に属する福井県北部の嶺北地方の方言に対して、近畿方言に属する嶺南地方の方言を指す。若狭弁（嶺南方言）については、早く奥村三雄、佐藤茂など、1980年代以降は加藤和夫などの研究がある。嶺南地方の方言の東端に位置する敦賀市の方言については、この地域が旧越前国であったことと、京都語（かつての中央語）が琵琶湖の西を北上して嶺北地方に伝播する上での

入り口にあたる場所であったことから、語彙的に嶺北方言と嶺南方言の中間的特徴をもつ。それに対し、美浜町から西の狭義の若狭弁は、京都語の伝播経路として、琵琶湖の西を北上したことばが通称「鯖街道」と呼ばれたルートで旧上中町(現若狭町)側から若狭の中心地である小浜に伝わり、そこを中心に若狭全域に分布を拡げたものが多い。このため、敦賀市以北に分布する方言形よりも新しい方言形や、京都語の影響をより強く受けた方言形の分布がみられたが、最近では全般的に共通語化が進んでいる。文法的には、カカン(書かない)、アメヤ(雨だ)、コータ(買った)、アコーナル(赤くなる)など、嶺北方言・嶺南方言ともに近畿方言に共通するものが多いものの、嶺南方言がより近畿方言的である。たとえば*アスペクト表現では、進行態と結果態を区別しない点は同じであるが、標準語の「〜ている」にあたる形は嶺北方言の〜テルに対して〜トルが用いられる。京都語の影響を受けた敬語助動詞の分布は複雑で、高年層では若狭周辺部に古形の〜ッシャル・〜ンスが分布するほか、嶺北方言と共通する〜ナサル・ナルが全域に、さらに小浜中心部と滋賀県境の旧上中町や舞鶴と接する高浜町には〜テヤが分布する。「来ない」の意味の近畿地方の新しい方言形コーヘンも若い世代を中心に使われ始めている。アクセントは、無アクセントを中心とした嶺北地方の方言に比べて京阪式アクセント(▶▶▶C2 アクセント・イントネーション)に近い特徴をもち、東部の敦賀市と美浜町及び旧三方町(現若狭町)が準*垂井式アクセント、旧上中町と小浜市、現おおい町と高浜町が垂井式アクセントとされる。嶺北地方以北ほど顕著ではないものの、北陸方言に特徴的な文節の切れ目で揺れるイントネーション(「間投イントネーション」とも)も聞かれる。 (加藤和夫)

▶語 テ(ヤ)

●奥村三雄「方言の実態と共通語化の問題点2 京都・滋賀・福井」『方言学講座 第三巻』東京堂出版、1961／加藤和夫「福井県若狭地方における言語分布相」『都大論究』17、1980／加藤和夫「各地方言の解説 福井県方言」『現代日本語方言大辞典1』明治書院、1992／佐藤茂「福井県嶺南地方(若狭)方言」『近畿方言の総合的研究』三省堂、1962／佐藤茂「福井県の方言」『講座方言学6 中部地方の方言』国書刊行会、1983

ジャンル別概説

C

1 音声（音便） 134
2 アクセント・イントネーション 141
3 略語のアクセント 145
4 関西弁の語法―否定表現・可能表現 148
5 関西弁の語法―断定表現 152
6 関西弁の自称詞・対称詞 157
7 敬語・敬いの表現 160
8 第三者を明示するハル敬語 166
9 あいさつ表現と関西弁 167
10 依頼表現と関西弁 171
11 関西弁の談話展開 176
12 関西弁のあいづち 178
13 オノマトペ 179
14 関西弁の常套句 182

音声（音便）　　C1

1——音便

　音便とは、主に語と語とが結合する際、その結合部分（前部要素の末尾音節、もしくは後部要素の先頭音節）に生じる音の変化の現象のことである。現代日本語の標準語においては、五段活用動詞、もしくは形容詞の連用形において、以下に示す4種類の音便が観察される。

◎イ音便（五段活用動詞連用形）：例「書きて→書いて」（kakite→kaite）
◎ウ音便（形容詞連用形）　　　：例「美しく（ございます）→美しゅう（ございます）」（utukushiku→utukushiu→utsukusyu）
◎撥音便（五段活用動詞連用形）：例「飛びて→飛んで」（tobite→tomde→tonde）
◎促音便（五段活用動詞連用形）：例「取りて→取って」（torite→torte→totte）

　上に示した例をみてわかる通り、現代日本語の標準語に観察されるウ音便は、実は形容詞連用形でも「美しゅうございます」のような、いわば「古風な」表現にわずかに残っているだけである。しかし、関西弁には、以下に説明するように、形容詞連用形はもちろん、動詞の連用形でもウ音便が日常的に使用されている。この事実は、現代日本語の諸方言に観察される東西差、東西対立の一例として、日本語学や方言学の概説書はもちろん、日本語の方言を取り扱った一般書などで、以下の**表1**に示したような形で、対照的に取り上げられることも少なくない。

表1　音便形に観察される東西差

	西日本諸方言	東日本諸方言
「言って」（五段活用動詞連用形）	ユーテ（ウ音便）	イッテ（促音便）
「白くて」（形容詞連用形）	シローテ（ウ音便）	シロクテ（音便なし）

遠藤邦基「音便・音便形」(『日本語文法大辞典』2001年) では、イ音便とウ音便を「母音系音便」、撥音便と促音便を「子音系音便」と表現しているが、**表1**で注目したいのは、西日本諸方言で母音系音便のひとつであるウ音便が生起する傾向が顕著なのに対し、東日本諸方言ではそのような傾向が認められない、という点である。

　馬瀬良雄「東西両方言の対立」(『岩波講座 日本語11 方言』1977年) には、現代日本語の諸方言の東西の「対立の指標は大きな特徴として子音を丁寧に発音するか、母音を丁寧に発音するかの音声的性質に還元されるものが極めて多い」という指摘がある。そのような傾向を踏まえ、馬瀬は、東日本諸方言を「子音性優位方言」、西日本諸方言を「母音性優位方言」と命名した上で、西日本諸方言が母音性優位方言である証左のひとつとして、**表1**にまとめたような音便の東西差、すなわち、西日本諸方言では母音系音便のひとつであるウ音便が生じやすい傾向にあることをあげている。また、前田勇『大阪弁』(1977年)は、「大阪弁」が「東京弁」と比較して「子音よりも母音を入念に発音する」、いわば「母音過多」である方言であると指摘したうえで、その証左のひとつとして、**表1**にまとめた音便の東西差をあげている。以上の馬瀬や前田の指摘を踏まえるならば、**表1**にまとめたようなウ音便が生起しやすい傾向は、西日本諸方言や、「大阪弁」を特徴づける現象のひとつであるといえよう。

　「関西弁」は西日本諸方言の下位分類として位置づけることができ、また、いわゆる関西地方最大の人口を擁する大阪府で話されている「大阪弁」は、「関西弁」の中でも中心的な地位を占めると考えられる。そのような事情と上で紹介した馬瀬と前田の指摘を踏まえるならば、**表1**にまとめたように、ウ音便が標準語と比較して西日本諸方言や大阪弁で観察されやすいという傾向は、「関西弁」の特徴的な現象のひとつと考えてもいいかもしれない。

　もっとも、ウ音便が標準語と比較して観察されやすい傾向を「関西弁」の特徴的な現象のひとつであると断言するのを避けたのは、いわゆる関西地方のすべてで、ウ音便が標準語と比較して観察されやすいというわけではないからである (この点については、『方言文法全国地図』の第105図「買った」・第137図「高くない」・第138図「高くて」・第139図「高くなる」などを参照のこと)。確かに、いわゆる関西地方のほとんどの地域では、ウ音便が標準語と比較して観察さ

れやすいのは事実であるが、いわゆる関西地方であっても、ウ音便化する形（例「コータ」）とウ音便が生起しない形（例「カッタ」）を併用している地点が認められる。また、ウ音便使用地点であっても、観察されるウ音便の形に微妙な差異が認められる場合もある（たとえば、「高くない」を「タコーナイ」という地域もあれば、「タコナイ」という地域や「タカナイ」という地域もある）。つまり、いわゆる関西地方ではウ音便が標準語と比較して観察されやすい傾向があるといっても、その生起のあり方にはいわゆる関西地方の中に（微細な）地域差が認められそうでもある。

そこで、以下では、「関西弁」が話されている地域の中でも、最大の人口を擁している大阪府下で使用されていることば（以下、「大阪弁」と表現する）で観察される、標準語では観察されないウ音便の実態を、各種先行研究の記述にもとづいて、ごくごく簡単にみていくことにする（なお以下の記述は、アクセントは考慮に入れていないことを付記しておく）。

2──動詞の場合

大阪弁では、ワ行五段活用動詞、つまり終止形が「…う」の形で終わる動詞に過去・完了を表す助動詞「た」や助詞「て」が接続する場合、標準語では観察されないウ音便が顕著に観察される（以下、このようなウ音便のことを「大阪弁の動詞に観察されるウ音便」と表記する）が、以下に示すような語幹末尾の母音の種類によって、生起するウ音便のパターンが異なる。

①動詞語幹末尾の母音（語末母音「う」の直前の母音）がウ段であるワ行五段活用動詞：例「言う」（実際の発音はユーであることに要注意）・「縫う」（ヌウ）
②動詞語幹末尾の母音がア段、およびオ段であるワ行五段活用動詞：例「会う」（アウ）・「買う」（カウ）、「酔う」（ヨウ）

①に該当する動詞に助動詞「た」や助詞「て」が後続する場合、「ユータ／ユーテ」「ヌータ／ヌーテ」のように、ウ段の長母音「ウー」という形でウ音便が生起する。

一方、②に該当する動詞に助動詞「た」や助詞「て」が後続する場合、「オータ／オーテ」「コータ／コーテ」「ヨータ／ヨーテ」のようにオ段の長母音

「オー」という形でウ音便が生起する。なお、オ段の長母音が生起するにもかかわらず、（オ音便ではなく）ウ音便として分類することをいぶかしく思う向きもあるかもしれない。しかし、たとえば「コータ」の場合、kaɸita → kawita → kauta → kɔːta → koːtaという変遷が想定でき、右の例の下線部の段階に着目すれば「コータ」もウ音便の一種であるといえよう（現在の大阪弁に観察される「コータ」は、ウ音便の段階からさらに変化を遂げた形ともいえる）。

　さて、大阪弁の動詞に観察されるウ音便にも、バリエーションが認められる。たとえば、「笑う」「払う」「思う」のような3拍の動詞の場合は、「ワロタ／ワロテ」「ハロタ／ハロテ」「オモタ／オモテ」のように、音便が生起した音節の母音が短くなる（ただし、口調によっては伸びることもある）。したがって、失敗した時に口にする「しまった！」は「シモタ！」になる。なお、「食う」は2拍の動詞であるが、「クータ／クーテ」のほかに「クタ／クテ」と母音が短い形で生起する場合もある。

　大阪弁の動詞に観察されるウ音便には、世代差も観察される。その一例として、「もらう」をめぐる事例を紹介しよう。「もらう」は助動詞「た」が後続する場合、中年層に「モロタ」の他に「モータ」という形が観察されるという報告がある。また、若年層では、ウ音便の形を使用しつつも、標準語と同じ促音便の形を使用する人も増えているともいう。したがって、「買ってもらった」は、若年層では「カッテモータ」「コーテモラッタ」など、標準語形との併用が認められるという指摘もある。

　なお、大阪弁の動詞でも、促音便も観察される。ただし、標準語の促音便とは異なり、大阪弁の動詞に観察される促音便は、促音を脱落させた形で実現される。具体的には、「持つ」「取る」「行く」といった動詞は、標準語では「モッタ／モッテ」「トッタ／トッテ」「イッタ／イッテ」と促音便が生起するが、伝統的な大阪弁では促音を入れない「モタ／モテ」「トタ／トテ」「イタ／イテ」となる場合がある。ただし、この現象も、現在衰退しつつあるようである。

3——形容詞の場合

　大阪弁の形容詞では、動詞「なる」、否定を表す助動詞「ない」、助詞「て」などが後続する場合に、標準語では観察されないウ音便が生起する（以下、こ

のようなウ音便のことを「大阪弁の形容詞に観察されるウ音便」と表記する)。なお標準語の場合、形容詞にこれらの語が後続する場合は、「〜ク」という形になるが、大阪弁であっても形容詞の連用形中止法では、たとえば「夏は暑く、冬は寒い」のようにウ音便が観察されることはない(そもそも大阪弁で形容詞連用形中止法が観察されるのは稀である)。

さて、大阪弁の形容詞に観察されるウ音便も、大阪弁の動詞に観察されるウ音便同様、以下に示すような語幹末尾の母音の種類によって、生起するパターンが異なる。

①形容詞語幹末尾の母音(語末母音「い」の前の母音)がウ段、およびオ段である形容詞:例「安い」(ヤスイ)、「遅い」(オソイ)
②形容詞語幹末尾の母音がア段である形容詞(希望を表す助動詞「たい」もこれに準ずる):例「危ない」(アブナイ)、「飲みたい」(ノミタイ)
③形容詞語幹末尾の母音がイ段である形容詞:例「忙しい」(イソガシー)

大阪弁の形容詞に観察されるウ音便の実態は世代差も観察され、いささか複雑な様相をみせるので、以下のような表にまとめてみる([ ]内は伝統的な言い方であるが、現在ではほとんど観察されないもの)。

表2 大阪弁の形容詞ウ音便形

語幹末尾 後続要素	①ウ段「安い」 オ段「遅い」	②ア段「危ない」	③イ段「忙しい」
A 動詞「なる」・ 助動詞「ない」	ヤスナル・ ヤスナイ オソナル・ オソナイ	アブノナル・アブノナイ (高年) アブナナル・アブナナイ (中・若年)	イソガシナル・ イソガシナイ [イソガシュナル・ イソガシュナイ]
B 助詞「て」	ヤスーテ オソーテ	アブノーテ(高年) アブナーテ(中・若年)	イソガシ(ー)テ [イソガシューテ]

表2をみてもわかる通り、①、および③に該当する形容詞は、音便が生起した場合でも語幹末尾の母音を変化させない（例：「ヤ̀スイ」→「ヤスナル」）。ただし、③に該当する形容詞に音便が生起した場合は、表2の［　］内に示した通り、語幹末尾の母音を拗音化させるのが伝統的であるものの（例：「イソガシ̀ー」→「イソガシュナル」）、この現象は近年の大阪弁では観察されない傾向にある。
　一方、②に該当する形容詞は、世代差が観察される。すなわち、音便の生起に伴って、高年層では語幹末尾の母音をア段からオ段に変化させる傾向がある（例：「アブ̀ナイ」→「アブノナル」）のに対し、中・若年層では語幹末尾の母音を変化させない傾向にある。ただし、この傾向は語によっても異なるようであり、たとえば「高くなる」に対する大阪弁の「タコナル」は、高年層のみならず、中・若年層でも使用が認められる（郡史郎「大阪市方言の実態調査資料」『大阪外国語大学論集』29、2003年を参照）。
　また、動詞「なる」や助動詞「ない」が後続する場合（表2のA）は語幹末尾の母音は短いままなのに対し、助詞「て」が後続する場合（表2のB）は語幹末尾の母音を伸ばし長母音になるのは、すべての形容詞に言えることである（なお、語幹末尾の母音を伸ばすのは、今や少数派である）。ただ、「良い」（ヨイ）のように2拍の形容詞については、動詞「なる」や助動詞「ない」が後続する場合であっても、「ヨーナル／ヨーナイ」と語幹末尾の母音を伸ばす。
　ちなみに、大阪弁の形容詞に観察されるウ音便は、若年層では衰退する傾向にあるし、高年層であっても改まった公の場では観察されにくい。すなわち、大阪の若年層や、高年層でも改まった場面では、「ヤスクナル」「アブナクナル」「イソガシクナル」というように、標準語と同じ形が使われる傾向にある（郡史郎編『日本のことばシリーズ27　大阪府のことば』1997年）。

4——関西弁・大阪弁の音便の今

　以上、大阪弁の動詞と形容詞に観察される音便について、特に標準語とは異なる形で生起する場合の素描を試みた。このような音便現象は若年層には観察されなくなりつつあるという指摘もあるが、あらゆる世代に使用が認められる音便現象があることも見落としてはならないだろう（郡史郎（前掲）を参照）。また、近年、関西以外の地域の出身者が「エセ関西弁」（▶▶▶G17 エセ関西

弁）とも表現すべき関西弁もどきを使用する現象が認められるが、そのような「エセ関西弁」の中に、上述したような大阪弁で観察される音便現象が散見されることも、注目に値しよう。　　　　　　　　　　　　　　（岡田祥平）
▶入 前田勇

コラム　サ行とハ行

　東京と大阪のことば（方言）が対照されるとき、発音に関してよく話題に上るのがサ行とハ行の混同の現象である。江戸・東京では「東」が「シガシ」と発音されるように、「ヒ」→「シ」となりやすいのに対し、浪花・大阪では「七」「質」が「ヒチ」と発音されるように、「シ」→「ヒ」となりやすく、一見正反対の変化が現れている。そして大阪ではこうした現象がサ行全般におよび、「なさる」→「ナハル」、「敷く」→「ヒク」、「おません」→「オマヘン」などの音転が広くみられる。この現象の中で一般によく知られているのが「さん」→「ハン」であるが、この変化に関して本来的には「さん」の前の母音がア・エ・(オ)段の場合は「ハン」となって差し支えないが、イ・ウ段や「ン」の場合は続く「ハ」が発音しにくいため、「サン」のままで「ハン」となることはなかった。ただし近年のテレビドラマなどでは、「兄はん」「お客はん」などと発音される場合が目に付く。このように伝統的な発音が"乱れて"いるケースも少なくないのである。

（金澤裕之）

●前田勇『大阪弁』朝日新聞社、1977／桂米朝「小論「さん」と「はん」」『米朝落語全集　第六巻』創元社、1982

アクセント・イントネーション　　　C2

1――アクセントとは

　大阪でも京都でも神戸でも奈良でも「橋」はハシ̄、つまりハを高く、シを低く発音する。これに対して「箸」はハシ、つまりハを低く、シを高く発音する。そして「端」はハシ̄、つまりハもシも同じ高さで高く発音する。このように単語ごとに決まっているメロディーをアクセントという。こうした単語のメロディーは近畿地方の中央部に共通のもので、これを学術用語としては「京阪式アクセント」という。関西全域が京阪式アクセントの地域というわけではない。

2――京阪式アクセントとその他のタイプのアクセント

　京阪式アクセントが使われている近畿地方の中央部というのは、おおまかにいうと大阪府の全域、京都府の中部と南部、兵庫県の東南部、滋賀県の大部分、奈良県の北部、和歌山県の西部、三重県の一部（やや異なるものも含めれば県の大半）である。四国でも地域によってはこれと同じ、または非常に近いアクセントが使われている。ただ、純京阪式でもその内部では単語によって多少の地域差がある。たとえば、「東京へ行きました」という文は大阪市やその周辺ではふつうトーキョーエ　イキマシタと発音するが、京都市とその周辺の人ならふつうトーキョーエ　イキマシタという。これだけで大阪人と京都人をほぼ見分けることができる。

　日本全国にはさまざまなタイプのアクセントがある。アクセント辞典には全国のアクセント分布地図が掲載されている。使用人口が多いのは、東京式アクセント、京阪式アクセント、そして無アクセントである。東京式アクセントは標準語のアクセントで、東京都とそれを直接とりまく関東地方、甲信越地方、そして、地域によって多少の違いを含みながらも北海道、東北地方の北部、東海地方（三重県の大半と岐阜県の一部を除く）、さらには中国地方や九州の東北部まで広く使われている。東京式アクセントは現在の京阪式アセントの原形から変化してできたものと考えられている。東京式と京阪式を折衷

させたような*垂井式アクセントと呼ばれるものが近畿地方周辺部の東京式との接触地帯にある。ただ、その実態は地域ごとに異なり複雑である。無アクセントはアクセントで単語の区別をすることがなく、「橋」「箸」「端」のメロディーがみな同じになるようなタイプである。一型アクセントともいう。九州中部、福井市周辺、北関東（茨城県、栃木県）から南東北にかけてなど広い地域で使われている。各地域には一定の傾向があって、聞けばアクセントだけでどこの出身かだいたいわかる。このほか、鹿児島県や長崎県などには*二型アクセントと呼ばれるものがある。

3――関西人の標識としての京阪式アクセント

　京阪式アクセントの地域で育った人間は、公の場面で話すときもこれを崩さないことが多い。地元を離れても京阪式アクセントを使い続ける者も、以前よりかなり減ってはいるがまだ多い。字に書きうつしてみると標準語と変わらない発言であっても、アクセントが京阪式であるだけで、よそからは関西弁だといわれる。これは関西らしさの要素として、アクセントが非常に重要であることを示している。

4――京阪式アクセントの特徴

　ひとつひとつの語の京阪式アクセントは中井幸比古編著『京阪系アクセント辞典』（2002年）や平山輝男編『全国アクセント辞典』（1960年）で（どちらも京都の言い方が中心）、方言語彙のアクセントについては牧村史陽編『大阪ことば事典』（1979年）や井之口有一・堀井令以知編『京ことば辞典』（1992年）などで調べることができる。

　表に実例をいくつか、大阪と東京の発音を対比させたものを示す。東京とはアクセントが逆だという説があるが、この表をみればわかるとおり、それはごく一部の単語にしかあてはまらない俗説である。

a. 特徴1：高く始まる語と低く始まる語の区別がある

　表にある「オカヤマケン（岡山県）」と「ワカヤマケン（和歌山県）」のアクセントは、どちらもマからケンにかけて低くなっている。しかし、マより前の部分は「岡山県」では高く、「和歌山県」では低い。「岡山県」のように高く始ま

るアクセントを*高起式（こうき）、「和歌山県」のように低く始まるものを*低起式（ていき）と言う。東京式アクセントではそうした区別はない。東京式などよその地域の出身者は、高起式と低起式の区別をまねようとしてもなかなかうまくできない。

b. 特徴2：「ン」や「ー」だけが高い語がある

　表の「サンガツ（三月）」「チューゴク（中国）」は「ン」「ー」だけが高い。こういう言い方はほかにも「インド」(インド)、「こんにちは」(コンニチワ、最後のワが高いのはイントネーション) などがあり、珍しくない。しかし「ン」や「ー」だけが高いアクセントは東京式にはなく、東京式の地域で育った人がこれをまねるのは一般にはむずかしい。

表　京阪式アクセントと東京式アクセントの実例

例	大阪	東京
橋	ハ̄シ̄	ハシ̄　（ハシ̄ガ）
箸	ハ̄シ	ハ̄シ
端	ハシ̄	ハシ̄　（ハシ̄ガ̄）
火	ヒ̄ー̄　（ヒ̄ー̄ガ・ヒ̄ガ）	ヒ̄　（ヒ̄ガ）
日	ヒ̄ー　（ヒ̄ーガ・ヒ̄ガ）	ヒ　（ヒガ̄）
車	クルマ	クルマ̄
鼠	ネズミ	ネズ̄ミ
象	ゾ̄ー̄	ゾ̄ー
苺	イ̄チ̄ゴ̄	イチ̄ゴ̄　（イチ̄ゴ̄も）
卵	タマ̄ゴ	タマ̄ゴ̄
岡山県	オ̄カ̄ヤ̄マ̄ケ̄ン̄	オカ̄ヤ̄マ̄ケ̄ン̄
和歌山県	ワカヤ̄マ̄ケ̄ン̄	ワカ̄ヤ̄マ̄ケ̄ン̄
三月	サン̄ガ̄ツ	サン̄ガ̄ツ̄
中国	チュー̄ゴ̄ク	チュー̄ゴ̄ク̄
暑い・熱い	アツ̄イ̄	ア̄ツイ
厚い	ア̄ツ̄イ	ア̄ツイ　（新：アツ̄イ̄）
着る	キ̄ル̄	キ̄ル
切る	キ̄ル	キル̄
おはようございます	オハヨ̄ー̄ゴ̄ザ̄イ̄マ̄ス	オハヨ̄ー̄ゴ̄ザ̄イ̄マ̄ス

c. 特徴3：「鼠」などの語末の高さ

　表に書いたように「ネズミ（鼠）」は語末のミだけが高い。しかし、これを文中で次に「が、を、は」などの助詞（以下、格助詞）を続けて言う場合や高起式の語を続ける場合には、高い部分が後ろに動いてしまう。たとえば「鼠をつかまえた」を格助詞なしで発音するとネズミ￣ ツカ￣マエタであり、ミが高い。しかし格助詞を付けるとネズミオ￣ ツカ￣マエタとなり、「鼠がいる」にあたる文を格助詞を付けずに発音するとネズミ￣ オル、格助詞を付けるとネズミガ￣ オルとなる。これは「鼠」だけでなく「ゴゼンチュー（午前中）」「ウナギ（鰻）」「オミヤゲ（お土産）」など、低起式で語の内部に下がり目をもたない語群にすべてあてはまる規則的な現象である。東京式で育った人の多くにとっては「鼠」や「午前中」だけの京阪式の発音自体がむずかしいが、文になるとなおさらである。

5──京阪式アクセントの世代差

　アクセントも時代とともに変化する。個別の単語についてもさまざま世代差はあるが、体系的なものとして次の2種類がある。そのひとつは、かなで書けば2文字になる名詞（2拍名詞）のうち、アクセント研究の世界で第4類と呼ばれている語群の世代差である。具体的には「糸、海、傘、数、肩、角、空、種、罪、肌、針、船、松」などであるが、最初に例としてあげた「箸」も実はそうである。こうした語は単語だけをそのまま発音する場合には世代差はなくイ￣ト、ウ￣ミ、カ￣サ、ハ￣シのようにいう。しかし、格助詞を付けると、伝統的な発音ではイト￣ガ、ウミ￣ガ、カサ￣ガ、ハシ￣ガのように高い部分が後ろに動く（これは先述の「鼠」と同じ）。都市部であれば現在の高年層の言い方である。これに対し、新しい言い方ではイ￣トガ、ウ￣ミガ、カ￣サガ、ハ￣シガのように格助詞を付けても高い部分が動かない形に一斉に変わってしまった。ただし、都市部以外では若年層でもなお伝統形を保っていることがある。もうひとつ大きな世代差があるのは、2拍名詞の第5類と呼ばれている語群、具体的には「秋、汗、雨、蜘蛛、声、猿、鶴、春、窓」などである。伝統的な発音ではア￣キ（ア￣キィ）、ア￣セ（ア￣セェ）、ア￣メ（ア￣メェ）、つまり最後の音を少し伸ばし気味にしながら、その内部で音を高から低に下げる。これを拍内下降と言う。ところが、新しい言い方では単にア￣キ、ア￣セ、ア￣メ、そして格助詞を付けるとア￣キガ、ア￣セ

ガ、アメガのようになる。伝統形は都市部だと現在の高年層の言い方になるが、都市部以外では若年層でも伝統形を保っていることもある。以上をまとめると、2拍名詞4類（糸、海、傘…）の伝統アクセントは○○̄・○○̄ガであるのに対し、2拍名詞5類（秋、汗、雨…）の伝統アクセントは○○̄・○○̇ガまたは○○̄ガで、両者には区別があった。しかし新形ではどちらも○○̄・○○̄ガと、区別がなくなったわけである。2拍名詞4類と5類のアクセントの区別は少なくとも平安時代中期にさかのぼる長い歴史があるものと考えられる。そうした千年の長い伝統が現在の中年層で突然のように失われてしまっているわけである。しかしこのことを知る人は少ない。

6——イントネーションとは

　イントネーションとは、文のメロディーのうちアクセント以外のものである。たとえば「集合は9時ですか?」と聞くとき、クジデスカ↗のように最後の「か」を伸ばしながらその途中で声を高く上げてゆく。しかし「ああ、9時ですか」と納得するときは最後は低いままである。「か」が高くなったり低くなったりするのは単語ごとに決まったメロディーではなく、文の意味によって決まることである。これがイントネーションだが、これについては関西らしさはあまりなく、東京などとほとんど変わらないので、参考文献の「日本語のイントネーション」に説明を譲る。

(郡 史郎)

▶人 井之口有一、平山輝男、堀井令以知、牧村史陽
▶書 『京ことば辞典』、『大阪ことば事典』

●郡史郎「日本語のイントネーション」杉藤美代子監修、国広哲弥・廣瀬肇・河野守夫編『日本語音声2 アクセント・イントネーション・リズムとポーズ』三省堂、1997

略語のアクセント　　C3

　たとえば、外来語のアクセントを東京と大阪とで対照すると、2拍名詞では、その大部分が頭高型（○̄○）で一致している。例外は、「エロ」「グロ」「サ

ボ」「デマ」「デモ」「ヒス」「プロ」などの語で、これらは助詞を付けると、関西の場合、○○△のようになる。注目されるのは、これらの語がすべて略語形であるという点である。原語での形そのままではなく、日本で省略させた、いわば特殊な単語である。3拍名詞の場合もほぼ同様で、その大部分は東京、大阪ともに頭高型（○̄○○）で一致している。これが原則のようである。しかし、なかには大阪で中高型（○○̄○）となって、例外となっている語もかなりみられるのである。その一部は、やはり「アプレ（アプレゲール）」、「テレビ」などの略語形なのである。ただし、省略形でない語にもこの○○̄○型は多く存在する。ところで、関西アクセントに関しては、「3拍語で、怖いもの、悪い意味をもつ語や国名の類は○○̄○型に言うという性格がある」との指摘がある（小川武雄「和歌山方言より観た近畿アクセントに於ける下上（乙）型の性質」『日本語のアクセント』1942年）。ここで特に留意したいのは、関西においては、このように語の性格や意味、語の文体的な価値、ニュアンスがアクセントの型を左右する要因として働くということである。関西におけるそのフィルターは、いわゆる略語形を作るという点も含めて、その語を自分たちのなじみのものにする、というか、仲間うちの、いわばスラング的なもとして位置付けする装置であるように思われる。

1——若者語のアクセント

　以上のことは、近年の関西の若者語におけるアクセントの状況をみるにつけ、改めて再認識されるのである。吉本紘子「関西における省略語の新形式アクセントについて」（中井幸比古編『大阪アクセントの史的変遷』2000年）には、その状況が詳しく捉えられている。その後の調査で得られた具体的なデータも含めてここに掲げることにしよう。たとえば、「フリーマーケット」の略称フリマ、「ファミリーマート」の略称ファミマ、「ロイヤルホスト」の略称ロイホ、そして例の「マクドナルド」の有名な略称マクド、また、授業の「再履修」の略称サイリ、「フランス語」の略称フラゴ、さらには「使い走り」の略称パシリ、そして学校名でも「武庫川女子大学」の略称ムコジョ、「甲南女子大学」の略称ナンジョ、「神戸女子薬科大学」の略称ヤクジョなどを、若者たちは、いずれも○○̄○型で発音する。これは、4拍語の多くのものについても同様で、その場合も2拍目にアクセントが置かれるのである。たとえば、

「卒業論文」の省略語ソツロン、「ゼミコンパ」の省略語ゼミコン、「留守番電話」の省略語ルスデン、「家庭教師」の省略語カテキョー、「生活協同組合」の省略語セーキョー、そして、「六甲アイランド」の略称ロクアイ、「関西国際空港」の略称カンクー、学校名の「県立宝塚高校」の略称ケンポーなどは、それぞれ○○○○型と発音される。ところで、これら4拍の省略語はいずれも語末が撥音か長音、あるいは*連母音であるものに限られる、という特徴が指摘される。おそらく、これらの語は三音節のものとして扱われるべきものなのであろう。注目したいのは、関西で生まれたスラングは別として、新入語の場合、最初は東京語でのアクセントに対応する型で取り入れられるのであるが、しだいにフィルターによって濾過されるという、いわば時間をかけた処理プロセスが存在するということである。たとえば上に掲げた「テレビ」という語のアクセントも、実は、平山輝男編『全国アクセント辞典』（1960年）によると、京都アクセントの型としては、頭高型（○○○）に記録されているのである。したがって、後に、テレビ（＜テレビジョン）が自分たちにとって身近なもの、とする意識のもとで、○○○という型にアクセントを変形させたのだと考えられる。関西出身者から、○○○と発音するとどこか改まりの気持ちがあるが、○○○と言うと、どこか寝そべってテレビをみているような気持ちになる、といった内省を聞くことがあるが、そこには、いわば「なじみ度」にかかわる、アクセント型の形成プロセスがうかがえるように思われるのである。また、たとえば「土日」ということばであるが、関西ではこれを「ドーニチ」と二語で言うのが本来であった。しかしその後の週休二日制の定着とともに「ドニチ」という単語が一般になってきた。この「ドニチ」のアクセントは最初○○○と低起無核の型に発音されていたが、近年では○○○型で発音する人が明らかに多くなってきている。なお、「ソツロン」「セーキョー」などの場合、○○○○は旧タイプで、○○○○が新タイプのようである。ちなみに、卒論にいたっては、学生に言わせれば、○○○○は「オヤジ風」であって、○○○○こそが「若者っぽい」型とのことである。（真田信治）

▶ 人 平山輝男

関西弁の語法——否定表現・可能表現   C4

1——否定表現

　関西弁の動詞の否定形はバリエーションが豊富である。西日本方言で一般的なヨマン（読まない）のような否定辞「ぬ（ん）」に由来する表現のほかに、ヨミワセン（読みはしない）に由来するヨマヘン・ヨメヘンのような表現もある。これらはヨミワセンからヨミャヘン→ヨマヘンあるいはヨミエヘン→ヨメヘンと変化したものと考えられるが、ヨミワセンが単純否定のヨマンを助詞「は」で*とりたてた否定表現であるのに対して、ヨマヘン・ヨメヘンにはとりたて否定の意味はなく、単純否定の意味で用いられている。

　上一段・変格活用動詞では、メーヘン（見ない）、セーヘン（しない）、ケーヘン（来ない）というエ段音の動詞語幹にヘンが接続する形と、ミーヒン（見ない）、シーヒン（しない）、キーヒン（来ない）というイ段音の動詞語幹にヒンが接続する形がある。上一段・変格活用動詞がエ段音接続の方言では、五段活用動詞もエ段音接続のヨメヘン（読まない）となるのに対し、イ段音接続の方言では五段活用動詞はヨマヘンとなる傾向がある（下一段活用動詞はいずれもネーヘン（寝ない）となる）。エ段音接続は大阪を中心に用いられ、イ段音接続は京都を中心に用いられている。

　カ変動詞「来る」については、コーヘンという形もあり、若い世代を中心に浸透しつつある。この形は、標準語のコナイの動詞語幹コに関西弁の否定辞ヘンを接続させたものと考えられ、標準語の影響を受けて生じた新しい方言形式である（真田信治「ことばの変化のダイナミズム」『言語生活』429、1987年）。

　奈良・和歌山には、一段活用動詞にミヤン（見ない）、ネヤン（寝ない）のような形がある。この形の由来については諸説あるが、奈良南部から和歌山内陸部にかけて、*ラ行五段化形式ミラン、ネランがあり、ヤン形はこれを取り巻く形で分布していることから、ランからヤンへの音変化によって生じたものとみてよかろう（日高水穂「近畿地方の動詞の否定形」『方言文法』1、1994年）。ただし現在、ヤン形の使用は本来ラ行五段化しにくいサ変・カ変動詞にもおよんでおり、使用地域も大阪などの北部域に広がりつつある。カ変動詞で

は、若年層にコヤンの形がみられるが、これは上述のコーヘンと同様に、コナイのコにヤンを接続させた新しい方言形式である。

　図1は、2012年に大阪市出身者を対象に実施した「来ない」の方言形の使用に関する調査の結果であるが、高年層ではケーヘンが優勢であるのに対し、若年層ではコーヘン・コヤンが浸透していることがわかる（日高水穂「近畿地方の方言形成のダイナミズム」『柳田方言学の現代的意義』2014年）。

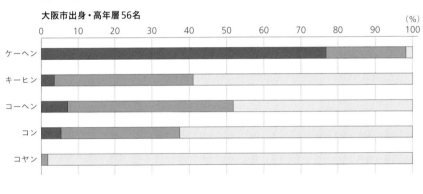

図1　大阪市出身者の「来ない」の方言形使用率（日高2014）

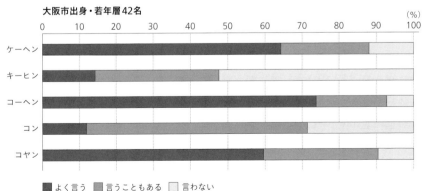

2──可能表現

　標準語では区別されないが、方言の中には、「主体のもつ能力によってある動作を実現することが可能であること」を表す能力可能と、「主体の外の状況に主体がある動作を行うことを妨げるような条件がないためにその動作を実現することが可能であること」を表す状況可能を、言語形式のうえで区別するものがある（渋谷勝己「日本語可能表現の諸相と発展」『大阪大学文学部紀要』33-1、1993年）。

　この意味区別の調査のために設定された、国立国語研究所編『方言文法全国地図　第4集』（1999年）の「読む」の可能表現の例文をみてみよう。

◎173図「うちの孫は字をおぼえたのでもう本を<u>読むことができる</u>」（能力可能・肯定）
◎174図「<ruby>電燈<rt>でんとう</rt></ruby>が明るいので新聞を<u>読むことができる</u>」（状況可能・肯定）
◎182図「うちの孫はまだ小さくて字を知らないので本を<u>読むことができない</u>」（能力可能・否定）
◎183図「電燈が暗いので新聞を<u>読むことができない</u>」（状況可能・否定）

　図2は、この4つの例文に使用される近畿地方の可能表現を、可能動詞形（ヨメル類）、可能助動詞形（ヨマレル類）、副詞ヨー＋動詞基本形（ヨーヨム類）、副詞ヨー＋可能動詞形（ヨーヨメル類）、副詞ヨー＋可能助動詞形（ヨーヨマレル類）に分類して、その使用地点を示したものである（ヨムコトガデキル／デキナイの類は省略した）。

　近畿地方では、副詞ヨーを用いた可能表現が、能力可能を表すのに用いられる。状況可能の図にもヨーは若干現れているが、述語部分が可能動詞形であるものが多いことから、能力可能を表すヨーの機能が弱まり、可能の意味自体は述語の形で表すようになった段階のものであろう。本来の副詞ヨーは、動詞基本形と呼応して能力可能を表すものと言える。

　可能動詞形と可能助動詞形では、肯定・否定で現れ方が異なっている。特に大阪から兵庫東部にかけて、肯定では可能動詞形、否定では可能助動詞形を用いるという地点が多い。「読む」のような五段活用動詞の可能形は、現在では可能動詞形を用いるのが一般的であり、可能助動詞形は日常的には用

図2 「読む」の可能表現の分布

（国立国語研究所編『方言文法全国地図』173・174・182・183図にもとづき作図）

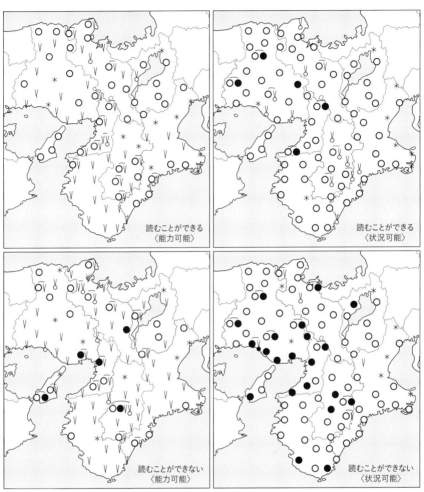

○ ヨメル類（ヨメル／ヨメン・ヨメヘン等）

● ヨマレル類（ヨマレル／ヨマレン・ヨマレヘン等）

V ヨーヨム類（ヨーヨム／ヨーヨマン・ヨーヨマヘン等）

⋎̇ ヨーヨメル類（ヨーヨメル／ヨーヨメヘン）

⋎̣ ヨーヨマレル類（ヨーヨマレヘン）

* その他・無回答

いられない古い形式となっているが、この地域では、否定表現に限って、可能助動詞形が優勢を保っていることになる。

これは、この地域の単純否定の形式とかかわる現象である。大阪を中心に、単純否定にヨメヘンのようなエ段音接続の形式を用いることは先に述べた。エ段音接続の単純否定形は、可能動詞否定形と同形であることから、「*同音衝突」が起こり、これを避けるために可能助動詞否定形を「復活」させたものとみられる。一方で、京都を中心とした、単純否定でヨマヘンのような形を用いる地域では、ヨメヘンは可能の否定形として用いられる。「同音衝突」が起きなかった地域では、可能動詞形への移行が肯定・否定の両方で並行的に生じたことがわかる。

(日高水穂)

▶語 ヤン

●岸江信介「近畿周辺圏にみられる方言の打消表現」『日本語学』24-14、明治書院、2005／岸江信介「近畿・四国地方における言語変化」『柳田方言学の現代的意義』ひつじ書房、2014

関西弁の語法——断定表現　　C5

1——ダ・ジャ・ヤの分布

標準語で「太郎はもう大学生だ」「昨日は雨だった」などという時の断定の助動詞「だ」は、関西では「大学生や」「雨やった」などヤが一般的であり、周辺域では「大学生じゃ」「雨じゃった」などジャも使われる。この断定の助動詞は、国語調査委員会『口語法調査報告書』(1906年)以来、おおよそ東日本にダ、西日本にジャ・ヤという東西対立型の分布をすることが知られてきた語である。より詳細な分布図として『日本言語地図 第1集』(1966年)第46図「(いい天気)だ」がある。これによると、ダが新潟・長野・愛知県以東、ジャ・ヤが富山・岐阜・三重県以西に分布する (図1)。ただし、西日本においては、京都府丹後地方から島根県にかけてダが分布し、九州北西部には「助動詞なし」や終助詞バイ・タイが分布するなど、一様ではない。また、ヤは近畿中

央部から福井・石川県、三重県にかけて連続して分布し、その周りにジャがあるというように、*周圏的な分布を示す。*上方語文献にヤが現れるのは江戸時代末であり、それまではジャであった。現代のヤ・ジャが周圏分布を示すことと整合する。

図1 『日本言語地図』第46図「いい天気だ」の略図（高田誠作成。『方言地理学図集』より）

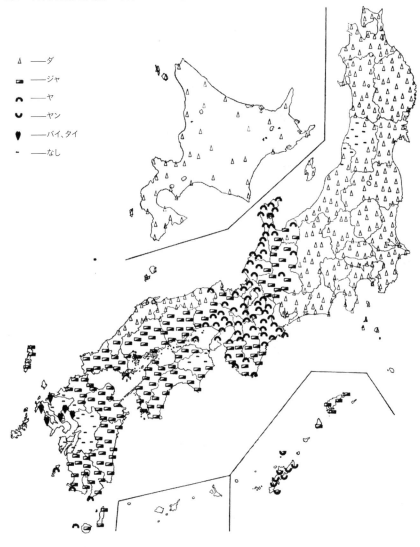

2——ダ・ジャ・ヤの歴史

　ダ・ジャは、いずれも、「にてあり」（断定の助動詞「なり」の連用形「に」＋助詞「て」＋動詞「あり」）が変化した「であり」の連体形「である」に由来する。「であり」は中世前期には種々に活用して用いられていたが、用言全体において連体形が終止用法を獲得する流れのなかで、中世末期には終止用法の「である」も用いられるようになる。さらに、中世末の抄物やキリシタン資料には、「である」の「る」が脱落した「であ」(dea) という形がみられるとともに、「ぢゃる」「ぢゃ」(giaru, gia) の例も交じり、また、東国系の資料には「だ」の例もみられる。つまり、中世末から近世初期において「である」から「であ」という過渡的な形を経て、西日本では「ぢゃ」が、東日本では「だ」が優勢になったという歴史をたどったと考えられている。

　「ぢゃ」は江戸時代になると「じゃ」とも表記されるようになる。上方語文献ではさまざまな活用で用いられているが、未然形は「じゃろ（う）」のほか「じゃあろ（う）」、連用形は「じゃっ（た）」のほか「じゃあっ（た）」の例もみられる。「〜てじゃ」の形で尊敬語となる用法もある。

　　　　世に月日のたつは夢じゃ。　　　　　　　　　　　（世間胸算用）
　　　　其の時金が要つたはきつい事ぢやあつたゆゑ　　　（傾城仏の原）
　　　　小春殿は二階に寝てぢや。　　　　　　　　　　　（心中天網島）

　「や」が現れるのは、上述のとおり、江戸時代末期である。音声学的には「じゃ」子音の閉鎖・摩擦が弱まって「や」が成立したと考えられる。「や」の早い例としては次のようなものがある。「〜てや」の形の尊敬語の例も早いうちからみられる。また、「では（ない）」にあたる連用形「や」の例も同じ頃からみられる。

　　　　成駒屋はんが何たらの時おさむらいに成て出やはるきれいなきれいな
　　　　お士（さむらい）はんや　　　　　　　　　　　　（興斗月）
　　　　姉はんがお客に買てもろてやつたの八五匁二分でヱ
　　　　　　　　　　　　　　　　　　　　　　　　（穴さがし心の内そと）
　　　　そしたらモフやめにするやろうカ
　　　　　　　　　　　　　　　　　　　　　　　　（穴さがし心の内そと）

明治期になると急激に「や」が広がった。金沢裕之によると、明治中期の落語速記本では、平均すると「や」が断定の助動詞の4割近くを占め、明治後期の落語SP資料では、「や」が「じゃ」を上回るという。また、江戸末期から明治期を通じ、話者の*位相では男性より女性において、用法上は名詞に付く通常の用法より「～て」敬語の用法において、「や」への移行が早く進んだ。また、通常の用法では、終止形は他の活用形に比べて「や」への移行が遅かった。

　明治後期の話しことばでの使用をうかがい知る資料として、前述の『口語法調査報告書』がある。第37条の断定表現に関する京都府・大阪府の回答を表にまとめる（第37条は丁寧形も対象とするがここでは略した）。市部ではヤ専用、郡部でもヤ専用かヤ・ジャ（ヂャ）併用の地域が多い。

表　『口語法調査報告書』第37条における京都府・大阪府の回答

	京都府	大阪府
ヤを使うと回答	京都市、葛野郡、久世郡、相楽郡、紀伊郡(注)	府下一般、大阪市、堺市、東成郡、中河内郡
ヤとヂャを使うと回答	愛宕郡、乙訓郡、綴喜郡	西成郡、豊野郡、泉北郡、泉南郡
ヂャを使うと回答		南河内郡、北河内郡
その他	船井郡(ダ、ジャ、ヤ)、中郡(ダ)、竹野郡(ダ)	

注）紀伊郡は本文ではヂャを用いるとし、活用表ではヤを記す。

先に触れた『日本言語地図』と同時代の談話資料として、日本放送協会編『全国方言資料』(1966～1972年)がある。京都市・大阪市(収録はともに1953年)ではヤのみでジャは使われておらず、近畿周辺部ではヤとジャが併用される。

　　　ナンシロ　マー　ゴジシェーガ　カワッテマスノヤネー(なにしろまあ、
　　　ご時世が変わっているんですねえ。)　　　　　　　　(京都市、1953年収録)
　　　モー　アラシマヘンヤロ(もうありませんでしょう。)(大阪市、1953年収録)
　　　ソレ　モッテ　ヨメイリシテタンジャーナー(それを持って嫁入りして
　　　いたんだな。)　　　　　　　　　　　　　　(兵庫県神崎町、1958年収録)

3——ソヤサカイからヤカラへ

　このように、関西では江戸時代末以降、ジャからヤへの移行が進んできており、現在の若年層に至るまで標準語形「だ」はほとんど受け入れていない。「だ」を使うとすれば、主に接続詞ダカラ・ダケド・ダッテの構成要素としてである。

　　　「せやけど今あれやな、小学生でももうあいつらの知識っていうのは
　　　すごいよ。」「どういう知識。」「俺らが中学生で習うようなことやってん
　　　もん。」「どんなやつやってんのん。」「だから連立方程式。とか。」
　　　　　　　　　　　(真田信治他編『関西・若年層における談話データ集』)
　　　だって、うち、俺んところの高校のために止まってんで急行。(同上)
　　　だけどまだシャイやったからな、　　　　　　　　　　　　(同上)

　東京のダカラには、「明日どうする?」「だからー、明日は用事があるって言ってるじゃん。」のような、理由の接続詞とはいいがたい用法がある。関西弁の従来の理由の接続詞ソヤサカイなどにはこの用法がないが、上で引用した『関西・若年層における談話データ集』(1999年刊、収録1993-96年、話者生年1972-76年)にはこの類のダカラの例が多い。ダカラはこの新しい用法とともに関西で受容されたと言える。また、関西弁はもともとソヤサカイ、ソヤケドなど「ソ系指示詞＋ヤ＋接続助詞」という構成の接続詞をもち、語頭がヤの接続詞は発達させて来なかった。ところが、2000年代後半には、ヤカラ、

ヤケドなどの「や」で始まる接続詞の使用が若年層にみられる。いったん東京のダカラ・ダケドを受容した後、その構成要素「だ」をヤに置き換え、"関西弁らしさ"を取り戻したのだと思われる。

(小西いずみ)

●金沢裕之『近代大阪語変遷の研究』和泉書院、1998／小西いずみ「東京方言が他地域方言に与える影響」『日本語研究』20、東京都立大学、2000／高木千恵「関西若年層の新しいことば」『日本語学』28-14、明治書院、2009／寺島浩子「近世後期上方語における指定の「じや」」『近代語研究 第六集』武蔵野書院、1980／徳川宗賢・W.A.グロータース編『方言地理学図集』秋山書店、1976／前田勇「指定助動詞「や」に就て」『近畿方言』18、1953

関西弁の自称詞・対称詞　C6

1——自称詞のバリエーション

自称詞・対称詞が多様であるのは日本語の特徴といってよいだろうが、関西弁においても例外ではない。

関西で使われている自称詞には、ワタクシ・ワタシ・ワタイ・アタシ・アタイ・アッシ・ワイ・ワシ・ワテ・アテ（▶語アテ）・オレ・ボク・ウチ（▶語ウチ）・ジブン等がある。人びとは、これらの中のいくつかを自分のレパートリーとして、場面に応じた使い分けを行っている。ある関西の女性はワタシ・アタシ・ジブンを使い分ける、またある関西の男性はワタシ・ボク・オレ・ワシを使い分ける、というような具合である。

ワタシ・アタシ・ボク・オレがよく使われている点は、関西も関東と変わりがない。飛田良文「敬語使用の実態」『大都市の言語生活』(1981年)には、東京と大阪での調査結果があり（調査は1974年・1975年）、10％以上の使用率がみられた自称詞では、ワタクシ・ボク・オレ・ジブンが東京と大阪で共通しており、大阪ではワシとウチに特色があること、9％以下の使用率で大阪特有のものにはワイ・ワタイがあることを記している（**表**参照）。

表　一人称代名詞の種類とその使用頻度（飛田1981）

	東京			大阪		
	全体	男	女	全体	男	女
80%以上						ワタシ
70-79%		オレ				
60-69%	ワタシ	ボク	ワタシ	ワタシ	ボク	
50-59%		ワタシ			ワタシ	
40-49%			ワタクシ		オレ	
35-39%	ワタクシ			ボク		
30-34%	オレ, ボク		アタシ			
25-29%		ワタクシ		オレ	ワシ	ウチ
20-24%					ジブン	ワタクシ
15-19%	アタシ	ジブン		ワタクシ, ワシ, ジブン		アタシ
10-14%	ジブン			ウチ	ワタクシ	

2――自称詞の男女差

　男女のことばの差が比較的小さい関西弁において、男女差が明瞭に現れるもののひとつが自称詞であるが、上記にあげたうち、ワイ・ワシ・オレ・ボクは男性用語である。ボクは公的な場でも用いられるが、オレ・ワシ・ワイはくだけた場面で用いるのがふつうである。日本語の男女差は縮まりつつあると言われるが、くだけた場面における自称詞に関しては、男女差が縮まる気配はない（公的な場面でワタシを使うのは男女共通）。

　女性用語については、楳垣実『京言葉』(1946年)によれば、「中年以上の婦人はまだアテ・ワテを使っている」が、ウチという語形が「近畿全般での婦

人常用語となってきた」とのことである。しかし、楳垣の記述から半世紀以上経った現在、関西の女性に広く使われている自称詞はワタシ・アタシであり、ウチは一部の女性の用語にとどまっている（若年層の一部では急増の動きもあるようだ）。自分自身はウチを使わない関西人が、ウチについて、「奈良の子が使う」「京都の子が使う」などと述べることがよくあることから（実際には大阪の女性も使う）、ウチという自称詞は、使用者に偏りがありつつも存在感をもつ形だとみてよいだろう。また、アタシの音声変化形であるアッシを用いる女性も時々見かける。

現在の若い女性について言えば、外向けにはワタシ・アタシを用いるが、内向けには、アタシ・ウチを用いるほかに、下の名前を自称詞として使うケースが増えつつある。若い男性でも家族相手には下の名前を自称詞として用いるケースが稀ではないようだ。

ほかに、関西弁の特徴として、ワタシラという複数形を公的な場でも用いることがあげられよう。たとえば「ワタシラそんなん知りません」と言えば、「私を含めた大勢の人びとはおそらく、そんなことを知らない」といった意味で、このラは具体的な成員や団体を前提とせず、漠然と複数を示す形である。くだけた場面ではアタシラ・ウチラ・オレラのような形をよく使う。

3——対称詞の男女差

対称詞としては、アンタ・アンタハン・アンサン、オマエ・オマハン、オノレ、ワレ、オウチ、オタク・オタクサン、ジブン、キミ等の人称代名詞がある。

しかし、関東と同様、対称詞として実際によく使われるのは、人称代名詞ではなく、固有名（名字や下の名前、およびその変形やそれらに敬称サン・チャン・クン・ヤン等をつけたもの）である。職場では役職名、もしくは固有名と役職名の組み合わせ、親族に対しては親族名称も用いる。親族以外に親族名称で呼びかける虚構的用法（鈴木孝夫『ことばと文化』1973年）も行われるし、男児に向けてボクやオニーチャン、女児に向けてワタシやオネーチャンと呼びかけることもよくある。

関西方言としては、公的場面では、対称詞としての人称代名詞の使用は避けられる傾向が強いが、もし使われるとすればアナタくらいであろう。私的場面でも、人称代名詞の使用は避けられる傾向があるが、顔見知り程度の大

人同士で比較的よく聞かれるのは、オタク・オタクサン・オウチである。親しい相手や、対等もしくは目下の相手に対しては、アンタ・ジブン・キミが使われる。オマエ・オノレ・ワレはほぼ男性用語である。

現在の関西では、アナタという対称詞はあまり地元のことばとしては認知されていないが、昔は使われていたようだ。前田勇『大阪弁の研究』(1949年)によれば、明治以前は、親愛語がオマエ、尊敬語がアナタ、敬愛語がオマエサン・オマエサマ（この名残がオマハン）であり、アンタは遊郭のことばであったが、その後、アンタが一般に広く用いられるようになったという。標準語的に発音すればアナタだが、関西弁のアクセントではアナタとなる。

ジブンが自称詞としても対称詞としても存在するのは、関西弁の特徴であろう。しかも同一人が両方をレパートリーとする場合がある。状況から判別できるので混乱はしないという。

（村中淑子）

▶ 人 楳垣実、前田勇　　▶ 書 『京言葉』

敬語・敬いの表現　　C7

1——敬語表現の地域差と人間関係

話し手は発話するにあたって、まず「この相手は（この話題の人物のことは）敬語で表現するべきだ／敬語で表現しなくてもいい」という人間関係についての認識・区別を行う。そして、その認識・区別にもとづいて、敬語を使用したりしなかったりする。つまり、敬語の使用・不使用は、人間関係の認識とその表出の実践である。ただし、すべての人間関係の区別が、敬語形式の使い分けに表れるわけではない。よって、「敬語形式が多数ある地域が人間関係を細かく区別する地域で、敬語がない／少ない地域では、人間関係の区別があまりない」ということは必ずしも言えない。逆に、「敬語がない／少ない地域であっても、複雑な人間関係の区別自体はある」という考え方についても、慎重な検証が必要である。

2——関西方言の敬語のバラエティ

　そのような敬語は、東日本方言に比べ、西日本方言で発達した地域が多い。また、西日本方言では、複数の敬語形式を段階的に使い分ける方言が多く、敬語使用頻度も高いと言われる（日高水穂「待遇表現の地域差」『方言学入門』2013年）。西日本の有力な方言である関西弁にも、多くの種類の敬語がある。20世紀半ばにおける楳垣実の概観によれば、敬語助動詞だけでも次に述べるような系統の敬語形式が、近畿各地にあるという（『近畿方言の総合的研究』1962年）。以下、楳垣の概観の一部を掲げる。

　まず、〈ル・ラル系〉の敬語は、イカレ（行きなさい）、コラレ（来なさい）などの形で、周辺部や辺境に主として命令形だけがみられる。行カル、見ラルのような命令形以外の活用もみられるが、それらも滋賀県の湖東・湖南の高年層、京都上北山、摂津・河内の一部、泉南に使用がみられるのみである。親愛の命令形としては、行カイ、見ライ・見ヤイなどが紀伊の北部にみられるが、これらは行カレイ、見ラレイなどのレイ・ラレイから転じたと推定される。

　次に、〈セラル・セラレル系〉であるが、これは三重・滋賀・若狭と近畿の東部にわずかに使われているに過ぎない。この系は、行かセラル→ッシャル→ッサル→サル、見サセラル→サッシャル・ヤッシャル→サシャル・ヤシャル→サッサル→ササル・ヤサルと音変化してきたものであり、三重県を中心に分布する。伊勢・志摩・牟婁で使う、行カンス・見ヤンスもこの系統らしい。楳垣は、セラレルにマスがついた形式として、湯沢幸吉郎（『徳川時代言語の研究』1955年）が説いたシャレマス→シャマス→シャンス→ンスという変化を紹介し、それらはさらに、ンス・ヤンス→イス・ヤイス→ス・ヤスとなったとする。これらのンス・ヤンス系の分布域は、三重県のほか滋賀の湖北・湖南や若狭西部・奈良の山辺郡などや和歌山にもあり、近畿東部で、行カシャル・見ヤシャルよりも、はるかに広い範囲で使われている。

　〈ナサル系〉は近畿全般で最も優勢な形である。行きナサル→ナハル→ナアル→ナル（丹波・丹後）と変化した。また、ナハルから変化したハルは、特に京都・大阪で盛んである。京都では五段動詞に接続するときに行かハルで、大阪では行きハルである。イ段接続する見ヤハル・見ヤハル・しヤハルは、ハル・ヤハル→アル・ヤアル→ル・ヤルと変化したらしく、滋賀にこの最後の形のル・ヤルがある。紀伊や伊賀では、主として命令・依頼形だけに、オ

書きナシテと動詞にオ・ゴという接頭辞がつくものがある。この形は古いもので、紀伊を中心として、大阪の泉南や淡路、さらに伊賀や四国の徳島にもみられるという。

〈アスバセ系〉については、オ・ゴという接頭辞を伴って、京都を中心にオ書キヤス・オ見ヤスなどの形で分布している。楳垣は金田一春彦の説に倣って、これらを「オ書キアスバセ」から転じたものとした。名古屋の近郊（たとえば知多郡大高町）では、類似するオイデアスバセ・オイデアス・オイデヤスなどがみられ、それぞれが完全な形・粗略な形だと意識されている。ほかに富山でもアスバセ系の敬語がある。オ書キヤス・オ見ヤシタのような用法は京都市を中心とする東近畿だけで、しかも婦人用語とされる。なお、書キヤスなどのように、接頭辞なしで使う用法が、京都や滋賀で使用される。

楳垣が近畿の敬語の概説として最後に掲げたのは、〈アル系〉である。紀伊では書キアルを動作態（進行態）の*アスペクト形式として使うが、大阪を中心とした地域ではアルが、書きヤル・見ヤル・来ヤルなど、ヤルの形で助動詞的に使われ、親愛感を表す。ただし、用法上、卑語のヨルと同じく、話題の人物の動作・状態を示す動詞にしか接続せず、したがって話し相手に対して用いられる命令形がない。また、楳垣も親愛感を表すと指摘するように、アル系は「敬語・敬いの表現」とは言いにくいが、親愛感をもって話題の人物を認識するという、対人把握にもとづいて使い分けられる言語形式のひとつではある。この系統のヤル形は、滋賀に分布するナサル系のヤル形と形の上では一致しているが、大阪のヤル形はアル系、滋賀のそれはナサル系と系統が違うものとして、楳垣に捉えられている。

楳垣が概観したのは以上の4系統であるが、まだ他にも系統が異なる敬語の述語形式がある。

〈テ＋指定辞系〉は、神戸市西部以西の播州地域を中心に分布し、「行ってヤ／テジャ」のように、テ形のあとに指定辞のヤやジャを接続する形をとるものである（▶語テ（ヤ））。丁寧語が接続する場合は、「行ってデス」のようになる。村上謙（「近世前期上方における尊敬語表現「テ＋指定辞」の成立について」『日本語の研究』2-4、2006年）によると、この形は近世前期の狂言本や近松門左衛門などの上方文芸に登場している。この敬語の成立については諸説あるが、テ＋指定辞はテ＋ゴザルに由来したものとするのが最新の説である（村上、前

掲）。この説では、ゴザルの用法が変化してテに接続しにくくなった代わりに、テのあとに指定辞を接続したとされる。

以上が、20世紀中葉の状況として把握されている。

他に近年報告されたのは、伊賀地方を中心に使用される〈**テクレル系**〉である。家の外から「○○さん、いるか」と家にいる人を呼ぶときに「○○さん、いテクレルか」と言ったり、来客に対して「もう帰るのか」と尋ねるときに「もう帰ってテクレますか？」などのように言ったりする。前者は受益表現、後者は来客を迷惑がっているように他方言話者には聞こえるが、以下のような理由でこのテクレルは尊敬語相当として認められる。まず、テクレル形は、ほとんどが目上に対して使用される。また、他の敬語助動詞と共に使用されない（西尾純二「大阪・奈良・三重近畿横断グロットグラムにみる待遇表現の諸特徴」『近畿地方中部域の言語動態』2012年）。さらに、テクレルはハルのように軽い敬意を表すと話者に内省される。「ゆうべ手紙を書いたか」のように受益の意味をもたない文脈でも、目上に対して「書イテクレタカ」のように使用される（松丸真大「伊賀上野における敬語行動の変化」『都市・社会・言語』2013年）。

こういったことが、テクレル形が尊敬語相当であることの理由となる。なお、松丸（前掲）によれば、この形式は1940年代生まれの話者から使用が増え始めているという。

以上のように、関西弁の敬語にはさまざまな系統のものがあり、それぞれの系統内でも多くの音声的変異がみられる。20世紀末、21世紀初頭の関西の敬語分布を鳥瞰してみても、関西には依然、系統の異なるさまざまな敬語形式が分布している。それだけでなく、伊賀のテクレル形にみられるように、新しい系統の敬語形式を生み出す力も衰えていない。もっとも、いくつかの音声的なバリエーションは淘汰され、共通語化も進んでいる。それでも、いくつかの敬語の系統は保持・再生産され、各地に散らばっている。

3——ハル敬語の地域差と伝播

ハル敬語（▶語ハル）は京阪都市圏を中心に広く分布し、用法にも特徴がある。ハル敬語は、社会的に定まった上下関係だけではなく、話し手個人による対象となる人物への好き嫌いや評価の高低によって、使用の有無が決まるという側面がある。これは上方の複雑な人間関係や他者への評価のあり様を

図　猫にハル敬語はおかしいか（京都市、岸江1998より作図）

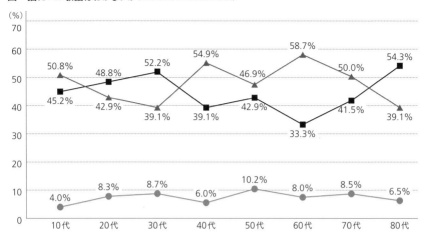

数値データは『教育アンケート調査年鑑 1999上』（創育社）による

反映するもので、この地域の運用上の敬語の特質であると考えられる。ただ、同じハル形式でも、その接続法には京都と大阪で異なる特徴があり、京都では前節する動詞にア段接続（行カハル）するが、大阪ではイ段接続（行キハル）する。さらに、京都では、「この赤ちゃん、今笑わハッタで」「お宅のネコ、何か食べてハリますわ（図）」などのような用法がみられるが、そのような用法は大阪ではみられない。このような無視できない用法の違いが、京都と大阪との間にはある。

　ハル形式の京都と大阪のそれぞれの用法が分布する地域については未検証であるが、ハルの形式自体は、不使用地域だった神戸市以西の播州や、大阪の泉南にも勢力を広げつつある。京阪の大都市方言敬語は、周辺地域に伝播する推進力を持っている。

4——保持される敬語表現の地域的多様性

　一方、ナサル系のナル敬語（行きナル、行きナッタなど）は、依然但馬（たじま）などの北近畿に勢力を持ち、近世の上方にみられたテヤ敬語も、神戸市西部以西の播州や丹波で勢力を保ち続けている。

最近は、先述のように伊賀地域でテクレル系がみられるようになった。さらに、三重県伊勢方面や、関西の主要大都市周辺地域にはル・ラル、セラル・セラレル系の敬語形式が分布する。また、伊勢方言では尾張方言で盛んな「行ッテミエル」のようなテミエルの形式の敬語が根付いている。

　楳垣の概観では、大阪南部や紀伊でも敬語が存在したことが指摘されているが、現在は、方言敬語がほとんどみられないという意味で無敬語地帯の色合いが強い。紀伊半島の中南部地域では、独自の方言敬語助動詞をほとんどもたず、終助詞のナー（対同等以下）とノー（対目上）が使い分けられたりする。

　関西方言の敬語の発達ぶりを考えるとき、このような分布の複雑さも視野に入ってくる。京都市・大阪市・神戸市といった、歴史的な独自性をもった近畿の三大都市圏は、それぞれの都市が経済圏や人的交流を隣県に拡大するなど、強い発信力と求心力とをもち続けている。北近畿は日本海文化圏に属しており、伊勢は現在、関西と名古屋の経済・文化圏のはざまにある。和歌山や吉野山地、三重県の志摩以南の地域は、長らく都にほど近い秘境であり、熊野や高野山などには宗教都市が形成された。

　各地の地勢と呼応するように、敬語にも地域的な独自性がみられる。京阪のハル敬語は、京都と大阪で動詞への接続の仕方や用法に違いがある。神戸市西部以西や丹波（たんば）では、上方前期に発生したテヤ敬語を根強く残存させる。北近畿ではナル形式が使用され、伊勢ではンス・サンス系の「行カンス」や、「（行っ）テミエル」などの形式を維持・発生させる。このような敬語圏の勢力図は、楳垣によって20世紀中葉に把握された状況と大きく変わらない。

　対人関係の区別・認識とその表現の実践の中で使用される敬語形式やその運用法に、地域社会ごとの特徴があるということは、その地域社会の個性・自律性の強さをうかがわせる。地域社会では、交通・経済上の結びつきをもつ大都市圏の拡大や、シャッター商店街が増え続けることに象徴されるようなコミュニティの変質がみられる。このような背景社会の変容に応じて、敬語の地域的独自性がどのように変化するのか。関心がもたれるところである。

（西尾純二）

▶▶▶**C8 第三者を明示するハル敬語**

▶ 人 楳垣実　　▶ 書 『近畿方言の総合的研究』

●岸江信介「京阪方言における親愛表現構造の枠組み」『日本語科学』国立国語研究所、1998

第三者を明示するハル敬語　　　　　　　　C8

　ハル敬語は、京都や大阪を中心とした近畿中央部で盛んに使われ、周辺に勢力を広げている方言敬語である。形の上では、五段活用動詞に接続する場合、京都市では書カハル・読マハルのようにア段に、大阪市では書キハル・読ミハルのようにイ段に接続するという違いがある。京都、大阪両市の男性はヨル、大阪市の女性はヤルという*下向きの待遇表現形式をそれぞれもっていて、*上向き待遇のハルと使い分けている。これに対し、京都市の女性は下向きの形式をもたないこと、ハルより敬意が高いとされる方言敬語オ〜ヤスは廃れてきていることにより、ハルは適用範囲が最も広い、唯一の方言敬語形式となっている。

　標準語の敬語では、その場にいない三人称者を高めて待遇することは、二人称者の場合と比べてさほど多くはなく、尊敬語は敬語上の二人称者が主語のときに使うとされる（菊地康人『敬語』1994年）。他方、近畿中央部では、話し相手に直接敬語を用いないような普段のくだけた場面でも*第三者待遇で広義素材敬語（*素材待遇語）を多用することは宮治弘明「近畿方言における待遇表現運用上の一特質」（『国語学』151、1987年）で指摘されている通りである。

　京都市女性の普段の場面での実際の敬語使用を調べると、上下親疎の関係にある人はもとより、芸能人やマスコミで取り上げられた人、現存するが未知の間柄的関係がない人、歴史上の人物、架空の人物、抽象化された「人」を話題の主語とするような場合にもハルが用いられていることがわかった。ここで言う「人」とは一般論で「〜と言わはる」のような用法から、「皆さん」、「地名（〜の人）」、会社や商店など多岐にわたる。たとえば「（春になったら）皆さん、元気にならはる」「田舎はのんびりしてはんのちゃう？」「いちばん今有名ではやってはるお菓子屋さんや」のように言う。

　次は話し相手には尊敬語も丁寧語も使用しない普通形式が基調の談話での発話例である。「パスポートをこう出し、出すだけ出したら、開ける前に、サイナラーてゆわはんのや、もう」。ここでは、旅先の税関の職員に言及する際はハルが、自分の行為に言及する際は普通形式が用いられており、主語が明示されていなくても、ハルの付加により誰か人の行為であることを（聞

く側は）了解することができる。

　以上より、近畿中央部では京都市女性話者を筆頭として、尊敬語としての働きは希薄で、第三者（三人称者）に言及していることを示すハルの用法があり、適用対象を広げつつある。さらにいえば、動植物、無生物でも、人に引き寄せて述べたい時ハルを臨時的に使用することともなっているのである。

▶▶▶C7 敬語・敬いの表現　　▶語 ハル　　　　　　　　　　　　　　　　（辻加代子）

あいさつ表現と関西弁　　C9

1——あいさつ表現の地理的分布

　あいさつ表現はことば本来の意味を離れて定型化する傾向がある。伝播などの状況からその形式の分布には地域差があるといわれるが、一方、その土地特有の発想法が影響しているともいわれる。真田信治「あいさつ言葉と方言」（『日本語学』4-8、1985年）は訪問時のあいさつ表現の全国分布図から形式の分布や使用の場面差を探り、小林隆「あいさつ表現の発想法と方言形成」（『柳田方言学の現代的意義』2014年）は入店時のあいさつの全国的な比較から表現形式の形成とその背後にある発想法の違いに迫ろうとしている。

　関西弁における訪問時のあいさつは伝統的な形式としてはゴメンヤスなどがあるが、ほかにゴメンクダサイ、コンニチワもある。真田（前掲）では、ゴメンクダサイやコンニチワは、特に関東・関西周辺に多く存在する（図1、2）。小林（前掲）によれば、このゴメンクダサイやコンニチワという形式は近世後期以降に中央から周辺へ急速に伝播したものであり、急速伝播の要因として、周辺地域で都市型社会が発達したことが考えられるとしている。あいさつは人間関係の構築・維持にかかわるものであり、農村部より都市部において、より必要性をもつものだからである。

図1　訪問時のあいさつ（丁寧体の表現）（真田1985より）

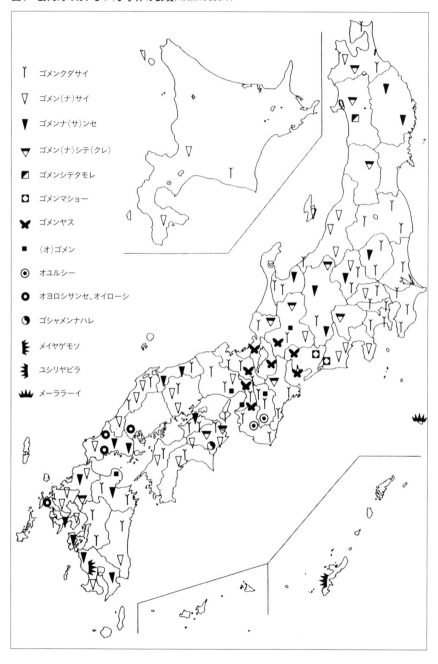

図2 訪問時のあいさつ（ぞんざい体の表現）（真田1985より）

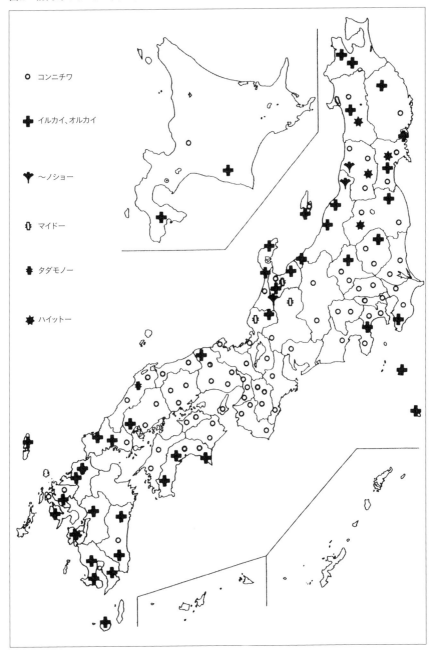

2——あいさつ表現の使用法

　関西は都市文化の歴史が長く、したがってあいさつ表現は非常に多彩でかつ繊細である。尾上圭介は『大阪ことば学』(1999年)で大阪船場に伝わる「おいでやす、ごめんやすには蔵が立つ」ということばを紹介している。客が店に入ってきたら、その客がゴメンヤスというより先に店の者がオイデヤスと声をかけ、オイデヤス・ゴメンヤスの順になるような応対をしていれば店が繁盛して蔵が立つという意味であり、この言い伝えには「大阪の都市としての伝統の深さ、心配りの細やかさが表れている」と述べている。

　関西弁の伝統的なあいさつ表現の詳細については、佐藤虎男「大阪船場のあいさつことば」(『学大国文』17、1973年)および寺島浩子「京都町家におけるあいさつ表現」(『関西方言の社会言語学』1995年)がある。いずれも、朝から夜まで1日を通じての各場面、および他家への訪問などいろいろな場面でのあいさつ表現が具体的に詳しく記述されたものである。佐藤（前掲）によると、その特徴のひとつに命令形の使用がある。関西弁には命令形より柔らかいとされる連用形命令があり、相手のことを思って命令する場面で子供や親しい人に対して使われる。それがあいさつ表現としてしばしば使用されているのである。たとえばオハイリ、オヤスミ、キーツケテ行キヤ、オハヨーオカエリ、ヨロシューオアガリなどである。さらに敬語形の命令形もある。連用形命令に敬語のヤスをつけた－ヤス、ハル敬語（▶語ハル）の命令形を使った－ナハレである。たとえば、ドーゾオ入リヤス、（座布団を)オアテヤス、（食事を)ドーゾオアガリヤス、オコシヤス、またドーゾ入ットクンナハレ、シッカリモーケトクレナハレ、カンニンシトクンナハレなどである。初対面の人や目上の人に対しても敬語で遠ざけるだけでなく、命令形で強く勧めて相手との距離を縮めるというものである。＊ポライトネス理論でいう＊ポジティブポライトネスに当たり、日本語では少ないとされる用法である。尾上圭介（前掲）は大阪弁の特徴のひとつが「相手との距離の近さである」とし、「大阪弁には相手との間の壁を取り去るようにものをいう傾向がある」と述べているが、関西弁のあいさつ表現で命令形が多用されることはそのひとつの表れといえるだろう。

3──近年の動向

　近年では、関西弁でもこうした伝統的なあいさつ表現の多くは刻々、姿を消している。しかし、あいさつ表現の形式が変わっても、人と人とのかかわりあいはそれほど変わるものではない。関西では今もエレベーターの中や各種のあつまりなどで初対面の人どうしが気軽にあいさつをかわし、それをきっかけに会話が始まる、ということが東京に比べて格段に多いと思われる。人間関係において「相手との壁を取り払おう」とする文化は今もなお健在であるといえる。

（牧野由紀子）

依頼表現と関西弁　C10

　ものを頼むということは、どこでも行われることであるが、そこに用いられる言語表現には関西弁の特徴が色濃く表れている。依頼という行為は人に何らかの行動を求める行為であり、広く考えると命令や勧めなどの行為と共通して、聞き手に対して働きかける機能をもつ。また、禁止は人に何かをさせない行為であり、これも聞き手に対して働きかける機能をもつ。そのため、この項ではこれらの表現もまとめて扱う。

1──依頼表現形式の特徴

　まず、家族の人や、目下、あるいは親しい人物など、普段のことばづかいではどうだろうか。どのような形式があるか、まとめてみる。

	命令形	連用形	テ形
五段動詞（書く）	カケ	カキ	カイテ
一段動詞（起きる）	オキヨ／オキー	オキ	オキテ

この中で、特に関西弁を特徴づけるのは、連用形を使った命令である。命令形やテ形による命令は他の方言でもよく用いられるが、連用形による命令は、関西弁に特徴的なものである。
　さらに、関西弁では、否定＋疑問「－ンカ」の形によっても命令を表すことがあるが、そこにも連用形が用いられている。

	否定疑問形	連用形	テ形
五段動詞（書く）	カカンカ（イ）	カキンカ	カイテンカ
一段動詞（起きる）	オキンカ（イ）	オキンカ	オキテンカ

　また、禁止の系列にも連用形がある。

	禁止	連用形
五段動詞（書く）	カクナ	カキナ（命令はカキナ）
一段動詞（起きる）	オキルナ（オキンナ）	オキナ

　このように、否定疑問や禁止にまで、連用形が使われている。五段動詞やサ変動詞（否定疑問「シンカ」、禁止「シナ」）にみられる連用形のイ段音の形式は、関西弁らしさを伝えるものである。

2——依頼表現のニュアンス

　また、関西弁の依頼・禁止表現は、これだけで用いられるのではなく、終助詞と接続させることで細かいニュアンスを伝える。終助詞には、ヤ・ナ・ヨ・サなどが使われるが、ヤは厳しく押しつけるような表現として用いられるのに対し、ナ・ヨ・サは聞き手に確認したり、相手の意向に配慮したりするというニュアンスで働きかけるという違いがある。
　また、もうひとつ、関西弁の依頼表現の特徴は、アクセントである。標準語の依頼・命令表現のアクセントは、動詞のアクセントに従うものであり、「書け」（「書く」）、「置け」（「置く」）となる。しかし、関西弁のアクセントでは、アクセントの下がり目があるかどうかが重要な意味の違いをもたらす。「書

け」に相当する言い方にはカキ・カキヤ・カキーヤ・カケなどがあるが、下がり目のあるカキーヤ・カケは、話し手の想定通りに事態が進行していないので今すぐ修正するよう命令していることを伝える。たとえば、子供が何度言っても掃除をしないときには「はよ　掃除シーヤ」といった具合である。一方下がり目のない平板のカキ・カキヤという表現はそのようなニュアンスがなく、先ほどの表現に比較すると優しいニュアンスを伴う。このアクセントによる区別は否定疑問の系列にも及びカカンカイはカキーヤ・カケと同様厳しく命令するものであるのに対し、カカンカは疑問文と連続的で、聞き手に対して尋ねるニュアンスがある。カキンカ・カイテンカには基本的に下がり目はなく聞き手に配慮した命令・依頼として機能する。

　目上に対する依頼の表現では、クレルやクダハル（くださる）が用いられる。関西の広い地域で使われるナハレ／ナハイや京都を中心としたオ～ヤスも関西方言の依頼表現を特徴づけるものである。

　それ以外にも、限定した地域にみられる形式もあり、たとえば、兵庫県但馬地方や京都府丹後地方には敬語由来の命令形カキナレ／カキナイがある。

3——依頼の関西的表現法

　一方で、頼み方にも関西らしさが現れる。たとえば、「まあ、堪忍したって」「兄ちゃん、そこ通らしたってえな」と、自分自身が許してもらったり、通らせてもらったりするときにも、タル（てやる）を用いて、まるで第三者に利益があるように表現するような言い方である。このような表現は聞き手が「堪忍する」「通らす」ことを表すものであり、聞き手の視点に立った、聞き手に寄り添った表現になっている。

　このように、関西弁の依頼表現には、活用形、終助詞、アクセントや視点の移動と、さまざまな手段が使われている。関西人はこれらの表現を駆使して、強く押しつけたり、優しく促したりしながら、自らの意向を相手に伝えようとしているのである。

（森　勇太）

▶▶▶F5 けんか（罵詈雑言）と関西弁
▶ C 「してやる」が当たり前

●前田勇『大阪弁の研究』朝日新聞社、1949／尾上圭介『大阪ことば学』創元社、1999／山下好孝『関西弁講義』講談社、2004

コラム　「してやる」が当たり前

　標準語の「今度こそやってやる!」と関西弁の「今度こそやったる!」の下線部は、それぞれ「やっ+て+やる」という同じ構成をもった表現である。しかし、「そんなこと言うたんなや」の下線部は、を逐語的に標準語訳すると「言っ+て+やる+な+よ」なのであるが、「そんなことを言ってやるなよ」と標準語に訳するとどうもしっくりとこない、という非関西弁話者が多い。「言ってやるな」ではなく「言うな」で良いというのである。

　夏目漱石の『坊っちゃん』の文章の一部を、各地の方言研究者がその地の方言に翻訳した資料がある(『方言研究のすべて』
1969年、徳川宗賢『日本語の世界8 言葉・西と東』1981年)。約半世紀前の資料である。日高水穂は、そのうち、次の2ヵ所の下線部の方言翻訳を用いて、図1、図2を作成した(『授与動詞の対照方言学的研究』2007年)。

・親類のものから西洋製のナイフを貰って―中略―何でも切つて見せると受け合つた。

・小使に負ぶさつて帰つて来た時、おやぢが大きな眼をして二階位から飛び降りて腰を抜かす奴があるかと云つたから…

　図1からは、「キッテミセテヤル」や「キッテヤル」といった原文にない「ヤル」を用いた方言訳が、関西を中心に分布していることがわかる。日高は、「ヤル」が用いられる地域は、東京以外は言語的に近畿圏の影響の強い地域であり、このような分布状況は中央語(京都語)での授受表現の変遷過程を反映しているとの見方を示している。すなわち、中央語の歴史からみれば、ヤルの使用は新しいもので、その周辺部にみられるヤルの不使用は中央語の古い姿であるというのである。そして、このようなヤルの用法は、西日本を中心に関西周辺部にも拡大している。図2の「負ぶさつて」の場合もまた、関西では「オーテモロテ」などと「もらう」が付加される形で方言翻訳される傾向があることが明らかである。

　「切ってみせる」も「負ぶさる」が動作の与え手と受け手とが存在する表現であるが、だからといって「やる・もらう」といった授受の関係を言語化する必要はない。しかし、関西弁では「する」を「してやる」、「してもらう」と授受の関係で表現することが当たり前のようである。そのような関西弁の表現上の発想は、約半世紀前には既に存在し、関西周辺域にその発想は広がろうとしていた。このような表現上の発想が生まれた理由と現在の地理的な広がりが気になるところである。　　(西尾純二)

図1
「切ってみせる」の各地方言訳

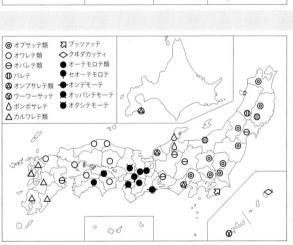

図2
「負ぶさって」の各地方言訳

関西弁の談話展開　　　　　　C11

　関西出身の人と話をしていると、語彙やアクセントだけではなく、会話のしかたそのものに違和感を覚えることがある、という声をよく聞く。たとえば、「もってまわった言い方をする」「言いたいことがはっきりわからない」「予想していないような受け答えが返ってくる」「話の流れについていけない」「冗談ばかりで真剣に聞いていない感じがする」などである。特に、大阪人の話し方については、いわゆる「ボケ」「ツッコミ」の会話パターンが知られているように、独特であると意識する人は多い。ただ、大阪に限らず、それぞれの地域に特有の話の進めかたがありそうだということを漠然と感じている人は少なくないであろう。しかし、話題の展開のしかたにどのような地域差があるのか、方言によって一定の類型があるのかなどについては、わかっていないことも多い。

1——談話展開における東京方言と関西方言の違い

　標準語を対象としたものと比べて、方言についての談話展開に関する研究はまだ少数であるが、先駆的なものとして、東京方言と関西方言の談話展開の方法を比較することによって類型化を試みたものがある（久木田恵「東京方言の談話展開の方法」『国語学』162、1990年）。東京方言の談話展開は、①客観的状況説明と主観的説明ないし判断を文末のネー・ノで繰り返し述べていく方法と、②ダカラ・ホラ・ネッをキーワードとして聞き手を強引に納得させていく方法の、おもに2つの展開パターンがある。前者は女性に多い型であり、後者は老若男女を問わず認められる。いずれも聞き手に反論の余地を与えず、強引に話者の主張を押し付け、聞き手を納得させていくものである。関西方言の談話展開は、①客観的状況説明が多く、ヘテ・ヘタラ・ホイデなど順接の接続詞によって説明を累加する形で、聞き手に続きを期待させながら展開し、②文末の音調の卓立で念押しすることはあるが、説明の確認程度のもので、場合によっては、「じきに　さつまいもが　できるでしょー。んー」のように自分で引き取って自己確認することもある。東京方言の談話展開の方法が、話し手が自己の主張をあらわにして、聞き手を納得させる方向に展

開していく「主観直情型」であるのに対して、関西方言の談話展開の方法は、ひたすら状況を詳しく説明し、聞かせる展開である「客観説明累加型」であるとまとめられている。

2──談話標識からみる東京・大阪・仙台方言の違い

また、話し手が情報内容を効果的に伝えるために使う談話標識の出現傾向を計量的に比較することによって、東京方言・大阪方言・仙台方言の談話展開の地域差を記述したものがある（琴鍾愛「日本語方言における談話標識の出現傾向─東京方言,大阪方言,仙台方言の比較」『日本語の研究』1-2、2005年）。説明的場面に現れる談話標識は、東京方言では、「発話権取得・維持」（ダカラ）・「情報共有喚起」（ホラ）・「情報共有確認」（デショー）がよく使われ、大阪方言では、「説明開始・累加」（ホンデなど）・「自己確認」（ウンなど）が顕著で、仙台方言は、「情報共有表示」（ヤハリ）・「情報共有喚起」（ホラ）・「情報共有確認」（デショー（↑））・「念押し」（ネ（↑））が多く認められる。大阪方言の談話展開の特徴としては、①話者自身による情報内容の確認：「自己確認」（ウン・ハイなど）の使用頻度が他の方言より高く、情報内容について、仙台方言のように相手との共有に力を注ぐよりも、自分自身で納得しながら談話を展開する。②説明継続の単純表示：「説明累加」（ホンデ・ホシタラなど）の使用が非常に顕著だが、仙台方言に多い「発話権維持」（ダカラ）のような自己アピールにかかわるものではなく、単純に説明を継続する合図にすぎず、話の進行に際し、説明の継続を淡々とすることを好む。大阪方言では「説明累加」を明示しつつ、「自己確認」で締めくくるというパターンが目立っている。談話標識の出現頻度と組み合わせパターンから、大阪方言は、相手に対する働きかけは消極的で、話の進行を単純にマークしつつ、自分で納得することに主眼を置く「自己納得型」、仙台方言は、自分が発言権をもつことをアピールし、情報共有を積極的に働きかけて、自分の話を相手にわからせようと努力する「他者説得型」、東京方言は、両者の間に位置し、仙台方言により近い面をもつタイプであるとまとめられている。

3──方言の談話類型研究にむけて

なお、上記は、いずれも話し手と聞き手が1対1のインタビュー形式の談

話であるが、関西における多人数の談笑では、短い発話でどんどん話題が転換されたり、いわゆるボケ・ツッコミによる展開が生じたりすることが指摘されている。方言の談話類型は、他方言と比較することはもちろん、参加者の属性・人間関係、場面、収録方法などによるさまざまな談話とも対照することによって、その全体像が明らかになるといえよう。　　　　　　（井上文子）

●久木田恵「談話類型から見た関西方言」『関西方言の広がりとコミュニケーションの行方』和泉書院、2005／沖裕子『日本語談話論』和泉書院、2006／小林隆・篠崎晃一編『方言の発見 知られざる地域差を知る』ひつじ書房、2010

関西弁のあいづち　　　　　　C12

　あいづちは、話し手に対して聞き手が発する短い表現のこと。「ウン」「ソーヤナ」などの短い言語形式、話し手の発話の一部の繰り返しや言い換え、また広く捉えると頭の振り（うなずき）や笑いといった非言語形式もあいづちに含まれる。こうしたあいづちによって、聞き手は話し手の発話の主導権を奪わずに、聞き手が話し手の話を聞いていること、話の内容への同意・否定や感情（驚き、おかしさ、あきれなど）などを伝える。また話のリズムを作ったり、話し手が話を続けるよう促したりする効果もある。あいづちは多くの場合、話し手の発話の文節の切れ目や文末付近で打たれる。話の内容的なまとまりとともに、話し手の発話中の間投助詞や終助詞、ヤンカーなどの相手に確認を求める表現、文節末母音の延伸、句末・文末イントネーションなどが、あいづちを打つタイミングのきっかけになっているといえる。泉子・K・メイナード「日米会話におけるあいづち表現」（『言語』16-12、1987年）によると日本語話者は英語話者などに比べてあいづちが多いというが、関西弁話者はさらにあいづちが目立つ。「ハー」「セヤ」などの短い形式や、これを繰り返した「ハーハー」「セヤセヤセヤセヤ」などが短い周期で入り、会話が小刻みなリズムになっている。また高年層では「アー　ソーデッカ」「ハー　サヨカー」、若年層では「アー　ホンマニー」「アー　ソーナン」など、パターン化したものも頻出する。話の要所では「ホンマ」「ウソー」「ウセヤン（ウソヤン）」などが、

驚きやおかしさ、あきれなどを示すものとしてツッコミ的に発される。さらに話し手の発話の一部の繰り返しや言い換えも多い。関西弁ではこうしたあいづちを駆使して、話に乗り、話を促し、ツッコミも入れ、話し手と一緒に会話を盛り上げているのである。

（舩木礼子）

●黒崎良昭「談話進行上の相づちの運用と機能」『国語学』150、1987／舩木礼子「方言談話におけるあいづちの出現傾向」『方言の研究』2、2016

オノマトペ　　　　　　　　　　　　　　　　　　C13

　オノマトペとは、身の回りの音や動物の鳴き声などを人のことばによって模倣した擬声語あるいは擬音語と呼ばれるもの、音はしていないがあたかも音がしているようにことばで表す擬態語と呼ばれるもの、これら2つを総称する言い方である。前者ではワンワン、ゴロゴロ、バシャバシャ、ピーヒャラといったもの、後者ではピカピカ、ベタベタ、グニャグニャ、ニコニコといったものがあげられる。

　オノマトペは関西弁を語る上で重要かつ不可欠な存在である。関西弁独特のオノマトペと言えば、ハンナリ（▶語 ハンナリ）、マッタリ（▶語 マッタリ）などがあげられるが、他の方言で使われない単語が多いというわけではなく、使われ方に特徴がある。関西弁のオノマトペは、われわれの通常考えている単語の範疇をはみ出したものを含み、ことば以前の感覚的ないし本能的な臭いを漂わせており、よそ者にとって近づきがたく、会得しにくいもののひとつである。

　「ピャッとちぎってシャッと渡す」これは何の動作を表しているのだろうか。昔懐かしい有人改札時代に駅員が切符の半券をちぎって残り半分を客に渡す様子を言い表したものであるが、駅員さんがとても手際よく軽快に仕事をしているのが目に浮かんでくるのではないだろうか。リズム感、スピード感が音の調子によくあらわれている（田原広史「ピャッとちぎってシャッと渡す」『言語』30-9、2001年）。

ひとつの言い方をさまざまな場面で自由に使うという特徴もある。たとえば、「ガーッ」というオノマトペは、標準語では「堅いものが削れたり、重いものが動いたりして出す大きな音」であり、「大型トラックがガーッと通過する」「ミキサーのカッターがガーッと回転してみじん切りができた」といった使い方をする。一方、関西弁の例文をあげると、上の例に加え、「ガーッ笑てますけど」「ガーッ食べとんねん」「電話ガーッかけたんや」「汗ガーッかいてしゃべってるやん」「札束ガーッて数えて」といったように、「勢い込んで一生懸命に何かをする様子」といったような意味が主となり、動作の種類に限定されず、多くの動作に拡大して用いられている。

　関西弁のオノマトペの特徴としては、関東に比べて日常生活で使用される頻度がかなり高いこと、感情に訴えるときに不可欠であること、ことば遊び的な傾向が強いこと、意味的範囲あるいは語の定型性にとらわれず、さまざまにアレンジされながら、しばしば臨時的な形での使用が認められる、といった特徴があげられる。

（田原広史）

●小野正弘編『日本語オノマトペ辞典』小学館、2007

コラム　関西人はみんな落語家？

　関西では、だれかに言われたことばを他の人に伝えるとき、ことばづかいや声音を真似てあたかもその発言をした本人がいま目の前で話しているかのように話してみせることが多い。たとえば、以下の語りには話し手の母親・話し手自身・話し手の弟の3人が出てくるが、それぞれの発話（『　』の部分）はその人物の話し方を写し取ったような話しぶりで実現される。

　「昨日な、お母さんとテレビでフィギュア［フィギュアスケート］見とってんやんか、そしたらな、選手の名前？　次誰滑ります、ってばーって出てんやん、けどな、お母さんそれ順位と思ったらしくてな、『え?!なんで○○ちゃん最後なん？　こけたん?』とか1人で騒いどってな、『お母さんこれ順位ちゃうで』ってゆったらな、『え?…あ、なんやもう結果出たんか思てびっくりしたわ、これ出走順か。』って。『お母さんお母さん、それ〈滑走順〉やろ。〈出走順〉て、馬か！』{笑}ほんなら弟も『○○ちゃん○○ちゃんてあんなけゆっといて、さいご馬扱い』みたいな{笑}」

　登場人物ごとにことばづかいや声音を巧みに使い分けることで、語りは臨場感あふれるものとなる。関西人はオチのある話を好むと言われるが、話をオチに持って行くまでの語りの中に、このような聞き手を飽きさせまいとする工夫が凝らされているのである。1人で何役もこなしながら笑い話をする様子を、落語家さながらというのは言い過ぎだろうか。

（高木千恵）

関西弁の常套句 C14

1——常套句とは

「常套句」をここでは「常套表現」と広くとって、関西弁において常々使われる特徴的な言い回しの代表的なものをいくつか取り上げる。なお、「句」として何語かがまとまったフレーズを取り上げるとともに、単語としては一単語であってもよく耳にする特徴的な言い回しにも広く言及することにする。

2——頻用される常套句

関西弁において頻用される常套句ということでは、最も頻繁に耳にするのは、何といってもアカン（▶語アカン）であろう。「後で行ってもええか」「あかん」のように受け答えに用いられる他、「そんなことしたら、あかんで」「（缶の蓋を開けようと四苦八苦して）あかんわ、開けへん」などと、述語句や間投句としても用いられる。語源的には「埒があかぬ」というような言い方に由来するとされ、およそ「ダメだ」「いけない」というような意味であるが、標準語の「ダメだ」などと比べると軽いニュアンスになることが多い。たとえば、「そんなことしたら、あかんで」という場合、強く戒める意味でも使えるが、ごく軽いたしなめという意味合いでも使われ、用法の幅は広い（「〜したらダメだ」のような言い方をした場合には、どうしても強いニュアンスが出てくる）。関西弁ではイカンも用いられるが、イカンが根拠や規範に拠って「ダメだ」とするのに対し、アカンは専ら「ダメだ」とする主観的な思いに中心があるようで、切羽詰まって「もうあかん」とは言うが「もういかん」とは言わないし、「うまくいったか」「あかん（＝ダメだ）」と言下に否定するときも、アカンを用いる。なお、アカンはさらに「あかん奴」と修飾語に用いられたり、「あかんたれ」（▶語アカンタレ）のような複合語も作る。こうした「あかん奴」「あかんたれ」は、「ダメな奴」などと言い換えにくいニュアンスが出てくる言い方で、「ダメな奴」では、強い否定的な意味が表立つが、「あかん奴」「あかんたれ」では、いいところがないがそれでも見捨てられない困った奴というような否定的でありながら親愛感の混じったニュアンスが出てくる。

次に、シャーナイについて見てみたい。シャーナイは「仕方がない」ということで、これも関西弁では頻用される常套句といえる。「仕方がない」は「不満足だが、あきらめざるを得ない」とか「やむをえない、どうしようもない」といった意味であり、シャーナイも意味自体はそのように説明されようが、ニュアンスとしてはずっと軽く、深刻さがあまり感じられない言い方である。だから、たとえば「仕方がない、これまでだな」というような進退窮まった感のある言い方に対して、同様のことを「しゃーない、これまでやな」と表現しようとしても、しっくり来ず、ずっと軽い諦めの表現に聞こえてしまう。一方、「今日は苦しいねん、ツケで飲ませて」「しゃーないな」のような場合、シャーナイは軽く諦めて許容する意味になるが、ここで「仕方がないな」というと、殊更考えて判断を下し、やむなく諦めているように聞こえる。シャーナイは、「しゃーない奴やなあ」のような言い方もできるが、以上のように軽いニュアンスであるから、「しゃーない奴」も「どうしようもない奴」というような意味にはなるが、全否定的な重い言い方ではなく、「あかん奴」などと同様、ダメではあっても見捨てられないといった親愛感の混じる言い方になる。

　続いて、やはり頻用される常套句としてしばしば話題にもなるのがヨーイワンワという言い方である。これは、間投句的に用いられて、「呆れてものがいえない」といった意味を表す。もともとヨーイワンワは、「言うことができないわ」という意味の不可能表現の形であるが、関西弁の不可能表現としてはタベラレヘン（食べられない）・イワレヘン（言えない）といった（ラ）レヘンの形の言い方が状況的に不可能であることを表すのに対して、ヨータベン・ヨーイワンといったヨー〜センの形は能力的に不可能であることを表すので、ヨーイワンワは、いわば「自分のコメント能力を超えるほどの、呆れ果てたことだ」といった意味合いで間投句的に用いられることになる。しかし、ニュアンスとしては強い否定的な意味ではなく、呆れつつも苦笑を交えるような軽い気持ちの表現である。これは、能力的に不可能であるという意味合いから、話者が、自分の能力を超えることとして事柄に対し当事者の立場に立たず、第三者的な立場で眺める姿勢が出てくることで、深刻に批判するのではなく、他人事のように見て呆れかつ苦笑するような意味合いになるものと考えられる。ヨーイワンワは、他人に対してのみならず、自分について用

いられる。たとえば「よーいわんわ、しょーもないことして」という言い方は、「よーいわんわ、(コノ人ガ)しょーもないことして」という意味で用いられる一方、「よーいわんわ、(自分ガ)しょーもないことして」と自嘲する言い方で使うことも可能である。この言い方は、昭和初期に笠置シヅ子が歌った流行歌「買物ブギ」の歌詞の一節「わて、ほんまによういわんわ」で、広く知られるようになった。

　以上のとおりみてくると、関西弁の常套句は、関西弁が柔らかく含みがあるなどと評されることと符合して、標準語で一応対応するとみられる言い方に対して、表現の幅が広く、また、あまり硬く重々しいニュアンスにならない面がみられることは注意されよう。

3——セーテセカン

　さて、関西弁の常套句で興味深いものとしては、セーテセカン(急いて急かん)という言い方をあげることができる。「せいてせかん仕事やけど、お願いしてよろしいか」などというように使う。「せく」が「急ぐ」の意味であるから、セーテセカンは文字どおりには「急いで急がない」というような矛盾した言い方ということになるが、実際は「出来れば急いでほしい」「ゆっくりはできない」ということを婉曲にいう言い方である。たとえば、「せいてせかん」仕事とは、「急いでいることはいるが、他のことを押しのけてまで先にやってほしいというわけではない、しかし、できれば急いでやってほしい」仕事というようなニュアンスの言い方で、本音としては「何とか急いでやってほしい」という含みといえる。ひとつの決まった言い方であるが、もともとセーテセカンという言い方で、セカンつまり「(何がなんでも)急ぐのではない」と相手に気遣いする姿勢を示し、そこまで言って切実に頼んでいるという気持ちをうかがわせる言い回しだったかと考えられる。他では例のないような関西弁独特の常套句といえる。

4—— 一語の常套表現

　次いで、一単語ではあるが、いかにも関西弁らしい常套表現としてエゲツナイ(▶語エゲツナイ)・ケッタイナ(▶語ケッタイ)といった言い方をあげてみたい。
　エゲツナイは、かなり強いニュアンスのことばで、およそ「見聞きすると

衝撃的で不快感を催す」有り様をいう言い方だと言える。たとえば、見るに忍びない凄惨な写真・猥雑な写真は「えげつない写真」であり、聞くに耐えないひどいゴシップは「えげつない噂」である。また、自分のふれられたくない過去をこれでもかとずけずけあげつらわれると、「そんなえげつないこと言わんでもえーやないか」と言って反駁することになる。およそエゲツナイと形容されるようなことは、単に不快ですまない下の下とでもいうべき有り様である。そして、倫理的にひどい、人の道にはずれたことであることがしばしばである。たとえば、客が気がつかないことをよいことに欠陥商品を売り付けて儲けるような商売は「えげつない商売」だということになる。そして、エゲツナイは、単に道理や理屈で考えた判断ではなく、何より「生理的に受けつけがたい」感覚に発するものである。「えげつな」「えげつなー」といった詠嘆的な言い方では、そうした感覚が表出される。かつて、吉本新喜劇のコメディアン岡八郎が見聞きに堪えないものを見たり想像したりしては、「えげつなー」と感に堪えない声をあげるギャグを頻発していたが、それは上記のような感覚を生々しくいかにも堪え難く表現して笑いをとっていたものといえるだろう。

　ケッタイナは、「希代」（不思議）という語に由来するかとされ、概して言えば「おかしな、奇妙な」有り様をいう言い方である。たとえば「空は晴れとるのに、雨がぱらつくやて、けったいな天気やな」「ピカソて、あのけったいな絵書く画家か」「朝からけったいな顔して、どうしたんや」などと使う。「おかしな、奇妙な」と感じるのは、「空は晴れとるのに、雨がぱらつくやて、けったいな天気やな」のように、物事のつじつまが合わないような場合が多いことから、今日ではケッタイナには、「物事のつじつまが合わないことを訝る」ニュアンスがついて回ることも多い。また、ケッタイナは「おかしな、奇妙な」有り様についていうが、その「おかしな、奇妙な」という違和感は、排除してしまいたいほどの違和感ではなく、「何だか変」という程度の軽いものであることが普通である。それゆえ、たとえば「けったいな人」という場合、近寄りたくないほど気味の悪い人というような意味合いには普通ならず、むしろ「何だか変」な人、更には「どこか変」でちょっと面白いところのある人といったニュアンスさえ出てくる。1970年代半ばにNHKで放映された連続ドラマで、「けったいな人々」というタイトルの番組があったが、これは、

昭和初期から太平洋戦争直前までの時代を生きた個性的な登場人物たちをそのようなニュアンスで呼んだものと理解できる。

以上のとおり、これらの語の使用は、いかにも関西弁らしい一種独特のニュアンスを感じさせるものとなる。

5——ことば遊び的言い回しの愛好

ところで、関西弁の常套表現をさらに広くとって、関西弁において愛好された表現法というところまで視野に入れると、いわゆる「しゃれことば」、すなわちことば遊び的言い回しの愛好ということも、視野に入ってくる。すなわち、たとえば「鐘撞の昼寝で、一ゴンもない（→一言もない）」「黒犬のおいど（＝尻）で、尾も白うない（→面白うない）」「冬の蛙で、寒蛙（→考える）」といったような言い回しであり、このような言い方はかつては好まれたようで、かなりいろいろな言い方が記録されている（牧村史陽編『大阪ことば事典』1984年の付録を参照）。しかし、今日ではこうした表現法は、あまり耳にしなくなってきたようで、特に若い世代では、使われていることはまずない。これに一見似た言い回しとして、「もう、グリコの看板や（→お手上げだ）」というような言い方を耳にすることはあるが、これは道頓堀の戎橋そばに江崎グリコが設置している看板（マラソンランナーが両手をあげた図柄）を念頭に置いた言い方で、ことば遊びとはいささか違っている。「しゃれことば」のような言い回しが衰退したことは、関西弁の表現法、言語文化のひとつの変容といえるだろう。

（藤田保幸）

▶人 牧村史陽　▶書『大阪ことば事典』

●田辺聖子「大阪弁ちゃらんぽらん」『田辺聖子全集15』、2005／田辺聖子「大阪弁おもしろ草子」『田辺聖子全集15』、2005

文芸・芸能と関西弁

D

1 近世の上方語・浄瑠璃 188
2 方言川柳・方言かるた 193
3 作家と関西弁 194
4 演芸・話芸と関西弁 200
5 お笑い 203

近世の上方語・浄瑠璃　　　　　　　　　　D1

1――登場人物の階層とことばの使い分け

　江戸時代前期の上方では町人文化が栄えており、町人の生活に題材を求めた小説や人形浄瑠璃（戯曲）などが書かれるようになる。この時期の代表的な作家に井原西鶴（寛永19〈1642〉年～元禄6〈1693〉年）や近松門左衛門（承応2〈1653〉年～享保9〈1724〉年）がいる。彼らの作品では、さまざまな階層の人物がそれぞれの場面を踏まえてことばを用いており、当時の京都・大坂の話しことばをかなり反映したものとされている。浄瑠璃の注釈書である穂積以貫の『難波土産』（元文三〈1738〉年）では、近松自身のことばとして次のような表現を載せている。

　　　昔の浄るりは今の祭文同然にて花も実もなきもの成しを某出て加賀掾
　　　より築後掾へうつりて作文せしより文句に心を用る事昔にかはりて一
　　　等高くたとへば公家武家より以下みなそれぞれの格式をわかち威儀の
　　　別よりして詞遣ひ迄其うつりを専一とす

　つまり、近松の浄瑠璃では登場人物の階層に応じたことばの使い分けが意識されていたという。小松寿雄「近松世話浄瑠璃における武士の言葉」（『埼玉大学紀要』11、1975年）では、近松世話物に登場する武士のことばが、当時のものを実際に反映していたことを指摘している。近松浄瑠璃におけることばの使い分けは、二段活用の使用者と一段活用の使用者にもみられる。二段活用動詞の一段化は室町時代末～江戸時代前期に起こったとされる、日本語史の中でも大きな文法変化のひとつである。江戸時代前期上方において、二段活用は身分や教養の高い者、一段活用は身分や教養の低い者が使用する傾向を坂梨隆三『江戸時代の国語 上方語』（1987年）では指摘している。なお、東京で二段活用動詞が使用されることはないが、和歌山県などでは現在も二段活用が保持されているところもある。浮世草子にも多様な人物が描かれており、そのことばも階層や状況に応じて異なる。つまり、浄瑠璃・浮世草子は

江戸時代前期*上方語の状況を知ることのできる重要な資料といえる。ただし、近松の作品には世話浄瑠璃（世話物）と時代浄瑠璃（時代物）がある。世話物は現在でいうところの現代ドラマである。ここで使用されていることば遣いは当時の話しことばと考えられている。いっぽう、時代物は現在でいうところの時代劇である。いまの時代劇で使用されることばは、いまを生きる私たちのことばとは必ずしも一致しない。時代物の場合もこれと同様である。

2──現代の関西弁につながる語彙や語法

　浄瑠璃・浮世草子に現在、関西圏で使用される特有の語彙が多々みられる。たとえば、「えらい雨が降っている」の「えらい」（▶語 エライ）は程度を表す副詞であるが、これは「エヽどう言やかう言ふどえらい顔。」（『双蝶蝶曲輪日記』）と浄瑠璃での使用を確認できる。この例にある「ど」は強調の接頭辞であるが、これは現在でも使用される「どつく」（▶語 ドツク）「どあほう」の「ど」と同じである。なお、「つらい」の意味で「えらい」を関西弁で使うこともあるが、これは江戸時代後期からである。関西圏で使用される「なんぼ言ってもわからない」の「なんぼ」（▶語 ナンボ）も、「なんぼ思ひ諦めても。会ひたうござる」（『大経師昔暦』）とある。「気をいらちければ」（『世間胸算用』）、「さほど沢山な一分を、戻すまいとは、そりやわやぢや」（『生玉心中』）、「どつと笑ひし、てんがうも」（『心中重井筒』）、「今も今迎いけず達がわっぱさっぱ」（『夏祭浪花鑑』）、「鬮取りに当ったらへたりをらう」（『双蝶蝶曲輪日記』）、「アヽしんどうと」（『長町女腹切』）、「茶呑んでいね」（『万の文反古』）なども、使用者層や地域に偏りはあるものの、現在も使用されている（▶語 イケズ、イヌ、イラチ、シンドイ、テンゴ、ワヤ）。浄瑠璃・浮世草子などにはさまざまな階層の人物が登場し、種々さまざまな場面が描かれることもあって、上記のような関西圏で現在もみられる特徴的なことばを豊富に認めることができる。なお、「いね（いぬ）」は「死ぬ」と同じナ行変格活用である。江戸時代中期以降に四段活用に変化するが、関西では現在でもナ行変格活用が残る地域もある。丁寧語では「おます」（▶語 オマス）「さしやる」などがある。「おます」は「参らする」に接頭語「お」が付き、「おまいらする→おまらする→おまらす→おます」へと変化した。当初は「差し上げる」の意味で謙譲語として使用されたが、「どれ茶を沸かしておませうと」（『双蝶蝶曲輪日記』）のように補助動詞としても使用される。

「ある・いる」の丁寧語、助動詞として使用されるのは江戸時代後期からである。「さしやる」は「お心に掛けさしやるな」(『世間胸算用』)のように使用される。「さしやる」は上方で発生した語で、江戸時代後期では江戸でも使用される。ただし活用形は江戸時代前期上方では四段活用と下二段活用がみられるが、江戸時代後期江戸では四段活用である。否定・過去を表す助動詞「なんだ」は、岸江信介・中井精一・鳥谷善史編著『大阪のことば地図』(2009年)によって、大阪府下で使用されていることがわかっている。浄瑠璃では「こけてあるのが見えなんだ」(『淀鯉出世滝徳』)のように使用されている。断定の助動詞「ぢや」も「世に月日のたつは夢ぢや」(『世間胸算用』)と江戸時代前期上方ですでに使用される。

　助動詞だけでなく助詞、特に終助詞の多様さは関西弁の特徴として指摘できる。江戸時代前期上方においても「わするるひまはないはいな」(『曾根崎心中』)とある「わいな」、「おもしろの春辺やな」(『好色一代男』)の「やな」など現代の関西圏でも使用されることがある。これ以外にも「てや」「のふ」なども近世前期上方での使用例がある。このような終助詞はさまざまなタイプの表現と結びつく。たとえば要求・依頼表現のうち、動詞連用形に「(て)や」を下接した「明日行きや／行ってや」などである。いずれも「そんなら喜兵衛、持つて行きや」(『心中重井筒』)、「どんな男ぞ顔見てや」(『博多小女郎波枕』)のように使用されている。なお、終助詞が下接しない要求・依頼表現である、サ変動詞・一段動詞の命令形に「～い」を用いること(「早うしい」)、動詞連用形のみの「明日行き」なども、江戸時代前期上方においても使用されている。禁止表現にも関西圏で「そんなことやるなや」のような言い方があるが、これも江戸時代前期上方に「かならずまことにしやるなや」(『曾根崎心中』)としてある。原因理由を表す接続助詞は「さかいに／さけ(ん)」などが使用され、江戸時代前期上方語でも「隙ぢやさかいに、夜番さしやりますか」(『好色一代女』)のように使用される。ただ、この時期はホドニからニョッテへと移行していく過程にあり、サカイはそれ以後に発達していく。以上のように、関西圏で現在使用される特徴的な語彙・文法にかかわる表現は浄瑠璃・浮世草子に多くみられる。しかし、浄瑠璃は近松の作品が中心であり、紀海音の作品などについては、まだ精査されていない状況である。また西鶴の作品には、俳諧語彙・難語が多いという指摘はあるものの、杉本つとむ『井原西鶴と日

本語の世界』(2012年)で指摘されるように、現代の標準語でも使用される日常的な語彙が多々みられる。関西圏で使用される語彙の成立や発達過程などは今後の課題である。

3——現代の関西弁につながる音韻的特徴

　音韻面にも関西圏でみられる現象と共通するものが江戸時代前期上方にみられる。たとえば、ウ音便やカ行*合拗音(ごうよう)の存在である。ウ音便の例は「喜右衛門方の二階座敷をかこうて」(『好色一代男』)、「川様、嬉しう思はんしよ」(『冥途の飛脚』)などである。ただし、どのような状況でもウ音便化していたわけではない。現代と同様に畏(かしこ)まった場ではウ音便化しないこともある。一方、カ行合拗音は次のような例である。「手づからやくわんにて」(『好色五人女』巻二)、「右手へくわらりと引き回し」(『心中宵庚申』)などである。現在であれば、「やかん」「からり」となるところである。江戸時代後期の『浮世風呂』二編巻之上には、上方女が江戸のことばについて「へゝ関東ベイが、さいろくをぜへろくとけたいな詞つきじやなア。お慮(りょ)外も、おりよげへ。観音(くゎんおん)さまも、かんのんさま。なんのこつちやろな」と述べている個所がある。「くわんおん」と「かんのん」の例をみても、合拗音が直音化していない状況は、江戸時代前期上方における特徴として捉(とら)えられる。現在ではカ行合拗音はほとんどみられなくなっているものの、前掲の『大阪のことば地図』によれば高年層にはわずかに残っていることが指摘される。ところが、母音エ・オやハ行音は現在の関西弁とは異なっていた可能性が高い。契沖の『和字正濫鈔』(1695年)では母音エについて「えはいより生ず。えといふ時、舌に触て、最初に微隠なるいの音そひて、いえといはる」、母音オについては「をハうより生ずる故に初に微隠なるうの音そひて唇にふれてをといはる」とある。江戸時代前期上方において母音エはイェ［je］、母音オはウォ［wo］と発音されていたと推測される。ただし、表記の問題も含めて、検討の残るところである。ハ行音も現在と異なっていたと推測される。室町時代末頃までのハ行音は、『天草版平家物語』が「FEIQE NO MONOGATARI」と表記されていることからもわかるようにファ［ɸ］音であった。

　コリヤードの『日本文典』(1632年)には、「fとhとの中間の音を発し」と記され、さらに口と唇との合わせ方も十分でないことも記されている。つまり

江戸時代前期上方では、f音からh音へと移り変わっていく過渡期であったと考えられる。
(米田達郎)

▶▶▶A1 関西弁の歴史　　▶コ「サカイ」の盛衰

●前田勇『近世上方語辞典』東京堂、1964

コラム　「サカイ」の盛衰

　近世以降、*上方語の代表格とされた原因・理由を表す接続助詞「サカイ」の系譜について検討してみたい。「サカイ」は標準語での「から」に対応するもので、活用語の連体形に接続する。『上方語源辞典』(1965年) には、「訛ってサカエ・ハカイとも、京都でサケ・ハケともいう」とあり、「さかい→さかえ（文政期）→サケー→サケ」と変化したとする。また、同書では、ロドリゲスの『日本大文典』(1604-1608年) にみられる「サカイニ」と、『かたこと』(1650年) の「そのことを、さうしたさかいにと云べきを、さかいでといふは如何」を引用し、「当時は助詞「に」「で」を伴うのが普通だったようである」とする。サカイニよりサカイデが遅れて発生したことが確認できる。「サカイ」の語源は、名詞の「境」に由来するとするのが通説である。しかし、その系統とされる兵庫県北部のシケや東日本でのスケの「シ」や「ス」を、サカイの「サ」からの変化形とすることには疑問がある。このシケー（←シカイ）こそがサカイの原形ではないかと考える（真田信治『変わりゆく時見るごとに』2016年）。語頭の「シ」の由来は不明としても、それがカイの「カ」の母音に引かれて逆行*同化を起こしてサカイとなり、そこに「境」の意味を重ねた*民衆語源（『浮世風呂』(1809-1813年) など）が付与されて、いわば*顕在的プレステージをもって北東方面へと進出したのではないかとするのである。それは、サカイの分布領域の外側にみられる兵庫県北部や東北地方でのシケー（←シカイ）やスケといった語形がサカイからの変化とは音韻的に考えにくいことを踏まえての見解である。なお、京都市の在には「カイ」のみの語形が存在する。ちなみに、この説はすでに柳田國男「そやさかいに」(『方言』4-1、1934年) にみられる。いずれにしても、中世末から近世初頭にまでさかのぼる語であり、関西を中心として北陸、東北までの広い領域で使用されている。ただし、近年の大阪や京都では、次第に衰退して、標準語の「から」に置き換えられつつある。
(真田信治)

方言川柳・方言かるた　　　　　　　　　　D2

　五・七・五という音の響きは日本人には自然と身についている。その中に「季語」があれば俳句になるが、とくにこだわらなければ川柳になり、方言を意識して作られたものもある。兵庫県南西部の方言集に上郡プロバスクラブ清流会有志による『千種川流域方言集』(2003年)があり、そこに収録された*俚言を用いて作られたのが中塚礎石編『兵庫県千種川流域　方言川柳句集』(2004年)で、約900句が収められている。その一部を紹介する。

　　かまへん（構いません）……………そのままでかまへんどうぞおあがりな
　　きつねばな（彼岸花）………………きつねばなお墓参りに彩をそえ
　　けなりがる（うらやましがる）……お下がりを着せられ姉をけなりがる
　　そうしてっか（そうしてください）…嫁が来てそうしてっかと朝はパン
　　どがいする（どうする）……………どがいする老いの将来語り合う

　関西に限られたものではないが、山梨県北杜市にある金田一春彦記念図書館では、2001（平成13）年より毎年お題を決めて方言川柳を募集しており、その入賞作品がホームページ「金田一春彦ことばの学校」(http://kotobanogakko.jp/index.html　2017年3月4日最終確認)で紹介されている。

　方言を用いた「方言かるた」が各地で作られているが、関西では兵庫県のNPO法人コムサロン21『播州弁かるた』(2001年)があり、五七五が基本になっており、たとえば、「へ」は、「べっちょない　軍師官兵衛　勝ちいくさ」(「べっちょない」とは「大丈夫」の意味）である。

　また、交通安全やマナーに関する標語なども五七五で方言が盛りこまれることが多い。たとえば、大阪府防犯協会連合会による「防犯おおさか」(133号　2015年12月)には、浪花防犯協会による「やりまっせ!!　安全・安心　まちづくり」というスローガンの横断幕写真があり、記事の枠外にも「きいつけや！　あんたのことやで　そのバッグ」というひったくり被害防止の標語が書かれている。

　　　　　　　　　　　　　　　　　　　　　　　　　　　　（都染直也）

作家と関西弁　　　　　　　　　　　　　　　D3

　磯貝英夫、木村東吉、藤本千鶴子他「近代文学に現れた全国方言」(『藤原与一先生古稀(こき)記念論集方言学論叢Ⅱ―方言研究の射程』1981年)によれば、標準語の基盤となっている東京を除くと、関西は他地域に比べて作品が多い。中でも京都と大阪が群を抜いており、2つを合わせるとその数は東京を超えている。リストには、京都弁で作品を執筆している作家が33人、大阪弁では30人があがっており、出身地でみれば総じて大阪府出身の作家が多い。また執筆年代に注目すると、高浜虚子の「風流懺法(ふうりゅうせんぼう)」(京都弁)「斑鳩物語」(奈良弁)「大内旅館」(大阪弁)がその端緒ともいえ、ともに1907年の作品である。

1――織田作之助と関西弁

　関西弁で作品を数多く書いている作家に、大阪府出身の織田作之助がいる。2013年には生誕100年を記念して、1940年発表の「夫婦善哉(めおとぜんざい)」および未発表の「続夫婦善哉」がNHKでドラマ化された。「夫婦善哉」では、大阪弁の会話文が地の文の中に現れ、「近所の子供たちも、「おっさん、はよ牛蒡揚(ごんぼあ)げてんかいナ」と待て暫しがなく、「よっしゃ、今揚げたアるぜ」というものの擂鉢(すりばち)の底をごしごしやるだけで、水洟(みずはな)の落ちたのも気付かなかった」(「夫婦善哉」『夫婦善哉　完全版』)のように、独特の調子がある。織田の作品には、下町で使われるような大阪弁が多く、「夫婦善哉」以外の作品では大阪弁以外の関西弁を使う男性や女性も登場する。また、普段は大阪弁で話す登場人物が「「判っとうすな。ブランディどっせ。」わざと京都言葉を使った」(「世相」『人間』1946年初出)や「「ちょっと、ちょっと。どこイ行きはんの。寄りんしゃい」大阪弁と大分言葉のまじった蝶子の綺麗(きれい)な声がなかから呼び止めるのだった」(「続夫婦善哉」『夫婦善哉　完全版』2007年初出)のように意図的に京都弁や大分弁を使う場面もある。織田作之助は、現実味を重んじながら、関西弁、特に大阪弁の饒舌(じょうぜつ)さを見事に表現した作家といえるだろう。

2――司馬遼太郎と関西弁

　同じく、大阪府出身の作家に司馬遼太郎がいるが、関西弁を用いた作品は

意外と知られていない。大阪ものといわれる作品は初期の短編小説に多く、『大坂侍』(1959年) に収められている。また長編小説では、1960年発表の「上方武士道」(のちに「花咲ける上方武士道」と改題)や1965年発表の「俄―浪華遊俠伝―」がある。「上方武士道」は、1960年に第42回直木賞を受賞した「梟の城」に次ぐ長編二作目であり、「俄」は大阪ものの集大成ともいわれている作品である。司馬の作品内で関西弁を使う人物には特徴があり、たとえば1959年発表の短編小説「大坂侍」では次のような会話がある。

「なんだ、あいつは」
又七は、政の耳もとで囁くと、
「知りまへんか。天野玄蕃という悪だンがな。得になることなら、鼠のむくろでも拾うて行こうという奴っちゃ」
「天満の滝田町で、剣術の道場を開いているというのは、あの仁かね」
「仁という顔やあらしまへん。馬の臀みたいな面しとる。江戸からの流れ者で、大坂では剣術屋は流行らんとみえて、近頃は、黒門組の用心棒をしとるという噂だす。もう一つには、ちかごろ鴻池をはじめ金持を軒並に荒らした御用盗の勤皇天狗党の首領やたら言う噂もある」
「人間というものは、噂の多いほど大人物だそうだ。父が申していた」
「相変らず呑気やなあ。その噂のなかには、あいつは鳥居又七を殺そうと思うて、毎日つけ狙うとるという噂もおまっせ」
「鳥居又七というのは、このおれの名だが」
「そう。そのとおり。十石三人扶持の川同心で、この政の幼友達だンな。商場の大坂でこそ侍髷はめずらしいが、江戸へ行きゃア味噌田楽でも二本串やという話や」
「口の悪いやつだ」

(『司馬遼太郎全集第13巻』1972年)

ここに出てくる又七と政は「幼友達」とあるが、関西弁を使うのは政のみである。これには、「川同心」と「遊人」という*位相が関係していると考えられる。司馬の作品内に出てくる武士は、関西弁を使わない。たとえば、「上方武士道」の主人公である右近衛少将藤原朝臣高野則近は公家であるが、道

場から皆伝をうける武士のような公家であるため関西弁を使わない。一方で、唐物同心くずれで問屋のよろず口利きをしている百済ノ門兵衛は関西弁を使用する。また、公家の東五条忠道も関西弁である。他にも、1960年発表の「けろりの道頓」に出てくる百姓の安井道頓や、「俄」に出てくる侠客の万吉も関西弁を使う。司馬は1970年発表の「武士と言葉」の中で、「日本の共通語（標準語）はもともと京で発生しながら、発生当初から公家と武家の二つの流れをなし、その後武家共通語が栄えたが、公家のほうは変形しつつ京・大坂に土着し、土語化し、あるいは商人語になったりして、こんにちにいたっている」（『司馬遼太郎全集第32巻』1974年）と書いており、関西弁を商人を表す位相語と意識していたことがわかる。このような使用は女性の登場人物にもみられ、「上方武士道」に登場する大坂道修町の売薬問屋小西屋総右衛門の姪・お悠も、「かんにんしとくれやす。わたいは貴方さんの──」（『司馬遼太郎全集1巻』1973年）と関西弁を使う。このように、司馬の作品内で関西弁を使う人物には特徴があり、「商人であること」、あるいは商人ではなくとも「商人気質であること」が条件となっている。

3──田辺聖子と関西弁

女性作家には田辺聖子がいる。田辺も大阪府出身である。1963年に発表、1964年に第50回芥川賞を受賞した「感傷旅行(センチメンタル・ジャーニィ)」にも「ねえ……もう話し合いはついたんとちがいますか？　はよう帰らんと電車がなくなりまっせ」（1972年）と関西弁がみられる。田辺の特徴は、大阪弁・京都弁・神戸弁と多くの関西弁を使っていることであり、印象によって各方言が使い分けられていることである。たとえば、「感傷旅行」には、「そんなムードもことがらも、たちまち冷血な卑俗な水をぶっかけて熱をさましてしまう、あの大阪弁の、嘲笑的な明快さを好んでいた」や「彼女のことばも、いやみなところはちっともない……阪神間の高級住宅地で使われる、関西ふうな柔らかみを帯びた標準語で育ってきたことがしのばれる」（ポプラ文庫）とあり、「このへんで……」（『オール読物』1993年）には、「親しみやすい神戸弁」とある。また、「うすうす知ってた」（『ジョゼと虎と魚たち』1987年）では、京都弁を使う叔母が「「なあへ、梢ちゃん、うらやましいやろ、けどこんなんはみな縁のもの、そのうちにはまた、あんたにもええ縁がまわってくるよってに、嫉妬おこさんと、

笑て碧ちゃん嫁かしたげよし」／と梢をなぐさめたりすると、さすがにお人よしの梢も、いらいらしてしまう」とある。田辺の作品は恋愛小説が多いものの、「関西に似合わんもん」(『女のとぉせんぼ』1987年)の中で「関西に似合わぬものに、粋なくどき文句というのがある」とし、「関西で恋愛小説を書き続けているこの私の、しんどさも察してほしい」と書いていることから、恋愛小説に関西弁を定着させるまで苦心していたことがうかがえる。他にも、『私本・源氏物語』(1980年)や『恋のからたち垣の巻　異本源氏物語』(1987年)では、光源氏に「ああ、何ぞおもろいことないか、どこぞに、ピッタリくる女おらへんやろか」(『私本・源氏物語』)などと関西弁を使わせていて興味深い。このほか大阪府出身の女性作家が関西弁を用いた作品としては、山崎豊子「花のれん」(1958年第39回直木賞)や川上未映子「乳と卵」(2008年第138回芥川賞)などがある。山崎の「花のれん」は大阪の船場という土地を舞台としており、山崎はこの作品以外にも、船場を舞台とした作品を1957年の処女作以降、1963年までの間に多く書いている(処女作「暖簾」、1959年連載開始「ぼんち」、1960年連載開始「女の勲章」、1962年連載開始「女系家族」など)。大阪の船場では、「船場ことば」という特有の方言があったといわれているが、山崎の作品内に使用されている船場ことばは正しいものとはいえない。しかしながら、「女系家族」では脚色された船場ことばによって登場人物の陰湿さが表現されている。川上の「乳と卵」には、織田作之助のような饒舌さが見受けられる。方言が地の文の中に組み込まれており、非常にテンポがよい。また、作中人物の年齢によって方言を書き分けているように、細やかな表現が見受けられる。

▶▶▶E2 船場ことば

4——谷崎潤一郎と関西弁

　大阪府出身ではない作家で、関西弁が使用されている作品が代表作となっている作家には谷崎潤一郎があげられる。1933年発表の『春琴抄』や1943年から1948年発表の『細雪』に関西弁が使われていることから、谷崎を関西出身者だと思っている人も少なくないが、谷崎の出身は東京都である。そこで谷崎は、自身の作品を関西弁へと翻訳するために、初期の段階では大阪女子専門学校の卒業生を助手として雇っていた。谷崎は、助手をうしろに座ら

せて、大阪弁では何というか、と聞きながら原稿を書いていたといわれており、そのようにして書かれた作品が「卍」である。雇われたのは、武市遊亀子氏と高木治江氏で、はじめは武市氏が雇われていたが、結婚を機に高木氏に引きつがれることになった。高木氏の当時の様子については、高木治江著『谷崎家の思い出』(1977年)に詳しく書かれており、高木氏は1929年3月から翌年の8月まで谷崎家に住み込んでいた。ここから、高木氏は「卍」連載の後半部分と単行本で助手をしていたといえる。一方の武市氏が谷崎家に住みはじめた時期は定かではないが、「卍」の〈その三〉の連載から関西弁がみられることから、1928年の4月ごろであると考えられる。標準語から関西弁への書き換えの様子は、「卍」の初出(『改造』1928年)と初版(1931年)を読み比べるとよくわかる。初出では「先生、わたくし今日はすつかり聞いて頂くつもりで伺ひましたんですけれど、でもあの、………折角お仕事中のところをお宜しいんでございますの？」となっているものが、初版では「先生、わたし今日はすつかり聞いてもらふつもりで伺ひましたのんですねんけど、でもあの、………折角お仕事中のとこかまひませんですやろか？」となっている。その後、『春琴抄』や『細雪』では、大阪府出身の松子夫人に原稿をみてもらいながらも自ら関西弁で書くようになった。その関西弁は見事なもので、『春琴抄』では古めかしい大阪弁を、『細雪』では上流階級の近代的な関西弁を、1936年発表の『猫と庄造と二人のをんな』では下町の関西弁を作品に合わせて使い分けている。

　谷崎の他に、東京都出身の作家が書いた関西弁を用いた作品には、里見弴の「母と子」(1914年発表)「父親」(1920年発表)や水上瀧太郎の「大阪の宿」(1925年から1926年発表)があり、いずれも舞台は大阪である。

5——広がる関西弁の世界

　関西弁は少ないながらも詩の中にも現れる。たとえば、島田陽子の「あかんたれ」は回文にもなっており、関西弁のユーモアと情味が含まれている」(▶語アカンタレ)。

　　あかんたれほれたんかあ
　　あかんたれがこがれたんかあ

あかんたれらふられたんかあ
あかんたれあれたんかあ

(『うたと遊べば』所収、編集工房ノア)

　ユーモアは関西弁に欠かせない。香村菊雄『定本　船場ものがたり』(1986年)には「浪花しゃれことば」があげられている。たとえば、「黒犬のおいどで、おもしろうない」。黒い犬なのだから「尾も白くない」というわけである(▶▶▶C14 関西弁の常套句)。

　一口に関西弁が使われている小説といっても、その使われ方は時代とともに変化している。たとえば、高浜虚子の「斑鳩物語」では、主人公は東京出身者であり、関西弁を話すのは主人公が旅した土地の人物である。それが時代を経ると、里見弴や水上瀧太郎の作品のように、関西に住んでいる人物を主人公とした作品が徐々に増えてくる。そして、現在では、東京に住んでいる関西出身者を主人公とした作品が書かれるようになった。たとえば、柴崎友香「春の庭」(2014年第151回芥川賞)や、又吉直樹「火花」(2015年第153回芥川賞)である。ただし、それぞれの主人公が話すことばはさまざまである。「春の庭」の主人公は、東京の人物と会話するときは標準語を使い、関西在住の姉と会話するときは関西弁を使っており、標準語と関西弁のバイリンガルとなっている。また「火花」の主人公は、「芸人」という特徴からすべての場面で関西弁を使っている。これらは、現実世界を投影していよう。一方で、谷崎潤一郎、織田作之助、司馬遼太郎、山崎豊子、田辺聖子、川上未映子の使用する関西弁は、現実味を帯びさせるのみならず、文学言語としての関西弁の可能性を示している。今後も関西弁は、現実世界の投影のみならず、文学言語として発展していくといえよう。

(安井寿枝)

演芸・話芸と関西弁　　　　　　　　　　　　　　　D4

1——初代春団治(はるだんじ)の関西弁

　正確な時期の特定は難しいが、今日において演芸・話芸の代表格と一般に考えられている落語や漫才は、江戸時代には大坂や京都を中心として盛んに行われていたことがさまざまな記録に残っている。また、明治時代になると、これらに加えて講談や浪曲（浪花節）なども関西一円で広く人気を博していた。ただし、それらの芸では当然のことに、「地（＝地元）のことば」として当時の関西のことば（方言）が使われており、直接の享受者である観客や聴衆も普段の生活の中でそれと同様のことばを使用していたわけで、とくに「関西弁」とか「大阪弁」といったことが意識されていたわけではないと考えられる。なお明治時代には、いわゆる速記術の発達により、東京における三遊亭円朝の「怪談牡丹灯篭」や「百花園」からの刺激を受けて、大阪でも明治20年代から「百千鳥」を初めとする講談・落語などの演芸速記雑誌が発行され、また、30年代の後半以降には、平円盤（SP）レコードによる落語や浪曲などのレコードも発売されるようになるが、これらの場合も、基本的にはいわゆる関西弁を日常的に話す地域内において、それらが享受されていた模様である。

　そうした従来からの状況に変化が生まれ、関東を含めた全国的なレベルで関西のことば（方言）による演芸や話芸が意識されるようになるのは、NHKによるラジオの公共放送が開始される、おおよそ昭和時代に入ってからのことである。この時期に関西発の話芸として一世を風靡(ふうび)した感のあるのが初代桂春団治の落語である。彼はSPレコードにおいても、当時まさに東西随一の吹込み枚数を誇り、大阪落語の面白さを広く大衆に広めたと言われる。彼の喋(しゃべ)ることば（大阪弁）や噺(はなし)については、アクの強い、強烈なクスグリで、まさに笑いの速射砲とも表現されるもので、演芸評論家の正岡容(いるる)は「…その陰影満ち溢るる大阪弁へ、酸を、胡椒を、醤油を、味の素を、砂糖を、蜜を、味醂を、葛粉を、時としてサッカリンを、クミチンキを、大胆奔放に投込んで、気随気儘の大阪弁の卓袱料理を創造した…」(「先代桂春団治研究」『寄席風俗』

1943年）と記している。特色あるダミ声とともに、文脈をジグザグさせる破格の話術や、意図的な言い損ないの妙芸などは、これを聞く者の印象に強く残り、良い意味でも悪い意味でも、当時の「大阪落語」や「大阪弁」のイメージを強く印象付けるものとなり、こうした印象はその後も長く引き継がれることとなった。

2——漫才の昭和史と関西弁

またもうひとつ、昭和初期に関西の話芸としてラジオ放送などを通じて全国的に人気を博したのは、横山エンタツ・花菱アチャコによる漫才である。それまでは、羽織袴から着流しまで、いずれの場合にしても和服が基本であった漫才師たちの中で、彼らは初めて2人ともが洋服を着て舞台に上がった。有名なネタには「早慶戦」「僕の家庭」などがあるが、それらの作品のほとんどがエンタツの自作である。なお、やや意外かもしれないが、一部には知られる通り、アチャコがほぼ一貫して日常的な大阪弁を使っているのに対し、エンタツは基本的に標準語で対応しており、作品や話題の目新しさも相まって、短い期間ながらも爆発的な喝采を浴びたのである。

第二次大戦後、落語については東西（東京と大阪）の落語がそれぞれ住み分けをする形で、関東および関西を主なフィールドとして地域に根ざす形で比較的地道に続けられてきたのに対し、漫才の方は、1950年代に公共放送が開始され、時の経過とともに爆発的に発達してゆくテレビのメディアと歩調を合わせ、初期の純粋ともいうべき「しゃべくり漫才」の時期から、大きな動きやコントを交えてスピードアップした、新しいタイプのいわゆる「マンザイ」の隆盛期を通じて、多くの芸人たちがメディアやマスコミに登場してゆく。彼らの多くは、関西地方において日常的に行われている会話の様相を、あたかも仲間内の自然なやりとりそのままのように演じており、それらがマスメディアを通していわゆる「関西弁」として全国に定着してゆくことになる。

古いタイプの「しゃべくり漫才」の演者としては、中田ダイマル・ラケット、ミヤコ蝶々・南都雄二、夢路いとし・喜味こいしなどがおり、大阪や関西らしい味わいを十分に感じさせる語り口であったが、1980〜1982年頃に大爆発した「マンザイブーム」を牽引した横山やすし・西川きよし、B&B、

太平サブロー・シロー、島田紳助・松本竜介、オール阪神・巨人や、明石家さんまを含めたそれ以降に活躍する芸人たちは、関西弁に基調を置きつつもその表現の中に標準語的な要素も取り入れて、全国に通用する新しいタイプの「メディア関西弁」とでも言うべき言い回しを存分に駆使していると言えるのである。

（金澤裕之）

▶▶▶D5 お笑い、G17 エセ関西弁

●前田勇『上方落語の歴史』杉本書店、1966／前田勇『上方まんざい八百年史』杉本書店、1975／金澤裕之「大阪ことばの歴史」『関西方言の広がりとコミュニケーションの行方』和泉書院、2005

コラム　首都圏の人からみた「関西」

　首都圏では若者ほど「関西弁好き」が多い（陣内正敬・友定賢治編『関西方言の広がりとコミュニケーションの行方』2005年）。むろん首都圏人の想定する「関西弁」は主として仮想の大阪弁・関西弁（金水敏『ヴァーチャル日本語 役割語の謎』、2003年）で、「吉本弁」はその典型である（中井精一「お笑いのことばと大阪弁」『日本語学』23-11、2004年）。首都圏の若者が「大阪弁」に抱く*ステレオタイプは「おもしろい」「恐い」「かっこいい」「男らしい」「かわいい」である。無作為抽出した全国16歳以上の男女を対象とした2010年全国方言意識調査では、このうち「男らしい」「かっこいい」が後退する。首都圏の若年層にとっての「大阪弁」は、全国平均よりも「男らしくてかっこいい」ものと映っているようだ（田中ゆかり『「方言コスプレ」の時代』2011年）。首都圏に限ったことではないが、「大阪弁」は*方言コスプレの最大のリソースでもある。ツッコムときは「なんでやねん」、強調表現には「めっちゃ」というベタな用法だけでなく、「やっぱ大阪のたこ焼きはほんまおいしいわ〜」（大阪観光中の東京で生まれ育った大学生のメール）のように、話題のローカリティー提示としても盛んに用いられる。とはいえ、そこに頻出する形式はやっぱり文末表現や限られたフレーズといったアイコン化著しいヴァーチャル大阪弁なのだ。

（田中ゆかり）

横浜の女子高校生もツッコムときは「なんやねんッ」（『恋は雨上がりのように』1、2015年©眉月じゅん／小学館 週刊ビッグコミックスピリッツ）

お笑い　　　　　　　　　　　　　　　　　　　　　　　　　D5

　大阪は「お笑いの街」と言われる。このようなイメージは、いつ頃から定着したのだろうか。70年代から80年代に放送された花登筐のシリーズを思い出すとき「どてらい男」のモーやんも、「あかんたれ」の秀松も、「鮎のうた」の浜中あゆも、茶の間を泣かすことはあっても、笑いの渦に巻き込むことはなかった。彼らは逆境に耐え、ねばり強く、商いに精を出し、夢に向かって突き進んでいった。これらの作品に描かれた大阪に、お笑いの影はない。

　吉本興業のタレントが東京で活躍するようになったのは、1980年代に始まった漫才ブームで、横山やすし・西川きよし、コメディNO.1、ザ・ぼんち、島田紳助・松本竜介、今いくよ・くるよなどがブレイクしたことによる。そしてこの「吉本興業の大阪弁」が大阪弁として全国で意識されるようになっていった。

　関西出身の明石家さんまのテレビ番組でのトークに注目すれば、このタレントの話す関西弁は、原因・理由を表す表現で、「さかい」や「よって」「よってに」のような伝統的な表現を使用せず、標準語の「だから」の「だ」を「や」に換えただけのものや、「違う」を「ちゃう」、「いい」を「ええ」、「本当」を「ほんま」、「だった」を「やった」、「しない」を「せーへん」、「わからない」を「わからへん」といった、誰にでも関西弁とわかる助動詞や文末詞部分に重点を置いた簡略化された関西弁でしかない。

　吉本興業所属タレントで主要な人物の出身地を考えてみると、大阪や京都の出身者ばかりではなく、関西以外の出身者も相当数いることはよく知られている。そしてここで使用されることばは、明石家さんまと大きな差異は感じられない。大阪生まれではない人をお笑い芸人という着ぐるみを着せることで、大阪人に仕立て上げているとも言える。

　大阪や関西の人びとにとって、吉本興業の笑いだけが大阪や関西の笑いではないが、外部に与えたイメージは、やがて内在化して、自画像となって返ってくる。お笑いのマチ大阪というイメージは、大阪をどこにでもある地方とは異なるイメージを外部に与えたが、お笑いのマチに歌舞伎や文楽などの歴史と由緒ある「上方」の伝統芸能は必要ない。外部に与えたイメージが内在化

して、伝統芸能に包括される「上方」文化そのものの崩壊につながっている。

　大阪弁はおもしろく、大阪はお笑いだ。このイメージは、80年代のお笑いブームが火付け役になり、90年代になって一般にどんどん普及していった。これは見方を変えると、努力と才覚を重ねて富を得て、成功する人がいなくなった大阪が、「ど根性」から「どあほ」の街へイメージを変容させたとも言えよう。

(中井精一)

▶▶▶D1 近世の上方語・浄瑠璃、D4 演芸・話芸と関西弁、F3 関西弁のイメージ、G17 エセ関西弁、H6 放送における関西弁

●中井精一「お笑いのことばと大阪弁―吉本興業の力とは」『日本語学』23-9、2004

関西弁の位相

E

1 御所ことば 206
2 船場ことば 208
3 今も息づく職人ことば 212
4 花街のことば 215
5 ヅカことば 217
6 関西弁の男女差 219
7 関西弁とジェンダー 222
8 関西弁の世代差 224
9 関西弁と若者ことば 226
10 遊びことばと関西弁 229
11 チャンポンマル 232
12 関西弁のスラング 233
13 関西弁特有の外来語 237

御所ことば　　　　　　　　　　　　　　　　　　　　　　E1

1──御所ことばの使い手

　御所ことばとは、中世頃から京都御所の中で用いられていたことばで、宮中に仕える女房達が主な使い手だったため「*女房ことば」とも呼ばれる。近世には「女中ことば」「大和ことば」と呼ばれていたこともある。御所ことばは一般に用いられる語を別の語に言い換えたものである。このような言い換えをおこなった動機としては、婉曲表現・言語遊戯・*待遇表現・忌詞・隠語など諸説あるが、いずれにしても内裏や上皇の御所という厳密な階層社会の中で女房という特定の話者集団によって作られ、用いられた集団語であることに変わりはない。

2──御所ことばの造語法

　御所ことばの造語法にはいくつかのパターンがある（井之口有一・堀井令以知『御所ことば』2011年）。まず、元の単語の省略形を基本とする。たとえば、「たけのこ」→タケ、「つくし」→ツク、「どんぼう（牛蒡）」→ゴンなどがある。この基本形に接頭辞オやオミを付けて作る方法が第一の方法である。オミを付けた場合は、宮様など身分の高い人に対して用いる「最高敬語」になることが多い。オを付けた語の例としては、オミヤ（土産物）、オマン（饅頭）、オロー（蝋燭）などがあり、オミを付けた語の例としては、オミハシ（箸）、オミオーギ（扇）、オミカオ（顔）などがある。第二の方法は、接尾辞モジを付けて作るものである（これをとらえて「文字ことば」と称することがある）。この場合、省略形は1拍（だいたい1文字）になる。たとえば、ソモジ（蕎麦）、エモジ（海老）、ノモジ（糊：海苔はノリと言う）などがあげられる。第三の方法として、畳語という、基本形を2回繰り返す方法で作られることもある。たとえば、アサアサ（浅漬け）、スルスル（するめ）、カズカズ（数の子）などがこれにあたる。

3──連想による命名

　また、形状・色・動作・文字などからの連想による命名もある。例えば、

形状に着目して命名されたものとして、鯛は平たいのでオヒラと呼ぶ、蒲鉾は板につけてあるのでオイタと呼ぶなどの例があげられる。その他にも、性質にもとづくもの（納豆＝糸を引く→イトヒキ）、動作にもとづくもの（臼＝つく→ツクツク）、動作に伴うオノマトペにもとづくもの（そうめん→ゾロ・ゾロゾロなど）、色にもとづくもの（小豆→アカなど）、漢字の読みにもとづくもの（あわび＝鮑→ホウジなど）などがある。

4──御所ことばの意味領域

　上の例からもわかるように、御所ことばは食物、衣類、住居・道具類に関するものが多いが、身体や病気に関するもの（「血」→アセ、「軽症」→オムサムサなど）、人倫に関するもの（「天皇」→オカミ、「あなた」→オソモージサマ・オマエサン・ソナタサン、「老人」→オトシメシなど）、動詞（「（魚が）死ぬ」→アガル、「（鳥獣が）死ぬ」→オチル、「なさる」→アソバスなど）、状態・性質を表す語（「気の毒な」→オイトシイ、「良い」→オヨシヨシ・オヨシヨシサンなど）などもある。

5──現代に残る御所ことば

　現代でも尼門跡では御所ことばを比較的よく残している。尼門跡とは皇室や公家の息女が住職を務める寺院のことである。井之口有一・堀井令以知・中井和子『尼門跡の言語生活の調査研究』（1972年）によると、尼門跡には、皇室との関係が深い御宮室系の尼門跡と、公家や摂政関白家との関係が深い御禅室系の尼門跡があるが、御宮室系の尼門跡、その中でも特に京都御所の北西に位置する大聖寺門跡では御所ことばがよく保存されているとされる。特徴的な例をあげると、朝・昼・晩のあいさつにはゴキゲンヨーを使用する。人に礼を言う時に、古くはオカンタイ、最近まではカタジケノーと言っていたそうだが、現在ではアリガトーと言う。京都の町方で使用されるオーキニ（▶︎語 オーキニ）は使用しない。また、「御前、お居間にアラシャイマスカ」「御前にもオヒナッていただかなくてはなりません（＝起床していただかなくてはなりません）」などのように特徴的な尊敬語形式を用いる。なお、オヒナルは御前に対して用い、オヒルナルは天皇に対して用いるなど、*待遇表現の使い分けが厳密である。これは、動詞だけでなく先にあげた名詞でも同様であり、天皇や宮様の足はオミヤサン、御前の足はオミヤ、自分の足はスソと呼

ぶなど厳密な使い分けがある。

6——御所ことばの広がり

　御所ことばは、もともと宮中に仕える女房という、特定の社会集団の中でしか用いられていなかったが、いくつかの語はおなじ京都内で生活する他の社会集団にも使われるようになり、その後、京都以外の地域にも広がっていった。御所ことばが広がる順序としては、内裏から公家や将軍家（武家）に広がり、その後町方の女性に使われるようになり、それが各地に広まったとされる。たとえば、「茎漬け」を意味するクモジ・オクモジという語は、奈良県・和歌山県・兵庫県などでも用いられており、また、「味噌」を意味するムシ・オムシという語は、近畿一円のほかに岡山県・四国4県・福井県・岐阜県などでも用いられている。現在一般的に使われている単語にも御所ことばを起源とするものがある。たとえば、シャモジ（杓子）、オヒヤ（冷水）、オデン（田楽）、オイシー（美味）などはもともと御所ことばだったものが、町方でも用いられるようになり、さらに男性も用いるようになったものである。　　　　（松丸真大）

▶▶▶A3 関西弁と社会階層　　▶人 井之口有一、堀井令以知

●井之口有一・堀井令以知『京都語位相の調査研究』1972

船場ことば　　　　　　　　　　　　　　E2

1——船場と船場ことば

　船場は、豊臣秀吉が大坂城築城に伴って、京伏見を中心に近江や堺などから大勢の商人を大阪に移住させたことにより成立した。江戸時代には、日本を代表する商業の町となり、「天下の台所」と言われた商都大阪の中核地であった。船場は、大阪の中央部に位置し、北は土佐堀川、南は長堀川（埋め立てられて、現在、長堀通となっている）、東は東横堀川、西は西横堀川（埋め立

てられて、現在、上に阪神高速1号環状線が走っている）に囲まれた一角を指し、大阪商人の中枢部であった。かつての船場の地は、現在の大阪の中心部であることに変わりはないが、ビル街が立ち並び、昔の町並みの面影すらほとんど留めていない。また、何代も代を重ねてきた船場にゆかりの深い人びとも戦後、ビル化が始まり、ほとんどが船場を離れてしまった。船場ことばとは、かつて船場の商家で使用されたことばを指し、大阪市内で使用される大阪弁とも一線を画した格調高い存在であり、たとえば、歓楽街であった島之内などすぐ隣の地で使用されることばとも異なっていたといわれる。ただし、明治時代以前の船場ことばに関する詳細な資料はなく、江戸時代、船場でどのようなことばが話されたかは明確ではないが、楳垣実『船場言葉』（近畿方言双書2、1955年）、佐藤虎男「大阪船場のあいさつことば」（『学大国文』17、1973年）ではそれぞれ明治時代に生まれた船場の話者を対象にした調査を実施している。さらに、香村菊雄『船場ものがたり』（1976年）では、船場ことばの詳細な記述を行っている。香村は、船場出身の劇作家であった。これらを比較することによって断片的ではあるが、船場で話されたことばがどのようなものであったかを知ることができる。たとえば、オムシ（味噌）・オカモジ（お母様・女房）・オクモジ（大根の葉などを漬けて刻んだもの）・オスモジ（寿司）・オヒナル（起床する）・オモジ（帯）など、御所ことばに由来することばが用いられた。また、ダンサン（旦那さん）・オエサン（奥さん）・ゴリョンサン（御寮人さん、当主の妻）・イトサン（お嬢さん）・トーサン（お嬢さん、イトサンのイが脱落したもの）・オンバハン（乳母の呼称）など、親族名称や親族呼称にも船場独特の*待遇形式があり、丁寧形式の「ございます」はゴザリマスのほか、ゴワス（ゴアス）やゴザリヤス（ございます）、謙譲表現としては、イタシヤス（致します）や、使いなどで家を出る時にイテサンジマス（行って参ります）などが用いられた。また、尊敬表現としてナサル・ナハルのほか、軽い尊敬として−シテ（しておられる）、あるいはヤを下接させて−シテヤ（しておられる）など「テ（ヤ）敬語」として知られる形式が用いられた。

▶語 テ（ヤ）

2──船場ことばの実態

香村（前掲）に掲載されている「船場ことばの実例集」の中から「お家さん

とよそのお家さん」(「お家さん」とは年配の奥様、商家では若夫婦の上の女主人)の会話部分の表記を一部修正の上で引用する。なお、発話者をわかりやすくするためＡ、Ｂとして示した。

> Ａ：つれあいが亡(の)うなりましたんも、十年前でごあしたけど、やっぱりうっとうしい寒い日でごあしてなあ。それが卒中でこけはりやして(倒れられて)なあ。遺言(いいごん)どころか、私が気づきやしたときには、グーグーいびきをかきづめで、とうとう息を引き取ってしまいはりやした。
>
> Ｂ：ほいない(あっけない)ことでごあしたなあ。
>
> Ａ：けど、ええお人でごあしたよって、今ごろは、十万億土の極楽浄土(ごくらくじょうど)で蓮のうてなの上にお乗(は)りやして、阿弥陀さんとお話しでもなはってることでごあっしゃろ。南無阿弥陀仏(なむあみだぶつ)。南無阿弥陀仏。そやよって、いつもここへ(御堂さん)お参りさせていただいては、あんさん一日も早ようおいなはっとくれやすと、お念仏をお唱えしてやんのやけど、一向にお迎えに来ておくれやごあへんねん。業(ごう)の深いことでござりますわ。
>
> Ｂ：あんさん、そらきっと極楽浄土で、ええお人が出来(でけ)なはって、お迎えにおいなはんの忘れしもてでごあんねんで。

　船場ことばの特色として取り上げられる形式には、船場以外の大阪ことばで使用されなかったものが多い。たとえば、ゴワス・ゴアスにあたる形式はもともとゴザリマス（ございます）からの変化であり、ゴザイマス・オマス（▶語オマス）に相当する。船場では、オマスを使用せず、ゴワス（ゴアス）は船場以外では使用されなかった（香村、前掲）とみられる。また、マスに相当するヤス（▶語ヤス）も船場だけに限られ、船場以外では使用されなかったようである。楳垣（前掲）では、ヤスには二種類あり、「ます」に相当するヤスのほかに「ごめんやす（ごめんなさい）」「おいでやす（いらっしゃい）」「お越しやす（いらっしゃい）」「おかけやす（お掛けなさい）」などの「オ（ゴ）〜ヤス」などの形のヤスがあったとしている。この場合の「オ（ゴ）〜ヤス」は早くから船場以外でも使用されていた。尊敬語のナサル・ナハルも船場ではよく用いられたが、

「〜しなはれ」のような命令形式は船場では用いられなかったとのことである。一方で、親族名称や親族呼称など、一般的に船場ことばであるとされてきたことばの中には広く大阪各地で使用されているものもある。なお、これまでに記録されている船場ことばに関しては、その特色が徐々に薄れ、周辺の地域の大阪ことばに*同化していった経緯が、牧村史陽編『大阪ことば事典』(1984年)などからうかがえる。 (岸江信介)

▶▶▶A3 関西弁と社会階層、C7 敬語・敬いの表現、E1 御所ことば

▶ 人 楳垣実、牧村史陽

▶ 書 『大阪ことば事典』

コラム 京ことばと浪花ことば

京都と大阪は「上方（かみがた）」とまとめて称されることも多い（上方落語、上方歌舞伎など）。大阪のことばが京都とは別の独立した存在として把握され始めたのは、江戸時代に大阪の人口がピーク(40万人台)に達した18世紀後半であったという（前田勇「大阪弁の歴史と特性」『思想の科学』27、1961年）。

京ことばには、公家ことば（アラシャリマスなど）、中京（なかぎょう）の商家のことば、西陣の職人のことば、祇園（ぎおん）の花街のことば等が含まれ、一方、浪花ことばには、大店（おおだな）の商人の船場（せんば）ことばのほか、島之内ことば、新町ことば、堂島の米相場師のことばなどが含まれるが、特徴的な部分はほとんど残っていない。しかし今でも、京の雅やかさと浪花の親しみやすさといったイメージの差だけでなく、京都と大阪のことばの違いは存在する。ソードスエ／ソーダッセ（そうですよ）、アツオスナー／アツオマスナー（暑いですね）等は地元でも一部の人のことばだが、イカハル／イキハル（「行く」の軽い尊敬語）、ドーシタン／ドナイシタン（どうしたの）、シーヒンニャテ／セーヘンネンテ（しないんだって）等はだいたい誰でも使う（京都／大阪の順）。アクセントも違い、「行き<u>ま</u>した」でなく「<u>行</u>きました」という発音を聞けば、京都人と考えてほぼ間違いない。 (村中淑子)

▶▶▶E2 船場ことば、E4 花街のことば、I1 大大阪時代の大阪弁

今も息づく職人ことば　　　　　　　　　　　　　　　　E3

1──京都の職人ことば

　関西で「職人ことば」と言えば、京都の西陣を思い浮かべる人が多いだろう。ここは「西陣織」と呼ばれる絹織物の生産地として有名である。かつては職住一体で機業をしていたため、西陣独特のことばが形成された。それは職人ことばであるとともに、生活そのもののことばでもあった。現在では、機屋の廃業も少なくなく、かつてのような形で職人が住み込んで働くこともなくなった（少なくなった）。とは言え、現在でも西陣は西陣織の産地である。そこで生活している職人にとっては、職人ことばと生活としてのことばの境目を切り離すことは難しいと思われる。そこで、「職人ことば」を生活のことばとしてではなく専門用語として捉えるため、ここでは縫い紋の職人ことばを取り上げる。縫い紋とは刺繍の技法で和服に入れる紋のことである。和服の紋の多くは家紋であり、家紋は、色や柄のように流行に左右されることがないという点で伝統的な形を守っている可能性が高いと考えられる。職人への注文は、西陣という生産地からではなく問屋・呉服屋を通してなされるが、縫い紋の職人は、西陣のような特定の地域に居住しているのではない。職人の自宅で行われる場合が多い。そのため、縫い紋の職人ことばは、生活のことばとは切り離して捉えられると考えられるのである。

2──縫い紋職人のことば

　以下では、ある縫い紋職人が用いることばを事例としてとりあげる。縫い紋職人のHTさん（女性）は1944年生まれで、京都市中京区壬生の生まれ育った家で縫い紋を行っている。彼女の亡母も壬生の自宅で縫い紋を行い、幼い頃から母親が仕事をする様子を見て育った。高校卒業後、一時期壬生を離れたことがあるが、1969年に京都市内の和刺繍の会社（下京区河原町松原の辺り）に入社して和服の刺繍に携わるようになった。なお、この会社には自宅から通っていた。1975年に退社し、両親と同居して和服の刺繍と縫い紋を行うようになったが、1981年からは縫い紋を専門にして現在に至っている。彼

女は、和刺繍の職人ことばの話し手であると同時に、日常生活のことばとしては京都の中京ことばの話し手でもある。

　HTさんが縫い紋で使う日本刺繍の主な技法の名称は「けし」「さがら」「すが」「まつい」の4つである。「さがら」「すが」は、井之口有一・堀井令以知編『職人ことば辞典』（1983年）に刺繍の職人ことばとしてあげられているサガラヌイ、スガヌイのことである。井之口・堀井（前掲）には「サガラヌイ　相良縫《刺繍》　刺繍の縫い方のひとつ。糸を結んで玉を作って縫っていく。布の表面に、結び玉で模様ができる。」「スガヌイ　絓縫　管縫《刺繍》　刺繍の縫い方のひとつ。スガイト（注釈略）で、生地の布目に対して横に縫う。糸が毛ば立たないように途中を細かく閉じる。」とある。「けし」「まつい」については井之口・堀井（前掲）には載せられていない。「けし」は「芥子縫」のことで芥子粒のような極小の点を表す刺し方である。「まつい」は「まつり縫」のことで、線を表す代表的なもので最も多く使われる技法である。HTさんは「まつり縫」を略した「まつり」ではなく「まつい」と言っている。「まつい」は「まつり縫」を略した「まつり」から変化した語で、少しずつ糸を返しながら縫って線を表す代表的な技法である。「けし」「さがら」「すが」「まつい」のように「ぬい」を略した語形で呼ぶのは、職人ことばらしさを示しているだ

図1　花紋（HTさん製作）

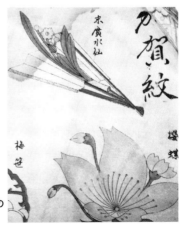

図2
HTさんの紋帳の一部。「加賀紋」の文字と図柄が見える。

ろう。これらの技法を使って縫い紋を施す際に重要なことのひとつは、生地の色に合った色の縫い糸を選ぶことである。彼女は生地に合わせて糸の色を選ぶことを「共濃い(ともこい)」「共薄(ともうす)」「共」という語を使う。「共濃い」は生地よりも濃い色の糸で紋を縫う場合、「共薄」はその逆で生地よりも薄い色の糸の場合、生地と同じ色の糸の場合は「共」と言う。「共」は同じ物という意味であろう。

3——職人ことばの伝承と変化

　ところで、HTさんはこのような職人ことばをどのように習得したのだろうか。母親からか刺繍会社で働いていた時かを聞いてみたところ、特に会社で教えられたわけではなく母親の仕事をみて知らない間に覚えたという。彼女の母親は滋賀県から京都市中京区にあった和刺繍の店に住み込みで修行をした。母親は西陣の機業と同様の方法で技術を習得したことになる。

　縫い紋を取り上げる理由のひとつとして、大きな変化が考えにくいことをあげた。それは同時に職人ことばも変化しにくいと考えたわけだが、全く変化しないわけではない。HTさんが用いる「花紋(はなもん)」という縫い紋である。「加賀紋」とも「おしゃれ紋」とも呼ばれ、家紋を入れる箇所に入れる。HTさんの母親が使っていた紋帳(80年以上前のもので、使い古して表紙等は失われていた)をみせてもらったところ、「加賀紋」とあった(図1、2)。ただし、HTさんの母親は花紋をしなかったので、HTさんが「花紋」という語をどこで覚えたのかは不明である。花紋は自由で華やかな模様の紋である。家紋と好みの柄を組み合わせる場合もある。しかし、ローマ字で名前を入れた花紋を入れて欲しいという注文は、さすがに断ったそうである。このように、縫い紋の職人ことばは昔からのことばを受け継ぎながらも、時代に合わせて変わる可能性があるのである。

(余田弘実)

花街のことば　　　　　　　　　　　　　　　　　　E4

　花街とは、花柳界（芸妓を中心とする社会）が空間的に展開する場所のことである。花街は、「かがい」と読まれてきたが、京都のように当事者によって「はなまち」と読まれている場合もある。また同じく京都では、一般社会との間に空間的な境界がある場所として「くるわ」（廓。境界によって囲まれている場所の意）の語が用いられることもある。なお、一般社会で花街を「はなまち」と読むことが多いのは、「花街」を「はなまち」と読ませた歌謡曲の曲名の影響が考えられる。現在、花街というと京都の「五花街」（祇園甲部、祇園東、先斗町、宮川町、上七軒）が想起されるが、二十世紀末までは全国各地に存在し、関西では、大阪の南地や北新地、奈良の元林院、神戸の花隈などが規模の大きな花街であった。花街のことばや文化については、京都については一定の蓄積があるが、それ以外の地についてはまとまった記述が行われていない。こうしたことから、以下の記述は京都の事例にもとづくものとなる。

1――花柳界のことば

　芸妓の仕事は、歌舞音曲のパフォーマンスによって宴席に興を添えて客をもてなすことである。花柳界のしくみは、この目的を達成するために整えられており、そこにはこの世界に特有のさまざまなことばが用意されている。「げいぎ」（芸妓）ということばは、行政・法律文書など、書きことばの世界で用いられる語であり、花柳界の現場では、東日本においては「げいしゃ」（芸者）、西日本においては「げいこ」（芸妓、芸子と表記）の語が用いられている。また芸妓になる以前の見習い段階にある者を、多くの地方では「半玉」と呼び、京都では「舞妓」と呼んでいる。芸妓や舞妓を呼んでの酒宴は、京都の場合、多くは「お茶屋」（東京では「待合」などと呼ばれる）で行われる。お茶屋とは、貸座敷のことで、料理は料理屋に注文する。お茶屋のお座敷での宴席は、「お花」と呼ばれ、芸妓一人あたりにかかる料金は「お花代」と呼ばれる。現在の京都では芸妓と舞妓でお花代に差はないが、全国的には、見習いにあたる「半玉」の「玉代」（花代に相当）は芸妓の半分であり、これが「半玉」の語源になっている。芸妓・舞妓は、舞踊、三味線、笛、太鼓、長唄、小唄、常盤

津、茶道をはじめ、さまざまな芸事に熟達していることが何より大切とされ、その日常生活は芸事の稽古を中心に回っている。稽古の場は、「歌舞練場」と呼ばれ、各花街にその施設がある。日々の稽古の成果は、毎晩のお座敷で披露されるとともに、定期的に行われる「都をどり」（祇園甲部）、「祇園をどり」（祇園東）、「鴨川をどり」（先斗町）、「京おどり」（宮川町）、「北野をどり」（上七軒）などの「踊りの会」や、「温習会」（祇園甲部）、「水明会」（先斗町）、「みずゑ会」（宮川町）、「寿会」（上七軒）などの「温習会」で披露される。

2——花街の人間関係を表すことば

花街の構成要素として重要なものに「屋形」がある。全国的にいう「置屋」のことで、芸妓や舞妓らが共同生活をしながら芸妓・舞妓として成長してゆく居住空間のことである。屋形の女将は芸妓・舞妓から「おかあさん」と呼ばれ、後輩の芸妓・舞妓は、先輩の芸妓・舞妓を「おねえさん」と呼ぶ。屋形は舞妓になることを志願してきた少女を受け入れ育てる役割を果たす。中学校を卒業したり高校を中退したりして屋形にやってきた少女は、まず「仕込みさん」になり、「おねえさん」たちの身の回りの手伝いをしながら芸事の稽古を始める。京ことばを身につけるのもこの時期である。仕込みさんとして半年以上が経過すると、いよいよ舞妓になる日がやってくる。舞妓としてお座敷にデビューすることを「店出し（見世出し）」という。店出しに際しては、新生の舞妓の後見人となる先輩芸妓のおねえさんとの間で固めの盃を交わす盃事や、お披露目と呼ばれるあいさつ回りなどが行われる。舞妓として過ごすのは15歳から20歳くらいの間で、その後は芸妓となる。舞妓から芸妓になることを「襟替え」というが、これは襦袢の襟の色がそれまでの赤色から白色に変わることに由来する。

3——花街でのコミュニケーション

花街のことばについて記述した堀井令以知によると、芸妓・舞妓が行う言語表現には、断定を避けた婉曲的なものが多く、また常用語句で使用頻度の高いものとして「おーきに」「すんまへん」「おたのもーします」を指摘できるという（堀井令以知『京都語を学ぶ人のために』2006年）。また、濱崎加奈子は、芸妓・舞妓の口ずさむ言語表現に歌舞伎芝居由来のものが頻出することを指

摘しつつ、花柳界に遊ぶ客と芸妓・舞妓・お茶屋の女将の間で交わされる会話には、古典芸能を含めた共通の文化的知識の共有にもとづくサロン的性格が見出せると論じている（同「伝統芸能文化と花街」『京の花街』2009年）。（島村恭則）
▶ 人 堀井令以知

● 相原恭子『京都 舞妓と芸妓の奥座敷』文藝春秋、2001／西尾久美子『舞妓の言葉』東洋経済新報社、2012

ヅカことば　　　　E5

　ヅカとは宝塚歌劇団の「タカラヅカ」の「ヅカ」で、この歌劇団の団員間で使われる楽屋ことばのことを「ヅカことば」という。地域にありながら標準的なハイスタイルを志向する集団であり、そこでは地元関西弁と標準語とが混交したようなことばづかいがなされることが特徴的である。そして、この歌劇団に憧れる若い女性を中核として、ヅカことばが関西を中心に各地に波及したのである。ヅカことばによって関西での言語革新が導かれた具体的な事象を掲げよう。たとえば、否定過去の表現の京都弁における元の形は、「来はしなかった」「しはしなかった」を例にとると、「来やへなんだ」「しやへなんだ」であった。この場合の「なんだ」は否定の「ん」に対応する過去形である。ところが、否定の面が強調されて、「へんなんだ」という形が作られた結果、「なんだ」はその表す意味内容の否定面を「へん」にゆずって、もっぱら過去面だけを受け持つこととなった。その段階で、「へん」（否定）＋「なんだ」（過去）という構造意識が生まれたのである。そしてそこに標準語の影響と形容詞語尾の「かった」への類推が連動して、「来いひんかった」「しーひんかった」といった新しい形式が成立することになったわけである。楳垣実「京都方言」（『国語学』4、1950年）は、これらの変化に関して、「大正初年に始まった宝塚少女歌劇のいわゆるヅカコトバの影響と考える方が正しかろう。この『塚言葉』は近年の京阪神方言の変化に大きな作用をしているもので、江戸期の新町あたりの『廓詞』に匹敵するだろう。」と述べている。ちなみに、新

町遊郭で言い始められたとされる「かまとと」（うぶを装う女性＝ぶりっ子）ということばは、後にヅカことばに取り込まれたことによって全国的に普及したのだという。

(真田信治)

▶▶▶C4 関西弁の語法—否定表現・可能表現、E4 花街のことば

▶ 入 楳垣実

● 堀井令以知『上方ことば語源辞典』東京堂出版、1970／泉佳子「宝塚歌劇団生徒の芸名」『命名の諸相－社会命名論データ集』1、大阪大学文学部社会言語学講座、1987

コラム　名古屋の人からみた「関西」

　かつての名古屋及びその近郊では、関西と同じくすることばを、今以上に多く目や耳にすることが出来たように思う。オーキニ（有り難う、▶語 オーキニ）などはさすがに関西弁ではないのかと思いながら聞いていたが、カシワ（鶏肉）・カントーニ（関東煮・おでん。関西では「カントーダキ」）などはそもそも地域によって異なるという意識すらなかった。昭和50年代、名古屋近郊の喫茶店ではメニューにアイスコーヒーのことを冷コーと書いてある所もあり、他で聞くアイスコーヒーの方がスマートだと思いつつ、自分もレーコーと言っていた。しかし、今ではこれらもほとんど目にも耳にもすることがなくなった。また、比較的近年ではモータープール（有料駐車場）と表記された看板を名古屋の繁華街周辺でいくつか見かけ、関西資本なのかと思いながら見ていたものだが、今では（コイン）パーキングがほとんどだ。このように、名古屋では関西を思わせることばが少なくなり、関西を意識する機会が減ったと感じるのは私だけだろうか。

(太田有多子)

▶▶▶E13 関西弁特有の外来語、F8 気づきにくい方言

関西弁の男女差　E6

1——ことばの威信と男女差

　一般に、女性は、丁寧で上品なプラスイメージのものを求め、標準的で規範的な「よいことば」を好んで使う傾向がある。一方、男性は、荒っぽく下品なマイナスイメージのものに魅力を感じ、「悪いことば」をあえて使おうとする傾向が強い。社会的に高く位置づけられている言語形式が人びとを引きつける力を*顕在的プレステージ、社会的に低く位置づけられている言語形式が人びとを引きつける力を*潜在的プレステージというが、女性は顕在的プレステージ、男性は潜在的プレステージを志向するということになる。

2——男女差の実情

　京都市で生まれ育った10歳代〜80歳代の人に、京都方言において代表的な語彙・表現法の使用状況をたずねたデータのひとつが**図1**である（岸江信介・井上文子『地域語資料3 京都市方言の動態』、1997年）。

　ヨミヨシ（読みなさい）は、女性の方が多用している。標準語の「〜なさい」

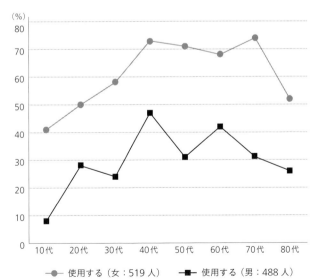

図1　「ヨミヨシ」使用意識の男女差
（岸江・井上（1997）をもとに作図（有効回答のみ））

にあたるものだが、命令の強い感じを避けた婉曲な表現である。若い男性は命令形を使うようになっているが、伝統的な京都方言にはヨメといった命令形はなく、ヨミヤのように動詞の連用形に助詞がついた形で命令を表す。直接的な命令形に対する抵抗感から、婉曲な命令の「〜ヨシ」(▶語ヨシ)または「〜ドーミ（読んでみなさい）」が女性に好まれていると考えられる。「一仕事すんでほっこりしたわ」のホッコリ（疲れてはいるがほっとした状態、▶語ホッコリ）、「はんなりした柄やなあ」のハンナリ（上品で華やかな様子、▶語ハンナリ）なども女性の使用のほうが多い。優しい言い回しと微妙なニュアンスが女性に好まれているようである。

一方で、アツーテ（暑くて）、シンドーテ（しんどくて、▶語シンドイ）のような音便形は（▶▶▶C1音声（音便））、男性のほうが多く使用している。大阪の音便形については、動詞ウ音便形コーテ（買って）や形容詞ウ音便形ノーテ（無くて）の使用率は男性が高く、標準語と同形の動詞促音便形カッテ（買って）や形容詞非音便形ナクテ（無くて）の使用率は女性が高く、女性のほうが標準語形を男性よりも早く取り入れることが指摘されている（佐藤虎男「音便形に見る大阪弁の動態」『関西方言の社会言語学』1995年）。京都も同様の状況であるといえよう。

また、大阪市で*言語形成期を過ごした10歳代〜70歳代の1,128人に、

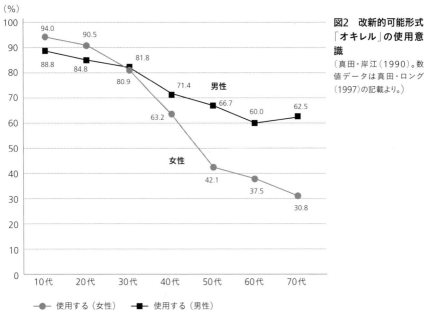

図2　改新的可能形式「オキレル」の使用意識
（真田・岸江（1990）。数値データは真田・ロング（1997）の記載より。）

大阪方言において代表的な語彙・表現法の使用状況をたずねたデータがある（真田信治・岸江信介『大阪市方言の動向』1990年）。男性は、当時の新しい形式であったチャリ（自転車）、ゲンチャリ（原動機付自転車）など非標準語形の新語を女性よりも早く取り入れている。一方で、女性は、伝統的な語形のソゲ（棘）に代わってトゲ（棘）のような標準語形を男性よりも早く獲得している。男性が非標準形の新しいことばを、女性が標準形の新しいことばをそれぞれ早く取り入れる傾向にあることが確認できる。

3──標準意識の変化と男女差の逆転

可能表現については、性差・年齢差による逆転現象が注目される。真田・岸江（前掲）のデータによると、70歳代の男性では、いわゆる「ら抜きことば」と呼ばれる改新的可能形の1例であるオキレルの使用が62.5%であるが、70歳代の女性では、オキレルの使用は30.8%にすぎない。標準的な語（「オキラレル」）を好む女性の特徴がうかがえる（図2）。

これらの傾向は、70歳代から50歳代に共通している。しかし、40歳代より若い年代の女性では、オキラレルとオキレルの割合の逆転がみられる。20歳代・10歳代ではオキレルが90%以上の高率となっている。標準形を好むはずの女性が誤用とされているオキレルを多用するのは、その語形を誤用と思っていないからである。つまり、女性はオキレルを非標準形とは考えてはおらず、標準形と認めていることになる。男性によって取り入れられ広まり多数派となったオキレルを、女性が標準と考えて使用しだした結果、ますますオキレルの普及に拍車がかかったのであろう。同様のことが他の一段動詞についても観察できる（井上文子「男女の違いから見たことばの世代差　"標準"意識が男女差をつくる」『月刊日本語』4-6、1991年）。ことばの受け入れ方についても、男性と女性の心理と価値観の違いがみえ、女性の標準意識の観点からことばの変化を読み解くことができそうである。

（井上文子）

▶▶▶E7 関西弁とジェンダー

●黒崎良昭「談話進行上の相づちの運用と機能―兵庫県滝野方言について」『国語学』15-28、国語学会、1987／田原広史「近畿中央部方言の語彙の実態　音便・文末詞・接続助詞の世代差・男女差」『樟蔭国文学』28、大阪樟蔭女子大学、1991／木川行央「方言にあらわれた男女差　西日本方言（関西）」『国文学解釈と鑑賞』56-07、至文堂、1991／真田信治、ダニエル・ロング『社会言語学図集』秋山書店、1997

関西弁とジェンダー　　　　　　　　　　　　E7

1──方言イメージとジェンダー

　近年、「方言女子」が人気を集めているが、方言を「女性にはふさわしくない」ことば、「女らしくない」ことばととらえる傾向がなくなったわけではない。たとえば、熊谷滋子「方言の歴史─若い女性が東北方言を使いにくいわけ」(『ジェンダーで学ぶ言語学』2010年)は、今でも東北方言は「女らしくない」ことばとされていると述べ、若い女性が東北方言を都会で堂々と使える日は来るのだろうかと問うている。そうした中で、京阪を中心とした関西文化圏の力を背景にしてか、関西弁は女性にふさわしくない方言といったイメージはあまりないようである。逆に、関西弁の中でも特に京都弁は「女らしい」方言とされる。田中ゆかり『「方言コスプレ」の時代』(2011年)によれば、首都圏の大学生や全国の意識調査で「女らしい」方言として圧倒的多数に選ばれているのは京都弁である。京都といえば雅びやかな古都や舞妓が連想され、また、ことばも「丁寧、きれい、やわらかい、やさしい」とイメージされている。このイメージが「女らしさ」のジェンダー規範に合致しているのだろう。京都弁を話す女性は男性に最も人気のある「方言女子」だそうだが、このことはあいかわらず「女らしさ」の固定観念にとらわれた男性が多いことを表しているといえよう。「女らしい」とされる京都弁であるが、それは一方では「男らしくない」ということを意味することにもなる。明治時代、標準語には東京のことばがいいか京都のことばがいいかという論議があったが、臼田寿恵吉『日本口語法精義』(1909年)の「序」で大槻文彦は「京都語は、男子の語としては、柔弱に聞え、発音に抑揚多くして、兵隊の号令訓諭、法官の罪人糺問、電話の通話などに適せず、東京語の率直明晰なるに若かず（以下略）」(京都語は男のことばとしては柔弱に聞こえ、発音に抑揚が多くて、兵隊への命令や裁判官のことば、電話の通話などには適さないから、率直明晰な東京語がいい)と述べている。「男らしくない」ということで京都のことばが標準語の資格を与えられなかったとすれば、京都弁と「女らしさ」の結びつきが今日の日本語のあり方を決定づけたわけで、方言のジェンダーイメージの*ステレオタイ

プもあなどれない力をもっていることになる。ただし、京都弁とは異なり、同じ関西弁でも大阪弁は「男らしい」とされることが田中ゆかりの調査（前掲書）にある。これには、大阪の庶民性や活発さのイメージ、あるいは「ヤクザ、暴力団、こわい」という連想と結びつく攻撃性のイメージが影響しているのかもしれない。また、関西弁内部で○○弁は「女らしくない」といったとらえかたをされることもある。○○弁には、たとえば河内弁、泉州弁、播州弁などが入るわけだが、これらは標準語に対する東北方言と同じく、京阪という中心に対して周辺の関係にあることばである。そこから、いずれも荒っぽい、乱暴なことばとされ、それが「女らしさ」の規範に反するのである。

2──ジェンダー規範

　ジェンダーとことばの関係ではことばの性差も問題になる。東京山の手ことばにもとづくインフォーマルな標準語は「女ことば・男ことば」とされる性差形式が多いのが特徴だが、関西弁の場合は他の方言同様に性差形式はあまりみられない。庶民的な大阪弁会話で満ちあふれているのは田辺聖子の小説であるが、田辺はエッセー『大阪弁ちゃらんぽらん』（1978年）の中で自身の小説の男女の会話文には「語尾の性差」がないという。そして、そのことについて、「男が女みたいなコトバを使って、読むに堪えない」と評されたと記している。ただし、当然ながら、関西弁も「女性は丁寧に話すべきだ」という日本語社会で強い力をもつジェンダー規範から逃れられるわけではない。ぞんざい・乱暴とされる表現を女性が用いることは「女らしくない」として制限され、女性自身も使用を抑制することになる。したがって、たとえば「また来よった」「きっと失敗しよる」といった*軽卑表現ヨルの使用には性差が生じ、女性より男性に多く用いられる傾向がある。特に、「ざまあ見さらせ、このボケ」のような卑罵表現となると、乱暴な男のことばと意識されている。また、標準語の「女ことば・男ことば」の影響を受けて生じた性差もみられる。たとえば、もともと関西弁では「な、そうやろ？」「そうやな」「そやけどな、ほんまはな、…」のように感動詞や終助詞・間投助詞にナが男女ともに広く用いられる。これを、「ね、そうやろ？」「そうやね」「そやけどね、ほんまはね、…」のようにネを用いて表現するのは女性に多い。標準語では、同じ用法のナが「男ことば」でぞんざい、女性にふさわしいのは丁

寧なネとされている。標準語のこの性差規範の影響で、関西弁のナも「女らしくない」とする意識が生じたのである。

（佐竹久仁子）

▶▶▶D3 作家と関西弁、E6 関西弁の男女差、F3 関西弁のイメージ、F5 けんか（罵詈雑言）と関西弁

関西弁の世代差 E8

　日本各地の方言と同様、関西地方の方言も世代によって差がみられる。伝統的な関西弁の使用は、高年層を中心にみられる一方、若年層では、新しい関西弁が根づき始めている。その理由として、全国共通語化による影響が第一にあげられるが、関西中央部で生じた言語変化が関西地方一円に広がるような傾向もみられる。このような言語変化の特色のひとつとして、真田信治「ことばの変化のダイナミズム」（『言語生活』429、1987年）では、伝統的な関西弁と標準語との接触によって生じた体系を「*ネオ方言」と名づけた。

　また、同時に伝統的な関西弁からの変化とみるよりも関西中央部で誕生したとみられる*新方言もある。以下では、音声・音韻、アクセント、表現法、語彙にみられる関西弁の世代差について列挙しよう。

　音声・音韻面では、たとえば、大阪府の南部地方中心に盛んであったカ行・ガ行の*合拗音［kwa］［gwa］（火事［kwaji］、元日［gwanjitsu］など）はほとんど姿を消した。また、兵庫・大阪・和歌山・奈良の各方言にみられたザ行・ダ行・ラ行の混同（［d］［r］［z］の混同）も影をひそめ、兵庫や和歌山の老年層に若干みられるのみとなっている。和歌山県では、この混同の矯正が長年の教育界の課題でもあったが、2000年以降の若年世代では、これらの混同は消滅している。その他、大阪弁で特徴のあったマッチャマチ［mattʃamatʃi］（松屋町）、ニッチョー［nittʃoː］（日曜）などの発音も聞けなくなっている。

　アクセント面では、80年代から90年代にかけて大阪市を中心に2拍名詞に大きな変化が現れ出した。伝統的な京阪式アクセントの類別体系は1／23／4／5（1類＝○̄○̄・○̄○̄が／2・3類＝○̄○・○̄○が／4類＝○○̄・○○̄が／5類＝○○̄・○̄○が）であったが、まず、第5類の語単独形で語末の拍内下降（○

○）が消失し、○○ ̄となった。拍内下降とは、「雨」「秋」「蛇」「朝」などの語末にみられる高から低への下降を指すが、この下降が「高」へと変化したという意味である。また、この変化のあとを追うように第4類においても変化が生じ、「○○ ̄・○○ ̄が」といった無核型アクセントが「○○ ̄・○○ ̄が」といった有型アクセントへと変化し、第5類の「○○ ̄・○○ ̄が」と統合する傾向が強くなった。このような変化がさらに進行し完全に統合すると、類別体系自体が1／23／4／5→1／23／45へと移行することになり、各類の音調型は異なるものの、東京式アクセントの類別体系（1／23／45）と同じパターンとなる。このアクセント変化の傾向は関西地方で京阪式アクセント体系を有する地域全体で進行しており、今後、関西一円をはじめ四国地方をも席巻するものと予想される。

　大阪などの女性の名前のアクセントにも世代差がうかがえる。かつて大阪弁では女性の名前のアクセントが、たとえばハナ ̄コ、ヨシ ̄コなど、尾高型で発音されることが多かったが、現在では全世代でハ ̄ナコ、ヨ ̄シコのように頭高型へと変化している。

　文法・表現法の面では、イカナンダ（行かなかった）、ミナンダ（見なかった）など、打消過去の助動詞ナンダの使用が高齢層に限られてきており、中・若年層ではイカヘンカッタ・イカンカッタ・ミーヒンカッタ・ミンカッタのようなンカッタの使用が多くなっている。また、原因・理由を表す接続助詞「から」に相当するサカイ（ニ）も同様、中若年層ではカラの使用が多くなっている。さらに否定の表現法では「行きはしません」「見はしません」にあたるイカーシマヘン・ミワーシマヘンなど、かつて関西地方各地で聞かれた形式も高齢層に使用が限られてきており、壮年層ではイキマヘン・ミマヘン、中若年層ではイキマセン・ミマセンに変化している。一方、新たな形式として、標準語「来ない」の干渉によるコーヘンが関西全域で使用され始めた。また、「行かなくても（よい）」「見なくても（よい）」に当たる形式として、若年層では関西各地でイカンクテモ（よい）・ミンクテモ（よい）などの形式が聞かれる。この形式は、伝統的関西弁のイカンデモ（よい）・ミンデモ（よい）などの形式と標準語形式のイカナクテモ・ミナクテモが接触して生じたネオ方言形式であるといえよう。また、「ら抜きことば」として知られている「見られる」「起きられる」などの可能形式ーラレルがミレル・オキレルのような可能動詞に

なる傾向が中年層以下で顕著である。

　語彙面にも世代差のうかがえるものが多くみられる。たとえば、京ことばのハンナリ・ホッコリ（▶語ハンナリ、ホッコリ）は、現在の京都市内では世代が下がるとともに使用率が減る傾向がある。特に若年層でホッコリは「暖かそうなさま。ほかほか」といった意味で用いられ、元来の「仕事のあとの心地よい疲れ」といった意味で使用されることはほとんどなくなっている。さらにブブズケ（お茶漬け）も京都の若い世代では知らない人が多くなっている。大阪市内でもケッタイナ（風変わりな、▶語ケッタイ）やギョーサン／ヨーサン（たくさん、▶語ギョーサン）・キッショ（きっかけ）なども高年層に使用が限られるようである。一方、新たにメッチャ（非常に、▶語メッチャ）、チャリ（自転車）、オモンナイ（面白くない、▶語オモンナイ）など、若年層を中心に関西中央部で発生した形式が新しい方言として関西のみならず全国的に広がろうとする傾向がみられる。

（岸江信介）

▶▶▶C2 アクセント・イントネーション、E9 関西弁と若者ことば、I2 ネオ関西弁、I3 関西共通語

関西弁と若者ことば　　E9

1——関西の若者ことば

　若者ことばといえば意味がわかりにくい新奇な語形で知られている。その中で特徴的なのは3拍の短縮名詞である。これ自体は全国の若者ことばに共通するが、関西弁の観点でみると低高低のアクセントで発音するのが特徴である（▶▶▶C3 略語のアクセント）。ロイホ（ロイヤルホスト）・サイリ（再履修）・チャイゴ（中国語）・オソロ（おそろい）・オキニ（お気に入り）など。マクド（マクドナルド）はよく知られているが、最近はマック（高低低）に押され気味である。

　3拍の形容詞にも関西弁的なものがある。ヘボイ（へぼだ）・ショボイ（しょぼくれている）・キショイ（気色悪い）・キモイ（気持ち悪い）・ハズイ（恥ずかしい）など。3拍の短縮動詞では、スカル（すか＝はずれる）・オショル（「餃子の王将」

で食事をする)、シダル(「シダックス」でカラオケをする)・フィニル(料理の最後の一切れを食べる)・ゴチル(ごちそうする、おごる)・ヤミル(闇で＝隠れてこそこそする)・ダキョル(妥協する)・エレル(エレベーターに乗る)などがある。

2——若者ことばにみる関西弁の変化

　若者ことばを拡大解釈して若者が使うことばという観点でみると、関西弁の変化がみえてくる。

　真田信治の*ネオ方言は、標準語との接触によって作られた標準語の要素と方言の要素が混じった形式で、カジュアルなスピーチスタイルのものである。阪神間の若年層では2拍名詞の「空が」「雨が」のアクセントは、それぞれ「低高高」「低高低」だったものが、いずれも「低高低」となって、区別がなくなってきている(▶▶▶E8 関西弁の世代差)。文法面では動詞の否定過去形に特徴的な変化がある。イカンカッタ(行かなかった)・シランカッタ(知らなかった)が優勢になりつつある。動詞の否定中止形はイカンクテ・シランクテである。否定形式ヘンは関西弁では決してなくならない。一時期流行した「ありえない」という表現も関西の若者はアリエンとかアリエヘンとか言っていた。「違っていた」というのを関西の若者はチャウカッタという。中止形はチャウクテとなる。若い女性の会話を聞いていると、関西的な形式に気づく。繰り返しである。ハイ(肯定)やイヤ(否定)やムリ(無理)を早口で5〜6回連呼するように発話する形式である。そうかと思うと、ヤベー・チゲーヨ(違うよ)・マジカ・する／したヨナといった関西的とは感じられない形式も聞こえてくる。東京の間投助詞の「さ・さー」も関西に取り込まれているが、関西弁では長音のサーしかなく、アクセントは高低で発音される。

　最近、若者の発話から聞こえてくる形式で、興味深いものがある。ヤンナーである。これはあいづちの一種で相手の発話内容を承認し同意することを表している。関西弁ではソーヤナ・ソーヤンナのように指示語「ソー」が使われる。1994年に出たEAST END × YURIのラップソング『DA.YO.NE』が流行した。「ダヨネ」は標準語で「そうだよね」と言うところで指示語「そう」を省略した形式である。1995年に主要都市の方言バージョンが出た。北海道弁の『DA.BE.SA』(ダベサ)、仙台弁の『DA.CHA.NE』(ダッチャネ)、名古屋弁の『DA.GA.NE』(ダガネ)、大阪弁の『SO.YA.NA』(ソヤナ)、広島弁の『HO.

JA.NE』（ホジャネ）、博多弁の『SO.TA.I』（ソータイ）。名古屋より東の地域では指示語がなく大阪より西の地域では指示語があるという差がみられる。

大阪弁で指示語のないヤンナーの形式がいつごろから使われるようになったのかわからないが、1995年時点ではまだ一般化していなかったものと推測できる。ヤンナーは新しい関西弁と考えられるが標準語との接触によって指示語のない形式が安定的に受け入れられたと考えればネオ方言と考えられよう。

表　使用する関西弁（東京101人）
（陣内2003より）

語・表現	語数（延べ）
や、やん…	31
なんでやねん	29
〜ねん	14
あかん	11
〜ちゃう	11
あほ	10
めっちゃ	6
他（頻度5以下）	61

テレビのお笑い番組やバラエティ番組で関西のお笑い芸人が出演する機会が増えて関西弁に対する免疫ができてきているようだ。東京の若い世代には関西弁を使ってみたいという願望が強いという調査結果もある。実際に、−チャウ・ナンデヤネン・メッチャ・−ヤンなどが使われている（**表**参照）。

3——若者ことばにみる方言体系の再編成

　高木千恵「関西若年層にみられる標準語形ジャナイ（カ）の使用」（『日本語の研究』1-2、2005年）は、標準語の「〜ではない（か）」の標準語形ジャナイ（カ）が〈否定〉〈同意要求〉〈推測〉〈認識の再形成〉という4つの用法をもつとし、相当する関西方言のうち、関西若年層はカジュアルな場面における方言談話において、〈推測〉に関西の旧形式チャウ（カ）を使い、〈認識の再形成〉にヤンカを使う一方で、〈否定〉〈同意要求〉に標準語形ジャナイ（カ）を使っていることを明らかにした。これを言語変種の接触による棲み分けによる「方言体系の再編成」という変化だと述べている。

（小矢野哲夫）

▶▶▶E12 関西弁のスラング、I2 ネオ関西弁、I4 関西弁の影響力

●真田信治『地域語のダイナミズム　関西篇（地域語の生態シリーズ）』おうふう、1996／真田信治『関西・ことばの動態』大阪大学出版会、2001／陣内正敬「関西的コミュニケーションの広がり―首都圏では」『コミュニケーションの地域性と関西方言の影響力についての広域的研究』科研費報告書、2003

遊びことばと関西弁   E10

　方言と呼ばれる現象には、他の土地と違う発音であったり、同じものに違う名前がついていたりすることなどがある。同じものが各地でさまざまに呼ばれるということは、たくさんの名前があるということで、「方言量が多い」と表現される。全国的に方言量が多い項目として有名なものには「めだか」「蟻地獄」「お手玉」「彼岸花」などがある。それらは子供の日常生活に関係するものが多い。「めだか」・「蟻地獄」・「お手玉」は遊びに関するものとして、逆に「彼岸花」は子供たちの遊びから遠ざける（球根に毒性があるなど）ために、各地でさまざまな呼び名が生まれた。

　子供の遊びといえば、鬼ごっこやかくれんぼ（これらにも各地でさまざまな呼び名がある）が思い浮かぶが、その「鬼」を決める際によく使われるのが「じゃんけん」である。大阪府における「じゃんけん」の分布図を参照されたい（図1）。全体的にジャンケンが多い中で、大阪市を中心に北部にはインジャンが多くみられる。それ以外にも分布領域は狭いものの多くの呼び名がある。また、「じゃんけんのかけ声」では、同様にさまざまな回答がみられる（図2）。ところで、今では全国どこでも若い世代は「最初はグー、ジャンケン…」のようだが、これはタレントの志村けんがザ・ドリフターズ時代に使いだしたものを嚆矢とする。グループを二分するための「じゃんけん」の種類で、関西では神戸市を中心にしたウラオモテ、ウララオモテなど手のひらを表裏に回転させながらグループに分かれるものがある。「どれにしようかな、神様の言うとおり」も、最後の部分が「柿の種」「鉄砲撃ってバンバンバン」「裏の神様の言うとおり」など各地でさまざまな変種がみられる。

　このように、遊びに関して方言量が多いのは、子供たちの遊ぶ範囲（地域的、交際範囲、大げさに言えばコミュニティー）が小さく限られているためで、そのコミュニティーの数だけの方言が有るとも言えるのである。ちなみに、「めだか」には全国で約5000種類の呼び方があった。しかし、子供たちの遊び自体のみならず、学区（校区）の問題など、昨今の社会的事情から多くの遊びことばが統一規格化されていく傾向にある。

（都染直也）

図1 大阪府における「じゃんけん」の方言分布（岸江信介ほか編『大阪のことば地図』2009年より）

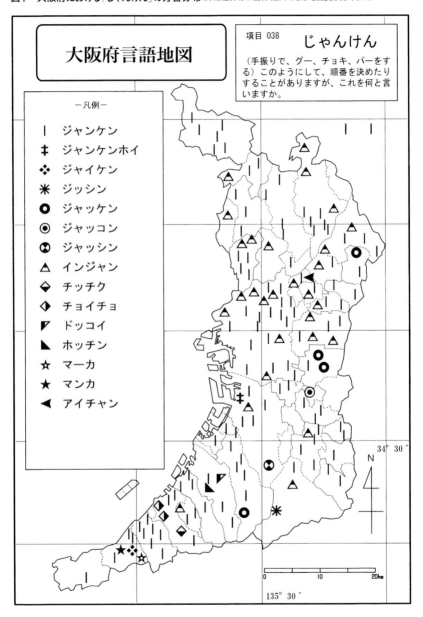

図2 大阪府における「じゃんけんのかけ声」の方言分布(岸江信介ほか編『大阪のことば地図』2009年より)

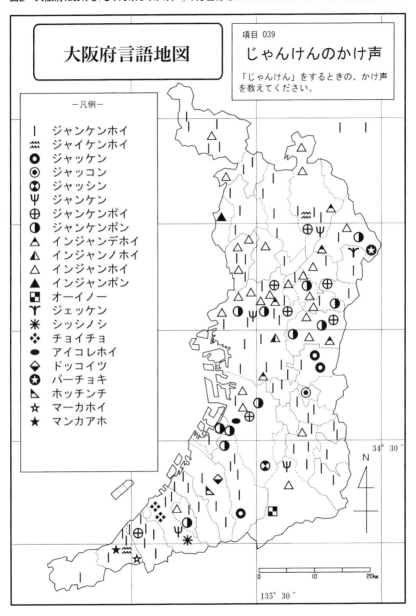

チャンポンマル E11

　大阪市生野区などには戦前からのコリアン集住地域があり、現在も「コリアンタウン」として賑わいをみせている。長い歴史をもつ在日外国人コミュニティのひとつであるが、ことばの面において、朝鮮語（韓国・朝鮮語）と日本語の接触による興味深い現象が指摘されている。それは、「チャンポンマル（混ぜることば）」と呼ばれる、一続きの会話の中で朝鮮語と日本語を混ぜながら話す行為である。金美善「混じり合う言葉」（『言語』32-6、2003年）には次のような例があげられている。

　　　A：장군이라서 뭘 할건가거、意味がない。
　　　　（チャングン イ ラ ソ ムォルハルコン ガ ゴ）
　　　　（（将棋の）王手なのに、どうするの、それ意味がないよ。）
　　　B：なんで意味が없나。
　　　　　　　　　　（オプナ）
　　　　（なんで意味がないのよ。）
　　　C：나사도あかんね。뭘 먹어도できないや。
　　　　（ナ サ ド）　　　（ムォル モ ゴ ド）
　　　　（だめだよ。何をとってもできないよ。）
　　　B：이거도どっちみち死ぬやつじゃない。
　　　　（イ ゴ ド）
　　　　（これもどっちみち死ぬやつじゃない。）
　　　A：장군했ちゃあかん。
　　　　（チャングンヘッ）
　　　　（その手を使ったらだめだ。）

　朝鮮語と日本語を混ぜて話すためには、少なくとも両方の言語に通じている必要がある。また会話の参加者にも同等の能力がなければチャンポンマルによる会話は成立しない。チャンポンマルは「朝鮮語も日本語もできる仲間」であることを標示する機能をもつといえる。チャンポンマルは在日コリアン1世の日常語として機能し、集住地域の名を取って「生野弁」と呼ばれることもあったという。日本生まれの2世以降の世代になると中心的な使用言語は日本語へとシフトするが、彼らのあいだでも日本語に朝鮮語を混ぜて話す行為は行われている。たとえば親族名称や文化にかかわる名称のように、日本語に適切な対応形式がない場合には日本語会話のなかで朝鮮語が用いられ

る。のみならず、朝鮮にルーツをもっていることを標示するために朝鮮語が用いられることもある。民族のことばがアイデンティティの表出のために使用されるケースである。

(高木千恵)

▶▶▶G13 移住と関西弁

●金美善「在日コリアンの言語をフィールドワークする」『日本語学』29-12、明治書院、2010／金由美「残存韓国語語彙の様相」真田信治・任栄哲・生越直樹編『在日コリアンの言語相』和泉書院、2005／国際高麗学会日本支部『在日コリアン辞典』編集委員会編『在日コリアン辞典』明石書店、2010

関西弁のスラング　　　　　　　　　E12

　スラングとは、特定の社会や階層、仲間の間だけに通じる特殊な語や語句のことであり、俗語、卑語、隠語などともいわれるものである。また、若者語・キャンパスことばなどもこれらのひとつである。
　関西で発生したスラングで全国に広がったものとして自転車を意味するチャリンコがある。ここでは、このスラングの出自を中心に確認する。
　大阪市内やその周辺部は、在日韓国・朝鮮人の人口比率が国内で一番高い。在日一世の第一言語は、韓国・朝鮮語である。また、二世以降でも家庭内で使われる親族呼称、日用品・食料品など、単語レベルで韓国・朝鮮語が使用されることが多い（▶▶▶E11 チャンポンマル）。そのような言語環境から韓国・朝鮮語と日本語が接触し新たなことばが生まれた。それが「チャリンコ」である。この語は省略して「チャリ」などとも呼ばれ、その後派生して「ママチャリ」、「ゲンチャ（リ）」(原動機付き自転車)などとして現在、特に若い世代を中心に全国で広く使われている（図1）。
　「チャリンコ」や「チャリ」が韓国・朝鮮語起源だとする理由は、まず、前田勇『近世上方語辞典』(1964年)や前田勇『上方語源辞典』(1965年)には「ちゃりんこ」が存在しないからである。なお『上方語源辞典』の「ちゃり」の項目には「①滑稽。おどけ。諧謔。②滑稽な言動をする人。③「ちゃり場」の下略。つまらぬ事。くだらぬ事。また、きわめて容易なこと。④もみあげの毛。京

図1 新方言全国地図（簡略版）の「自転車」の方言分布（岸江2011）

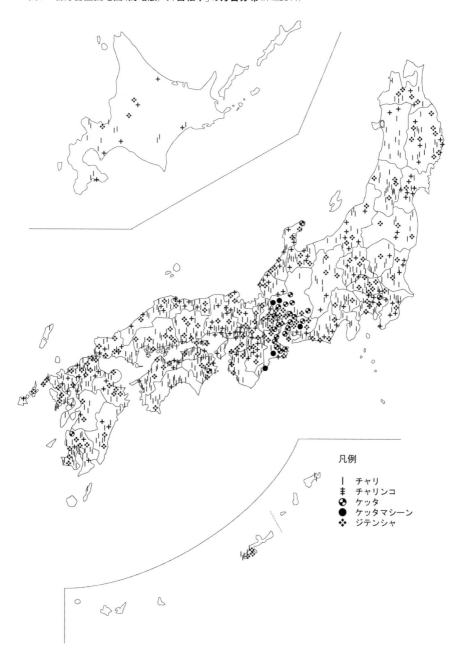

都語」とある。また、「ちゃり」の語源としては「(前略)この語の一般化した直接の出自は操り浄るりであろう」とある。また、『日本国語大辞典　第二版』には「ちゃりんこ」として「子供のすりをいう、盗人仲間の隠語。〔隠語全集 {1952}〕」とあり、1950年代の尾崎一雄(三重県生まれ・神奈川県出身)や円地文子(東京都出身)の用例を引いている。いずれにしても自転車とは全く関係のないものである。また、1990年から92年に大阪府下の70歳以上の生え抜きの老年層を調査した、岸江信介・中井精一・鳥谷善史編著『大阪のことば地図』(2009年)の「項目40《チャリの意味》」では自転車と回答している例は4例のみであり、小銭が3例、もみあげが11例、おどけ(悪ふざけ)が28例、知らないが105例という結果である。もみあげやおどけに『上方語源辞典』の意味を幾ばくか残している状況である。また岸江他(前掲)の「項目41《チャリンコの意味》」(図2)の回答には、自転車は58例あり、小銭が8例、荷車・子供が各1例のみであり、知らないが82例という結果である。上記の辞書や図2の調査結果とその分布からも自転車の意味を表す「チャリンコ」が戦後新たに発生したことばであることが確認できる。

　この「チャリンコ」ということばの出自について真田信治『脱・標準語の時代』(2000年)では、「この語の語源は、韓国語での「自転車」の発音形チャジョンゴに由来するのではないかと考えているが、いまだ詳らかにすることができない」と述べている。また、同書では、その根拠として「関西の一部の若者の俗語には明らかに韓国語が借用されている」としたうえで、タンベ・チャンソリ・パチギ・ヌンチを取り上げ、以下のように述べられる。

> 　タンベは「たばこ」である。チャンソリは韓国語で「小言」の意味であるが、日本では「シンナーを吸うこと」として使われている。「パチギ」は「頭突き」であるが、「頭の剃り込み」の意味で使われている。ヌンチは「目端」の意味であるが、「目が効く、頭の回転が早いこと」として使われている。これらは在日コリアンを核として伝播したものと推定されるのである。

　この記述に対し、鳥谷善史「都市と周縁の語彙変化」(『都市と周縁のことば』2013年)は東大阪市で昭和40年代から50年代にかけて小・中・高校におい

図2 「チャリンコの意味」(岸江他2009)

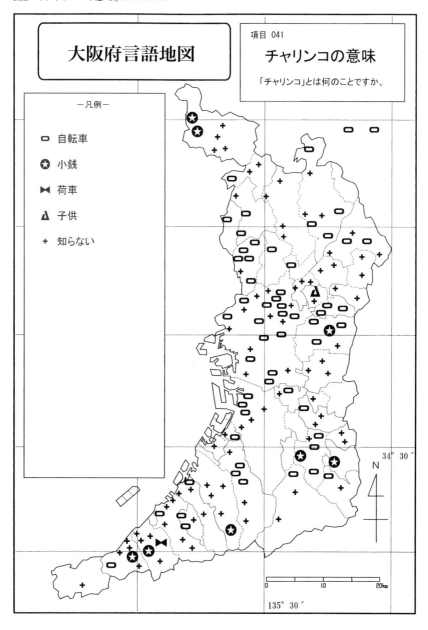

て「煙草」としてのタンベや頭突きや剃りこみの意味でのパチギ（パチキ）（()内は鳥谷（前掲）の表記以下同じ）を実際に使用していたと報告している。また、ヌンチ（メンチ）は「目が効く、頭の回転が早いこと」ではなく、相手に喧嘩をしかける場合や相手を威嚇するときに、相手の目を凝視して睨みつける行為としてのことばとして使用していた経験から、これらが韓国・朝鮮語由来であることの蓋然性の高さを述べている。

大阪弁や現在の日本語に韓国・朝鮮語由来のことばが存在する貴重な例と言えよう。

（鳥谷善史）

▶▶▶E9 関西弁と若者ことば　▶ 囚 前田勇

● 岸江信介「新方言全国地図（簡略版）」『大都市圏言語の影響による地域言語形成の研究』徳島大学日本語学研究室、2011

関西弁特有の外来語　E13

　方言というと、太古の昔から伝わる古いことばで、新しいことばには地域差などないと思われるかもしれないが、近代以降に海外から流入した語や新たに作られた和製英語(カタカナ語)にも使用範囲の地域差が存在する。関西弁特有の外来語・カタカナ語として代表的なものには次のようなことばがある。

◎ モータープール…貸し駐車場のこと。おもに大阪で使われることが多く、京都では「ガレージ」ということが多い。
◎ フレッシュ…コーヒーに入れるミルク（おもな原材料は植物性油脂）のポーションのこと。メロディアン株式会社やスジャータ・めいらくグループなどが販売している商品名「コーヒーフレッシュ」に由来する。中部・関西でフレッシュと呼ぶのに対し、関東圏では「コーヒーミルク」「コーヒークリーム」などと呼び、「フレッシュ」では通じないことも多い。
◎ ミッション…マニュアル車のこと。「マニュアルトランスミッション」の前略形である。

◎カッターシャツ…ワイシャツのこと。

　このほか、東京と大阪とで指し示す内容が逆転しているものに「スコップ」と「シャベル」がある。『大辞泉』第二版（小学館）によれば、東京をはじめ東日本では「シャベル」が子供用や園芸用などの小さいものを指し、「スコップ」は大きな穴を掘るときなどに使う大型のものを指す。これに対して大阪を含め西日本では、子供用・園芸用のものが「スコップ」、大型のものが「シャベル」である。このような外来語・カタカナ語の地域差については意識されることが少なく、「気づきにくい方言」となりやすい。

（高木千恵）

▶▶▶F8 気づきにくい方言

●真田信治・徳川宗賢編『関西方言の動態に関する社会言語学的研究』科学研究費成果報告書、1988／真田信治『脱・標準語の時代』小学館、2000／神永曉『悩ましい国語辞典』時事通信社、2015

コラム　関西弁とわかる語彙　一言しゃべれば関西人

　アクセントですぐに見分けのつく関西弁だが、特徴的な語彙（ごい）も豊富だ。

　東京にいても、関西人と繁華街に繰り出せば、まあ出てくるは関西弁。まずは「店がぎょーさんあるなあ」とキョロキョロ。斬（ざん）新なデザインの建物を見つけては「けったいなビルやなあ」。目当てのビルへ入り、「どんつきの店か」と確認しながら店内へ。案内がもたついていると、「どんくさい」「どついたろか」と文句を言う。グラスを傾けながらも「きょーびの若いもんは気がきかん」と愚痴が出る。声をかけても気づかぬ店員には「いけずせんといて」と嘆くのである。さらに、豚肉の入った肉じゃがを見て、「これ肉ちゃうやん」。関西人の「にく」は牛肉がお決まりだ。豚肉入りの中華まんやお好み焼きは、「ぶたまん」「ぶた天」とあえて呼ぶ。

　メニューの片隅にある「きずし（しめ鯖（さば））」を見て、「これや」とやっと機嫌を直すのであった。

　まあこの通り、一言どころかよくしゃべるのが関西人。でも、どの一言を「ひらって」もこてこての関西弁とわかってしまうのである。

（篠崎晃一）

関西弁の情況

F

1	関西弁の規範と多様性	240
2	アイデンティティと関西弁	244
3	関西弁のイメージ	246
4	役割語と関西弁	252
5	けんか（罵詈雑言）と関西弁	257
6	関西人のジェスチャー	262
7	SNSと関西弁	263
8	気づきにくい方言	265
9	関西弁とネーミング	266
10	鉄道沿線と関西弁	269
11	関西の言語景観	270
12	関西弁の通称地名―「筋」と「通り」	274

関西弁の規範と多様性　　　　　　　F1

　戦後、標準語化が急速に進み、標準語が確立するのとあいまって全国各地の伝統方言が徐々に消えゆく傾向が著しくなった。現代は、方言と標準語を場面によって使い分ける、バイリンガルの時代であるともいえる。地域社会では、普段、地元の幼なじみとくつろいだ場面で語り合う場合には方言を使用するが、見ず知らずの人に改まった場面で話す場合には、標準語を用いるのが一般的である。このため、標準語が日本語の規範的な位置にある言語とみなされた。一般的に規範とは、「手本・模範」といった意味で用いられる。標準語は標準変種に位置づけられ、地域の方言は非標準変種とされた。規範である標準語は常に方言に干渉し、方言が変化する要因のひとつとなった。しかし、それは単に標準語が方言に取って代わるという図式ではなかった。
　一方、関西地方には標準語とは別に関西地方独自の、規範となるべき言語が存在する。関西各地で使用される方言変種のうち、関西中央部で話される京阪方言がまさにそれであり、地方共通語的な位置づけがなされてきた。
　京都のことばは、平安時代以降、東京のことばに取って代わられるまで標準的な言語として長く位置づけられてきた。また、昨今では、西日本を代表する大都市である大阪で話されることば（大阪弁）が、関西弁の代名詞的な存在であるといっても過言ではない。全国的な視点からは標準変種としての標準語があり、たとえば、規範意識といった場合、関西地方の各地方言においても標準語の影響力が大きいため、一般的には標準語を模範（手本）としている。ただし、関西地方周辺部には、標準語よりもむしろ京阪方言に対して規範意識を抱いていると思われる方言も存在する。たとえば、丹後半島など北近畿地方の断定の助動詞にダ[da]を使用する地域では、ダ[da]の子音は有声音であることもあって、響きが荒く、ぞんざいであり、京都方言のヤ[ja]の方が響きも柔らかく、上品に聞こえるといった意識が根づいている。また、真田信治『標準語の成立事情』(1987年)で指摘されているように、和歌山県田辺市では「かぼちゃ」のことを私的場面ではカボチャを用いるのに対して公的場面ではナンキンを用いる。また、物の値段を尋ねる際、私的場面ではイクラを用いるのに対して公的場面ではナンボを用いる。すなわち、より改

まった場面において京阪方言が使用されるのは京阪地方のことばに威信を感じているからであり、近畿地方の周辺部など、関西中央部以外の関西弁が話される地域では、京阪のことばを規範としてとらえてきたことがうかがわれる。京阪地方で発生したことばが関西地方を含め、西日本各地に広がる現象も多々みられる。たとえば、「疲れた」を表すシンドイ（▶語シンドイ）や「おもしろい」のオモロイ（▶語オモロイ）という形式は京阪地方で使用されはじめたものであるが、関西地方のみならずその周辺部にも広く根を下ろした。大正から昭和の初めにかけて、最初に大阪で用いたとされるヤンカ（「あるじゃないか」の「じゃないか」に相当する形式）も関西ほぼ全域を席巻した。さらに京阪地方でヤンカからヤンに変化して、それが若年層を中心に瞬く間に関西一円に広まった。1980年代後半、大阪市内で使用され出したチャリ（「自転車」の方言、チャリンコから変化したもの、▶▶▶E12 関西弁のスラング）やメッチャ（「非常に・たいへん」の意味を表す方言、メチャクチャから変化したもの、▶語メッチャ）なども関西一円に拡散した。また、ほぼ時を同じくして、オモロイの否定形式であるオモロ（ー）ナイに代わるオモンナイという形式が大阪（市内）で生じ、関西全域に広がったが、この形式なども関西地方の隅々にまで広がるのにさほど時間を要しなかった。チャリやメッチャの場合とほぼ同様、今や関西地方の若者に定着した。このように中央部で発生した形式が関西地方全域に伝播（でんぱ）したケースは枚挙にいとまがない。これらの例は、関西地方各地で、関西中央部で話されることばを規範的なことばとして意識していることを証するものである。

　ところで、標準語にもとづく規範意識は、言語変化の要因となって標準語化に拍車をかけてきたが、地域による方言の違いから、この規範意識は必ずしも一律ではないことが明らかになっている。吉岡泰夫「調査紹介：「国語に関する世論調査」の問題別分析」（『国語研の窓』5、2000年）によると、敬語に対する意識調査で、「○○さん、おりましたらご連絡ください」は、気になるか、気にならないか?」という質問をしたところ、「方言敬語が多彩な地域では「気になる」人が約7割であるのに対し、方言敬語が簡素な地域では逆に「気にならない」人が約6割」だったという。地域社会における方言敬語の違いが規範意識の差を生み出していることが示されたわけである。このようなケースは関西地方においてもみられる。関西中央部で優勢な「ハル敬語」

（▶▶▶C8　第三者を明示するハル敬語、▶語ハル）は、関西の周辺部に広がろうとする傾向があるが、宮治弘明「方言敬語の動向」（小林隆・篠崎晃一・大西拓一郎編『方言の現在』1996年）が述べているように「有敬語地域への浸透と無敬語地域への浸透とでは様相を異に」し、有敬語地域では「ハル敬語」を受け入れるが、無敬語地域では受け入れることが少ない。神戸の場合などではもともと素地として「テヤ敬語」（▶語テ(ヤ)）を使用する地域であり、「ハル敬語」を受け入れているが、奈良南部では「ハル敬語」にあたる形式はなく、ほとんど無敬語に近い地域であるため、容易には「ハル敬語」を受け入れられないのである。このようなケースは岸和田市以南の泉南（せんなん）方言においても同様であり、「ハル敬語」を受容しようとはしない傾向がある。これらの無敬語に近い地域では、関西で威信があると思われる「ハル敬語」よりもむしろ標準語の「レル・ラレル」をよく使う傾向がある。「ハル敬語」に対応する形式があれば、それに「ハル敬語」が取って代わるが、対応する尊敬語形式が存在しない地域では、標準語形式を導入するという現象がみられるのである。

　また、規範意識にもとづきながらも規範とは大きな食い違いが生じるケースもみられる。たとえば、三重県名張市では、キハリハッタ（いらっしゃいました）、オキハリハッタ（起きられました）などのように「ハル敬語」を二度重ねた表現が用いられることがある。名張市では「ハル敬語」が古くから使われたというわけではなく、恐らく1970年代後半あたりからではないかと思われる。このころから当地に大型団地が建設され、特に大阪のベットタウン化が急速に進んだ。大阪から多くの人びとが移り住むようになり、団地内で用いられることばは、地元の名張市の方言というよりも大阪方言が主流であったと想像される。もともと名張市の方言は古くは京都や大阪の方言の影響が強かったが、ベットタウン化がさらに拍車をかけたと思われる。「ハル敬語」を二度重ねる形式は、名張市のネイティブの人びとが団地の人びとと接し、ことばの影響を受けつつ、「ハル敬語」を習得する途上で生じた過剰修正であるとみられる。名張市の伝統方言では、「ハル敬語」に対応するような形式はなく、たとえば、キハリハッタの、後のハルは丁寧語という認識のもとで使用されているとみることもできるが、このような使用例は大阪・京都・奈良にはない。なお、敬語形式ではないが、京都市や大阪市など、関西中央部でよく使用される、「もう行くネン」（もう行くのよ）、「何すんネン」（何

をするんだ?)などの文末助詞「ネン」(▶語ネン)が、大阪府南部に位置する泉南地域に広がろうとした際に起きた現象についてである。本来、京都市や大阪市などでは、「ネン」は非過去の形式に接続する場合に限られ、たとえば、過去形式に接続せず、その代わりに「行ったンヤ・行っテン」「したンヤ・してン」など、「ンヤ・テン」という形式が接続し、過去を表すが、泉南地方では、「行ったネン」「したネン」など、過去の形式にも「ネン」を接続させるという現象がみられ、すっかり定着した。このように大阪中央部のことばが拡張するなかで言語変化が生じ、新たな形式が誕生しているのである。これらは、規範を意識した過剰修正であるとともに規範からの逸脱と呼べるものである。このような変化は、関西の周辺部だけではなく、大阪市内においてもみられる。1980年代後半に大阪市内の若年層に発生した2拍名詞第4類に属する語(「船・傘・皮・板・針」など)のアクセント変化(○○ガ→○○ガ)は、2拍名詞第4・5類の統合という変化を招いたが、それは真田信治「ことばの変化のダイナミズム」(『言語生活』429、1987年)が指摘したように「標準語化の流れから逸脱しようとして生まれた中間形 neo-dialect」であり、花井裕「規範意識とゆれ」(ダニエル・ロング、中井精一、宮治弘明編『応用社会言語学を学ぶ人のために』2001年)が述べているように、この変化は、標準規範である、伝統的な京阪系アクセントからの逸脱であった。

　関西弁のなかでも、とりわけ威信のある大阪弁が周辺地域に拡張しようとする傾向がみられるが、その実態を調査することによって、関西弁の規範とともにその多様な変化のありようを知ることができるのである。　　(岸江信介)

▶▶▶C2 アクセント・イントネーション、E8 関西弁の世代差

●岸江信介・中井精一・鳥谷善史編著『大阪のことば地図』和泉書院、2009

アイデンティティと関西弁　　　　　　　　　F2

1——アイデンティティ

　社会言語学において「アイデンティティ」という用語は言語意識の一種として扱われる。これは話者が「どのような人間にみられたい」という意識だが、*クレオール学者のル・パージュ（Le Page, Robert B. & Andrée Tabouret-Keller. *Acts of Identity: Creole-Based Approaches to Language and Ethnicity*, 1985）が提唱した「自己確認行為」(acts of identity) によれば、個人像というよりも、「どのような集団に属しているように思われたいか」という意識である。「アイデンティティ」は日本語で「帰属意識」と訳されることがある。

　言語使用との関係から言えば、話者のアイデンティティが強ければ強いほど、その集団が使うとみられる言語変種を多用する。言い換えれば、関西人だから関西弁を使うというよりも、「関西人にみられたいから関西弁を使う」という側面がある。ただし、採用される方言的特徴は、一般にその集団の典型的なものとして広く認識されていなければならない。そして、話者がコントロールできる特徴に限るのである。たとえば、関西弁の否定辞が－ヘンになっていることは一般に意識されており、しかもこの形式の使用を意図的に増やすことは可能である。一方、関西弁のウ段の母音は、標準語など他の多くの言語変種で使われる非円唇母音[ɯ]と違って、*円唇母音の[u]である。これは音声学者には知られている事実であるが、一般人には意識されていないし、仮に説明しても自然な会話でこの母音の発音方法を瞬時に調整できるとは思えない。

2——アイデンティティと関西弁意識

　関西人の方言意識では、「関西弁」の使用領域が図1のように、関西の「2府5県」とほぼ一致している（Long, Daniel. Geographical Perceptions of Japanese Dialect Regions, *Handbook of Perceptual Dialectology*. 1999）。関西人が西日本各地の話者と比べて、地元の方言を「感じの良い」ものとして意識しており、地元方言に対する愛着をもっているという傾向は、複数の研究で指摘されている（図

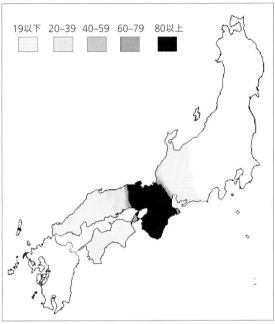

図1
「関西弁」の認知領域とする人の割合（％）
関西インフォーマント195人

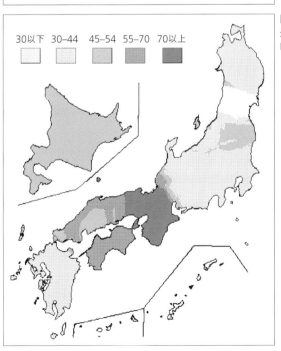

図2
最も感じの良い方言（偏差値）
関西インフォーマント169人

2、Long 前掲)。

このように関西弁に対する言語意識(方言意識)はこれまでさまざまな観点から研究されてきた(真田信治、ロング・ダニエル「方言とアイデンティティー」『言語』21-10、1992年)。鳥谷善史「関西若年層の新しい否定形式「〜ヤン」をめぐって」(『国立国語研究所論集』9、2015年)のように、いわゆるSNS(FacebookやTwitterなど)にみられる方言使用とアイデンティティとの関係について触れた研究もある。

一方「関西人」アイデンティティが言語使用(あるいはその選択)と深くかかわっているとよくいわれている割には、実証的なデータは少ない。村中淑子「関西方言の文末表現について」(『徳島大学国語国文学』22、2009年)は「年齢アイデンティティー」という用語を提唱した興味深い論文である。村中は話者が自分のことを中年と意識し始めると使用する「大人スタイルの関西方言」があるという仮説を検証している。このスタイルの特徴はデスヤン・マスネンのような「デス・マス+方言終助詞」にある。

「アイデンティティと関西弁」というテーマの課題は、根本的に「自分が関西人であることを、関西弁を使用することで周りに指し示す」という言語意識と言語行動にある。そう考えると「関西弁に対する言語意識」の研究はこれまで多かったが、厳密な意味での「アイデンティティと関西弁」に関する研究はこれから期待されよう。

(ロング・ダニエル)

▶▶▶G13 移住と関西弁

関西弁のイメージ　F3

1——関西弁のステレオタイプ

方言のイメージが人によって異なる方言もあれば、多くの人が似たイメージをもつ方言もある。関西弁はかなり固定化されたイメージが社会全体で共有されており、なかば*ステレオタイプ化している。まずは「*役割語」を通

して関西弁のステレオタイプをみてみよう。役割語とは漫画やアニメなどで登場人物の属性・性格・容姿などと密接に結びついたことばづかいを指す（金水敏『ヴァーチャル日本語 役割語の謎』2003年）。たとえば「わしはやっとらんのじゃ」というセリフからは、登場人物が男性の老人であることが思い浮かぶ。関西弁も役割語のひとつで、関西弁を話すキャラクターは次のいずれか（または複数）の特徴をもつことが多い。

1──笑わせ好き、おしゃべり好き
2──けち、守銭奴
3──食通、食いしん坊
4──派手好き
5──好色、下品
6──ど根性
7──やくざ、恐い

作者は登場人物に関西弁を使わせることで、その人物が上記のいずれかの特徴をもつことを読み手に伝えようとする。読み手もセリフからその特徴を復元できるということは、関西弁のステレオタイプが日本語社会で共有されていることを示唆する。

2──関西弁はいつからお笑いのことばになったのか

関西弁のステレオタイプは早い時期からあったようで、江戸後期の戯作では＊上方語（関西弁）を話す登場人物が「けち」「饒舌（じょうぜつ）・冗談好き」という描かれ方をしていた。近代に入ってからはラジオ・テレビ番組で関西弁が全国発信されることになり、「関西弁＝お笑い」というイメージのほかに「ど根性」「やくざ・暴力団」というイメージが加わってきた。近年は「関西弁＝お笑い」というイメージ、とりわけ落語などの上品な笑いではなく、吉本新喜劇や漫才などの庶民的な笑いのイメージが定着している。全国発信の番組に吉本興業のお笑い芸人が多く出るようになり、彼らの話す関西弁と彼らの芸がイメージとして結びついているのであろう（中井精一「お笑いのことばと大阪弁」『日本語学』23-11、2004年）。

3――大阪弁・京都弁と「方言コスプレ」

　関西弁のステレオタイプは、作品だけでなく実際のコミュニケーションでもキャラクターを演出するために利用されている。その現れのひとつに、近年の（主に首都圏の）若者が、仲間内での会話やメールなどのくだけた場面で、母方言ではない方言をちりばめて使う「*方言コスプレ」という現象がある。田中ゆかり『「方言コスプレ」の時代』（2011年）によると、首都圏大学生は「方言コスプレ」に大阪弁・京都弁を最も多く利用するという。また、「おもしろい」「かわいい」などのイメージにあてはまる方言を答える調査でも、やはり大阪・京都が上位に入る。この調査では「かわいい・女らしい」と言えば京都弁、「面白い・怖い」と言えば大阪弁という回答が多かった。つまり、京都弁で「女の子」キャラクターが、大阪弁で「お笑い芸人／やくざ」キャラクターが発動するのである。京都弁と大阪弁は、ことばの上ではほとんど違いがないのだが、ステレオタイプの上では大きく異なっていると言える。

4――関西弁のイメージ

　上では関西弁や京都弁・大阪弁のステレオタイプを確認したが、これらのステレオタイプは関西弁のイメージにも影響を与える。ひとくちに「関西弁のイメージ」といっても、標準語や東京弁と比べた場合の関西弁イメージと、関西弁の中で京都弁・大阪弁を比べた場合のイメージは異なる。まずは東京弁と比べた関西弁のイメージを見てみよう。井上史雄『言葉づかい新風景』（1989年）には、宮城・東京・京都の高校生に、東北弁・東京弁・京都弁のイメージを聞いた結果がある。この調査では、「丁寧－ぞんざい」「深みがある－深みがない」のような対義語を両端においたスケールを7段階に区切り、各方言のイメージが7段階のどこに位置するかを答えてもらう方法で3方言のイメージを比べている。調査の結果、関西弁のイメージは東京弁に比べて「丁寧・きれい・おだやか・柔らかい・味がある・深みがある」というイメージでプラス評価の回答が多かった。逆に「非能率的・くどい・昔の言葉を使う・遅い」というイメージでは東京弁よりもマイナス評価の回答が多かった。

5――大阪弁・京都弁のイメージ

　東京弁と関西弁のイメージの違いはことばの違いを反映しているとも考え

図 京都・大阪出身大学生による京都弁・大阪弁のイメージ(高木2016)

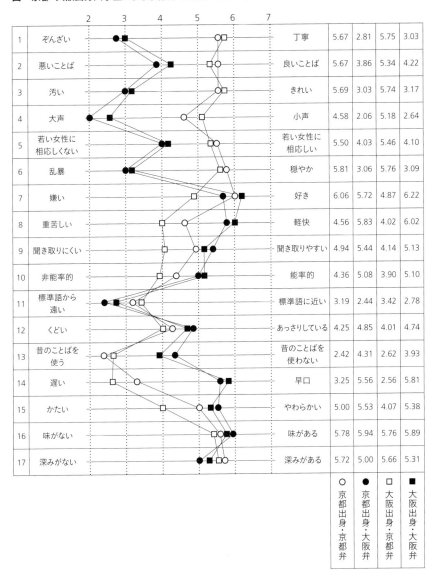

られる。ところが同じ関西弁であっても京都弁と大阪弁はイメージがかなり違う。1972年に札幌の大学生に対して行った調査によると、京都弁のイメージは上述の関西弁イメージを極端に良くしたものになるのに対して、大阪弁

のイメージは京都弁に比べて「ぞんざい・悪い言葉・汚い・大声・若い女性にふさわしくない・乱暴」という評価が多くなる（井上史雄（前掲））。2方言のイメージの違いは関西弁話者に聞いても似た傾向を示す。渋谷勝己「心情とわきまえ意識の衝突するところ」（『変容する日本の方言』（『言語』95・11別冊）1995年）には、京都生え抜き話者150名に対して行った方言イメージ調査の結果があげられている。そこでは母方言である京都弁を「丁寧・きれい・おだやか・表現が豊か・良いことば」とする回答が圧倒的に多い。一方、同じ人たちに大阪弁のイメージを聞くと、京都弁に比べて「汚い・荒っぽい・早口・感情的・きつい」という回答が多くなる。実は、2010年に関西大学で大阪出身・京都出身の学生に対して、札幌大学生に行ったのと同じ調査を実施した結果があるが、上の2つの調査結果とほぼ同じ傾向になった（図参照：高木千恵「現代関西方言」『はじめて学ぶ方言学』2016年）。つまり、普段から大阪弁にふれている京都方言話者や、大阪弁を母方言とする大学生でさえも、1970年代の札幌大学生と似たようなイメージを大阪弁に対して抱いているのである。一般的に、話者が自分の方言に抱くイメージと、外部の人間がその方言に抱くイメージは、ずれることが多い。しかし上の結果では、京都弁・大阪弁を母方言とする人たちが自方言に対してもつイメージと、他方言話者が2方言に抱くイメージがほぼ一致している。ここから、関西弁話者でさえも自方言に対してステレオタイプ的なイメージをもっていることがわかる。

2017年3月、国際博覧会（万博）の大阪誘致をめざす検討会で、報告書案の関西弁版が配付された。そこでは、たとえば「世界の人々が「もうかりまっか」言うて出会って、たこ焼き食べながら交流するような場であることも大事や。偏見をほかして、「ぼちぼちでんな」と言い合える仲になる意義もデカいわな」（元の報告書の「世界の人々が出会い、交流する場であることが、偏見を排し、相互理解を醸成する意義も大きい」の部分の関西弁版）のように、ステレオタイプ的な大阪弁が用いられている。作成担当者によると、関西弁（大阪弁）で日本全国にアピールすることを意図したようだ。しかし検討会で否定的な意見があり、また不適切な表現も含まれていたため、翌日、経済産業省はこの関西弁版の報告書を撤回した。否定的な意見が出た理由には、書き言葉をそのまま話し言葉に置き換えたことによる違和感や、報告書案に使われた関西弁が不自然だったこともあるだろう。しかしそれらに加えて大阪弁に付随するイメージ

も関わっているのではないだろうか。ことばの上で大阪色が強まると、大阪弁の「拝金主義・乱暴・派手・食いしん坊」というステレオタイプ・イメージも前面に出る。この大阪弁のイメージが「世界平和・産業発展・環境保全」などの万博のイメージにそぐわなかったのだと考えられる。検討会では関西方言話者からも不満が出たようだが、それはすなわち関西弁話者自身も大阪弁にステレオタイプ的なイメージを抱いていることの現れであるといえる。

6──その他の関西弁のイメージ

なお井上史雄（前掲）の別の調査で、兵庫・三重・滋賀のことばは大阪に近いイメージになる。しかし、奈良のことばのイメージは東北方言に近く、和歌山県のイメージは九州方言に近いという結果になっている。同じ関西弁として多くの言語的特徴を共有しているにもかかわらず、イメージが大きく異なるということから、イメージ形成にはことば以外の要素も関わっていることがわかる。

（松丸真大）

▶▶▶D4 演芸・話芸と関西弁、D5 お笑い、F4 役割語と関西弁　　▶□首都圏の人からみた「関西」

コラム　北陸の人からみた「関西」

1960年代のある夏、富山県南西部の小集落に大阪から数人の小学生が来た。友人（同級生）の従兄弟たちで、近隣を駆け回って楽しそうにはしゃぎ、初対面で年上の私にも臆することなく彼らのことばで話しかけてきた。ラジオやテレビが普及して花菱アチャコや藤山寛美の姿・声を見聞きし、成人の「関西人」「関西弁」を身近に感じるようになったころ、浪花千栄子はきれいな大阪弁でドラマは大阪の人情を写しているとの評をみた。ただテレビでは、怒気は無いものの周辺の人物に対しその言動を冷徹に裁断してビシッと言い渡す場面がよくあったので、喧嘩を覚悟しない限りこのような言い方はできないと感じ、人情とかやさしさとの乖離を整理できなかった。関西にこのような面があるのだろうか。「関西人」「関西弁」と一括りにできないかもしれない。「北陸の人から」も同じであろう。北陸は北東方向に長く、大阪・敦賀間と敦賀・金沢間と金沢・越中宮崎間がほぼ似た距離にある。関西との隔たり、人的交流の深浅で、同じ北陸でも認識が異なると思われる。

（下野雅昭）

役割語と関西弁　　　　　　　　　　　　F4

1——ヴァーチャル方言

　*役割語とは、特定の社会グループと*ステレオタイプ的に結びついた話し方を指す。たとえば、「そうじゃ、わしが知っておるんじゃ」という台詞の話者は老人、「そうですわ、私が存じておりますわよ」であればお嬢様とか奥様、といった具合である（金水敏『ヴァーチャル日本語　役割語の謎』2003年）。方言も役割語として用いられることがある。「んだ、おら知ってるだ」なら田舎者、「おうよ、わしが知っちょるきに」なら龍馬風土佐人、の如くである。一般に、フィクションに用いられたり、おどけや遊びの文脈で用いられる方言のことを、田中ゆかり（『「方言コスプレ」の時代』2011年）ではヴァーチャル方言と呼んでいるが、役割語としての方言の使用は、ヴァーチャル方言の機能のひとつと言える。

　フィクションで用いられる台詞の話し方は基本的に制作者の意図に沿って決定されていると仮定できる。フィクションの登場人物を仮に3つに分けてみよう。第1のグループは主役およびほぼ主役に近い位置にある人物、第2のグループは主役を取り巻き、ストーリーの進行上重要な役目を果たす人物、そして第3のグループはほとんど名前が与えられることも少ない、いわばその他大勢の人物である。役割語が最も効力を発揮するのが、この第3のグループの人物である。役割語を話すことによって、それがどのような場面で、話し手がどのような役目を果たしているかということが的確に表現できる。第1のグループの主役級の人物は、発話量が最も多いことが普通であり、またフィクションの受け手が一番自己同一化をしやすい人物でもあるので、あまり強い役割語は避けられ、むしろ標準語に近い話し方をするケースが多い（これを「役割語セオリー」と言う。金水敏・田中ゆかり・岡室美奈子『ドラマと方言の新しい関係』2014年）。第2のグループは、役割語の適用もよくあるが、重要な人物ほど単純な役割語ではなく、役割語の度合いを薄めたりもっと濃くしたり、あるいは混ぜ合わせたりずらしたりするなど、人物の個性を強めるために話し方が工夫されることがある。また第1のグループも方言など標準語以外の

話し方をすることがあるが、これも人物の個性の表現であり、役割語とは機能が異なる。

　また、方言を使うことによるコストと伝わりやすさの観点から、フィクションの方言について整理してみよう。リアルな方言らしさを追求すると、そのためのコストが発生しやすい。たとえばテレビドラマや映画では、方言を指導する専門家を採用して脚本に手を入れさせたり、演出にも介入させたりする(▶▶▶H7 関西弁と方言指導)。一方で、リアルな方言であるほど全国的には台詞の内容が通じにくくなるというリスクも生じる。そのため、作品の内容によっては、敢えて方言を用いないという選択も取られることがある。また用いるにしても、ほとんど標準語で要所要所で方言らしさを付け加える「なんちゃって方言」(たとえば「本当に、ぼくもそう思いましたばい」で九州方言とするなど)が用いられることもある。一方で、人物の個性や土地性を強調するために、コストに糸目を付けずに方言のクオリティを上げようとする場合もあり、たとえばNHKの大河ドラマや連続テレビ小説にはその傾向が強い。

　ただしコストやクオリティの面から見たとき、関西弁は他の方言とは一線を画する特徴をもっている。それは、関西弁による芸能が近世以来発達していて、関西弁による話芸が確立されており、関西弁を上手に操る役者に事欠かない点である。つまり、他の方言に比べて導入コストが低く抑えられる。また関西弁のフィクション作品が全国的に普及し、また関西弁タレントがマスメディアに多く登場することによって、他の方言よりはるかに内容の理解が得やすい。しかし一方で、関西の視聴者は、マスメディア上に流れる自方言のクオリティに対して最も厳しいとも言われ、関西弁ドラマの視聴率も他地域より高くないことが往々にしてある(金水・田中・岡室 (前掲))。また実際、関西弁の認知率が高いゆえに、ドラマなどで安易に他地域出身の役者に奇妙な関西弁を喋らせるなどのケースもしばしば目に付く(▶▶▶G17 エセ関西弁)。

2──役割語としての関西弁

　方言が役割語として用いられる場合は、単に話者が特定の地域の人物であるということを示すだけでなく、その地域の人が一般に持つとされるステレオタイプな人物像を想起させるのが一般である。たとえば東北弁話者は社会的マイノリティ、土佐弁話者は龍馬のような、進取の気性に富んだ行動的人

物、九州弁話者はマッチョで信義を重んずる人物、といった具合である。関西弁、特に大阪弁の話者のステレオタイプについては、経済観念が強い（お金好き・けち・計算高い）、グルメ、派手好き、おしゃべり・お笑い好き、社交性が高い、タイガース・ファン、さらに、やくざ・暴力団・恐いといったところがよく指摘される（金水（前掲））。

　このような関西弁・大阪弁キャラクターは、江戸時代から今日に至るまでの、影響力のつよいフィクション作品によって波状的に形成されてきたと金水（前掲）では述べている。また、後藤早貴（「漫画における関西弁の特徴と役割」『人間文化 H&S』24、2008年）は、80年代のマンザイ・ブームを境に、全国的な関西弁・大阪弁キャラクターへの印象が変化しており、けちや恐いなどのネガティブなイメージが後退し、社交的で明るく親しみやすいキャラクターとのポジティブな印象が全面に出るようになったとしている。

　以上は大阪を中心とした方言話者のイメージであるが、京都弁話者のイメージも確かにある。ただし、関西在住者以外の目から大阪弁と京都弁の違いを認識するのは難しく、京都弁としてマスメディアに出てくるのはどうしても「～どす・どっせ」「おす」（▶語オス、ドス）などをあしらったなんちゃって京都弁、あるいは舞子さん、お土産屋さんの使うビジネス京都弁に限定される。なお一般に、京都弁話者は、おっとりしている、女性的、伝統・格式を重んじる、よそ者を慇懃に排除する「いけず」（▶語イケズ）体質などのイメージが当てはめられやすいが、これらの京都弁キャラクターは、関西弁一般の汎用的なキャラクター形成機能に比してごく限定されると言ってよい。

　京阪在住者にとっては、大阪・京都以外にも、播州（姫路など）、泉州（岸和田など）、和歌山、奈良、滋賀等の地方的なステレオタイプが存在するが、けっしてそれらが全国的に共有されているわけではない。たとえば万城目学という大阪出身の作家の小説は『鴨川ホルモー』（2006年）［京都が舞台］、『鹿男あをによし』（2007年）［奈良が舞台］、『プリンセス・トヨトミ』（2009年）［大阪が舞台］、『偉大なる、しゅららぼん』（2011年）［滋賀が舞台］など、関西を舞台にしたものが多いが、方言を前面に出しているのは上記では『プリンセス・トヨトミ』だけであり、それは方言を使うメリットとデメリットを計算した上での判断であると推測できる。ここにあげた作品はすべて「伝奇ロマン」とでも言うべきカテゴリーに属するもので、それぞれの土地柄の歴史・風習・伝承等に

深く依存してはいるが、『プリンセス・トヨトミ』を除いては、方言が必ずしもストーリー展開に関与しないどころか、関西弁を用いるとむしろ大阪や京都のステレオタイプが出過ぎて、読者のストーリーへの集中を妨げる。これに対し『プリンセス・トヨトミ』は「大阪国」という架空の国家が大阪に存在したという設定の作品で、大阪弁は大阪国の国語としてむしろ重要な役割を果たすのである。

3——"コテコテ大阪弁"の形成

関西弁は他地域での認知度が高い方言であるが、それも、「わし」「わて」「〜だす（▶語ダス）」「おま」「〜でんねん・まんねん」「〜でんがな・まんがな」等、今日のリアルな大阪弁としてはほとんど用いられなくなった言い回しが大阪弁らしい大阪弁として広く認知されている（金水敏編『〈役割語〉小辞典』2014年参照）。また標準語をベースとしたフィクション作品で大阪弁キャラクター

表　大阪弁の語彙が文献に登場する時期

	1600	1650	1700	1750	1800	1850	1900	1950
（〜じゃ）								
〜や								
（なんぼ）								
〜かいな								
ほんま								
あほ								
〜さかい								
〜よって								
おます								
〜だす								
あかん								
〜なはる								
〜がな								
〜へん								
（ごわす）								
〜やんか					?			
〜ねん								
〜で								
ちゃう					?			
わて								
うち								

注：「？」は、資料の不足のため、この時期かどうか確定しにくいことを表す。また、出現期間のグラデーションは、特定の表現の発生または衰退は社会の中で徐々に進行していくということのイメージを表現したもので、統計的に厳密な表示ではない。

が出てくると、この種の語彙を用いて話すことも多い。これはなぜだろうか。

　上記のような、すでにあまり用いられなくなった古風な大阪弁を、"コテコテ大阪弁"と呼んでおこう。これらコテコテ大阪弁には、丁寧語が多く含まれているが、方言は敬語的要素から失われやすいという一般的な傾向に合致して、現在のリアルな大阪弁では概ね標準語形に置き換えられている。

　コテコテ大阪弁の要素を含めて、大阪弁らしい表現が歴史的にどの段階で文献に現れたかということを『日本国語大辞典』で調査したのが**表**である。これによると、コテコテ大阪弁に含まれる語彙は、概ね戦前、大正末から昭和初期に出そろうことがわかる。

　大阪弁を含む関西弁が広く全国的な影響力をもったのは、江戸時代元禄年間前後（18世紀初頭）と、先の大正末から昭和初期の「大大阪」時代であるといえる（▶▶▶11　大大阪時代の関西弁）。前者の時期には、近松門左衛門に代表される、世話浄瑠璃の全国的な流行があった。後者の時期には、大阪の市域が広がり、また周辺から多量の人口が大阪に流れ込んで、安価で楽しめる大衆演劇・大衆芸能が活況を呈し、また人気者の役者・芸人も輩出した。この時期に、コテコテ大阪弁が確定したのである。

　なお戦後1960年前後にも「大阪弁・関西弁ブーム」が巻き起こるが、この時期にはこのコテコテ大阪弁の遺産が活用されたと言ってよい。1980年以降のお笑いブーム以降は、新しいリアルな若者の関西弁が上塗りされていくが、しかし芸能の根底にはコテコテ大阪弁が生き続けたと言えるだろう。たとえば笑福亭鶴光、笑福亭鶴瓶、明石家さんまといった芸能人は、ことさらにコテコテ大阪弁的な表現を強調的に用いることで人気を博した。コテコテ大阪弁が全国的な認知度を保ち続けるのは、このような関西のお笑い人気によるところが大きい。

〈金水　敏〉

▶▶▶D4　演芸・話芸と関西弁、D5　お笑い、F3　関西弁のイメージ

けんか（罵詈雑言）と関西弁　　　F5

　けんかの最中、感情が高ぶっているとき、平静時に使用することばではその感情を表現しきれない。その高ぶった感情を表現するため、けんかをするときには、さまざまな言語表現が使用される。そういった対象への強い感情性とマイナス評価をともなう表現を、ここでは罵詈雑言（ばりぞうごん）と呼んでおこう。関西弁には、どのような罵詈雑言があるだろうか。

1――罵詈雑言の文法形式

　まずは、文法的な表現から見ると、多様な種類のものがある。接頭辞には、ドがある。ドケチ、ドアホ、ドビンボー（貧乏）などは、ケチ・アホ・ビンボー自体に強いマイナスの評価が含まれているが、その上に付く「ド」は、そのマイナス評価をさらに強める働きをする。ドタマと言うときの「タマ」は「頭」であり、「頭」自体にはマイナス評価は含まれていないので、「ド」そのものがマイナス評価を含むものと考えられるケースもある。いっぽうで、「ド根性」と言った場合は、「ド」は根性の程度を強めているだけで、マイナス評価を含んでいるか疑わしい。ほかに接頭辞としてテチ殺す（ぶち殺す）、アタうるさい（非常に面倒な）などがあるが、盛んではない。

　活用しない接尾辞には、たとえば－ボーシ／－ボシ／－ボがある。カッタイボーシ（偏屈者）、ヤッカイボシ（厄介な奴）、ケチンボなどがあるが、「法師」という*実質語が*機能語化したものとみられる。卑罵的な表現を形成するために、僧侶が引き合いに出される点は興味深い。聖人たることが求められる僧侶が、その期待に反する性向・容姿であったり、行動をしたりすると強いマイナスのインパクトを人びとに与える。そのインパクトが、僧侶を引き合いに出した罵詈雑言を生じさせるのであろう。そのことは同時に、かつて僧侶が人びとにとって、日常的に評価の対象になりうるほど身近な存在であったことをうかがわせる。現在は－ボーシ／－ボシの使用者はほとんどみられず、－ボは卑罵性が失われてきている。ケチンボなどの表現には、強い卑罵性は感じられないし、「法師」という語源意識も多くの使用者にはもたれていない。

活用をもたない接尾辞にはヘゲタレ（しょんぼりしている人を蔑視して言う）、アカンタレといった「タレ」などがある。

活用をもつ接尾辞としては、やりヤガル、しクサル、しサラス、してケツカルなどがある。ヤガルやクサルは全国的に使用される。関西弁として特徴的な接尾辞を含む表現として、－タレヤ／－タランカイも興味深い。これらは、－テヤレヤ／－テヤランカイの縮約形である。「ておく」が付加して－トイタレヤ、－トイタランカイとなることもある（▶コ「してやる」が当たり前）。

この表現が関西弁として特徴的なのは、「とっとと土下座して、（話し手に）謝っタレヤ／謝っタランカイ」などと言うときの言い方である。この言い方は、相手が上の立場から「謝ってやる」という見下す態度で話し手に謝罪することを、話し手自身が求めているものである。文字通りに解釈すると、何とも卑屈な表現であるが、実際には－タレヤ、－タランカイには相手への強い卑罵性がある。

2──語彙的な罵詈雑言

松本修『全国アホバカ分布考』（1993年）の調査によれば、「アホ」は、「アホー」などの形で関西周辺部に分布するし、「惚け」から転じたとされる「ボケ」は、山口県や長野県などにも分布する（図参照）。

ほかの方言事象と同様に、関西だけに分布する卑罵語を見つけ出すことは難しいが、－タレヤ、－タランカイのような視点の取り方は、関西以外ではあまり聞かれない。

関西に分布する卑罵語としては、アホ、ボケの他に、カス、ダボ、ウトイ、ベロなどがある。このうち、ダボは播州を中心に、ウトイは紀州を中心に分布する。関西ではウットイと言うことがあるが、人格全体をマイナス評価する紀州のウトイ（疎い）とは異なり、「うっとおしい」という限定的な意味である。バカヤローを語源に持つベロは三重県に分布し、同県には山椒魚のかつての呼び名であったアンゴーといった語形もある。

これらの卑罵語は言語的な性質が異なっている。アホは、「アホなヤツ」と「ヤツ」を連体修飾するときに「な」を介するが、「ボケ」は「ボケたヤツ」のように「た」を介する。ウトイは「ウトイヤツ」と形容詞的に体言に接続し、ダボはそもそも連体修飾しにくい。また、ボケは「ボケか。アホ！」のよう

図 アホバカ分布図(松本修『全国アホバカ分布考』1993年、太田出版 より)

には言わないが、「アホか。ボケ！」のようには言える。ボケは、「何しとんねん。コラ！」のコラのように、発話末に用いられ感動詞的に使用されやすい（西尾純二「卑罵表現の地域性」『方言の発見』2010年）。そのような、感動詞的な卑罵語は「ボケがおる」のように主語になりにくいし、「ボケをぬかせ」のように目的語にもなりにくい。つまり名詞性が低い。ただし、「あのボケをどないかせー」などは完全に文法的に不適切とまでは言えず、名詞性が全くないわけではない。

このような感動詞的な性質は、カス、ダボ、ベロについても同様である。いっぽう、アホの場合は、「アホがおる」「アホをぬかせ」「あのアホをどないかせー」としても違和感がなく、ボケよりも名詞性が強い。ボケ、カス、ダボ、ベロのように感動詞的な性質が色濃い卑罵語は卑罵性が強い。アホ、ウトイのように、感動詞性の弱い卑罵語は、親愛の情をこめて「もう、アホやなあ」「おまえはウトイなあ」のように言うことができる。一方、感動詞性が強い卑罵語を用いて「もう、ボケやなあ」「おまえはカスやなあ」と言えば、前者は文そのものに違和感があるし、後者は親愛の情の欠片も感じられない。

また、感動詞性の弱いアホは、アッポチャンのように可愛げが感じられる語形に派生したり、笑いながら「あいつ、アホや」と言って「面白いヤツ」というプラスの評価を相手に付与したりすることもある。このような語の派生やプラスの評価での使用も、感動詞性の強いボケ、カス、ダボ、ベロにはみられないものである。

3──表現手法の多様さ

マイナスの感情の高ぶりを表現するためには、ほかにもいくつもの手法がある。

そのひとつは、語気を強めつつ、表現の音声を変化させることである。たとえば、ダマットレ（黙っていろ）がダーッテー。ドアホがダーホ。バカタレがバータレー／パータレー。ウルサイがウッサイ。アホがアッポ。ドアタマがドタマ。オノレ（二人称代名詞）がオンドレ。ヤカマシイがジャカーシーといった具合である。

ほかに、相手を侮辱するために、侮辱的なフレーズに節をつけた「アホが見ーるー。ブタのケーツー」や、「アーホー、ボーケー、チンドン屋」なども

ある。これらは、臨時的・個人的なものではなく、強い卑罵性を表すための表現手法として、関西弁話者に共有されている。相手を威嚇したり、強く罵倒したりする特定の言い回しも、関西の中で慣用的に共有されている。シバキマワスゾ（叩きのめすぞ）、ドタマ（頭）カチワッタロカ（頭をかちわってやろうか）、オクバ　ガタガタ　イワシタロカ、アホラシューモナイ（あほらしい）、などである。

　さらに、罵詈雑言は儀礼化することもある。全国各地には、「悪態祭り」と言われる祭事がある（あった）。秋田のなまはげ、茨城県茨城郡岩間村の愛宕神社の祭り、宮城県塩竈市の「ざっとな」など、祭りの行事として、公然と罵詈雑言を浴びせ合う行事が、全国各地に存在する（した）のである。京都八坂神社の神事「削掛け」は、江戸元禄期の井原西鶴『世間胸算用』巻4「闇の夜の悪口」で描写されている。大阪では、明治期の初代春団治をはじめ、多くの落語家が野崎天神の悪態祭りである「野崎詣り」を演じた。

4──罵詈雑言とエンターテイメント

　関西には上方漫才と呼ばれる芸能があるが、もともと漫才は新年を祝って二人組が歌い舞うという全国的に行われていた儀礼で、「萬歳」と言われるものであった。それが関西では、ことばの掛け合いという形をとった娯楽・演芸としての「漫才」に変化した。漫才のジャンルのひとつに「どつき漫才」という、ツッコミがボケを観客の前で「どつく」荒々しいものもある。そのようなシーンでは、どつく行為とともに、人の性向や風貌（ふうぼう）に対して、悪感情を吐き捨てるように罵詈雑言が発せられる。

　三宅和子は、司会者や参加者がなじり合いながらクイズに答え、賞金を得るというイギリスのテレビ番組における、粗暴な言語行動（rudeness）の考察を行っている（Miyake. K, Politeness in British English. 日本英語学会第19回大会、2001年）。三宅は、イギリスや日本のようにポライトであることを求められる社会では、昇華作用としてrudenessがより強く求められるという考えを示した。悪態祭りやどつき漫才といった、非日常の虚構のなかで行われる罵詈雑言にも、そのような昇華作用があると考えられる。三宅の議論に沿うならば、そのような昇華作用が求められるのは、関西（上方）の日常が、ポライトであることを求められるから、ということになる。

文芸や演芸にのって、上方の罵詈雑言は全国に伝わったということが考えられるが、その発信力の背景として、間接的には、千年の都であった京都や商都大坂船場の威光もあったであろう。政治的、経済的に優位性の高い土壌は、古くから芸術や娯楽といった文化を発展させた。歴史に育まれた演芸・芸能の発信力は、現代の漫才師やお笑い芸人といったサブカルチャーの担い手にも引き継がれる。現在も、上方のお笑い芸人をテレビ放送で目にしない日はないが、テレビで活躍する芸人たちの背景には、伝統的な上方演芸界が控えているのである。

　関西以外の出身者から、「関西弁はコワイ」としばしばイメージされる。これは、上に述べたような事情から、関西のサブカルチャーが注目され、やくざ映画などで関西弁の罵詈雑言が頻繁に登場することも、イメージ形成の一因であろう。

(西尾純二)

▶▶▶D4 演芸・話芸と関西弁、F3 関西弁のイメージ　▶語アカンタレ、アホ、ドタマ、ドツク

関西人のジェスチャー　F6

　関西弁による共同行為といえば、ボケとツッコミがある。ツッコミの時には「なんでやねん」(▶語ナンデヤネン) や「もっと早よ気づけや」のようなツッコミのことばとともに、手の甲で相手を叩いたり、相手の頭をはたいたりする動作をすることが多い。これは、ボケとツッコミで会話が展開していく関西の会話スタイルならではのジェスチャーと言えるだろう。また、ピストルで撃つ真似をすると、ピストルを向けられた人が「うわぁ〜」などと言いながら撃たれた真似をすることがある。これはジェスチャーで作り上げる共同行為と言えよう。尾上圭介『大阪ことば学』(1999年)には、「大阪でピッチャーが投げる真似をしたら、見ず知らずの相手はキャッチャーの真似をしてくれるか」という、あるテレビ番組がおこなった実験のエピソードがあげられている。番組では、JR大阪駅の御堂筋口の交差点で背広を着た人が投球モーションに入ったところ、交差点の反対側に立っていた見ず知らずの人

がしゃがみ込み、キャッチャーの真似をしたという結果が紹介されていた。このエピソードから、関西では見ず知らずの人同士でも積極的に共同行為に巻き込まれていこうとすることがうかがえる。

　実は、ボケ・ツッコミという会話スタイルと、上のピストルやピッチャーのジェスチャーによる共同行為は、根底でつながっている。尾上圭介（前掲）によると、関西の子供たちはお笑い芸人に憧れ、小さい頃から彼らの真似をして成長する。誰かがお笑い芸人のキャラクターを真似てボケると、周りの子供はすかさずツッコミ役の芸人の真似をするということを何度も繰り返し、ボケとツッコミの呼吸を学んでいく。成長するにつれて、芸人の真似ではなく「今こんなヤツがいたらおもろいやろうな」と思い描くキャラクターを演じるようになっていく。一方、ツッコミは、ボケ役が作り上げた世界・キャラクターを瞬時に察して、その相手役を努めるという感覚を養っていくのである。これがジェスチャーとして現れたのが、上記のピストルやキャッチャーの例である。交差点の向かい側の人は、投球モーションに入った人の行動から「この人は野球をしている時のピッチャーを演じている」ということを察知し、自分もその場面に入り込んでキャッチャー役を演じたのである。つまり、ボケ・ツッコミという会話スタイルとジェスチャーの間には、「相手の作り出した場面・キャラクターを察知し、それに合わせて自分もキャラクターを演じる」という共通点があるのである。どちらも、関西人が幼少期から刷り込まれてきた行動パターンの現れと言えよう。

(松丸真大)

▶▶▶D4 演芸・話芸と関西弁、D5 お笑い

SNSと関西弁　　　　　　　　　　　　F7

　SNS（social networking service、ソーシャル・ネットワーキング・サービス）は、インターネット上で社会的なつながりを作り出せるサービスのことをいう。友人・知人との間のコミュニケーションを円滑にする手段や、新たな人間関係を構築するための場を提供しており、主なSNSに、Facebook（フェイスブッ

ク）やLINE（ライン）、Instagram（インスタグラム）、ブログなどがある。これらにみられる文章を調べてみると、一般的な書きことばに比べて、話しことば的な要素が強く表れることがわかっている。SNSが、おもに仲間内のコミュニケーションツールとして利用されるためであり、書き手の意識は「書く」よりも「話す」に近い。したがって、必然的に方言が取り込まれやすくなる。たとえばLINEでは、「A：めっちゃ雨降ってきたで」「B：こっちもや」「A：傘は？」「B：忘れた」「A：やってもたな」のようなテンポのよいやり取りが観察される。また、読み手の存在が不確かなブログでも、「今朝起きたら赤井にヒジ打ちくらわされたくらい腫れとったわ（よけいわかりにくいわ！）」のようなボケとツッコミがなされるなど、SNSには関西弁が頻繁に登場する。SNSにみられる方言はもちろん関西弁だけではない。しかし、ブログでは、関西弁ユーザーではない書き手でさえ、「なんでやねん」や「知らんがな」のようなツッコミ表現を用いることがある。田中ゆかり『「方言コスプレ」の時代』(2011年) には、「つっこみキャラを演出するならば「関西弁」」とある。おもしろさの演出と同時に、読み手の懐に切っ先鋭く飛び込めるツールとして関西弁は便利なのである。ところで、Facebookの設定では、日本語・英語…というようにおもだった言語が選択可能となっているが、その中に「日本語（関西弁）」が設定されている。これを選択すると、投稿内容に賛同を示す「いいね！」の表示が「ええやん！」に、自分の投稿を書き込む「近況」が「なにしてるん？」になるなど、関西弁バージョンとして表示される。書き手が読み手との一体感を保ちながらやり取りを行うSNSにおいて、関西弁はうってつけなのである。

（岸本千秋）

▶▶▶F4 役割語と関西弁、F6 関西人のジェスチャー、G16 ツイッターで発信された関西弁、H13 方言変換ソフト

●岸本千秋「ウェブ日記に見られる話しことば的文体」『日本語学』27-5、明治書院、2008

気づきにくい方言　　　　　　　　　　F8

　気づきにくい方言とは、形式や意味・用法が方言であるにもかかわらず、当該方言の使用者が全国共通語だと意識している言語現象を指す。「気づかない方言」「気づかれにくい方言」などと呼ばれることもある。音声、アクセントや、言語行動、談話などあらゆる側面にみられるが、語や文法形式について言うことが多い。

　関西圏でも気づきにくい方言は多く存在する。たとえば、現代になって地域差が新たに発生したものとしては、「時間貸しあるいは月決めの駐車場」を意味するモータープールや「豆電球」を略したマメキューなどがある。

　標準語と形式が同じで意味・用法が異なるものは、形式が全国に通ずるだけに方言と気づきにくい。具体例としては、「節約する、倹約する」の意味で使うシマツスル、「（指を）挟む」の意味のツメル、「もとの場所にしまう」という意味で使うナオス（▶語ナオス）、「（草を）むしる」の意味のヒク、「（パーマを）かける」の意味のアテル、「（ラジオが）壊れる」の意味のツブレル、「塩けが不足していて味がうすい」という意味のミズクサイ、「めんどうだ、わずらわしい」という意味で使うヤヤコシイなどがある。

　また、標準語と形式や意味・用法も異なる地域特有の語の中にも方言と気づきにくいものは多い。イラウ（さわる、手でもてあそぶ、▶語イラウ）、ギョーサン（たくさん、▶語ギョーサン）、キョービ（最近、今どき、▶語キョービ）、ケッタイ（変だ、奇妙、▶語ケッタイ）、サブイボ（鳥肌）、ジャマクサイ（めんどうくさい）、ドンクサイ（間がぬけている）、ドンツキ（つき当たり、行き止まり）、ワラカス（笑わせる、▶語ワラカス）などである。

　なお、関西でニクと言えば特に牛肉を指すといったように、標準語の中では複数の用法が混在しているものが地域によってはひとつの用法に偏って使われる例もみられる。

　こうした気づきにくい方言は、方言や標準語の使用実態と、方言や標準語に対する話し手の言語意識とを併せて捉える必要がある。　　　（篠崎晃一）

▶▶▶E13 関西弁特有の外来語　　▶語 関西弁とわかる語彙

●井上史雄「ジュニア言語学　気づかない方言」『月刊言語』12-8、大修館書店、1983／沖裕子「気づかれにくい方言」『月刊言語』21-11、大修館書店、1992／沖裕子「アスペクト形式「しかける・しておく」の意味の東西差─気づかれにくい方言について」『日本語研究諸領域の視点』明治書院、1996／沖裕子「気がつきにくい方言」『日本語学』18-13、明治書院、1999／篠崎晃一「気づかない方言と新しい地域差」『方言の現在』明治書院、1994／篠崎晃一・毎日新聞社『出身地（イナカ）がわかる方言』幻冬舎、2011／田中ゆかり「気づきにくく変わりやすい方言」『21世紀の方言学』国書刊行会、2002

関西弁とネーミング　　　　　　　　　　　F9

1──関西らしいネーミングとは

　関西のネーミングには、方言を効果的に使って関西らしさを演出しているもの、方言そのものを使用しているとは限らないが関西的なもの言いが反映されているものがある。前者は方言グッズのようなみやげ物にとくによく観察されるが、それだけでなく、店の名前や看板などに方言が使われている場合もある。たとえば札埜和男『大阪弁看板考』(1999年)では、「へてから（▶語ヘテカラ）」「サヨカ」など、店名・社名に大阪弁が使われている事例が写真とともに紹介されている。

2──「聞いてわかる」ネーミング

　尾上圭介『大阪ことば学』(1999年)は、大阪（関西）のもの言いの特徴として「聞いてわかるように」と「聞いて退屈せんように」という2つの言語行動をあげている。「聞いてわかるように」は回りくどいもの言いを嫌う大阪人の「イラチ精神」（▶語イラチ）の表れともいえる。尾上は、商店街のネーミングや注意書きの看板にみられる直接的な表現にその特徴がみられるとして、ウメチカ（梅田地下街）・ドーチカ（堂島地下街）・アベチカ（阿倍野地下街）といった地下街の名称や神戸市の王子動物園にある「ちゅうい　かみます」と大きく書かれた看板などを例としてあげている。これらは、方言そのものが使用されているわけではないけれども関西的なもの言いが反映されているといえる例である。また、大阪市に本社を置く小林製薬株式会社の商品はそのユニー

クな商品名で知られるが、「サカムケア」(逆むけをケアするための軟膏)、「爪ピカッシュ」(爪磨きシート)、「なめらかかと」(かかとの保湿ケアのためのクリーム)、「熱さまシート」(発熱時に額に貼って使用する冷却シート)、「しみとり〜な」(しみ抜き剤)など、その命名行動が尾上のいう「聞いてわかるように」にあてはまっていることが見て取れる。

3──「聞いて楽しい」ネーミング

　一方で、尾上の「聞いて退屈せんように」にあてはまるといえるネーミングもある。その一例が大阪府下の銭湯における「○○温泉」という名称である。大阪府下の銭湯には、天然温泉でないにもかかわらず「○○温泉」と名乗っている銭湯が少なくない。**表**は大阪府公衆浴場組合のウェブサイトに掲載されている大阪府下の銭湯を名づけ別にまとめたものであるが、全658件のうち「○○温泉」が403件(61.25％)、「○○湯」が236件(35.87％)、「その他(○○浴場、ヘルシーバスなど)」が19件(2.89％)となっている。なお「○○温泉」のうち、天然温泉であることがはっきり記されているのは1件のみであった。

　このことは、日本経済新聞2015年12月5日付の記事「大阪の銭湯　なぜ「○○温泉」多い？」にも取り上げられている。同記事によれば、東京都下における銭湯名は圧倒的に「○○湯」であり、「○○温泉」を名乗っているのは627件中18件、しかもそのほとんどが天然温泉であるという。そして、大阪に「○○温泉」という名称が多い点については、経営者の多くが北陸出身

表　大阪府下の銭湯名の内訳(大阪府公衆浴場組合ウェブサイトの情報をもとに作表)

	「○○温泉」	「○○湯」	その他	計
北部	150(**76.92**)	41(21.03)	4(2.05)	195
中部(大阪市内)	200(**52.08**)	172(44.79)	12(3.13)	384
南部	53(**67.09**)	23(29.11)	3(3.80)	79
大阪府全域	403(**61.25**)	236(35.87)	19(2.89)	658

数字は件数、(　)内は％

であったことから故郷の温泉にあやかったのではないかという関係者の話を紹介している。真相は不明とのことであるが、天然温泉でないことは承知のうえで名前だけでも温泉気分を味わって入浴を楽しもうという顧客がいてこそ成立することであり、大阪人の「聞いて退屈せんように」という精神が「○○温泉」という名称を支える素地となったのだといえるだろう。　　（高木千恵）

コラム　ゆるキャラのネーミングと関西弁

　関西地域のゆるキャラのネーミングから、関西らしさ（関西弁らしさ）を探ってみよう。キャラクターの名前には親愛の接尾辞を付けることが多い。たとえば「ひこにゃん」（滋賀県彦根市）の場合は「～にゃん」が付いている。この敬称に関西弁らしさが現れているものを「ご当地キャラカタログ」のページ（http://localchara.jp：2016年3月28日閲覧）から探してみると、たとえば「ちっちゃいおばはん」（兵庫県尼崎市：「ちっちゃいおっさん」というキャラクターの妻）のように「～はん」が使われたものがあり、ほかにも「太閤はん」（大阪府）がある。「おばさん」「太閤さん」のサ音がハ音に転じたもので、関西方言では広くみられる現象である。他の接尾辞に「～やん」があり、「ムーやん」（大阪府堺市）、「すこやん」（大阪府）、「もずやん」（大阪府）、「そらやん」（大阪国際空港）、「スリムヤン」（滋賀県高島市）など多い。藤子・F・不二雄の漫画「パーマン」に登場する関西弁キャラクター「パーやん」のように、呼称としての「～やん」を意図して命名されているものがほとんどだが、中には「ムーやん」や「スリムヤン」のように「～じゃん」に相当する関西弁の「～やん」とかけているようにみえるものもある。そのほか、「くっすん」（大阪府四條畷市）や「えべっちゃん」（兵庫県三田市）も関西的な響きがある。

　さて、山口県のキャラクター「ちょるる」は、山口方言でよく使われる「～ちょる」（～している）から命名されたそうだ。このように関西弁らしい表現を名前に組み込んだゆるキャラはいないか探してみたが、実はほとんどいない。かろうじて見つけたのが、「アカンずきん」（大阪府大阪市北区）と「あかんたれのすけ」（大阪府）だった。どうやら「あかんたれ」（親しみを込めて言う「ダメな人」）や「あかん」（ダメだ）という表現は、関西弁話者が方言として意識しやすい表現らしい。そういえば大阪では、「チカンアカン」（大阪府警痴漢防止ポスター）や「道路にゴミ・タバコ捨てたらあ缶！」（阪急園田駅近くの看板）のようなポスター・看板を街でよく見かける。　　（松丸真大）

▶▶▶F11 関西の言語景観
▶コ サ行とハ行
▶語 アカン、アカンタレ、ヤン（カ）

鉄道沿線と関西弁　　　　　　　　　　　　F10

　大阪神戸間において、六甲山麓(さんろく)の住宅街を結ぶ阪急電鉄と、古くからの街道に沿う阪神電車。それぞれの社風、イメージは、乗客へのアナウンスにも反映されている。かつて、阪急は車内放送で「次の停車駅は六甲でございます」のように、敬意の高い「ございます」を使用していた。阪神は「次は青木(おおぎ)、青木です」のように、駅名を繰り返して丁寧語「です」が付加する形を長く使用している。ことば自体の丁寧さを重視する阪急と、ことばによる丁寧な情報伝達を重視する阪神の違いである。2005年頃からは阪急も「次は六甲、六甲です」のような形を採用している。ことばの丁寧さに自社のイメージを重ねていた阪急は、情報伝達の重視へと方向転換したといえる。なお、同様の変更は、時期の違いはあるものの近鉄や南海でも実施されている。梅田駅到着時の車内放送は、阪急が「大阪梅田、梅田終点です。ご利用くださいましてありがとうございました」のように尊敬語を使用している(梅田に「大阪」が付かない場合もある)。阪神は「梅田、大阪梅田、終点です。ご利用いただきましてありがとうございました」のように、こちらは謙譲語である。簡素な「ご利用ありがとうございました」を聞くこともある。車内等のアナウンスで、阪急が梅田に「大阪」を冠するようになったのは2012年頃のことである。大阪ミナミのターミナルの場合、南海は「難波」、市営地下鉄は「なんば」、近鉄は、阪神なんば線との相互乗り入れを開始した2009年から「近鉄難波」を「大阪難波」に改称した。神戸では、2013年から2014年にかけて、阪急、阪神ともに「三宮」から「神戸三宮」へと駅名が改称されている。JRの駅名が標準語だとすれば、地域の一地名をターミナル駅名に使用する関西私鉄は、地元志向、関西弁志向が強いといえる。その中で、最近では車内アナウンスや駅名に「大阪」や「神戸」が付されるようになった。さまざまな利用客に配慮した標準化が、少しずつ進んでいる。　　　　　　(村上敬一)

●村上敬一「公共交通機関の方言」『日本語学』18-13、明治書院、1999

関西の言語景観　　　　　　　　　　　F11

1──「おばんざい」と「わかみ」

　関西の二大中心地、大阪と京都は祝祭性が顕著な大阪に対し、京都は落ち着いたイメージがあるが、言語景観もそれに似た異なりを見せる。方言の露出度にそれが顕著に現れる。大阪の言語景観には方言があふれている。少し歩けば、すぐにぶつかる。京都にはそれがほとんどない。せいぜいオバンザイ（総菜、▶語オバンザイ）くらいであるが、地方色をあえてにじませる意識はうすい。たとえば、図1ではオバンザイと「おそうざい」が隣接している。

　一方で京都に顕著なのは、「ひらがな」である。この地で編み出された文字があちらこちらにあふれている。図2は「わし」ではなく、「わかみ」と読ませており、あくまでも和語にこだわる。

図1　おばんざいとおそうざい（京都市）

図2　倭紙（京都市）

2 ── エエとンとネン

　大阪の言語景観を彩るのは方言であるが、現れる語にはパターンがある。エエ（良い：図3）とヘン（動詞否定辞：図4、図5）とネン（「のだ」相当：図6）である。この3語が大勢を占めており、ここに断定辞のヤを加えるとほとんどが納まるだろう。

図3　まあえ〜か!?（大阪市）

図4　あきまへんで!（大阪市）

図5　知りまへんとアカンずきん（大阪市）

図6　高いねん（大阪市）

図7　ピーチ牌°（大阪市）

図8　NANBOYA（大阪市）

　このようにパターンがあるというのは、看板やポスターなどが芸能の一種でもあることを示すものである（実際、図4には芸能人が現れている）。一般に芸能は高度化するとともに型を組み込む。落語、漫才、歌舞伎、新喜劇といった関西発の芸能にはいずれもそれが見て取れる。大阪の言語景観はある種の芸能として機能している。

3——遊び

　芸能であることは、遊びの要素が取り込まれていることでもわかる。漢字に半濁点を付ける（図7）のはルール違反ではあるが、破格も遊びである。遊ぶからには、その程度の余裕と覚悟が必要だ。

　たとえば、NANBOYAのように、アルファベットを用いることでちょっとおしゃれに見せて、実は宝飾の買い取り業者だったりするわけで（図8）、そもそも店名からして駄洒落である。

　駄洒落は図5（右側）にもみられたが、エエ「良い」も駄洒落に使いやすいようだ（図9）。また、図10は九州の食品会社の広告であるが、皮が剥いてあるミカンなので「（皮を）むかん（むかない）」とミカンがかけてある。この駄洒落は西日本でなければ理解されないだろう。ちなみにこの商品は長野県のコンビニでも売られていたが、東西方言の境界地帯なのであるいは東限かもしれない。

図9 ええはがき（阪急電車内つり広告）

図10 むかん（大阪市）

図11 おぢば園（天理市）

図13 ようきや（天理市）

図12 おやさと書店（天理市）

4──宗教都市・天理

　関西には、きわめて特異な言語景観をみせる街がある。それは奈良県天理市である。天理教発祥の地であり、天理駅に降り立ったとたんにその雰囲気に圧倒される。天理教は、江戸時代後期に奈良県で生まれ、まず近隣の大阪や京都で広がった関西発祥の宗教である。イスラムにおけるメッカ同様、天理市は天理教の聖地として位置付けられており、「おぢば」（神によって人間が創造された地点であり人間のふるさと：**図11**）や「おやさと」（親なる神様がいます里：**図12**）に強い回帰意識が盛り込まれている。また、「陽気」といった教義上の重要概念が、店名に用いられていたりするのも興味深い（**図13**）。（大西拓一郎）

●中井精一、ロング・ダニエル編『世界の言語景観日本の言語景観―景色のなかのことば』桂書房、2011

関西弁の通称地名──「筋」と「通り」　F12

　地名は、土地に名づけられた名称であり、地理的なすべての存在に対する固有名詞の総体であるため極めて膨大な数になる。ただ、大きく分類すると、山川草木など自然的環境を表現する自然地名とその場所の歴史や開拓者名を残す人文・歴史地名に分けられる。なお、我々が普段使用する住所（行政地名）も後者に分類される。

　ここでは、鏡味明克「関西型通称地名の分布と動態」（『関西方言の社会言語学』1995年）を参考に京都と大阪の「通りの名」の異なりについて紹介し関西弁域内の通称地名の一端を示す。

　京都の道は、延暦13〈794〉年に日本の都となった平安京の条坊制にもとづく南北と東西に直交する大路小路に端を発し「碁盤の目」になっており、東西が「条」、南北は「通り」が基本である。これは、東西の大路が条であったためである。ただ、東西でも小路の場合は条が付かず、また、「条」の場合もそのあとに「通り」が付くので南北、東西共に「通り」が基本である。例として京都の「東西の通り名の唄」の一部を示す。「まる：丸太町通り・たけ：竹屋町通り・えびす：夷川通り・に：二条通り・おし：押小路通り・おいけ：御池通り（以下略）」また、西中筋通り、中筋通りのように「筋」が現れてもそのあとに「通り」が付く。稀に賀茂川筋のように「筋」が現れるが、これは「通り」ではなく下京区菊屋町の通称地名である。

　一方、大阪では、堺筋、御堂筋、松屋町筋のように南北は「筋」であり、本町通り、中央大通り、長堀通りのように東西が「通り」である。ただ、稀に清水町筋、周防町筋、八幡筋、三津寺筋、宗右衛門町筋のように東西でありながら「筋」といった例や大正通り、海岸通りのように南北でありながら「通り」という例外もある。また、神戸の場合も二宮筋、京町筋、生田前筋のように基本的に大阪同様、南北が「筋」であるが、三宮筋のように現在ではトアロードに変更されたものや東西でありながら水道筋と「筋」のような例外もある。

　なお、鏡味明克（前掲）には「〜筋」といった「関西型の名づけ」の使われる地域としては、「城下町を中心に中部以西、九州までの広域に使用の痕跡が

認められる」とあり、「現に、「〜筋」の名が通りの名として書かれ用いられている範囲は、阪神地方から岡山県、四国などである」とし、具体例が示されている。

(鳥谷善史)

コラム　ご当地検定と関西

「問題：ひらかたパークでは、2009年よりブラックマヨネーズの小杉竜一がひらパー兄さんを務めていましたが、2013年3月に引退しました。その後、同年4月から2代目ひらパー兄さんに就任した人物は誰でしょう？　①岡田将生・②岡田准一・③岡田彰布・④岡田圭右」——これは、大阪商工会議所が主催する「なにわなんでも大阪検定」の模擬試験問題の一問である（正解は②岡田准一）。この「なにわなんでも大阪検定」のように当地の歴史や文化・特産品・方言などをテーマとして扱う検定試験は「ご当地検定」と呼ばれ、ひところ全国的なブームとなっていた。しかしそのブームは下火になるのも早く、全国検定振興機構『第5回　検定試験に関する実態調査報告書』（2014年）では、2009年に全国で135件あったご当地検定が2013年には77件とほぼ半減していることが明らかになった。かつては関西にも「彦根城下町検定」「びわこ検定」「明石・タコ検定」「香住!カニ検定」「大和郡山・金魚検定」などのユニークなご当地検定が存在したが、いずれも受験者数の減少などを理由にすでに廃止となっている。その一方で、現在でも実施されているご当地検定に「京都・観光文化検定試験」「姫路観光文化検定試験」「神戸学検定」「いたみ学検定試験（清酒検定）」「なにわなんでも大阪検定」「奈良まほろばソムリエ検定」「熊野検定」「検定お伊勢さん」などがある。こうして検定のタイトルを眺めてみると、ご当地の知名度・人気度の差もさることながら、検定内容を限定しすぎなかった点が後者の成功要因としてあるように思われる。

(高木千恵)

関西弁運用の諸相
G

1	商談と関西弁	278
2	関西弁の商業利用	284
3	関西弁方言番付	285
4	関西の方言土産（グッズ）	290
5	関西の接客行動	294
6	食と関西弁	297
7	植物・農業のなかの関西弁	300
8	冠婚葬祭と関西弁	303
9	年中行事とことば	306
10	宗教と関西弁	311
11	漁師ことばと逆ことば	314
12	魚名と地域名称	322
13	移住と関西弁	325
14	海外に渡った関西弁	329
15	東京に取り込まれた関西弁	330
16	ツイッターで発信された関西弁	333
17	エセ関西弁	335

商談と関西弁　　　　　　　　　　　　　　　　　　G1

1——企業規模と関西弁

　商談と関西弁について考える場合、まず商談が行われる「場」を想定する必要がある。その商談が大企業なのか中小企業なのか個人商店かによって、そこで使われる関西弁の種類や機能も変わってくる。たとえば、大企業であればその所在が関西であっても、関西弁は必要とされないことがある。なぜなら大企業の営業では、商談というより「ビジネス」のイメージで交渉しており、ネームバリューがあるゆえ、商談で交わされることばが関西弁であろうとなかろうと関係ないのである。重要なのはことばではなく内容となる。効果があるとすれば、(相手にもよるが)商談の「入口」となる雑談で役立つことであろう。その意味では関西弁が円滑なコミュニケーションに役立つといえよう。ただ商談が関西弁によって円滑に進んだからといって、それが商談の成立に結び付くとは限らない。つまり関西弁の使用が商談成立に有利に働くわけではないのである。

　一方大企業にあっても標準語に比してもつ気軽さ、言いやすさ、利便さから、あえて関西弁を使う営業担当者もいる。大阪を発祥とする繊維関係の商社における関西弁使用については、取引していた会社関係者から次のような話を聞いた。「丸紅では昭和30年代に東京の日本橋支店でも「まいど、どうでっか、いてはりまっか、どないだ?」といった関西弁が社内で飛び交っていた」。また伊藤忠商事では書きことばの関西弁があった。テレックスが重要なコミュニケーションツールであった時代、電報と同様、長さでコストが変わるゆえ、できる限り簡潔に文面を仕上げる必要があった。そのため省略単語が多く生まれたのだが、そのひとつに「MID」=「まいど」があった。繊維部門のテレックスは全て「MID」で始まっていた、とは元社員の弁である。

2——「まいど」

　中小企業や個人商店における商談の関西弁は、大企業の場合よりも地元への密着度が高い分、事情が異なってくる。商談の始まりのあいさつである

「まいど」は、関西ならいつでもどこでも使われる関西弁のように思われるが、業種、客の性質、親疎の度合いや人間関係次第で「まいど」ではなく「いらっしゃいませ」を使う場合もある。たとえば「餅屋」をルーツとする菓子屋では「まいど」だが、「上菓子屋」をルーツとする菓子屋は「いらっしゃいませ」を使うケースがある。不動産屋は一見（いちげん）の客がほとんどなので「まいど」は使わず、刃物屋も扱う品物の性格上「まいど」は使わないという。またある印刷業者は、今は「まいど」と言わないが、蕎麦（そば）屋で働いていた時はいつも「まいど」だったと振り返る。「まいど」は親密の度合いのバロメーターであり、人間関係の距離を測ることばでもあるので、よく知っている人には「まいど」を使う傾向が強いといえよう。しかしよく知っている間柄でも年長者には使わないという人もいる。また「まいど」は「ハーイ、元気?」といった意味になると表現する店主もいる。本来百貨店は「まいど」を使わない空間であるが、鮮魚売り場についてはそれと異なり、使う空間となっている。関西の百貨店での鮮魚売り場では、どの客に対しても「まいど」を使う傾向があり、中には「まいど、まいど、まいど」と必ず3回連呼して客を引き付ける売り子もいる。逆に「まいど」を表層的に捉（とら）えるのではなく「商いのイントロ」とし「えっと相手に思わせる仕組みで、客を惹（ひ）きつけるために最初に用いる掛け（る）ことばが「まいど」。ものが言いやすい入口となって商談を取り戻すことばでもある。今はこういった掛けことばが出んようになった時代。「まいど」こそ商いの原点。「まいど」で相手の心を和ませる」と述べる商店街の経営者もいる。この考え方に立つと「まいど」は表層的なことばではなく、もっと深い意味をもつといえる。商談の終わりのことばである「おおきに」についても「まいど」とおよそ同じことがいえる。常に「おおきに」ではなく、「ありがとうございました」の場合もあり、「まいどおおきに」の場合も「おおきにありがとうございました」の場合も業種、客の性質、親疎の度合いや人間関係によってバラエティに富む。

▶︎語 オーキニ、マイド

3──継続機能

　商談における関西弁の機能については、次の5点が考えられる。第1には継続機能である。商談は断られてしまうとそこで終わる。何とか商談成立

の可能性を探ろうと話を続ける。その際に関西弁は効果的であるという。長野県出身で神奈川県に住む、ある大手企業の営業担当者は自身の関西や東京や福岡での勤務経験を踏まえて「他の地域では「どこ行かはるの」といったあいさつのやりとりはしない。関西弁は日本語として非常に曖昧。関東の人は答えをはっきり求める。関西の人は別にはっきりとした場所の答えを聞きたいわけではない。曖昧でいい。はっきりさせないからこそ話が切れない」と述べる。また地元のホテルで営業を担当する京都市出身者も同様に、関西弁の継続性を語る。「断りながら「次の手」がないか、どれが決め手なのか探りを入れながら「こういうことでサービスさせてもらえませんか」と進めていくのに、関西弁は役立ちますね」。商店街の店主たちも同じ考えをもっている。「関西弁の効果は、けっこう、曖昧なところで、話が繋がるところちゃいますか。のらりくらりすることで話が繋がりますし。相手の意向を探ろうとして落としどころを図るというか。誇張して話を膨らませやすいし、本心、本音でぶつかれます。ただその場合は関西弁がわかる人でないと」(印刷業)。「はっきりさせない、継続するためのことばは商談には必要。はっきりしてしまうと実りにくい。「それはダメです」「全然ダメ」「ダメなものはダメ」といった表現はタブー。曖昧な方が実のなる商売になる。商談は人間対人間で成り立つので曖昧なほうが契約や商売は延長できる。「これでいきまひょか」に対して「かなんなァ。ギリギリでやってまんねん。大変でんねン」といったやりとりかなあ」(文房具店)。「よっぽどでないと断定はしません。「できません」て言うたらそこで切れてしまう。古くからの付き合いや馴染みには「できません」やのうて「できませんなァ」ですね」(トロフィー制作・販売業)。「商品が無くても「ありまへん」とは言わない。「またとっときまっさ」と言って、また来させるために紛らわしながら(断定を)避けて通る」(陶器販売)などの話がある。

4──「角を立てない」機能

　第2は喧嘩防止装置すなわち「角を立てない」機能である。ある店主は「商売人は喧嘩したら負け、お客さんを怒らしたら負けでッさかいに」と前置きして、商品がない場合でも「「ありません」はきつく感じるので言いません。「おまへんなァ」とか「ありませんなァ」です。柔らかいですわな」と述べる。

印刷業店主は仕事に関する受注生産のシュミレーション（この辺で手を打つ、ギリギリの所）として、A（印刷業者）「（いくらいくらに）なりますねんヮ」B（客）「それでもうちょっと何とか」A「なんぼやったらよろしのン（しゃはりますのン）？」B「ちょっとでも安かったら安いほど…」A「これ以上は無理ですヮ。もうけさせてくれとはいわんけど、適正利益は欲しいです」という例をあげながら「もしこれが標準語だったらギスギスする」と言う。大阪のある店主は大阪弁を「柔らかくてはっきり言わない。あたりさわりないので人を傷つけない」ことばだと捉え、C（客）「800円を500円に負けてくれヘン?」陶器店主（D）「それはあかん、でけヘン」C「しゃーないな、顔立てとくヮ」といった会話をあげ「大阪弁は商いのやり取りの中で生まれてきたことば。「マァ、負けときまっさ」が交渉の中で一番よく使うことば」だと振り返る。

　第3は自身の心情を高揚させる機能である。「やる気にスイッチを入れる」ことばと形容できようか。関西弁ということばに自分の気持ちを入れて自分を奮い立たせるのである。「商談の勝負時には「おおきに」であって「ありがとうございます」とは言わない。無意識のうちに使い分けている。「おおきに」を商談の最初か最後で必ず付ける」という店主もいる。つまり、商談で関西弁を使うことによって、仕事に向かう自分自身を励ましているのである。

5――仲間意識を共有する機能

　第4は仲間意識を共有する機能である。これは関西弁に限った話ではないが、商談で同じ方言を交わすことで仲間であると意識し、互いを結束させる効果がある。ある店主は体験から「「頼んますわ」と言うところを、もし「頼みます」と言えば、即刻断られる」と述べる。さらに「これ以上言われたらどないもなりませんヮ」「そらあきませんヮ」「やってられませ（へ）んヮ」といったことばは、一緒に腹割って話し合って考えてますよ、という意思表示であるのに、標準語で返されると「なんでそんな言い方すんねン」となる、と主張する。「それは違いまっせ」が「それは違いますよ」となると、「あなたはあなた」「私は私」と別々に感じるだろう、とまでなるという。前出のホテル営業担当者も「標準語はバリアができてしまう。対して関西弁を使うことは1分1秒でも早く打ち解ける方法」であるとし、同じく大手企業の営業担当者も「関西弁のメリットはこれを使うことによって、互いに友達のよう

になって、仲間意識を育むことばである」ことを実感するという。

6——利益に繋がるコミュニケーション機能

　第5はコミュニケーション機能である。これは単なるコミュニケーション機能ではなく「利益に繋がるコミュニケーション機能」である。なじみの人とは店頭で関西弁を交わすことにより親密度が一層高まって、遠慮がなくなり、本音が出てくる。そしてこの感情が購買へと繋がるということである。前出の大手企業の営業担当者は「笑いが重要で、スピード感やボケ・突っ込みのやりとりなど面白さが要求される」と大阪を分析する。もし大阪がそういった価値観を大事にしている土地であるならば、商売に直接繋がらない会話でも重要視するのであろう。実際に「自虐的というか、自分をネタに笑わせます。「アカン」の調子の高い低いでニュアンスを変えたり。会話でストレス発散して楽しむというか、ことばのキャッチボールといった方が適当です。楽しんでもらってお客さんに笑ってもらう。直接（その会話が）儲かる（話に繋がる）のではないですが、のちのちそういう会話がプラスになってくる」（印刷業）。「商店街に来る人はブランドショップ売り場に来るようなツンと澄ました人ではないので、親しくなる。世間話や品物の話からムチャクチャ（話が）飛んでいく。何しに来よるかわからん。でも、世間話の積み上げが商売へ繋がる。」（時計宝石店）といった証言が得られた。商店街の理事長を務めたあるリーダーは「まず商売の前に会話ありき。商いは人と絆をつくる。それから物の売買。会話、絆、売買の順。しゃべくりして世間話して客を慰めたりしてついでに（客が）物を買う。それが仕事、街商人の使命感」だと誇る。

7——洞察と笑い

　「レジ1万円入ります」と客にではなくレジに向かって言うマニュアル語が氾濫し、「負けときまっさ」という関西弁が割引のポイント制に取って代わるような、データが商談のことばを失わせているデジタル化時代において、直接的ではなく曖昧に表現する商談の関西弁は、一見わかりにくくとも、商談に向かう両者に「洞察を促す」働きがあるといえる。また大阪出身の小説家・藤沢桓夫は、大阪が日本の中で最も先端的な商業都市として発展してきた背景には大阪人の楽天さがあるとして、次のように記す。「うかうかして

ゐたら忽ち敗北者となり落伍者とならなければならない極度に緊張した社会の雰囲気のなかで、決して負け目を取らないで自己を発揮して行くためには、例えばひとつの商談の場面においても、真剣勝負の太刀打ちにも等しい油断のなさのなかで、しかも円満なる折衝を成立させなければならない。この場合、真剣の鋭さを春風駘蕩の和やかさに包んでしまうもの、お互いを傷つけない煙幕として最も効果的なものとして、必要上発見され極度に発達させられたものこそ、この笑いに他ならなかったのだ」(藤沢桓夫「大阪弁」『大阪手帖』1946年)と記している。藤沢は大阪弁に限って記しているが、商談と関西弁には「笑い」が深く介在しているといえよう。

(札埜和男)

コラム　「もうかりまっか」「ぼちぼちでんな」

　大阪弁の「代表選手」として取り上げられる表題のことばについて、以前拙著(札埜和男『大阪弁「ほんまもん」講座』2006年)で〈決して言わない〉やりとりであると完全否定した。大阪弁を「船場のことば」、大阪人を「船場界隈に住む人」と定義した上で「言わない」と主張したのである。だが、大阪天満宮の門前町「天満」にある天神橋筋商店街で別件のインタビューをした時に「もうかりまっか」「ぼちぼちでんな」を使っていたという2人の経営者に出会った。いずれも80歳前後である。「商売人と会った時だけ使いました。「ぼちぼちでんな」と言うたのは景気のええ時だけで、景気の悪い時は「あきまへんな」でした」、「日常語として昭和30年代から40年代には使っていた」。60歳代の自営業者は「自分は使っていないが、(20歳程上の)父親が右肩上がりの時に使っていた」と述べた。一方他の経営者は70歳代以下であるが「もうかりまっか」「ぼちぼちでんな」は一様に使ったことがないと証言した。「他人の懐を詮索するみたいで失礼。知っている人に儲かっているかとは聞かんでしょう」(50歳代)。「漫才の符牒」(40歳代)、「芸人や花月のことば」(60歳代)であるという。船場の大阪人は元から使わず、使っていた限られた人たちもやがて「ぼちぼち」と言える時代が過ぎ、決して「ぼちぼち」とは言えない経済状況となり、舞台や映像で笑いを取るための、大阪を揶揄することばと化したのであろうか。「もうかりまっか」「ぼちぼちでんな」という言説が罷り通るようになればなるほど「返しがわかる予定調和なことは言わない大阪人」(前出50歳代)からすれば、意地でも言いたくないやりとりでもある。

　使ったという人がいる以上「もうかりまっか」「ぼちぼちでんな」は全くの幻想の大阪弁会話とはいえないようである。(札埜和男)

▶▶▶E2 船場ことば

関西弁の商業利用　　　　　　　　　　　　　G2

　関西弁の商業利用の例として、方言グッズの制作・販売のほかに、関西弁をしゃべる機械やロボットの開発・商品化といった動きがある。金融機関のATMや駅の券売機のように音声案内機能を備えた機械は街中でもよくみられるようになったが、飲料販売メーカーであるダイドードリンコ株式会社（大阪市）の自動販売機「おしゃべり自販機」シリーズには、標準語のほかに関西弁をしゃべるバージョンがある。「年中行事トーク」「あいさつトーク」「セールストーク」など、季節や時間帯、自動販売機の状況（釣り銭切れなど）に応じて関西弁の音声が流れるしくみになっており、全国各地に設置されておおむね好評を博しているようである。

　関西弁をしゃべるロボットもある。株式会社エー・ティー・アール知能映像通信研究所（現・株式会社国際電気通信基礎技術研究所、京都府相楽郡）が開発したコミュニケーションロボット「Muu（むー）」は、会話による人間との、あるいはロボットどうしのコミュニケーションに重点を置いたロボットで、その使用言語は関西弁である。また、介護用人形として株式会社洛元（大阪府枚方市）が開発・商品化した「桃色はなこ」は身長58センチ・体重約1キロの女の子の人形で、自ら動くことはできないものの人間の語りかけに応じて関西弁でおしゃべりをする。このほか、シャープ株式会社（大阪市）が開発し商品化しているロボット家電シリーズの「COCOLOBO（ココロボ）」は2015年にボイスコミュニケーション機能搭載の新機種を発表したが、これには標準語のほかに関西弁が標準搭載されている。

　機械やロボットのことばとして関西弁が選ばれる背景には、「温かい」「おもしろい」「楽しい」といった関西弁のイメージや、ボケ・ツッコミに代表されるような聞き手を会話に巻き込んでいく関西弁のコミュニケーションスタイルがあるものと思われる。いわゆる「お笑いブーム」以降の関西弁のイメージの変化や、関西的なコミュニケーションスタイルの広がりがここにも現れているのである。

（高木千恵）

▶▶▶F3 関西弁のイメージ、G4 関西の方言土産（グッズ）、I4 関西弁の影響力

●陣内正敬・友定賢治編『関西方言の広がりとコミュニケーションの行方』和泉書院、2006／音声認識人形桃色はなこ公式ホームページhttp:// momoirohanako.com/（2016年3月12日閲覧）／シャープ（株）ニュースリリースhttp://www.sharp.co.jp/corporate/news/ 150312-a.html（2016年3月12日閲覧）／ダイドードリンコ（株）「自販機開発物語」http://www.dydo.co.jp/corporate/jihanki/ story/index.html（2016年3月12日閲覧）

関西弁方言番付　　G3

1――ランキングと番付

　番付は、力士の順位表であるが、ここから転じて園芸植物や各地の名所、寄席芸人や歌舞伎役者、所得や資産などありとあらゆるものをランク付けし、それを番付表として出版した。近いところでは、1947年から2005年（2004年度分）まで、高額納税者公示制度にもとづき、高額納税者の氏名と所得金額を公示していたが、それをまとめた名簿のことを「長者番付」と称したように格付けそのものを番付という名で表現するような考えもあった。

　大相撲の番付は、出場力士の名前と序列を明らかにし、興行を広く告知する目的で木版印刷で番付を発行し、直接相撲場に行く前に興行の概要を知ることができるようにしたものである。中央最上部には、公的な許可を得た興行であることを宣言する蒙御免（ごめんをこうむりまして）の大文字、その下に興行の日時と場所、各行司と主催者（日本相撲協会）を記載する。この帯を境界に、各力士が東西二分して表記される。大相撲の東西は、昭和のはじめ頃採用されていた西日本と東日本に分かれて対抗戦をおこなっていた「東西制」の名残であるが、現在はそういった意味合いはない。

2――各地の方言番付

　方言番付には、紀州（昭和33年）・浪花（昭和33年）・京（昭和34年）・兵庫県（昭和39年）・奈良県（昭和39年；図1）といった関西弁を扱ったもののほか、鳥取県（昭和38年）・岡山県（昭和39年）・山口県（昭和39年）・広島県（昭和39年）などがあって、いずれも1950年代半から60年代半ばの時期に集中して、杉本

千秀堂から刊行されている。また、平成13年に博多方言番付、平成18年に富山県方言番付、平成22年に出雲方言番付、平成25年に伊賀方言番付、平成27年に奈良県方言番付（図2）などが発行され、これらは観光連盟や商工会議所、自治体などが地元で方言研究をする研究者の支援を得て作成した新しい番付である。

　奈良県方言番付を例にとれば、昭和39年の刊行の番付は、横綱には、スコタエル（張り合いがない）、ドロカキ（いびき）。大関にはシャシャリデル（でしゃばる）、関脇には、エンマミイシャ（はやらぬ医者）、小結には、コウチクナ（頑固な）などがある。このほか前頭には、オイベ（座敷）、ガンマチ（利己的）、ミダリミル（侮どる）などが並んでいる。この番付には奈良県内で現在でも使用されている方言もあるが、聞いたこともなければ各種の奈良県方言辞典にも記載されていないことばもある。

　一方、平成27年の奈良県方言番付には、現在日常的に使用される方言を中心に、老年層が子供の頃使用したような方言も採録されている。また、上代語のタバルやヨサリ、中世以来使用されるナカナカ、アワイサなど奈良の歴史を感じさせる方言もあれば、オーキニ、アモ、オスモジといった京都や大阪でも使用される方言、メバチコのように、高度経済成長期以降に大阪から流入した方言も記載されていて、関西圏における奈良県方言の立ち位置がわかる。このほか奈良の国宝や、地酒や菓子、伝統工芸などもリストアップされていて、近年各地で取り組まれている地域興しや観光戦略といった地方創生の動きとも連動した作製であったことが想像される。

3――方言番付刊行とその意義

　方言番付は、主に西日本、特に関西地方の方言を対象に作成されたが、1950年代半ばから60年代半ばの時期に集中して出版されたのは、高度経済成長によって大きく変わるふるさとの姿とそのことばへの郷愁がそれを促したからだと考えられる。また新たに地方から大阪を中心とした地域に移り住んだ人びとにむけて、出郷による心の痛みを和らげ、ふるさとの暮らしやことばを再発見してもらう目的で刊行された。これは鳥取県や岡山県、山口県や広島県といった山陽・山陰のみならず、大阪に隣接する和歌山県も南紀地方は大阪から遙かに遠い。兵庫県といっても淡路島もあれば山陰の城崎や浜

坂もあり、奈良県にも南部吉野地方がある。隣県であっても通勤できなければ移住し働かざるを得ない。その刊行の理由や番付作成の意図、編集方法などはよくわからないが、多くを刊行した大阪此花区(このはなく)の杉本千秀堂では、そのような人びとの思いを汲み取った企画であったと思う。

　21世紀以降の番付は、観光連盟や商工会議所、自治体などが地域興しや観光戦略のひとつとして作成したが、いずれも社会と人びとの暮らしが大きく変わる「時代の曲がり角」に刊行されている。方言番付に留意すると、方言と社会変容の有り様がより深くみえてくる。

（中井精一）

図1　奈良県方言番付（大和方言なまりことば大番附）（昭和39年）

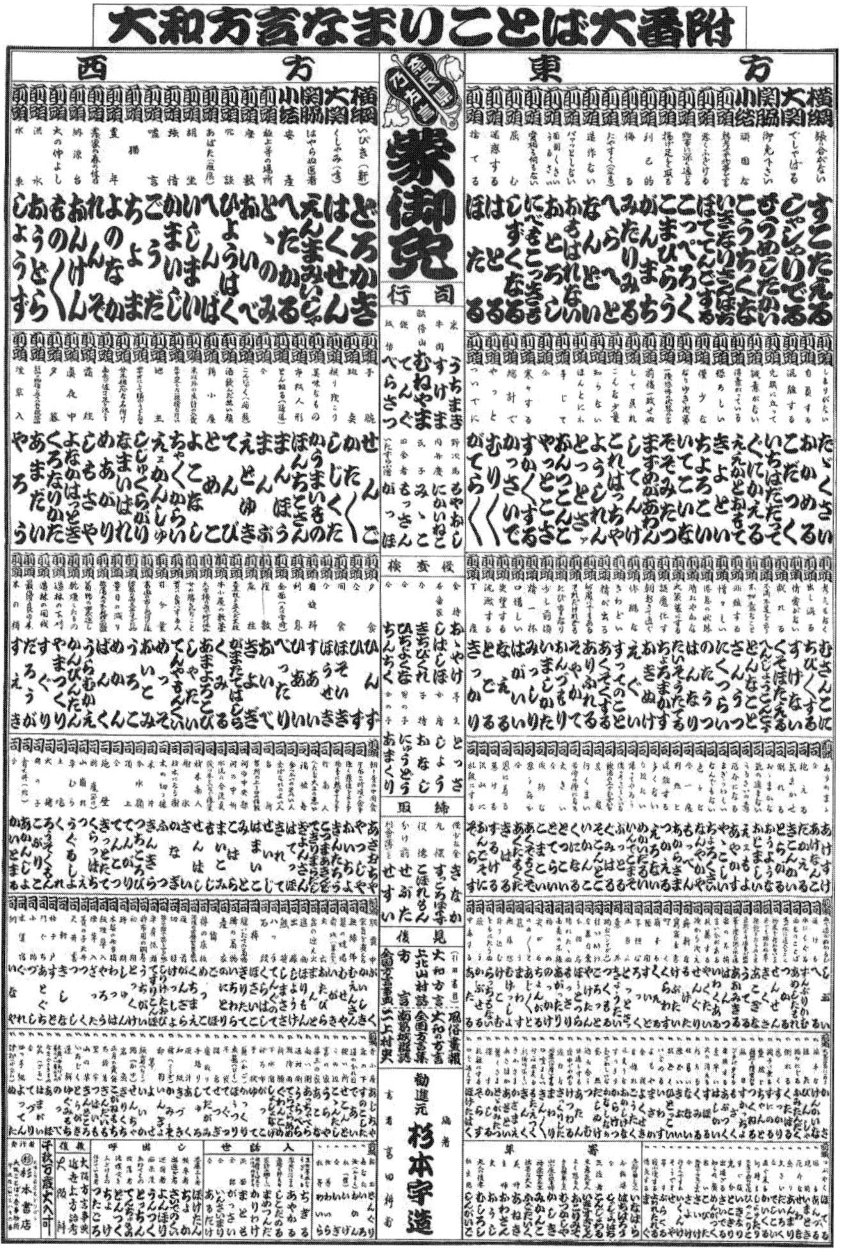

図2　奈良県方言番付（平成27年）

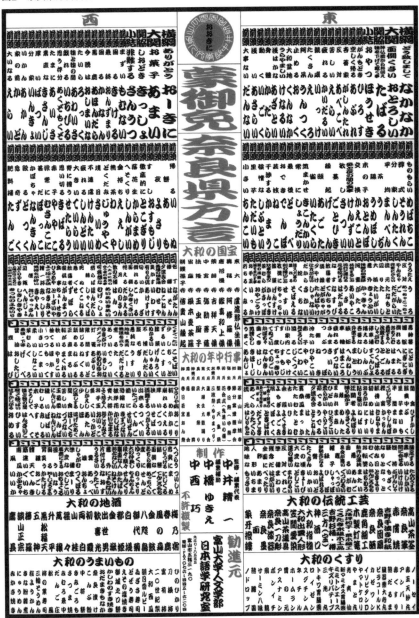

関西の方言土産(グッズ) G4

1──大阪

　土産のネーミングのありかたの大阪と京都の関係は、言語景観に平行している。大阪の土産は方言があふれており、全体に祝祭性を帯びている。「人形焼き」タイプ(図1)は、類型が他地方にもありそうであるが、近年目立つのは「恋人」タイプであり、言語景観同様にネン(「のだ」相当、▶語ネン)が現れる(図2、図3、▶▶▶F11関西の言語景観)。このタイプの恋人は実は誰でもよいのは明らかで、パロディとして話題にのぼり、訴訟にまでなった図4の派生にすぎない。図5は、やはり代表的な関西弁のチャウ(ではない)とネンとの合わせ技である。なお、ドヤは擬声語擬態語のように聞こえるかもしれないが、冷静に考えるなら「どうだ」に該当することは明らかである(図6)。土産物そのものではないが、売り場では丁寧語の方言形を今はなき古くからのキャラクターが語っている(図7)。

図1　大阪弁人形焼カステラ(大阪市)

図2　めっちゃ好きやねん♥大阪の恋人(大阪市)

図3 めっちゃ好きやねん♥
　　大阪環状線の恋人（大阪市）

図4 面白い恋人（大阪市）

図5 たこ焼きちゃうねん
　　焼シフォンケーキやでっ！（大阪市）

図6 大阪弁うまい棒 どやっ!!（大阪市）

図7 贅沢なWソースで
　　ブリュレ風に仕上がりまっせ♥（大阪市）

2――奈良

　方言土産があふれている大阪と違い、奈良ではせいぜい終助詞にとどまり、しかもこれが奈良らしいかというと首をかしげたくなる（図8）。焼き付けられた鹿の絵同様に微妙な雰囲気である。また、「恋人」タイプは奈良にもあるが、目にするだけでつらい（図9）。そんな駄洒落を大きなポスターにされるとつらさが倍増する（図10）。こういった方面は苦手なのに記紀万葉を背にしながら無理をしている感が強い。

図8　またきてな奈良（奈良市）

図9　アナタとなら…♥ 奈良の恋人（奈良市）

図10　走るなら！奈良マラソン2015（奈良）

3——京都

　その点、我が道を行くのは、やはり京都である。土産に現れる方言は、ハンナリ程度に止めながら（図11、▶語ハンナリ）、言語景観同様、あたり前のようにそれとなく「ひらがな」を仕掛けてくる（図12）。そこが京都らしいところであるが、観光客の多くは、ほとんど認識しないまま買い物だけして帰っていくことだろう。

　ところで、ここでは大阪・奈良・京都をとりあげたが、神戸はどうだろうか。「お洒落」「舶来」といったイメージからすると、おもに連想させるのは「スイーツ」であり、ここにあげた三都とは異なるとともに、「方言土産」にはあまり出会えないような気がする。

（大西拓一郎）

図11　京はんなり餅（京都市）

図12　ちりめん山椒、一膳ぱっく（京都市）

関西の接客行動　　　　　　　　　　　　　　　　　　G5

1——接客用語

　接客用語とは、接客業・サービス業において、客と接するときに使うことばで、「いらっしゃいませ」「少々お待ちください」「恐れ入ります」「お待たせいたしました」「かしこまりました」「申し訳ございません」「ありがとうございます」のような、定型表現が基本となる。関西でも接客にかかわる場面は、フォーマルな場面と認識され、標準語と規範的な敬語の使用が期待される。そのため、接客のマニュアルが存在し、社員やアルバイトの教育が行われるような店舗では、関西特有の接客用語は目立たないが、個人商店などでは「いらっしゃい」「ありがとう」のような丁寧形式を伴わないあいさつとともに、「まいど」「おおきに」(▶語オーキニ、マイド)の使用をみることができる。「おおきに」は「大きに、ありがとう」が省略されたものであるが、「ありがとう、おおきに」のように繰り返すこともある。一方、あいさつとして有名な「おこしやす」「おいでやす」は、観光地や商業地の看板で見かけることが多く、接客の場面で聞くことは限られており、一種の方言サービスといった印象を受ける。

2——店舗形態による接客言語行動の違い

　「関西圏における接客言語行動」の調査 (真田信治・井上文子「関西圏における接客言語行動—店舗形態によるバラエティ〈その1〉」『阪大日本語研究』7、1995年／真田信治・金美貞「関西圏における接客言語行動—店舗形態によるバラエティ〈その2〉」『阪大日本語研究』16、2004年) では、デパート、スーパー、個人商店の順に敬語の丁寧さが違うことや、デパートごとの差異があることが観察できた。また、接客用語に多用されるといわれる「ございます」体が、実際には高い出現率を見せないこともわかった。その理由として、「ございます」体は感謝やレジでの決まり文句などに集中して使われることが考えられる。つまり、商品の情報を伝えながら客のニーズを把握しようとしたり、商品を勧めたりして、客とのやりとりが複雑に展開するケースにおいては、さまざまな文末表現が

用いられるようになり、アクセントや文法形式において関西弁と意識される特徴も多く現れるのである。さらに、個人商店の接客においては、普通体の使用が多く、それと共起して現れるさまざまな文末詞の使用も増える。大阪府内で収録した接客談話の文字化資料（井上文子・真田信治・三井はるみ・金美貞『接客談話資料集』2005年）をみると、パズルを買った客に対して（大阪市内の玩具屋、店員は40歳代後半に見える男性、客は女子大生）、「初めてやるの？まわりからしていくのよ。まわり、四すみになる四角ゆったやろ。まっすぐに切っているとこで先に枠作ってしまうねん。すぐわかるやろ」のように、カジュアルな日常のことばで接していることが確認できる。

3──関西における接客言語行動の実態

　また、同資料集からデパートごとの差異に注目してみると、大阪に本社を置いて関西圏を中心に店舗を持っているデパートのほうが、方言形式や関西的なコミュニケーションスタイルによる接客をしているようである。たとえば、①地下の食品売場で「はい、いらっしゃい。お漬けもん、どうです？おいしいですよ。食べてみて、見るだけな」と客を呼び込む、②化粧品売場で「種類とか決まってはります？」「アイライン入れはるときはね」と方言敬語形式のハル（▶語ハル）を使う、③まるで大阪のおばちゃんが若い女の子と会話を楽しんでいるような雰囲気を作っている、などの事例がある。以下の接客談話は、体型を気にする客に対して、店員自身のお腹を指して、笑いを誘発しており（水着売場、店員は40歳代後半に見える女性、客は女子大生）、フォーマルなデパートの接客とはかなり違う印象を受ける。

　　店員：細いからいけるやんねー。
　　　客：いやー。お腹出てるかも。
　　店員：出てへん、出てへん。｛自分のお腹を指して｝こんなん出てるっていうの。

　①と③のような接客の例はすべて大阪駅前のデパートで収録されたものである。食品売場が特に地元の人びとに高く評価されているデパートであるが、地域の客に合わせて、親しみやすい接客をしていると言えよう。いっぽう、

方言敬語形式のハルは、個人商店でより頻繁に用いられており、その出現率に店員の属性などによる偏りはみられない。また、たとえば「着はる」とともに、「着ていただく」「着ていらっしゃる」「お召しになる（「お召しになられる」といった二重敬語まで）」のように、複数の尊敬語形式を作って接客する事例（東大阪市の婦人服店）もみられる。敬意を示す対象や状況などによって言語的な配慮が細かいことが注目される。

（金 美貞）

▶▶▶G1 商談と関西弁

コラム　中国地方の人からみた「関西」

　生真面目で理屈っぽいという*ステレオタイプ通りの山口県生まれの私が、関西人に思うことを3つあげたい。

　まず関西人は論理の飛躍や視点の転換を駆使して面白く話すのが巧みだ。ウソも織り交ぜながら話を飛躍させて「ボケ」て、笑わせる。それがおかしさを生むだけでなく、逆説的に本質を突くレトリックにもなっていることも。

　なれなれしさの使い方も興味深い。関西人はよく値切るが、店員が初対面でもまるで親しい者同士の掛け合いのようで嫌味がない。なれなれしい話し方によって生じる擬似的な親近感を使って交渉を円滑にするという、話し方の一種の型があるらしい。

　笑いの過剰サービスもすごい。「ハイ50万円」と釣り銭を渡すベタな一言や、相手のボケに乗った上での笑いの創出（ノリツッコミ）など、自分をアホに見せてまで笑わせ和ませようとする言語行動は、なかなか真似できない。しゃべるなら楽しもう・楽しませようという心意気なのだろう。

（舩木礼子）

食と関西弁　　　　　　　　　　　　　　　　　　　　　　　G6

1——食文化とことばの違い

　日本の東西で食文化が異なることはよく知られている。食文化の違いに応じて、食に関することばにも違いがあらわれる。たとえば、カレーライスや他人丼（鶏肉以外の肉を卵でとじた丼）に入れる肉は、関西では牛肉が多いが、関東では豚肉が多い。このような食文化の違いは、「肉」という語で指し示す食べ物が地域によって異なるという、ことばの地域差につながる。つまり、単に「肉」というと関西では牛肉を指すのに対して、関東では豚肉（あるいは食肉一般）を指すのである。関西では豚肉が入った饅頭をニクマンと呼ばずブタマンと呼ぶのもこのためで、ニクマンと言うと牛肉が入った饅頭を連想してしまうのである。これは同じ語であっても地域によって指し示す食べ物が異なる例だが、逆に同じ食べ物を地域によって異なる言い方で表すこともある。たとえば関西では挽き肉をミンチと言い、挽き肉を揚げた食べ物はミンチカツとなるが、関東ではそれらをヒキニク・メンチカツと呼ぶことなどがあげられる。以下では、このような食にかかわる方言について、関西弁を中心にみてみる。

2——「きつねうどん」と「たぬきそば」

　まずは料理名の地域差について見てみよう。麺類といえば関西はうどん、関東はそばが主流である。このうどん・そば料理の名前にも地域差がある。「きつねうどん」は日本全国どこに行ってもうどんの上に油揚げがのった食べ物を指すが、問題は「たぬき」の方である。関西でタヌキソバと言うと、「きつねうどん」（ケツネウドンと言うこともある）のうどんがそばに代わった料理（そばと油揚げ）を指す。一方、関東でタヌキソバというと、そばの上に天かすがのった料理を指す。ちなみに関西ではこの食べ物をハイカラソバと言う。このように、関東では「キツネ＝油揚げ」「タヌキ＝天かす」のように、キツネとタヌキが具の違いを指すので、キツネソバやタヌキウドンが存在することになる。一方、関西ではタヌキソバという語全体で「そば＋油揚げ」を指

すので、キツネソバやタヌキウドンというものが存在しない。つまり、うどん・そば料理の名称は東西で次の**表**のように対応しているわけである。ただし、京都では「あんかけ」のことをタヌキと呼ぶこともある。したがって、京都ではタヌキウドンが存在することになる。同じ関西弁でも京都と大阪で少し異なるのである。また、関西でも若年層でタヌキソバから「そば＋かき揚げ」を連想する人が増えている。その背景には東洋水産の商品「赤いきつね」と「緑のたぬき」の影響があるようだ。

表　うどん・そば料理名の東西差

	西	東
うどん＋油揚げ	キツネウドン	キツネウドン
うどん＋天かす	ハイカラウドン	タヌキウドン
そば＋油揚げ	タヌキソバ	キツネソバ
そば＋天かす	ハイカラソバ	タヌキソバ

3──食に関する京都弁の広がり

　食に関する関西弁の中には、「*女房詞」起源の語など、京都から全国に広がったものがある。女房詞は「御所ことば」とも言い、もともと京都御所で宮中に仕える女房達が作り出した集団語の一種である（▶▶▶E1 御所ことば）。その一部が庶民の間に広まり、現在各地で用いられている（▶▶▶A3 関西弁と社会階層）。たとえばオヒヤという語は、「冷や水」の省略形ヒヤの前にオを付けたものである。このような語構成のものにオカキ・オツユ・オカカ・オマン（饅頭）・オダイ（大根）などがある。また、これに接尾辞サンを付けて「オ○○サン」となる語もある。たとえば、オイモサン・オアゲサン・オマメサン・オカイ（粥）サン・オネギサンなどがあげられる。これに比べると数は少ないが、「もじことば」というものもある。たとえば、シャモジは「杓子」の省略形シャの後ろにモジを付けた女房詞である。宮中ではスモジ（鮨）・ソモジ（蕎麦）・オクモジ（茎漬け）なども使われていたようだが、これらはあまり広まっていない。

4——食に関する大阪弁の広がり

　女房詞は古い時代に京都から発信されたことばだが、最近の新しいことばは大阪から広がることが多い。たとえば大阪ではファストフード店のマクドナルドをマクドと呼ぶことは有名だろう。このマクドという略称の分布域は関西地方とその周辺だけに限られていたようである（真田信治『脱・標準語の時代』2000年）。しかしその後、徐々に勢力を拡大しているようで、鳥谷善史「都市と周縁の語彙変化」『都市と周縁のことば』（2013年）によると、大阪から和歌山・三重県に広がっていったことがわかる。関西側のマクドと名古屋側のマックが接触する三重県では、それらが混交した「マックド」という語形が回答されることもあったという。この混交形が今後も定着するのかどうかはわからないが、関西の表現が広がる過程で新しい語形が生まれていることは興味深い。関西圏以外にもマクドは広がっており、たとえば高知県では若年層を中心に取り入れられている。ここでも混交形が発生していて、関西方言由来の語形マクドを、首都圏などで使われるマックと同じアクセントで発音したマクドという言い方が生まれている（橋尾直和「高知市方言における関西弁化の動態」『関西方言の広がりとコミュニケーションの行方』2005年）。このように、大阪のことばは近隣地域に広がりつつあるのだが、その他の地域（沖縄・福岡・広島・鳥取・名古屋・東京・福島・北海道）では、まだほとんど受け入れられていないというのが現状である。なお、同じく大阪から発信された語彙として「レーコー（アイスコーヒー）」や「フレッシュ（コーヒーに入れる個別にパックされたミルク）」があるが、広島市では「レーコー」が高年層中心、「フレッシュ」が中年層中心に受け入れられていて、それ以外の年齢層にはあまり使われない（灰谷謙二「広島県における関西方言受容」『関西方言の広がりとコミュニケーションの行方』2005年）。最近になって広がった関西発の語は、流行語のようなものとして受け入れられ、あまり定着しないのかもしれない。

（松丸真大）

▶︎ 語 オアゲサン、オカイサン

植物・農業のなかの関西弁　　　　　　　G7

1――辞典のなかの植物・農業のことば

　植物・農業のなかのことばには、人の自然に対する認識がよく反映されている。それは、関西弁の辞典に取り上げられる、植物・農業に関係することばの数からもみてとれる。大著『大阪ことば事典』(牧村史陽、1979年)では、編者が商都船場(せんば)の出身ということもあってか、植物や農業にかかわる方言は数十語しか取り上げられていない。これに対して、農業・漁業が盛んな和歌山で昭和初期に編纂(へんさん)された『和歌山縣方言』(和歌山縣女子師範學校・和歌山縣立日方高等女學校、1933年)では、植物・海棲(かいせい)生物の豊富な方言語彙が取り上げられている。昭和初期の堺のことばを集めた『なつかしい堺のことば』(堺民俗会、2006年)も、総見出し語数の割には、多くの農業・植物語彙が掲載されている。時代、地域性、辞典編者の関心のあり方が、どのような方言語彙を辞典に掲げるかということにかかわってくるのである。

2――方言から描く植物・農業の情景

　植物や農業にまつわる方言のあり方から、植物や農業が、その時代や地域でどのようなものであったかということを垣間見ることもできる。上に紹介した方言辞典をもとに、稲作にかかわる方言語彙をみてみよう。

　農業の担い手である百姓は、ときにドンピャクショー、コマエ(小前：小作の百姓)などと言われ、蔑(さげす)まれることがあった。一方、町家の人は農家の人を、ザイショモン(在所者)と呼ぶことがあったが、これには「田舎者」のような蔑みの意味はない。

　和歌山でデンゲソウ(れんげ草)と呼ばれる草は、田植え前に土を肥やすために植えられる。その農地は、牛馬に曳(ひ)かせるマンガ、カラスキでコナス(均す)。人力ではコナスときには、ビッチュー(備中鍬(びっちゅうぐわ))やオワレンガ(尾張の出稼ぎ農夫が持ち込んだ大きな鍬)といった農具が使用された。サビラキ(田植えの始め)を迎えると、ノシロダ(苗代田)で育てたチョンチョ(稲苗)を、スイタノヒボ(水田の紐(ひも))を使って間隔を計りつつ植えていく。田植えをする女性は、

ソートメ（早乙女）と言われた。

　日照り続きの田植え期に久しぶりに雨が降ると、仕事を休まざるを得ないので農夫は喜ぶ。このことをアマ（雨）ヨロコビすると言った。田植え期以外で、雨が降って働けない日のことも、アマヨロコビと言うことがあり、年中決まった休日がなく働く農家にとっては暗黙の休日である。それだけに、この日に働くと仲間はずれにされる村もあったと伝わる（堺民俗会 前掲）。

　グル・サカテ（畔）や土手には、キツネバナ、シビトバナ、テクサリソー、ドクバナなど多くの方言をもつ曼珠沙華（彼岸花）が、彼岸の頃にたくさんの赤い花を咲かせる。この植物は、ドクバナとも言われるように毒があり、これを植えることで地中の害獣を追い払う役割があった。害鳥よけにはオドシ（案山子）を立てる。また、畔にはアゼマメと呼ばれる大豆が植えられることもあった。

図　ガンキ・ハゼに掛けられた稲穂

アイデ（稲作に害のある風）をしのぎ、アゼムシロ（みぞかくし）や稗などの雑草を取り除く。水田最後の除草には、オサメグサという方言語彙があてられる。稲刈りなどを行う繁忙期の農作業には、アキシヤトイ（農繁期に臨時的に雇い入れる農夫）が加わることもある。

刈り取られた稲穂は、ガンキ（雁木）・ハゼと呼ばれる木組みに掛けて十分に干し（図参照）、カナゴ・センバ（稲扱ぎの道具）で籾を扱く。もみ殻には、アラという方言がある。稲取後、最初の耕作はアラスルと呼ばれる。稲がないタァ（田）では、タイモ（里芋）が栽培される。里芋はイグイモ、エグイモ、タダイモなどとも呼ばれる。

稲作にかかわる植物・農具・人には、それぞれの由来・価値・役割がある。鍬のビッチューという方言名称は、その道具が備中から伝来したものだという認識が現れている。稲が苗の頃にチョンチョと名付けられるのは、連続した稲の成長のなかで、苗の時期が特別な一過程であると捉えていることによる。サビラキやオサメグサという語彙は、連続的な時間を農作業とのかかわりで分節している。アキシヤトイやアマヨロコビなどの方言語彙からは、稲作の労働形態だけでなく、農繁期に人足を雇う農家の規模や労働にまつわる情感も読み取ることができる。

3——方言の衰退と暮らし

稲作に限らず、植物学的な分類を知らなくても、人びとは生活の中で区別が必要な植物には、独自の名称を与えてきた。スモトリグサ（おひしば草）はコオロギを戦わせる子供の遊びに用いられた。和歌山県では、はぶ草のことをイシャイラズと呼び、解毒薬として利用した。よく燃える松葉の落ち葉はコクバ・コキバと呼ばれ燃料にした。

現代では農業も機械文明化の中に取り込まれているし、農地・農業人口も減少の一途をたどっている。子供の遊び、薬、燃料などに、自然界の植物を直接利用するのではなく、科学技術を介した加工物がそれらに取って代わった。このような現代人の自然とのかかわり方は、植物や農業にまつわる地域のことばが衰退し、忘れ去られ、そうでなければ地域性の薄い名称で呼ばれつつあることとかかわりがありそうである。

（西尾純二）

冠婚葬祭と関西弁　　　　　　　　　　　　　　G8

1——結納の普及と関西

　結納は、皇室の納采の儀をもとに、室町時代に小笠原流、伊勢流などの礼法によって体系化され、公家や武家に普及していったと言われる。江戸時代になると裕福な商家では結納・結婚式の儀礼が行われるようになったが、庶民が行うようになったのは明治時代以降と言われる。つまり、京都の宮中で行われていた儀礼が、支配者層に広がり、時間をかけて民間に普及したわけである。したがって結納は、地域・宗教・家系などにより多種多様であるが、その源流は宮中にあって、そこで使用される用語のほとんどは、お膝元の関西から拡散し、普及したと言っても過言ではない。

　一般的に結納品は水引で豪華に飾られ、一式で数万円から数十万円がかけられる。おおまかに関東と関西でその内容が異なる。結納品の数は、一般的に5品・7品・9品など奇数とされ、多い地域では21や23ともなる。また、大別すると、男性側・女性側ともに結納品を用意する関東式と、男性側のみが結納品を用意する関西式がある。

2——しきたりと吉祥文字

　日本社会には、長い歴史のなかで冠婚葬祭等の特定の場面や特定の職業で、使用を避ける忌みことばがある。たとえば婚礼の際には「去る」「切る」「帰る」「戻る」「別れる」といった二人の別離を連想させるようなことばは、縁起が悪いため使用しない。同様にお悔みの際には「重ねる」「重ね重ね」「返す返す」「再び」なども死が繰り返すようで縁起が悪く使用しない。特に結婚については、縁起を担ぐ習慣が強く、良縁につながるようめでたい文字の使用も多い。

　関西の結納品の基本は、1—熨斗（のし）、2—寿恵廣（すえひろ）（扇）、3—帯地料（おびじりょう）（大阪などでは「小袖料」、神戸では「宝金」）、4—柳樽（やなだる）（料（りょう））、5—松魚（まつうお）（料（りょう））の5点が基本である。結納の目録には、こういっためでたい文字が並ぶ。熨斗は、神事や祭典で献上される鮑（あわび）を、畳表で伸ばし、夫婦の長寿を願う縁起物。寿恵廣は、めでた

さが広がるように、との意味で婚礼用の扇子を、帯地料は帯や着物を、柳樽料は祝儀用の酒樽を、松魚料は本来雄と雌の真鯛を贈っていた。そして熨斗には鶴、末広には亀、帯地料には松、柳樽（料）には梅、松魚（料）には竹の水引飾りがつく。

奈良県では熨斗、末広、小袖料、御酒料、肴料と呼び、少し違っているが、結納品に寿留女(するめ)（鯣）、子生婦（昆布）、高砂（尉(じょう)(老翁)と姥(うば)(老婆)の人形）、結美和(ゆびわ)（指輪）、登慶恵(とけえ)（時計）、久美飾(くびかざり)（ネックレス）、白生地、留袖、帯、増利（草履）、ハンドバッグ、化粧品などを添えることも多く、目録には関西の他の地方に勝るとも劣らない数のめでたい文字がびっしり並んでいた。

3——結納の言語行動とその口上の定型化

結納は、タノミとも呼ばれる仲人が、午前中に持参し、雛(ひな)飾りのような飾り台を組み、結納品を飾り終えるまでは、無言で作業をするのが一般的と言われる。

結納飾りが整うと、扇子を右手に持ち畳の上に置き、仲人が、「本日はお日柄もよろしく、婚約のしるしとして結納の品々をご持参いたしました。幾久しくお納めください」と口上し、広蓋(ひろぶた)に袱紗を掛けた目録を右回りに回して渡す。

結納品を受け取る側は、「結構な結納の品々をありがとうございます。幾久しくお受けいたします」と述べ、そのうえで結納品の受書(うけしょ)を渡す「受書でございます。お納めください」と。仲人「拝見いたします」と述べて受け取り、内容を確認したのち、「お受け取りいただき、ありがとうございました」とあいさつ。また、受書を渡し引き続いて記念品を渡す。結納金の1割を「多芽（ため）」として預かる。

仲人が結びの口上として「本日はどうもありがとうございました。おかげさまで、無事に結納をお納めすることができました。今後とも幾久しく、よろしくお願いいたします」と結んで儀式を終える。

結納を受ける側が、「本日は、ありがとうございました。お足を楽にして下さい」と言って、この時初めて座布団をすすめ、紅白上用饅頭(まんじゅう)と昆布茶を出され、お開きとなる。

結納は儀式であるためこのような定型化したルールがある。また、決まっ

たルールとは言えないが、一般的には結婚式の3ヶ月から半年前、大安・友引・先勝の午前中に行うのが慣例である。

　関西では、長い歴史のなかで家格や対面を維持することが社会で暮らすために大きな意味をもっていた。親類や同僚と交際する「つっきゃい」にかかる費用、祭礼の祝儀や社寺造営時の寄付、葬儀や法事の費用は、家格が高ければ高いほど高くなり、経済的に苦しくても容易にそれをやめることはできない。この費用を惜しみ、その作法を守らないと、世間から低く見られ、世間から排除されることもあった。しきたりや儀礼にともなう語彙やその形式の定型化は、京都を中心としたこの地域の慣習と文化的強制によって形成され、いまなお再生産されつづけている。

（中井精一）

●倉石あつ子・小松和彦・宮田登編『人生儀礼事典』2000／土屋晴仁『ニッポンのしきたり』2013

図　関西地方の結納品

年中行事とことば　　　　　　　　　　　　　　　　　G9

　各地でことばが異なるように、年中行事も各地の伝統にもとづいてさまざまなものがある。ここでは兵庫県の播州地方における秋祭りを取りあげ、祭りに関するさまざまなことばについてまとめてみる。

　播州地方の秋祭りの中心は、「灘のけんか祭り」として有名な、松原八幡神社（姫路市白浜町）の祭りである。この祭りの特徴は、その名の通り、三基の御輿を激しくぶつけ壊しあうという勇壮さと、漆黒の屋根に金銀の錺金物細工を施した芸術品ともいえる彫物で飾られた太鼓屋台（後出のヤッサ）の華麗さにある。これらのようすについては、各種ホームページを参考にして欲しい。ここでは、筆者が生育・居住地である兵庫県姫路市的形町の湊神社の秋祭り（10月13日宵宮、同14日昼宮）を中心に扱う。

　湊神社の秋祭りは、松原八幡神社のひとつ東隣の祭りであるが、姫路市的

図1　宮入り後差し上げられたヤッサ

形町は旧兵庫県印南郡的形村（1958年姫路市に合併）、灘祭りの七地区（姫路市飾磨区妻鹿、同市白浜町（松原・中村・宇佐崎）、東山、八家、木場）は旧兵庫県飾磨郡に属し、両神社間にはかつての郡境があった。山陽電鉄沿線で、的形の東隣は大塩町の大塩天満宮、さらに高砂市曽根町曽根天満宮、同市高砂神社と同様の祭りが連続する。

　湊神社では、松原八幡神社のような御輿のぶつけ合いは行われないが、同

図2　姫路市域（2000年4月）における「太鼓屋台」の名称分布

神社の文書資料から、江戸時代末期から昭和初期にかけては、町内の各地区からさまざまな神式道具が出され、盛大に行われていたようすがうかがえる。湊神社の秋祭りの中心は、ヤッサ（図1）で、神輿を大型化したようなものである。このヤッサは、松原八幡神社〜高砂神社の祭りではヤッサ（若い世代はヤッサ）と呼ばれるが、姫路市内でも地域差がある。図2に姫路市内における名称の分布（姫路市内の小学校の校区（学区）ごとに生え抜きの高年層男性を対象に1999年調査）を示す。市内東部にヤッサ、西部にヤッタイが多くみられる。両者の間には一級河川市川が流れており、その境界線にほぼ重なっている。なお、改まった場合など標準語的には「屋台」と呼ばれる。

ヤッサという名称については、湊神社宮司・神栄赴郷氏編『的形郷土史の研究』(1975)や粕谷宗関氏の『播州屋台記　播州飾磨彫刻史』(1985)に記述があり、諸説有るが、不明な点が多い。

図3にヤッサの主な部分の名称等を示す。
❶擬宝珠（棟（屋根）の頂上に位置する）、❷露盤（擬宝珠を取り囲む彫刻された台座）、❸紋（昇り龍、雲水、三つ巴等の種類がある）、❹御幣（氏神様の神社名を入れた神号額の上に付けられる）、❺総才端（棟の四隅外側上方に反る）、❻狭間（故事に因んだ場面の彫刻）、❼井筒端（棟を支える四本柱を固定する井桁型木材の先端）、❽頭巾（太鼓の叩き手が被り地区名を刺繍）、❾幕（水引幕）(龍や虎などをあしらった豪華な刺繍）、❿高欄掛（加藤清正や源義経等日本の故事の刺繍）、⓫鉢巻（棟に漆を塗った年は縁起担ぎで漆に強いという蟹の絵を施す）、⓬閂（本棒と本棒の間にあり本棒を補強）、⓭脇棒（本棒外側の幾分細めの練り棒）、⓮棒端（本棒の先端部分、棒端綱がある）、⓯本棒（練り棒）(全長約8m)、⓰宝珠柱（太鼓を叩く乗り子が座る台座四隅の柱で先端に小さな擬宝珠状の金具を付ける）、⓱枡組（斗組）(社寺の枡組に同じく棟の重みを支える）、⓲正角（本来は棟の重みを支えるものであるがヤッサの特徴を表す象徴的彫刻）、⓳伊達綱（ヤッサの四隅に立てる直径約30センチの飾り綱）、⓴水切金具（棟の四辺縁の錺金具）、㉑昇金具（昇総才）(総才端から頂上への峰部分にほどこされた金具）。

上記の他に、ヤッサ本体の中には直径・高さとも約1メートル強の太鼓が積まれており、大人4人が叩き手として乗り込む。

なお、図1の左端に、先端に丸いものが付いた棒がみられる。これは「四手、四手竹（シデ、シデダケ）」と呼ばれ、地区を表す色の厚紙を折ったもの50枚程度をまとめ、2メートルほどの竹の先端で球状の房にして付けたもので

図3 ヤッサの各部名称

イ	擬宝珠	リ	幕	タ	宝珠柱
ロ	露盤	ヌ	高欄掛	レ	枡組(斗組)
ハ	紋	ル	鉢巻 (棟に漆を塗った年は漆に強いという蟹の絵を施す)	ソ	正角
ニ	御幣			ツ	伊達綱
ホ	総才端	ヲ	門	ネ	水切金具
ヘ	狭間	ワ	脇棒	ナ	昇金具(昇総才)
ト	井筒端	カ	棒端		
チ	頭巾(太鼓打ち用)	ヨ	本棒		

G9 年中行事とことば

ある。ヤッサの動きに合わせて上下させ、勢いを付けるなど脇役的な存在ではあるが、ヤッサが倒れそうな時は支え棒にもなる。すべての装飾を施したヤッサの重量は2トン近くになる。

　次に、祭りで聞かれることばについてまとめてみる。

　まず、ヤッサはカク（かつぐ、▶語カク）ものである。『日本言語地図　第2集』（1967年）では「かつぐ」に相当する地図が5枚収められているが、そのうちの「二人でかつぐ（68図）」に相当する。祭りでヤッサをカクことをネル（練る）ともいう（「寝る」はネル）。

「コトシワ　ヤッサ　カカヘンノカ」
「マツリデ　ヤッサ　カカナ　ドナイスルンドエ」
（「今年はヤッサ（を）かつがないのか」「祭りでヤッサ（を）かつがなければどうするんだ（かつぐに決まっているだろう）」ともに高〜中年層男性）
「コトシワ　ドコノヤッサモ　オトサヘーズ　ジョーズン　ネッタナー」
（「今年は、どこの（地区の）ヤッサも落とさなくて、上手にかついだね」高年層女性）

　練り子はたいてい自分の練り場所を決めているので、人数のバランスを欠きヤッサが傾く。そんなとき、

「ドナッションドエー　エーガイ　マクバランカエ」（何をやっているんだ、うまい具合に分散しないか）

のようにマクバルという。担ぎ上げの前にも、

「オトサンヨーニ　ミナ　マクバレヨー」（落とさないように、皆分散しろよ）

のように使う。

　ヤッサをカク時のかけ声を文字化することは、リズムとの関係もあって非常に難しいが、おおよそ次のようになる。湊神社の地区のヤッサでの例。神社単位のみならず、地区によっても異なる。

　かつぎ上げや、さし上げ（図1の状態）のときは（○は太鼓の「ドン」）、

アイヤー、ショーエ。○○アイヤー、ショーエ。○○ソラ、ヨイヤーサ、ソラ、ヨイヤーサ、ソラ、ヨイヤーセー、アーヨッソーエ。

かつぎ上げた状態が続いているあいだは、
エンヤーショーガー　エーンヤー　アーヨッソーエ（繰り返し）

宮入や他地区のヤッサとの練り合わせ（複数のヤッサが練りを競う）のとき
ヨーイヤサー、ヨーイヤサー（繰り返し）

　このようなかけ声が太鼓のリズムと絶妙に絡み合いながらヤッサは練られる。下に示すホームページ等には動画・音声を含むものがある。参考にしてほしい。

　これらの祭りの運営をするために、各神社単位、またそれらの各地区では、それぞれの伝統、地区の大小に応じて、総代・祭典委員長等を代表とする組織がきめ細かに作られている。その組織における役割分担についてもさまざまな名称があるが、紙幅の関係で省略する。　　　　　　　　　　　（都染直也）

●江藤彩・岡悠志・都染直也編『兵庫県姫路市言語地図』甲南大学方言研究会、2000／兵庫県教育委員会『播磨の祭礼　屋台とダンジリ』姫路市文化財保護協会、2005／播州祭り見聞記　http://www.h-matsuri.com/index.htm（最終アクセス2017年3月5日）／灘のけんか祭り　http://www.nadamatsuri.jp/link/index.html（最終アクセス2017年3月5日）／屋台文化保存連絡会　http://www.matsuri.gr.jp（2017年3月5日閲覧）

宗教と関西弁　　　　　　　　　　　　　　　　　　　G10

1――本山と末寺

　日本の伝統仏教宗派（近世以前に成立したもの）は、第二次大戦以前には13宗56派が公認されていた。江戸幕府の寺請制度などによって、民衆は、いずれかの寺院を菩提寺と定め、その檀家となる事を義務付けられた。そして現

在の戸籍に当たる宗門人別帳が寺院で作成され、旅行や住居の移動の際にはその証文（寺請証文）が必要とされた。つまり寺院は行政機構の末端を担っていた。各戸には仏壇が置かれ、法要の際には僧侶を招くという慣習が定まり、寺院に一定の信徒と収入が保証する形をとっていた。

また、江戸幕府は、各宗派の寺院を本山・末寺の関係に固定化し、各本山に対して「末寺帳」の提出を義務づけ、末寺を本山の統制下に入れた。そして江戸に設置された各宗派の「触頭」を通じて、幕府の意向を各宗派の末寺に周知徹底させ、それによって住民支配の強化も図った。

日本の仏教諸宗中、最も多くの寺院（約22,000ヶ寺）、信徒を擁する浄土真宗は、鎌倉時代初期に親鸞によって開かれ、没後、その門弟たちが、教団として発展させた。浄土真宗の十派でもっとも有力な浄土真宗本願寺派・本願寺（西本願寺）は、京都市下京区にあって、所属寺院は約10,500。それに次ぐ真宗大谷派・真宗本廟（東本願寺）は、京都市下京区にあって所属寺院数は約8,900、また真宗佛光寺派・佛光寺は、京都市下京区にあって、所属寺院数は約390、真宗興正派・興正寺も京都市下京区にあり、所属寺院数約50で、この4派で全体の9割弱となり、これらは京都に集中している。つまりわが国でもっとも多くの寺院を有する浄土真宗は、京都の本山を頂点に全国各地に広がる末寺とのあいだで、教義や思想、文化の発信源となっていて、上方文化や関西弁普及の拠点ともなっていたことがわかる。

2——関西弁の拡大と浄土真宗

浄土真宗は、ただ如来の働きにまかせて、全ての人は往生することが出来るとする教えから、多くの宗教儀式や習俗にとらわれず、報恩謝徳の念仏と聞法を大事にする。また合理性を重んじ、作法や教えも簡潔であったことから、他の宗派の信徒達から「門徒もの知らず」と言われたが、京都、大阪、奈良などの関西中央部や滋賀県や兵庫県、福井県、石川県、富山県といった北陸地方や広島県などの中国地方に多くの信者を有した。

報恩講は、浄土真宗の宗祖親鸞の祥月命日の前後に、親鸞に対する報恩謝徳のために営まれる法要で、浄土真宗の僧侶・門徒にとっては、年中行事の中でも最も重要な法要である。

御講汁は、伊勢の報恩講でふるまわれる料理で、いとこ煮は、北陸の報恩

図　北陸富山の報恩講料理

講の際に饗(きょう)される精進料理のひとつ、煮ごめは広島県の広島湾沿岸〜芸北地域で、報恩講で作られる精進料理で、これらには共通してにんじんや油揚げが使用されていたり、小豆が入っていたりする。また北陸の報恩講では大きな煮物のがんもどきが出されるが（図左上参照）、これを金沢周辺でもヒロウスやヒリョーズと呼んでいて、京都や奈良、大阪の名称と違いはない。

　また、「させていただきます」は、浄土真宗の盛んな京都や奈良、滋賀で日常的に耳にする。この「させていただく」は、しばしば関西圏以外の識者の批判にさらされてきた表現である。関西ではこの表現は、へりくだった遠慮がちな気持ちを表明しつつ、自分の意向や考えを伝えるために使用されるが、東京などの他所では、自分の行為が相手の許容の範囲にあるという気持ちを表すが、関西人のそれは、遠慮がちにへりくだってはいるが、自分の一方的な行動や意向を伝えていて、他所の人びとからは使用に誤りがあると酷評されたりする。

　関西の流儀をTPOもわきまえず、どこでも通用するものと思い込み貫く行為は愚かであるが、東京での使用法でなければ「誤り」と決めつけるのは

教養がない。日本には、さまざまな地域社会があり、そこにはさまざまな地域日本語がある。日本語はその地域日本語の総体であるはずだ。

浄土真宗では、阿弥陀如来の本願によって浄土へ往生「させていただく」という、他力思想がある。すべて阿弥陀如来―他力―によって生かしていただいている。たとえば、食前のことばは、「多くのいのちと、みなさまのおかげにより、このごちそうをめぐまれました。深くご恩を喜び、ありがたくいただきます」、食後のことばは、「尊いおめぐみをおいしくいただき、ますます御恩報謝につとめます。おかげで、ごちそうさまでした」といったことばを述べる。三度の食事も、阿弥陀如来のお陰でおいしくいただき、ときにはお寺で説教を聞かせていただき、途中、用があって帰らせていただき、夜は九時に寝かせていただく。「させていただく」は、阿弥陀如来の絶対他力の信仰を背景にしてしか成立しないと言われる。浄土真宗の信者の少ない地域では聞くことがなく違和感をもたれる表現であるが、関西で違和感をもつ人は多くない。違和感の背景にはこういった地域差があり、地域差はこういった宗教や思想の基盤の違いも大きく関与しているようだ。　　（中井精一）

●瓜生津隆真・細川行信『真宗小事典』法蔵館、2000／小野泰博ほか『縮刷版 日本宗教事典』弘文堂、1994／司馬遼太郎「浄土―日本的思想の鍵」『司馬遼太郎が考えたこと 13』新潮社、2005／千葉乗隆『図解雑学 浄土真宗』ナツメ社、2005

漁師ことばと逆ことば　　G11

1――漁師ことばのイメージ

　漁師は、サバサバしているけれど気性が荒っぽく下品で、ことば遣いが粗い。全国、どこに言っても聞かれる漁師についての紋切り型のイメージといえる。つまり農村部である陸手の生活に比べ、海上という常に生命の危険が伴う特殊な環境で就労すること、捕獲した魚貝類はそれ自体が主食となりえない性格から交換を前提とした経済活動が必要なこと、といった農村世界と

は大きく異なる生活を営むため、多数派によって、異質な漁民に貼られたレッテルと言える。

2——大阪湾の漁村

　大阪湾の漁村は、埋め立てによって多くが消滅してしまったが、和歌山県につながる和泉灘の海岸には、古くから春木、岸和田、津田、脇浜、鶴原、佐野、嘉祥寺、岡田、樽井などの漁村があって、それらは大津川、津田川、佐野川が押し出した河岸段丘上に発達し、砂礫を多く含む土砂によって砂浜が形成されていた。各漁村はその地先約10〜20町以内を自分たちの地先と定め、お互いに侵略を許さない地先漁業で生計をたてていた。

　近世になって漁船が大きくなり、漁法が発達すると漁獲高がふえ、それまでの地先漁業だけでは、とれる魚が少なくなってきた。そこでいきおい他の漁村の地先へ出漁して操業することになり、漁場争いが絶えず、それが各村の漁師の結束を固くしたとも考えられる。

　漁家の暮らしは半農半漁が多く、女は朝早くから浜で畑でと働く。とれたての魚や野菜を町へ売りに行くのも女の仕事であり、手押しの箱車で出かけ、売り歩く。大阪湾沿岸の漁村でもそれぞれに決まった地域、得意先があって、女たちは呼び止められると軒先に車を寄せ、その場で注文に応じて慣れた手つきで魚をさばき、代金を受け取ったり、米や野菜と交換したりしていた。

図　大阪湾沿岸の漁港（泉南市岡田浦漁港）

3──漁師の暮らし

　漁師と言ってもその仕事はさまざまであり、漁の仕方も多様である。たとえば地引き網から巻き網漁、底引き網や延縄(はえなわ)、養殖漁業もある。遠洋漁業のような会社組織で動く漁師もいるが、大阪湾にはそういった漁師はほとんどいない。

　大阪湾沿岸の漁師は、おおよそ朝3時に起床して、船の点検をしたり、漁の準備をしたりして、4時に出港。漁場について、操業して、10～12時には引き上げる。12時ころ帰港。魚を競りに掛けたり、漁具を片付けたりして夜は早く、7時頃には寝てしまう。

　漁師は、サラリーマンとはずいぶん違う時間帯で生活している。日々出漁する沿岸の漁師達は、雨や風の強い日は漁に出られないので、仕方なく休みになる。時期によって獲れる魚の種類や量が違うし、春が旬の魚もいれば冬が旬の魚もいるため、そのときどきで獲る魚種を変えることも多い。魚が獲れるかどうかは運も大きく作用し、何の保証もない。腕次第で、実力があればどんどん収入に結びついていく。

　水温は夏季、南西端が最も低く、湾奥に向かって高温となり、反対に冬季は南西端が最も高く、湾奥に向かってしだいに低くなる。浅海であるため、夏はきわめて水温が高くなり、冬はまた極度に低くなる。冬季にはイワシやアジ、エビ、イカ、タコなどの魚類は、黒潮の流れに沿って、友ヶ島周辺か紀伊水道の深場に移動するので、大阪湾は「冬枯れ」の状態になる。

　またシラスは、イワシの稚魚であるが、淡路島や和歌山近辺だけでなく、大阪の漁師たちも、大量のシラスを漁獲している。大阪の海は魚が生育するためのエサが豊富で、イワシは群れを成して回遊しながら、春から秋にかけて、産卵を繰り返していて、春と秋にピークがあり、夏はほとんど漁ができない。

4──大阪府岬町深日浜手の方言

　大阪府泉南郡(せんなん)岬町深日(ふけ)は大阪湾の南端に位置し、大阪等の大消費地を近郊にかかえる典型的な沿岸漁業(地先村持漁業・沖合漁業)村落である。村内は周辺の大阪湾岸村落同様、農村集落である岡方＝陸手(こがた)と漁村集落である浦方＝浜手(はまで)に二分され、北出・中出・南出が漁業集落＝浜手、向出・陸出・千歳・

門出・兵庫が農業集落＝陸手で、中央を流れる大川が両地区を隔てている。

　深日は大阪府南部に位置するが、この土地で用いられる地域言語の状況は、大阪市方言などを含む摂津方言や泉州地域の方言である和泉方言よりは和歌山市を中心とした紀北方言の色彩が濃いとされる。たとえば音声面から観察すれば、［m＞b］「せまい（狭い）」がセバイ・「ひも（紐）」がヒボというようにマ行音がバ行音に変化するものや、［d＞＜r］・［z＞＜d］・［z＞＜r］ザ行・ダ行・ラ行間の混交現象、つまり「はだし（裸足）」をハラシ、「ばんざい（万歳）」をバンダイ、「じんりきしゃ（人力車）」をリンリキシャというなどの現象が紀北方言と同じように頻繁に現れるといった特徴がある。

　深日の方言のなかでもっとも特筆される事項は、語彙、特に＊俚言であって、たとえば自分のことをウラ、相手のことをワレ、あらっぽいことをアラクタイ、小石をガラ、床下のことをスガキ、賄賂をテンナイ、落花生をソコマメというふうに他地域の人には理解できないものが数多く存在し、難解とされることばは陸手よりは浜手の方が遥かに多い。

5──深日の逆ことば

　「深日の逆ことば」はもっぱら事物の形状の程度を対義語に置き換えて用いることをその特質としている。**表1**をみれば、使用が確認されるのは、「厚い：薄い」、「あほ→賢い」「多い：少ない」、「大きい：小さい」、「遅い：速い」、「遅い：早い」、「いっぱい：少し」、「重い：軽い」、「固い：やわらかい」、「がらがら：ぎっしり」、「きつい：ゆるい」、「忙しい：暇」、「肥えている：痩せている」、「細かい：荒い」、「さびれる：賑わう」、「深い：浅い」、「狭い：広い」、「善い←悪い」、「嫌い→好き」、「高い：低い」、「高い：安い」、「近い←遠い」、「うまい←下手」、「長い：短い」といった項目が上げられる（矢印→←の意味については**表1**の凡例を参照）。

　調査に協力してくれたインフォーマントによれば、ここに掲げた対義語のなかでもっとも「深日の逆ことば」らしい組み合わせとは、27「大きい：小さい」であり、次いで26「多い：少ない」37「いっぱい：少し」38「重い：軽い」83「長い：短い」といった事物の形状の程度を表現する対義語の組み合わせである。こういった組み合わせは、これを聞いた人がすぐに「逆さことば」であると判断できそうな語彙を、「逆ことば」として用いてきたことを示

表1 「深日の逆ことば」の体系

1	合う	×	違う		26	多い	○	少ない
2	上がる	×	下がる		27	大きい	◎	小さい
3	暖める	×	冷やす		28	大声	■	小声
4	新しい	×	古い		29	遅れる	×	間に合う
5	当る	×	はずれる		30	押す	×	引く
6	熱い	×	冷たい		31	遅い	○	早い
7	暑い	×	寒い		32	落とす	×	拾う
8	厚い	○	薄い		33	大人しい	×	やんちゃ
9	あと	×	さき		34	劣る	×	優る
10	あほ(う)	□→	賢い		35	衰える	×	栄える
11	甘い	×	辛い		36	同じ	×	違う
12	明るい	×	暗い		37	いっぱい	○	少し
13	荒れる	×	静まる		38	重い	○	軽い
14	荒れる	×	凪ぐ		39	表	×	裏
15	慌てる	×	落ち着く		40	終わり	×	始まり
16	安心	×	心配		41	隠す	×	知らせる
17	行く	×	帰る		42	貸す	×	借りる
18	浮く	×	沈む		43	固い	□→	柔らかい
19	受かる	×	落ちる		44	金持ち	×	貧乏
20	前	×	後		45	がらがら	■	ぎっしり
21	薄い	×	濃い		46	簡単	×	面倒
22	うそ	×	本当		47	きつい	△	ゆるい
23	売る	×	買う		48	忙しい	←□	暇
24	うれしい	×	悲しい		49	苦しい	×	楽しい
25	おいしい	×	まずい		50	肥えている	■	痩せている

◎ ── よく使う　　○ ── 使う　　△ ── 使うこともある
× ── ほとんど使わない　　■ ── 他の表現で使う　　□ ── 片方にだけ使う

51	細かい	△	荒い		76	包む	×	開ける
52	壊す	×	直す、作る		77	強い	×	弱い
53	さびれる	■	賑わう		78	丈夫	×	病弱
54	勝つ	×	負ける		79	得意	×	苦手
55	乾く	×	濡れる		80	溶ける	×	固まる
56	上	×	下		81	溶ける	×	凍る
57	閉める	×	開ける		82	止まる	×	動く
58	深い	△	浅い		83	長い	○	短い
59	吸う	×	吐く		84	泣く	×	笑う
60	澄む	×	濁る		85	働く	×	怠ける
61	座る	×	立つ		86	慣れ	×	不慣れ
62	狭い	○	広い		87	似合い	×	不似合い
63	善(い)	←□	悪(い)		88	苦手	×	得意
64	嫌い	□→	好き		89	憎い	×	可愛い
65	高い	○	低い		90	偽物	×	本物
66	高い	○	安い		91	鈍い	×	鋭い
67	出す	×	入れる		92	抜く(くぎ)	×	打つ
68	近い	○	遠い		93	抜く(はり)	×	さす
69	縮む	×	伸びる		94	着る	×	脱ぐ
70	散らかす	×	片付ける		95	乗る	×	降りる
71	咲く	×	散る		96	呑気(のんき)	×	短気
72	捕まえる	×	逃がす		97	激しい	×	緩やか
73	うまい	○	下手		98	反対	×	賛成
74	できる	×	できない		99	大漁	×	不漁
75	続く	×	絶える		100	喜ぶ	×	悲しむ

※この回答は全て浜側のものである。
□印の矢印は、どちらからどちらに使うか。たとえば、10番の場合、あほと言うことを賢いとはいうが、賢いことを、あほとは言わない。■印は、調査項目通りのことばは使わないが、同じ意味のことを他のことばで使用する。

G11 漁師ことばと逆ことば

表2　「深日の逆ことば」の運用状況

		話し手							
		浜老男	浜老女	浜若男	浜若女	陸老男	陸老女	陸若男	陸若女
聞き手	浜老男	●	●	△	△	×	×	×	×
	浜老女	●	●	△	△	×	×	×	×
	浜若男	○	○	△	△	×	×	×	×
	浜若女	○	○	△	△	×	×	×	×
	陸老男	○	△	×	×	×	×	×	×
	陸老女	○	△	×	×	×	×	×	×
	陸若男	×	×	×	×	×	×	×	×
	陸若女	×	×	×	×	×	×	×	×

●──頻繁に用いられる　○──用いられる　△──稀に用いられる　×──まったく用いられない

している。

　これに対して**表1**にある「安心：心配」に代表されるような抽象的な語彙や、「新しい：古い」に代表されるような、発話者の発言の意図が瞬時に判断されにくい語彙や聞き手が意味を取り違えるとその確認が困難で問題が生じる危険性がある語彙は、「逆ことば」の対象から外されている。

　また、口印は一方向にのみ使われる事が多い組み合わせであるが、これらは、発話者の心情において対象とされる事物が悪い状態（たとえば、あほ、悪い）であると判断しているものを良い状態（賢い、善い）であると表現はするが、逆に良い状態（賢い、善い）のものを悪い状態（たとえば、あほ、悪い）であるとは言わないという共通点がみられる。言い換えれば、悪いものをそのまま言うのではなく、少しでも柔らかく聞こえるように"配慮"したということができる。

　「逆ことば」がもっとも頻繁に用いられるのは、漁場や納屋とよばれる漁師の集会場であるという。**表2**は具体的にどういった相手に対して「逆ことば」が用いられているのかを調べたものである。この資料からは老年層が陸手の人にさえ「逆ことば」を使用するのに対し、若年層はその使用の対象が限定している。また、陸手の人は全く「逆ことば」を使用しない状況がうかがえる。

この「逆ことばを使用しない」とする陸手の人の意識と、「逆ことばは漁師のことば」とする浜手の人の言語意識が、この集団的言語行動と密接なつながりをもつものであると推測する。

（中井精一）

●岸江信介・井上文子「岡田地区の方言」『泉南市岡田地区民俗資料調査報告書』（泉南市民俗資料調査報告1）泉南市教育委員会、1991／岸江信介・中井精一・井上文子『泉南市山間部言語調査報告』（泉南市民俗資料調査報告2）泉南市教育委員会、1994／高桑守史『日本漁民社会論考』未来社、1994／中井精一「岬町の方言」『岬町の歴史』岬町教育委員会、1995

コラム　九州の人からみた「関西」

　好きなテレビは吉本新喜劇、隣のおばちゃんは大阪弁、配偶者まで関西出身と、九州人の私でも「関西」と「関西弁」はなじみがある。近年その関西弁も若年層では標準語の影響で地域色が薄くなっていると思っていたが、談話面には九州人が感じる関西らしさが十分に残っているようだ。次の談話は大阪で収録した若い人の会話である。

A：そのおじいちゃんおばあちゃんも河内弁を喋る。「かろのうろんや」言うて。
B：それほんまなん。
A：これほんまに言うねんで。「かろのうろんや」。
B：ほんまに言うてん。
A：「ダヂヅデド」が全部「ラリルレロ」になる。反対のやつもおんねん「ラリルレロ」が「ダヂヅデド」になる。だから「レミオロメン」は「デミオドメン」。
B：よう「レミオロメン」でてきたな今。
A：でてきた。

　「かろのうろんや」を唐突に記憶の彼方の「レミオロメン」に結びつけ、「デミオドメン」で落とす。話を受けてひろい、展開する「客観説明累加型」（久木田恵「談話類型から見た関西言語」『関西方言の広がりとコミュニケーションの行方』、2005年）の談話類型は、今も人びとの中にしっかりと内面化されているのを感じる。

（太田一郎）

▶▶▶C11 関西弁の談話展開
▶□ 「かろのうろんや」はどこへ行った

魚名と地域名称　　　　　　　　　　　　　　G12

1──学名・標準和名・地方名

　日本に生息する魚の名前には、一般に学名、標準和名、地方名などがある。たとえば日本海を回遊するブリは、分類上アジ科 Carangidae・ブリモドキ亜科 Naucratinae・ブリ属 Seriola・ブリ S.quinqueradiata で、学名は Seriola quinqueradiata である。学名は、国際的に統一して使用するためにラテン語で表記される。標準和名は、いわゆる標準語にあたるもので、それぞれの地域で使っているいわば方言にあたるものが地方名である。

　標準和名は、ラテン語で表記される学名の煩雑さと難しさを補うものとして、研究の進歩や普及、教育に大きく貢献してきた。学術雑誌や専門書はもちろんのこと、博物館や水族館、動物園での展示、図鑑を初めとする普及図書、さらには学校の教科書にいたるまで、さまざまな場面で広く使用されてきた。

　関西ではブリは、ツバス（40cm以下）→ハマチ（40〜60cm）→メジロ（60〜80cm）→ブリのように成長段階によって名を変える。一方北陸では、ツバイソ・コゾクラ・コズクラ（35cm以下）→フクラギ（35〜60cm）→ガンド・ガンドブリ（60〜80cm）→ブリ（80cm以上）のように名を変える。出世魚と言われるブリの例からわかるように、地域ごとでさまざまな名称や分類の観点がある。そして名称の違いが、その魚の味や価格、調理の方法や食文化における意味にも影響を与えている。たとえば北陸の場合、35cm以下のツバイソ・コゾクラ・コズクラは、おおむね初夏に漁獲され安価で市場に出回るが、脂ののりが少ないため煮物となることが多い。35〜60cmのフクラギは、地元の人びとにもっとも親しまれたサイズで、刺身や焼き物として食卓に上ることが多い。60〜80cmのガンドあるいはガンドブリは、刺身にしても焼き物にしても成魚であるブリとほとんどかわることがないと言われるが、贈答や年越しには80cm以上のブリでないと用をなさない。特に結婚したその年に嫁の実家から嫁ぎ先に歳暮として贈られるブリは、より大きく10kg以上のものが選ばれることも珍しいことではない。そしてその内臓やアラを利用して作られる郷土料理のぶり大根は、ガンド以上のサイズに限られている。

図　琵琶湖沖島産のウナギの蒲焼きとコアユとウロリの佃煮

2——魚の標準和名と関西

　日本産の魚類に標準和名が体系的に適用されたのは、1913年に刊行されたJordanらによる"A catalogue of the fishes of Japan"が最初である。著者のひとり田中茂穂によれば、その選定にあたっては、海産魚ならば東京魚市場、淡水魚ならば琵琶湖沿岸での呼称といった一般性の高い地方名が尊重されたと言われる。

　淡水魚の標準和名の多くが、琵琶湖・淀川水系で使われていたものである。琵琶湖が形成された時期は約400万年〜600万年前で、ここには在来種が44種類生息する。このうち15種類は固有種と呼ばれている。そのいくつかを紹介すれば

　○ホンモロコ（コイ科）…………湖の深いところに生息　焼いて食べると美味な高級魚
　○ビワマス（サケ科）……………水温の低い中層付近に生息　別名「アメノウオ」赤身で美味
　○ニゴロブナ（コイ科）…………やや深いところに生息　稚魚はヨシ帯などで育つ鮒寿司の材料として有名
　○イワトコナマズ（ナマズ科）…琵琶湖北部の岩礁地帯に棲息する。そのためイワトコ（岩床）の名がある。湖内にすむ3種のナマズの中で最も美味とされる。

また、琵琶湖に生息するアユは、日本本土産の海産アユからの別離は10万年前と推定されていて、生態的にも特殊で、稚魚期に海には下らず、琵琶湖を海の代わりとして生息している。琵琶湖の流入河川へ遡上(そじょう)し、他地域のアユのように大きく成長するものをオオアユ、琵琶湖にとどまり大きく成長しないものコアユと言う。オオアユは河川に遡上後、主にコケを食するのに対し、河川に遡上しないコアユは、餌(えさ)としてミジンコ類を主に捕食する。

　コアユは骨が柔らかいので、佃煮や天ぷら、南蛮漬けにすれば、子供でも丸ごと食べられる。特に佃煮(つくだに)にするとなんとも言えない甘みが口のなかに広がる。ウロリもやはり佃煮にすると絶品と言われる。ホンモロコは、佃煮や天ぷらなど幅広い料理法で楽しむことができるが、旬の冬期に漁獲されたものは、焼きたてをしょうが醤油(しょうゆ)に浸して食べる素焼きが最高にうまいと言われている。またビワマスは、刺身にすると鮮やかなサーモンピンクの身にトロにも負けない上質な脂がのって口の中でとろける。そして鮒寿司の材料になるニゴロブナ。これらは琵琶湖周辺の食生活を支えるだけではなく、海産物に恵まれない京都でも珍重され、関西の食文化の中核を担っている。

　現代日本語の多くが、東京で使用される用法や名称を「標準語」あるいは「標準形式」として採用するのが当然のようになっている。しかし魚や野菜といった庶民の食生活にかかわることばには地域社会で形成されてきた人びとの長い歴史が織り込まれている。たとえばハモと言えば、大阪の天神祭の頃に食べる暑い時期の魚であり、海のない京都や奈良でも生命力の強いハモは瀬戸内海から生きたまま届けられる。また春には瀬戸内からイカナゴやシラス、夏にはアユを楽しむ地域もあれば、マグロやクジラを待っている地域もある。魚をはじめとする食にかかわる地方名に注目すると、多様な日本社会がみえてくる。

（中井精一）

●内田亨監修『学生版 日本動物図鑑』2000／川那部浩哉・水野信彦・細谷和海編・監修『日本の淡水魚 改訂版』1989／中村庸夫『魚の名前』2006

移住と関西弁　　　　　　　　　　　　　　　　G13

1──移住のパターン

　移住には、さまざまなパターンが考えられる。関西地方から他地方への移住、他地方から関西地方への移住、あるいは関西内部のある地域から別の地域への移住などである。また、国内にとどまらず、関西地方から国外への移住、逆に国外から関西地方への移住などもある。ただ、これらのすべてのケースにおいて関西弁とのかかわりで調査研究がなされたわけではない。移住とことばといった視点からは、個々の移住のケースを扱うというよりも集団としての移住に焦点をあてる必要が生じる。すなわち、移住にともなう言語変化等を明らかにするためには、社会言語学の立場から同一地域出身者で形成されたコミュニティーでの言語調査がより重要になると思われる。

2──関西地方から他地方への移住

　まず、関西地方から他地方へ移住したケースを対象とした主な研究としては、北海道における親子三代のことばの調査を実施した国立国語研究所編『共通語化の過程』(1964年)を皮切りに小野米一『移住と言語変容』(2001年)、真田信治編『北海道・新十津川方言の現在』(2008年)など、内地から北海道へ入植した人びとを対象とした調査研究がある。これらの研究により、移住者の移住元のことばは、移住者2世にまでは受け継がれるが、3世は移住先の言語の影響をつよく受けるということが明らかになった。北海道への大規模な入植の場合は、荻野綱男「大阪方言話者の移住による言語変容」(『関西方言の社会言語学』1995年)が指摘しているように、移住前に(アイヌ語があったにせよ)他の方言が話されていたわけではなく、移住先の方言と接触するというケースとは異なる。荻野(前掲)はまた、大阪から関東(東京・埼玉)への移住者を対象とした多人数調査を行い、移住後の言語変化について世代差があることを報告している。大阪から移住後もなお大阪方言を使用している世代は40歳代が最も多く、10歳代、60歳代はともに少ないという。そして、その理由は10歳代では大阪在住時においても方言を使用しなかったこと、60

歳代では移住後、長い歳月が経過したことによるとのことである。

3──他地方から関西地方への移住

　他地方から関西地方へ移住した事例としては、まず、沖縄地方から阪神間に移住したケースを取り上げた研究が著名である。神戸市や尼崎市、大阪市の大正区・西成区には沖縄や奄美からの移住者が多く、現在でもそのコミュニティーが存続している地区もある。大阪市大正区は「リトル沖縄」とも呼ばれており、大正区の人口の約25％が沖縄出身者（あるいはその子や孫）である。沖縄からの移住は大正末頃から始まり、親せきや知人を頼る形で延々と続いた。ただし、その沖縄出身者に対する差別は厳しかった。彼らは、クブングァーと呼ばれる大正区の低湿地にひしめき合って建てられていた密集住宅で居住し、厳しい環境での生活を強いられていた。岸江信介・ロング　ダニエル「沖縄から大阪への移住者の言語使用意識」（『日本語研究センター報告』2、1993年）は、沖縄から移住した人びとを対象に沖縄語と共通語（あるいは大阪弁）の使い分けや*コード・スイッチングの実態について報告している。来阪時の年齢と沖縄語の使用とは直接関係がなく、大阪での沖縄語使用が最も多いケースは話し相手が親しい年上である場合で、親しい年上＞父親＞友人（沖縄にいる友人に電話で話す場合）＞友人（那覇空港で会った場合）＞親しい年下、といった順である。なお、沖縄県人同士ではあっても、沖縄県内の出身地が異なる場合には例外なく、共通語である大阪弁で話した経験がある者も多い。琉球方言の地域差が激しいため、出身地が異なれば通じなかったのである。沖縄から大阪へ来た当初は、沖縄の共通語である*ウチナーヤマトゥグチも使用されていたと考えられる。少なくとも大阪に来て間もない沖縄県人同士では大阪弁がまだ身についていなかったためである。長く大阪で過ごした移住者の中には「ソンナコト　ユータラ　アキマヘンデ」「ソリャー　チガイマッセ」など、大阪弁さながらに話す人も珍しくない。大阪市大正区に居住する沖縄県出身者の中には、アクセント・イントネーションは沖縄方言（あるいはウチナーヤマトゥグチ）でありながら文法や語彙などに大阪弁が現れるという現象が観察される。ウチナーヤマトゥグチと関西弁による新たな接触言語が生じているとみることができる。

　大阪市には、大正区のほか、此花区や港区など、かつて新市内と呼ばれた

地域に関西以外からの出身者が多く、なかでも近隣の四国地方からの移住者が多く居住している。島田治「香川県から摂津地域への移住による言語変容」（『移住に伴う言語変容』2012年）は、香川県下の主な高校6校の同窓会名簿を精査し、この6校だけでも約1万人以上の卒業生が調査時点で関西在住であることを報告している。特に大阪市港区には昭和50年頃まで香川県出身者が多かったこと、四国や瀬戸内海の島々と航路で結ばれていた天保山（かつて目印山と呼ばれた）周辺には四国から移住した人びとが多く暮らしていたと述べている。また、大阪市の西区に残る阿波座の地名などからも四国から移住が多かったことがうかがわれる。島田治（前掲）は、かつて大阪では讃岐から来た人びとを「さぬきもの」、淡路島から来た人びとを「あわじもの」と呼んでいたとする宮本常一の記述に注目し、香川県東部から摂津地域へ移住した香川県出身の1世話者を対象に調査を実施し、讃岐弁が多く使用されていることを報告している。そこでは、直島や伊吹島など瀬戸内海島嶼部から岸和田市や泉佐野市の大阪湾沿岸に集団で移住した漁師たちが調査の対象になっている。そして、泉佐野市で漁業に携わる伊吹島1世への面接による質問調査では伊吹島の方言（語彙や文法形式）がそのまま使用されているが、自然会話などでは泉佐野弁の影響がみられるとし、集団での移住ではあるが、移住先にはすでにコミュニティーが存在し、そこに溶け込んでいたことがその要因であろうと述べられている。

4──関西地方内部での移住

西村拓「移住と言語変容」（『地域言語』2、1990年）は、関西地方での集団移住について奈良県南部に位置する十津川地方から満州へ移住後、集団で引き揚げ、奈良県天理市福住町鈴原に入植したケースを取り上げ、2拍名詞アクセントの類別体系の結果について報告している。それによると、移住者1世は、ほぼ完全に十津川村と同様、東京式アクセントと同じであるが、移住者3世は天理市福住町の京阪式アクセントを習得していたほか、移住者2世には、東京式、京阪式の、ちょうど中間的なタイプ（1類○○ガ／2345類○○ガ）のアクセントが存在することを確認している（▶▶▶C2 アクセント・イントネーション）。鈴原への入植後、1世の大半は農業に従事したが、2世の多くは、離農する者が多く、勤めに出たようである。この点で、移住者たちのコミュニティー

は開かれており、地元との言語接触も大きかったことがわかる。ところで、奈良県の十津川村の北部には天川村があり、ちょうど地理的に奈良県中部の京阪式アクセントと南部の十津川村の東京式アクセントの中間に位置する地域であるが、ここの集落の大半はこの中間タイプと同様であることが注目される（但し、天川村洞川のみは東京式アクセントである）。

朝日祥之「ニュータウンにおける言語接触」（『日本語学』29-14、2010年）は、神戸市の西神ニュータウンにおける標準語化の現象を報告している。標準語を含んだ複数の方言の接触の事例を取り上げ、関西方言の否定辞である「ヘン／ヘンカッタ」「ン／ンカッタ」よりも、「ナイ／ナカッタ」、引用形式の「という」にあたる「ッテ」が西神ニュータウンでは隣接の櫨谷町よりもよく用いられることを指摘している。

5——海外から関西地方への移住

海外から関西地方に移住したケースとしては、在日コリアンのケースが取り上げられる。朝鮮半島からの移住者は、関西地方においては、かつて猪飼野と呼ばれた大阪市生野区をはじめ、大阪市東成区および東大阪を中心とした地域に多い。しかし、1世はもとより、その子孫である2世、3世達は、

コラム　四国の人からみた「関西」

幕末に天皇の江戸巡幸に同行した土佐藩兵の息子へ、父が宛てた手紙に「惣て京都之町人は人がらよろしからず　皆ぬす人同前」とある。

京都の人には迷惑な話だが、今日でも、京都の人は、はっきりものを言わず、なにを考えているのかわからない。思っていることとことばにすることが違うといった非難を受けている。

一方、大阪人は、明るく何でもポンポン本音を言うイメージがあるが、けっこうまわりくどい言い方をしていることもある。特に否定的な結論を出す時には「考えておきます」のように、考慮するような形で否定を伝える。このような言語行動が、四国の人間にとっては、関西人は何を言いたいのかわからないという意識につながるのであろう。

天皇家も企業の本社も東京に移転し、関西は徐々に進む地盤沈下にあせっている。キャラは立っているが、結果はファールかホームランかもしれない。西日本の雄として、関西人には大いに存在感を発揮してほしい。

（筒井秀一）

完全に大阪の生活に溶け込んでいる。このため、生越直樹「在日朝鮮人の言語生活」(『言語生活』376、1983年)でも、家庭での韓国・朝鮮語使用が減っており、日本語化が進んでいることを報告している。一方、金美善「混じりあう言葉―在日コリアン1世の混用コードについて」(『月刊言語』32-6、2003年)によると、一世同士の会話では、朝鮮語と日本語(大阪弁)との混用である、いわゆるチャンポンマルも観察されるという。

　昨今、関西地方においてもブラジルなどからの移住者が増えている。今後、関西地方においても海外各地から新たな移住者が増えるのは必須である。その時、彼らが最初に出会うのは関西弁であり、それがどのように習得されていくのか、また、その過程で言語接触によってどのような変種が生じるのか、その状況を詳細に観察していくことが移住者の言語の実態を探る上での課題となろう。
〔岸江信介〕

▶▶▶E11 チャンポンマル

海外に渡った関西弁　　G14

　集団的な移動によって海外に渡った日本語には2種類のものがある。ひとつは、明治以降、ハワイやカナダ、ブラジルなどに移住した日本人とともに海を渡った日本語。もうひとつは、かつての植民地や統治領の人びとに習わせた日本語である。

　ハワイでは、多数派であった広島・山口方言が共通語になった。ブラジルの日系人の日本語にも西日本(熊本、福岡、沖縄など)の出身者が多いため西日本方言の特徴が観察される。カナダでも同じく西日本からの移民が多かったが、滋賀や和歌山など近畿地方の出身者が多いという点でハワイやブラジルと異なる。カナダでは関西弁の断定辞ヤ、接続助詞のサカイなどが用いられている。特に和歌山方言の*アスペクト形式テアル(ているの意)や可能形式ヤレルの使用が目立つ。ただし、カナダの日系人の日本語はカナダ国内で地域ごとに優勢な方言が異なり、和歌山方言が優勢になった地域はあるものの、

日系人間の共通語の位置を獲得するには至らなかった（渋谷勝己・簡月真『旅するニホンゴ―異文化との出会いが変えたもの』2013年）。

　植民地や統治領時代に日本語教育を受けた人びとは高齢化しているが、いまだに日本語を流暢(りゅうちょう)に話せる人も少なくない。その日本語には、地域間で違いがみられる。台湾では標準語・西日本方言を基盤に独自の変種が形成されており、韓国では標準語のなかに西日本方言が混入している。ミクロネシアは全体に標準語的であり、サハリンは北海道方言的である（真田信治「東アジアに残留する日本語」『言語の接触と混合』2007年）。台湾高年層が話す日本語には、存在動詞オル、（野菜）炊(タ)ク、コケル、足(タ)ル、否定辞ン、（ト）チガウなど西日本方言的な語彙や文法形式が取り込まれている。こういった方言が使用されるのは、台湾に移住した日本人に西日本（特に九州）出身者が多かったことによるのであるが、その西日本の方言形式の中には関西弁と特定できるものはないようである。（ト）チガウの用法などは関西弁と似ているが、これは独自に発生した形式だと考えられる。

（簡 月真）

▶▶▶G13 移住と関西弁

東京に取り込まれた関西弁　　　G15

　「ど真ん中」「ど根性」などという表現は、もともとは関西弁である。東京では「ど真ん中」は本来「まん真ん中」と言った。しかし今では東京でも「まん真ん中」と言う人はもうほとんどいない。特に「ど真ん中」の場合、これを典型的な関西弁だと意識する人は多分少ないであろう。一旦東京に入り込むと、それが今度はメディアによって全国に逆流する。発信地が東京なので、関西弁と意識されることがないわけである。たとえばホッコリということばも本来は京都の周辺部で、「あー、ほっこりしたなー」のように言って、安心したさまとともに、やや疲れたとき、また、もてあましてうんざりしたさまを表すときに用いられるものであったが、最近は、何かあたたかい、安心してほっと一息つける、のんびりするといった意味に限定して全国的に使わ

れるようになった。このことばも関西弁由来であると意識する人は多くないのではなかろうか。

　東京に取り込まれた関西弁としては、ほかにもシンキクサイ・シンドイ・アホなどがある。近年では、自分自身のことを言うウチ・ウチラ、また若者語のメッチャなども取り込まれている。東京では、すでにこれらのどの項目においても使用率が過半数を超えるまでに至っている。そして、これらのことばは、東北・北海道や九州・沖縄などでも若い人たちの日常の使用形式となっている。ところで、シンキクサイは、本来は「思うようにならなくて、じれったい。気がくさくさして、めいってしまう」といった意味を表すもので、西日本一帯に用いられたものであるが、近年は「暗くてうっとうしい。ぐずぐずしている」といった新しい意味で広がっている。

　このような東京での新しい言い方は各地に普及する強い力を持っている。現在の東京新方言のなかには地方から取り込まれたものが多いのであるが、一度東京で使われると急速に地方に波及するのである。東京の若者たちに取り込まれたことばが、そこで新しい意味や使い方、言い回しのアレンジが加えられて、本来使われていた場所に戻っていく。そこではことばの逆輸入ともいえる現象も起きる。たとえば、自称詞のウチとその複数を表すウチラであるが、本来は大阪の周辺部で女性が使用する用語であった。たとえば、「うち、しらんわ（私は知らないよ）」「うちら、しらへんわ（私たちは知らないよ）」のような使い方で、男性は使わない表現であった。しかし、首都圏でまず若い女性たちが使うようになり、それから徐々に女性、男性を問わず、最近では男児までもが用いるようになってきている。ウチという語のかわいい響きが好まれているようなのである。一方、大阪では、伝統的経緯からウチについて男性はさすがに使用に抵抗があるようなのだが、複数形のウチラについては、若い男性たちが葛藤しつつも使い始めていることが観察される。

　また、マッタリという表現であるが、大阪では、食べ物の味わいがまろやかでコクのあるさまを表した。「梅酒は、しばらく寝かせておくと、まったりしておいしい」のような使い方である。しかし、近年では、ゆっくりした緩慢なさまとか、無為の気分を表すものとして全国的に使われるようになった。堀井令以知編『上方ことば語源辞典』（1999年）によれば、「江戸時代の天保ごろから使われる。「あの方はマッタリしといやす」のように重厚な落ち

着いた感じの人にもいう」と、伝統方言としての用例が掲げられている。また、中井幸比古『京都府方言辞典』には、「子供にはマッタリ教えてやらんと」（ゆっくりの意）と伝統的な用法が載せられている。したがって、本来は必ずしも味の状態に限定されたものではなかったことがわかる。ただし、そこには、最近のような「ゆったりした無為な様」といった意味合いは認められないのである。したがって、そのような意味合いが付加されたのは、この語が、辛すぎたりしない穏やかな味についての表現として東京に取り込まれて以降のことだと推測されるのである。

　関西弁が東京の若者たちに魅力を持って受け入れられている理由は、やはり新奇を求める心理であろう。さらには自分たちのレパートリーに欠如している部分を補完するということもあるようだ。全国で行った関西弁のイメージ調査の結果では、《ストレートに表現するが、どこか温かい》《勢いがあって面白い》などの回答が多かったのであるが、これはまさに今までの東京のことば、あるいは標準語には欠けていたものであった。それから、いわゆるボケとツッコミに代表される言語行動である。たとえば喫茶店での、

　　A「コーヒ遅いなあ」
　　B「あれやな、ブラジルまで豆買いに行ってんねやな」
　　A「なんでやねん。そもそも俺が頼んだんアメリカンやで、行くんやったらアメリカやろ」
　　B「お前、アメリカン、アメリカの豆と関係ないやんけ（笑）」

などといった会話パターンが、各地の若者たちに伝播していっているのである。
　　　　　　　　　　　　　　　　　　　　　　　　　　　　　　（真田信治）

▶▶▶F3 関西弁のイメージ
▶語 アホ、ウチ、シンキクサイ、シンドイ、ホッコリ、マッタリ、メッチャ　　▶人 堀井令以知

ツイッターで発信された関西弁　　G16

1──ツイッターを利用した日本語研究の可能性

　ツイッター（Twitter）は、140文字までの短文をWebに投稿し、情報を発信・共有できる代表的なSNS（ソーシャル・ネットワーキング・サービス）である。近年注目されているビッグデータのひとつであるツイッターの投稿データは、その巨大な情報量からさまざまな研究のための資料価値を有している。ツイッターの利用者はSNS上で文章・写真・動画などを利用して、さまざまな人びととの会話や情報共有を行うことができ、多くの場合、位置情報を付与することができるため、投稿データを用いた地理空間分析も可能になる。つまり、ツイッターの投稿データは、Web上で交わされる言語データソースとして、日本語研究はもとより方言研究の資料としても活用できる可能性を秘めた言語ソースであり、同時に巨大な*コーパスだと捉えることもできる。最大の利点は、さまざまな言語事象を投稿データの中から抽出でき、その地域差を見出すことが可能となる点である。

2──ツイッターデータによる言語地理学的研究

　これまで方言の地理的研究では面接や通信調査、あるいはアンケートによる調査にもとづいて研究を進めることが常であったが、このような調査を経ずに、ツイッターの投稿データを活用することによって、方言分布の実態を明らかにすることができる。たとえば、峪口有香子・桐村喬・岸江信介「ツイッター投稿データにもとづく「気づかない方言」の分布解明」（『日本語学会2015年秋季大会発表原稿集』、2015年）では「散髪」と「床屋」、「美容院」と「美容室」が各々その使用において地域差がみられるのではないかという推測のもとにツイッターでの全国分布を探り、いずれも地域差のあることを見出している。

　ツイッターの投稿データから関西弁に着目し、関西弁がどのような地域でツイートされ、使用されているのかをみることもできる。ここでは、一例として、関西を中心に勢力を拡大しようとする新しい方言形式である「関西新

方言」(岸江信介「関西新方言と新しい変化」『日本海沿岸社会とことば』2010年)を取り上げる。

まず、利用するツイッター投稿データは、2012年2月から2015年4月に投稿された場所(位置)が明らかな約2億4千万件である。このデータをもとに方言を検索し、位置情報を手がかりとして市町村単位で地図化する。ICT総研(株)の調査によると、日本におけるSNSの利用者は、年々増えており、2015年末の段階で約6,400万人に達し、そのうち、ツイッターの利用者も約2,400万人でさらに増えることが予想されるとしている。また、ソーシャルメディア(ツイッター)の利用頻度に関する調査では、10代・20代の利用は30・40代の約2倍近くに達している。

関西弁を可視化した例として「おもしろくない」を意味するオモンナイを取り上げる。関西弁の特徴としては、オモロ(ー)ナイが知られているが、80年代以降、これに代わって、若年世代では新たな語形としてオモンナイが使用されるようになった。そこで、ツイッターの投稿データからオモンナイの使用例を抽出したものが、図である。

図　ツイッターデータから作成した「オモンナイ」の分布図

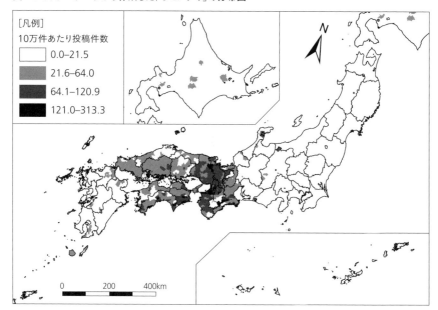

ツイッターの投稿データからは、大阪府や京都府など関西中央部を中心にオモンナイの使用頻度が高く、中国・四国や北陸方面など西日本全体に広がろうとしている状況を捉えることができる。井上裕子・松本早織・村上恵美・都染直也共編『JR神戸線沿線（神戸−姫路間）グロットグラム』(1998年)で示された調査結果や岸江（前掲）による大学生アンケート調査結果ではオモンナイが大阪を中心に急速に広がろうとする動きがみられ、ツイッターによる分布図の結果と、これまでにオモンナイの使用に関して実際に行われた調査による結果がほぼ一致しているものとみられる。

　大西拓一郎編『新日本言語地図』(2016年)の「面白くない」の調査結果には、オモンナイの使用がほとんどみられないことから若者にほぼ使用が限定されることがわかる。この語形は、おそらくオモロ（ー）ナイのあとを追うようにして関西中央部で誕生し、主として西日本へ分布領域を拡大していることがこれまでの調査結果やツイッターによる分布図を総合することで確かめられるのである。

　ツイッターのデータは、利用世代の中心が10・20代であることから若者のことばの実態解明などに向いており、ことばの地域差に関する研究のみならず、言語のバリエーション研究全般における利用が期待できそうである。

（峪口有香子・桐村 喬）

▶▶▶ F7 SNSと関西弁

エセ関西弁　　　　　　　　　　　　　　　　　　　G17

　関西弁の文末表現や語彙（ごい）などを用いて関西弁に似せてはいるが実際に関西で使われている関西弁とは異なることばのことを「エセ関西弁」という。関西弁を母方言としない人が関西風に話そうとしたり、関西弁を他方言の話者にもわかりやすいようにと標準語的にアレンジしたりすることで生じる関西弁の亜種といえる。

　関西弁を母方言としない人によるエセ関西弁は、多くの場合、本人にその

自覚がない。自分では関西弁を話しているつもりなのに周囲の関西人から「変な関西弁」「不自然」「間違っている」などと指摘され、傷つくこともある。ドラマやアニメなどで関西出身でない役者や声優が関西人を演じる場合にも、本人や方言指導者の相当の努力とは裏腹に「エセ関西弁」とレッテルを貼られてしまうことがある。図は、ドラマなどで聞かれる「不自然な関西弁（質問文では「大阪弁」）」について、大阪府出身の大学生がどのように感じているかを問うたアンケートの結果である。

アンケートは、大阪府出身の大学生（当時18～22歳）260名を対象に2011年に実施されたもので、「テレビドラマやアニメなどで、ときどき、俳優さんや声優さんが〈下手な大阪弁〉で役を演じていることがあります。それを見てあなたはどのように感じますか」という質問に対して「とてもうれしい」「ちょっとうれしい」「どちらともいえない」「ちょっと不愉快だ」「非常に不愉快だ」の5つからひとつ選ぶ方式を取っている。図に示すとおり、大阪府出身大学生の大多数が「ちょっと不愉快だ」「非常に不愉快だ」と回答している。その理由としては「違和感がある」「馬鹿にされている感じがする」「大阪弁について間違った覚え方をされたくない」「正しい大阪弁を使ってほしい」「大阪弁を使うならうまく使ってほしい」といった意見が聞かれた。

図　「下手な大阪弁」についてどのように感じるか(数字は回答者数)

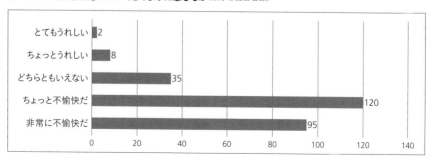

「関西弁（大阪弁）を使うなら正しく」と考えるのは自身の方言に対する愛着や自負の表れといえるだろう。加えて、関西の多くの人が、他の方言を母方言とする人にとって関西弁が難しい方言であるという事実に気づかず、その気になればだれでも使えると考えているのだと思われる。たしかに標準語と関西弁を対照してみると語彙（ごい）の多くは共通しているし、文法項目の対応関係も単純なものが多い。そのために、敬語（*待遇表現）や方言独自の語彙を覚えるだけで容易に関西弁を習得できると思われるのかもしれない。しかしながら話しことばにおいてより重要なのはそれらの表現がどのような調子で発せられるか、すなわちどのようなアクセントやイントネーションで実現されるかということである。たとえばナンデヤネン（▶語ナンデヤネン）という表現は文字の上では関西弁らしくみえるが、ナンデヤネンというアクセントで実現されたのでは関西人には受け入れられない。アカンヤン（だめじゃないか）、アメイヤヤ（雨は嫌だ）なども同様である（期待されるのはそれぞれナンデヤネン、アカンヤン、アメイヤヤ）。関西弁は京阪式アクセントという独自のアクセントパターンを持っており、これが、東京式アクセントや無アクセントといった異なるアクセントパターンをもつ方言の話者の関西弁習得を困難なものにしている（▶▶▶C2 アクセント・イントネーション）。

　外国語、たとえば英語の学習においても、単語や文法を覚えれば「ネイティブのような自然な英語」になるわけではなく、発音やアクセント、イントネーションのルールを身につける必要がある。しかしながら母語ではない言語をネイティブのように使いこなすのは困難であるし、そもそも言語はコミュニケーションの道具にすぎないのであるからネイティブと同じである必要はないという意見もある。同じように、関西出身でない人の話す関西弁についても関西人はもう少しおおらかな態度で接する必要があるかもしれない。少なくとも、相手のことばを否定することが関西弁に好感を持っている他地域出身者を傷つけたり、嫌な気持ちにさせたりしかねないという点は留意したほうがよいのではないだろうか。

　さて、もうひとつのエセ関西弁である「関西弁をアレンジすることで生じるエセ関西弁」であるが、これにはお笑い芸人や芸能人の関西弁、小説やアニメの関西弁があげられる。このタイプの関西弁は情報の受信者が関西出身者に限られないことを前提としていて、語彙を標準的なものに置き換えたり

方言的な要素を特徴的な文法項目のみに留めたりといった操作がなされる。結果としてどの地域の日本語話者にもだいたい理解される「関西風のことば」ができあがることになるが、関西弁を母方言とする人にとっては「標準語なまりのけったいな関西弁」と受け取られる可能性も出てくるのである（▶語ケッタイ）。

〔髙木千恵〕

▶▶▶D4 演芸・話芸と関西弁、D5 お笑い、F4 役割語と関西弁、H6 放送における関西弁、H7 関西弁と方言指導

関西弁施策

H

1 関西弁と国語教育 ... 340
2 方言の習得 ... 343
3 日本語教育と関西弁テキスト ... 344
4 中国人日本語学習者と関西弁 ... 347
5 韓国人日本語教師からみた関西弁 ... 348
6 放送における関西弁 ... 351
7 関西弁と方言指導 ... 353
8 医療・看護と関西弁 ... 355
9 関西弁と法廷 ... 356
10 「外国人」と関西弁 ... 359
11 育児語と関西弁 ... 362
12 関西弁の手話 ... 363
13 方言変換ソフト ... 366

関西弁と国語教育　　　　　　　　H1

1──学習指導要領での方言の扱い

　平成20年に改訂された国語科学習指導要領において、小学校での方言の扱いについては「共通語と方言との違いを理解し、また必要に応じて共通語を話すこと」(高学年)となっており、指導事項として「共通語と方言とを比較、対照させながら違いを理解し、それぞれの特質とよさを知り、共通語を用いることが必要な場合を判断しながら話すことができるように指導することが大切である」となっている。中学校では「話し言葉と書き言葉との違い、共通語と方言の果たす役割、敬語の働きなどについて理解すること」(2年生)となっている。指導事項として「方言は、生まれ育った地域の風土や文化とともに歴史的・社会的な伝統に裏付けられた言語である。その表現の豊かさと魅力など、方言が担っている役割を十分理解させ、方言を尊重する気持ちをもたせるようにしながら、共通語と方言とを時と場合などに応じて使い分けられるように指導することが大切である」と書かれている。平成22年改訂の高等学校指導要領においては、方言に関する直接的な言及が消滅する。「国語表現」の指導事項のひとつに「様々な表現についてその効果を吟味したり、書いた文章を互いに読み合って批評したりして、自分の表現や推敲に役立てるとともに、ものの見方、感じ方、考え方を豊かにすること」とあり、「様々な表現」の中に「方言や共通語の使い分けなど言葉の体系的な多様性」という説明が出てくるだけである。

2──方言教育の様相

　さて改訂を受けて関西弁は学校現場でどのように扱われているのであろうか。結論から述べると、積極的に扱われているとは言い難い。教育委員会レベルでは現場での方言教育事情を把握していないのが実状である。学習指導要領にもとづき、教科書に掲載されている「共通語と方言」の教材で小学校5年次あるいは中学校2年次に2、3時間触れる程度であるようだ。方言をメインとして扱うというよりむしろ学校によっては、総合的な学習で文楽・落

図　筆者による大阪弁ポスターを使った方言授業

語・昔話等をテーマにした授業で付随的に学ぶ。たとえば大阪市立高津小学校では6年生で文楽体験を週2時間行い、太夫から直接学んでいる。その際大阪弁で発音するよう指導されるが、学校関係者によると児童には大阪弁を学んでいる意識はないという。また2009年になにわ名物開発研究会（大阪の地域資源を活用し、大阪の活性化を図る異業種の有志団体）から、なにわ大賞特別賞未来賞を受賞した大阪市立日吉小学校6年生2クラスは「えげつない大阪弁ばっかりとちゃう」と5年生次から担任教員の指導の下で「良き大阪弁」を学んだ。学習発表会では笑いの要素を盛り込み、成果を発表したという。

　高等学校においては方言に関する学習指導要領の縛りがない分、現場での方言教育は小中学校に比して少ないといえよう。しかし自由度の高い実践が生まれている。長年淡路島の高校で教鞭を執った岩本孝之は論語や徒然草を淡路弁で教える実践をしていた。兵庫県立柏原（かいばら）高校では吉田究の指導で2012年に1年生278名全員が聞き書きの手法を使って、地域の文化遺産としての方言に親しむ目論見で、昔の風俗や戦争体験などを報告としてまとめる実践が行われた。大阪府立長吉高校では学校設定科目「大阪文学演習」において2001年から大阪文学と合わせて大阪弁を学ぶ授業が行われている。他には神戸市立六甲アイランド高校が創立以来設けている「神戸学」で、奈良県立五条高校では奈良県教育委員会が定める「奈良TIME」で、地元方言を扱う年度があったということである。両者とも総合的な学習の実践である。

　関西弁の方言教育は各学校や個人レベルでの取り組みが主となる中で、2006年から翌年にかけて行われた、和歌山県教育委員会による「わかやま

ことばの探検隊」の活動は、行政が主導した稀(まれ)な実践例である。和歌山方言の調査を通じて、言語感覚を磨き、和歌山の伝統や文化に対する誇りや愛着の心を育み、自らのアイデンティティの確立を促し、調査成果を広く伝え文化の普及に努めるという目的であった。隊員は中学生26名、高校生22名から成り、研究者や教育委員会の指導を受けながら、1泊2日で3か所の方言調査（222項目）を高年層を対象に行い、報告書としてまとめた。「和歌山弁は「ダサイ」というイメージを抱いていた。しかし、紀南へ初めて行って、地域の人々とかかわる中で、「ダサイ」が「すばらしい」に変わった」といった感想などから目論見の達成がうかがえる。報告書は調査経過や手順が掲載されており、各学校が方言調査に取り組める手引き書にもなっている。また和歌山県では「ふるさとわかやま学習大賞」を2009年より設けているが、2012年に奨励賞を受賞したのは紀の川市立麻生津(おうづ)小学校6年生による『ふるさと麻生津方言辞典』2巻の発行と方言劇の実践であった。直接的な方言教育の実践ではないが、兵庫県高等学校教育研究会国語部会が2003年3月に刊行した『兵庫県ことば読本』は、現代の方言の概説・関西方言・兵庫県の方言分布・兵庫県の方言を用いた文学作品・兵庫県下の談話資料・諺(ことわざ)や伝承・方言調査の手引き・方言グッズの紹介・兵庫県の方言の参考文献が収録された労作であり、方言教育を実施するテキストにもなっている。

3——これからの方言教育が目指すところ

ところで方言教育の目論見としては①標準語の習得、②アイデンティティや自文化の確認、③異文化理解が主となるが、④言語社会学的視点の深化もある。札埜和男は京都府立東陵高校・京都府立八幡高校・京都教育大学附属高校において、④の目論見を持った方言教育、たとえば作成した関西弁辞典についての他地域からの質問紙調査、身体的所作を伴う京ことば授業、桂文枝(かつらぶんし)作『大阪レジスタンス』鑑賞批評などを通じて、関西弁の持つ権力性を問うたり、伝統的関西弁の継承の阻害要因を考えるなどの方言授業を意識して実践してきた。関西弁は方言の中でも標準語に対抗しうる力を持ったことばであることに着目し、何を以て標準語あるいは共通語と呼ぶのか、なぜ標準語と方言を使い分けねばならないとされるのか、など所与のことを疑う授業を構築した。方言はともすれば文化理解や標準語学習の手段、心情イメージ

の教材とされてきた。これからの教育現場においては、従来の①②③に留まらない、問題解決能力や批判的思考力を養う新たな方言（関西弁）教育の展開が求められよう。

(札埜和男)

▶▶▶H3 日本語教育と関西弁テキスト　▶書『兵庫県ことば読本』

●札埜和男「ことば・教育・文化・社会」『授業づくりで変える高校の教室2　国語』明石書店、2005／札埜和男「関西における方言教育の実践紹介及びその特徴について」『京都教育大学紀要』No.128、2016／札埜和男「方言教育をめぐる国語科教員の意識調査とその結果」『京都教育大学国文学誌』第44号、2016／札埜和男「シティズンシップ教育としての方言教育―方言教育は誰のためか」『方言の研究2』ひつじ書房、2016／札埜和男「25年間に及ぶ高等学校での方言教育の軌跡」『日本方言研究会第104回研究発表会発表原稿集』2017／和歌山県教育委員会『わかやまことばの探検隊報告書』2007／文部科学省『小学校学習指導要領解説　国語編』2008／文部科学省『中学校学習指導要領解説　国語編』2008／文部科学省『高等学校学習指導要領解説　国語編』2010

方言の習得　H2

　人が生まれてから最初に身につけることばを「母語」という。日本に生まれた日本人の母語は日本語であるが、その実質は、関西弁など、その話者が生育した地域の方言である（「母方言」という）。子供は小さいときからまわりの大人が話す方言を耳にし、使用することによって、この方言を身につける。ここでいう方言とは、音声やアクセント、音韻、文法、語彙面での規則だけではない。あいさつや依頼のしかた、関西弁のボケとツッコミのような会話の運用方法など、言語行動に関するルールも含まれる。一方、子供たちは、方言を習得すると同時に、テレビや学校教育を通して標準語も習得する。その結果、現在では、どの地域で生まれ育っても、方言と標準語の両方を使用できるバイリンガルになるのがふつうである。

　以上が伝統社会における方言習得のありかたであるが、近年では、これとは異なったプロセスで方言が習得されることもある。たとえば団地やニュータウンなど、さまざまな地域の出身者が接触するところでは、使用されることばに標準語的な特徴が顕著である。また、子供がもっとも頻繁に接触する

母親のことばが標準語的であるということもある。このような言語環境で幼児期を過ごした子供たちのことばは自ずと標準語色が強くなり、方言を習得するのは、伝統的なコミュニティで方言を身につけた子供たちと接触する幼稚園や保育園に入ってからといった事態も生じている。

その他、転校や大学進学、転勤などによって異なる土地に移り住んだ人びとは、母方言と標準語に加えて、さらにその移住先で話される方言を習得することがある。また、*言語形成期に転居や転校を繰り返した児童のなかには、母方言がどれかわからないという話者もある。社会の流動性が増すにつれて、その方言習得のありかたも多様性を増している。

なお、伝統的なコミュニティで育った話者であれ、ニュータウンなどで生育した話者であれ、習得した方言と標準語は、頭のなかできれいに分離されているわけではない。一方では標準語の影響を受けた方言(*ネオ方言)が使用され(関西弁の否定過去表現のイカンカッタなど)、また一方ではアクセントや音声面などで母方言の影響(転移)を受けた標準語が使用されるなど、両者がさまざまに混じり合い、ことばの面でも複雑さを増している。　　(渋谷勝己)

▶▶▶G13 移住と関西弁、H11 育児語と関西弁

日本語教育と関西弁テキスト　　H3

1——テキスト制作の目的

今まで本格的な関西弁のテキストはほとんど存在していなかった。ここでは、数少ない本格的なテキストの代表として、『聞いておぼえる関西(大阪)弁入門』(岡本牧子・氏原庸子、2006年)というテキストを紹介する。これは、日本語を母語としない人びとに日本語を教える現場において方言指導の必要性を感じる中で制作されたノンネイティブ向けの関西弁テキストである。そもそも日本語教育の世界には方言を教えるといった発想が、本テキストの出版当時はなかったのである。そこでは正しい日本語は共通語(標準日本語)であ

るという認識のみがあった。

　そんな中、このテキストが生まれるきっかけは、ある優秀な卒業生の一言からであった。日本語学校を卒業後、関西の有名大学に進学したその学生は「大学の先生が授業時に関西弁で講義をするので何を話しているのかがわからない」と悩んだというのである。このことばによって、われわれ日本語教師は方言教育の必要性を感じたのだが、当時（1997年頃）は、「まいどおおきに」「もうかりまっか」「ぼちぼちでんな」に代表される大阪弁面白会話集、または外国人向けの対訳本のようなものしかなく、地域に住む外国人が現代の関西弁を本格的に学ぶための教材などは存在しなかった。そこで初めは日本語学校の教室で使用する目的でテキスト作りをスタートさせたのである。

　テキストの骨子として、次のことを掲げた。1）学習者が関西弁を聞いて、相手の話を誤解せずに理解できることを目的とする。聞いてわかれば、発信は共通語でもコミュニケーションが取れるからである。そのために聴解教材とする。2）日本語の入門レベルからのテキストではなく、初中級程度の日本語文法をマスターした学習者を対象に、既習の日本語文型を関西弁ではどう言うのか、その関西弁と共通語との違いは何かというところに重点を置く。3）いわゆる船場ことば（▶▶▶E2 船場ことば）など、大阪弁の伝統方言を辿るものではない。また、特定の職業、地域を限定せずに、「大阪を中心とした地域」で話されている、という程度の幅のある「関西弁」、つまり日本語学習者が日常生活の中で耳にする「関西弁」を対象とする。

2——方言の多様性とテキスト

　しかし、すぐに大きな壁に突き当たった。制作メンバーは大阪、神戸、京都と出身地は違うが、いずれも大阪市にある学校で教えている日本語教師であり、普段の関西弁による会話には何ら支障を感じたことはなかった。だが、いざテキストを制作する段階になると、それぞれが自分の話すことばこそが関西弁だと思い込んでいるという現実に直面したのである。アクセント、語のニュアンス、表現形式そのものの違い、たとえば「来ない」はケーヘン・キーヘン・キーヒン・キヤヘンなどのバリエーションがあり、聞けばわかるが使いはしないというような互いのズレが生じ、テキストとして、どれをどこまで扱うのかといった点に悩んだのである。

図1　メーヘンの意味

映画、見えない。　　　　　これ、見たでしょ。そんなの見ないよ。

図2　ノミナの意味

のみなさい　　　　　　　　　　　のむな

　もうひとつの問題は、アクセントやイントネーションの表し方である。一般的な記号では、「関西独特の微妙な高低」を表現することが難しかった。そこで音符記号で五線紙に表すことを試みたのである。これによって、文字にすると同じでもアクセントの違いによって意味が変わることを表すことができた。たとえば、図1のような、「見えない」のメーヘンと「見ない」のメーヘンなどがそれである。

　また、関西弁のノミナは「勧め（飲みなさい）」と「禁止の命令（飲むな）」の2つの意味をもつが、イントネーションによってその判別がなされる（図2）。

▶▶▶C2 アクセント・イントネーション

3——関西弁テキストの性格

　このテキストの利用者は、日常生活の場で関西弁を聞く必要がある日本語学習者であるが、このテキストは関西弁を学びたいと希望している日本人ネイティブにも随分と役に立っているようである。しかし、このテキストで扱っている関西弁は関西地域で話されていることばのひとつの包括的な集合体ではあるが、ひとつの規範を示したものではない。制作過程でみじくも

露わになったことでもあるが、それぞれの言語体系が、地理的に、また世代によって少しずつ変容しながらも生き続けているのが関西弁であり、これはその一斑を切り取ったものに過ぎないのである。
(岡本牧子・氏原庸子)

▶▶▶H1 関西弁と国語教育

中国人日本語学習者と関西弁　　H4

　関西弁といえば、多くの中国人はコントによく使われる中国の東北方言を連想するであろう。ことばのおかしさ、面白さ、庶民性、国内における高い認知度など、両者の共通点は多い。中国の日本語学習者、特に日本のドラマやアニメーションをみている若者は、登場人物の関西弁の使用によって、関西弁の存在を知っており、それは笑いを取る方言だと認識しているようである。インターネットの日本語学習サイトに関西弁を紹介し教えるコーナーがある。たとえば、中国で知名度の高い日本語学習サイト「沪江日語」では、大阪弁教材として『聞いておぼえる関西（大阪）弁入門』(真田信治監修、岡本牧子・氏原庸子著)が紹介されており、「大阪弁を学ぼう」や「コナンを見て服部平次に大阪弁を学ぼう」などのコーナーが設けられている。一方、関西で生活する中国人は関西弁に親しんでおり、日常的に関西弁を使用する人も多い。一般的に言えば、地域社会で生活する外国人は日頃置かれている言語環境によって方言の習得度や使用度を異にする。方言がよく使われる工場などで働き、日本語を体系的に学習したのではなく日常生活の中で聞き覚えた人は、一般に方言の習得度や使用度が高い。関西で生活する中国人もその例外ではない。彼らの関西弁の使用には次のような傾向がみられる。

　(1) 日本で生まれたり幼年時に来日したりした子供は関西弁の習得度が高く、周囲の日本人の子供と同等の関西弁を使用している。(2) 日本語の習得度が比較的低い大人であっても日常的に関西弁の環境に置かれていれば標準語よりも関西弁をよく習得しており、使用度も高い。中国語（方言を含む）で話す時にも関西弁を混ぜて使うことがよくある。たとえば、「个个都有工作

（みんな仕事があって）、个个都返工㗎（みんな働いているからね）、边理得你咁多呀（あまり面倒をみられないじゃないか）。係啲女（娘たちだけ）、ナ、啲女晚晚都嚟呀（娘たち毎晩来てくれるのよ）、ナ。（中略）好寂寞呀（すごく寂しいよ）。サビシーデ」のように、広東語に関西弁を混ぜて使用する。時には、日本語がわからない中国人と話す時にも次のように無意識的に関西弁を混ぜることがある。「你们去过的（あなたたち行ったことがあるよ）、这里（ここ）ヤロー」。そして特筆すべきは、関西弁の形式を使用していなくても、アクセントやイントネーションが関西弁的なものになっている場合が多いということである。 （陳 於華）

▶▶▶E11 チャンポンマル、G13 移住と関西弁、H3 日本語教育と関西弁テキスト

●彭飛編著『大阪ことばと中国語』東方書店、1988／彭飛『外国人留学生から見た大阪ことばの特徴』和泉書院、1993

韓国人日本語教師からみた関西弁　H5

1——韓国人日本語教師の関西イメージ

　方言に対するイメージというものは、必ずしも方言だけに対するイメージではない。それは、その方言をしゃべる人びとや、さらには、ことば自体とはほとんどかかわりのない県民性とか地域イメージといったものと密接に結びついていることが多いのである。

　ここでは、韓国人日本語教師の関西・関西人・関西弁に対するイメージや、日本語教育において方言がどのように取り扱われるべきか、についての小調査から得られた資料にもとづいて考えてみる。調査は、韓国・ソウルの各大学で2015年5月から6月にかけて行った。調査対象者は、現在韓国の大学で日本語教育に携わっている43人（首都圏留学経験者29人、関西圏留学経験者14人）で、それぞれ当該地域で3年以上の日本留学経験のある者である。

　まず、「関西に対するイメージ」の好悪に関して尋ねた結果、「とても好き」25.6％、「好き」37.2％、「特に他の地域と変わらない」18.6％、「嫌い」

図1　韓国人日本語教師による関西に対するイメージ

とても好き	好き	他地域と変わらない	嫌い	かなり嫌い
25.6	37.2	18.6	16.3	2.3

16.3％、「かなり嫌い」2.3％であった（図1）。要するに、韓国人日本語教師の大多数は、関西に対して良いイメージを抱いていることがわかる。なお、首都圏留学経験者より関西圏留学経験者の方にプラス評価が多かった。

次に、「関西人に対するイメージ」について、複数回答の評価語を10位まで序列化すると「活動的、明るい、おしゃべり、人情味がある、がめつい、面白い、煩い、せっかち、粘り強い、品がない」といった順で、プラス評価語が上位を占めている。関西という地域に対するイメージと同様、関西圏留学経験者の方にプラス評価が多かった。

さて、「関西弁に対するイメージ」はどうであろうか。図2から全体の平均をみると、プラス評価では「柔らかい」が最も多く、以下「軽快」、「好き」の順であった。マイナス評価では「聞きにくい」と「汚い」が同率で、以下「嫌い」の順になっている。関西圏留学経験者は「柔らかい」、「好き」などプラ

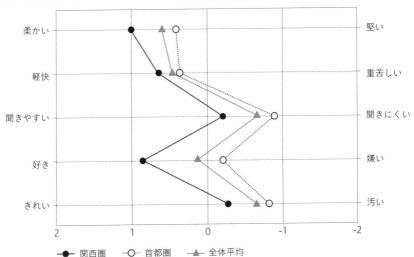

図2　韓国人日本語教師による関西弁のイメージ

ス評価に捉(とら)えている反面、首都圏留学経験者は「聞きにくい」、「汚い」などマイナス評価に捉えていることがうかがえる。すなわち、関西圏留学経験者ほどプラス評価が多いということである。イメージの喚起に際しては、居住経験や当該地域の人びとに対する感情が要因として働くことが明らかになった。

2——日本語教育で方言を教えるべきか

そして、「韓国人の日本語学習者に日本の方言を教えるべきか」について尋ねた結果では、「教える必要はない」と答えた人が8割近く（79.0％）を占めていた。その理由として、「標準語を教えるのが精一杯で、方言までは無理」が最も多く、他には「自分が方言に詳しくないので」などの答えがあがっていた。一方、「教えたほうが良い」とした人（18.6％）は、その理由として、「日本人と円滑にコミュニケーションを図るため」が最も多かった。さらに、「教えたほうが良い」と答えた人に「方言をどの程度まで教えるべきか」と尋ねた結果では、「日常生活に困らないように、聞いてわかる程度に」という意見が大勢を占めていた。結局、韓国人日本語教師の場合、かなりの人びとが方言教育の必要性をそれほど強くは感じていない、ということである。

近年、日本語学習者の増加に伴って、留学生の日本での生活パターンが多様化し、かつ居住地域も全国各地に散らばるようになった。日本語学習者は来日後すぐに居住地域の方言を耳にせざるをえないことを考えれば、今後、社会言語学的な知識の必要性とは別の次元で、使用頻度の高い方言形の運用や、方言を理解させる教育のあり方について、真剣に検討しなければならない状況が到来しているのである。

（任 栄哲）

▶▶▶F3 関西弁のイメージ、H3 日本語教育と関西弁テキスト

●任栄哲「日本語は韓国人にどう評価されているか」『言語』18-11、大修館書店、1989

放送における関西弁　　　　　　　　　　H6

1——テレビにおける標準語と関西弁

　筆者は関西の民放テレビ局に勤務して30余年、一貫して主に報道の現場で働いてきた。その現場で、目と耳で接してきた「放送における関西弁」の移り変わりについて記す。アナウンサーとして入社した1984〈昭和59〉年、テレビ放送、特にニュースにおいての言語は「標準語（共通語）」が規範であった。規範であるということは、「そうすべきだ」との姿勢を指す。しかし結果として、全て標準語で放送されていたわけではない。標準語を使う（使える）のは全国ネットの番組、それもアナウンサーに限られた。しかも、ことばは標準語でもアクセントやイントネーションまで標準語であったとは言い難い。報道記者の中継やリポートは、かなり「訛って」いるケースも多かった。しかしローカル放送においては、かえってそのほうがその地域らしさが醸し出され、親近感を生み出していた。関西のテレビ局のニュース番組のキャスターは、VTRが流れているストレートニュース原稿は標準語で読み、その後のスタジオで顔を出してのコメントなどには、アクセントやイントネーションを関西風にアレンジするケースも多く、その微妙なさじ加減によって、各局の個性も出ていたように思う。そういったニュース番組に比べると、芸能・バラエティ番組では、たとえアナウンサーであっても、全編、関西弁で話すアナウンサーもいた。特にラジオを持つ局は、「DJ番組」で関西弁でのフリートークに慣れているアナウンサーも多く、テレビでも標準語と関西弁のバイリンガルとして活躍していた。これは、「標準語＝ニュース＝真面目＝公式のことば」vs.「関西弁＝バラエティ＝親しみやすい＝普段着のことば」という意識が視聴者の間にあったからだと思う。関西出身のアナウンサーは、その間を自由に*コード・スイッチングさせながら行き来したが、関西以外の地域出身のアナウンサーにとっては、20歳を過ぎてから移り住んだ関西で関西弁を自由に操ることは至難の業であることが多いように思う。

2──テレビにおける関西弁の地位とその変化

　テレビの影響力は、強い。インターネットやスマホ（スマートフォン）の時代になってもなお、強い影響力をもつ。そのテレビにおいて、筆者が入社する前後から現在までの関西弁の地位の変化についてはどうであったか？　当初は「関西弁＝がめつい・どぎつい」というマイナスイメージが強いものであった。これは1960年代〜70年代に関西のテレビ局の制作で全国に放送された主として花登筺（はなとこばこ）原作による『番頭はんと丁稚どん』『細うで繁盛記』『どてらい男（やつ）』などの「商人物（あきんどもの）」によって形成された。そして1980年、『THE MANZAI』等のお笑いブームによって、今度は「関西弁＝おもしろい」というイメージが築かれた。関西人の会話は、素人でも「漫才みたい」と言われた。「おもしろい」を、良く言えばプラスイメージだが、「ふざけている」と感じる人にはマイナスイメージであった。さらに1990年代以降、吉本興業の東京進出に伴って、お笑いコンビのダウンタウンをはじめとした多くの芸

コラム　関西弁と野球

　戦前から関西は野球が盛んでレベルが高かったせいか、野球のことばには「しばく」「放る」「しょんべんカーブ」等関西弁が幅を利かせている。中でも「ど真ん中」は全国的に使用されている関西弁野球用語の〈エース〉であろう。毎日放送アナウンサーとして活躍された江戸っ子の井上光央（てるひさ）さんに「ど真ん中」について伺ったことがある。東京では耳にしたことはあった程度で、1950年代に大阪に来てから、当時南海ホークスの鶴岡一人監督からよく聞いた関西弁だという。「ど」は否定的な、罵倒（ばとう）する意を持った関西弁だが「ど真ん中への失投」「ど真ん中のボールを見逃し」といった表現のように、野球の観点からいえば非難する気持ちとして「真ん中」に「ど」が付けられたのであろう。

　プロ野球選手には関西出身者が多く、関西弁を積極的に使う選手もいる。日本ハムで活躍した岩本勉投手は、ヒーローインタビューの冒頭では必ずスタンドに向かって「まいどー」と拳をあげて叫んでいた。大阪出身の彼はファンへの感謝の気持を関西商人風に伝えていたのである。日本ハムの選手は、人気薄の「パ・リーグの悲哀」を嫌というほど味わっていたのであり、少しでも目立たんが為であった。阪急で指揮を執った上田利治監督も「○○（選手名）はえーで、えーで」と連発して選手をマスコミに売り出そうとした。

　野球では関西弁（方言）活用も重要な戦略（ストラテジー）なのである。

（札埜和男）

人が、東京から関西弁で漫才やコントのみならず、あらゆる種類の番組を発信し始めた。これによって、若者たちにとっての関西弁のイメージは、それまでの「おもしろい」を超えて「カッコイイ」というプラスイメージへと転換された。関西弁は、関西という一地方の方言から東京発の第二の標準語への道を歩み始めたといえるのではないか。

　あれから20年余、現在の関西弁の位置はどうなっているのか？　最近、関西のテレビ局に入ってくる東京生まれ東京育ちの新人アナウンサーが、(もちろん全てのことばではないが)関西弁のアクセントやイントネーションでしゃべることが、ままある。読売テレビ発の全国放送番組『情報ライブ ミヤネ屋』のメイン司会者である宮根誠司は島根県出身で、生粋の関西人ではないのだが、「関西以外の全国の人がイメージする関西弁」を番組で駆使して、人気を集めている。これに対して「全国放送なのだから、関西弁ではなく標準語を使え」という視聴者の声は、ほとんどない(多少はあるが)。21世紀に入って十数年、放送のフリートークで使う関西弁は、標準語と同じ地平に立ったと言えるのではないだろうか。

(道浦俊彦)

▶▶▶F3 関西弁のイメージ、G17 エセ関西弁

関西弁と方言指導　　　　　　　　　　　　　　　H7

　映画やテレビドラマなどの演出において、方言指導という分野がある。長くその世界で指導に当たってきた大原穣子さんは、大阪弁の方言指導をめぐって、次のように記している。

> 　若い俳優さんの大阪弁にこだわりつづけていた私は、甲南女子大学で行われた日本方言研究会に参加した時、やっと今の若者ことばに対する気持ちのふんぎりがついた。
> 　現代の若い人たちの間では、「……しはる」「来はる」「言わはる」等の「ハル」ことばも使われているけれど、今では「……しやる」「きや

る」「いいやる」など、一段下に見られていた「ヤル」ことばが勢力を強めてきているとのこと。

　子供の頃、よく親から「そんな下品な物言いしたらあかん」とことば遣いについてはうるさく言われたものだ。そのために自分の感性を基準に、品が良いとか、悪いとかを選択する習性が身に付いていたように思える。

　しかし、方言指導の仕事では、現実に使われている「ことば」そのものの存在を否定してはならない。私の中でこだわり続けていた彼女（引用者注：若い俳優のこと）の大阪弁を「現代若者ことば」の一つの傾向として、確認させられたのは、学会に参加しての何よりの収穫であった。

　「今頃の若いもんは……」これは昔から言われ続けてきたことばである。自分の感性だけの物差しだけで計っていると、現実の変化を見誤ってしまう。今の若者ことばも「今」という時代に生きているからだ。

　「ドラマに生きたことば（方言）を！」という方言指導担当者としての課題の重さが、改めてズッシリと感じられた。

（大原穣子『故郷のことばなつかし ドラマによみがえる方言』1994年）

　このような方言指導の領域では現実をそのまま反映させることに徹するべきか否かについては議論のあるところであろう。いずれにしても、ここでは、伝統方言と現実の使用言語との採否をめぐってのさまざまな悩みの存在することがうかがわれるのである。そして、注目したいのは、このコメントの中の「そんな下品な物言い……」といった言辞である。そこに伝統的な規範が述べられているからである。一方で「ヤル」ことばが勢力を拡大しつつあるのは、関西の女性たちがこのことばにある種のプレステージを感じているからにほかならない。もちろんそれは従来の規範から故意にずらしたところに見いだされる潜在的なものではあろうけれども（*潜在的プレステージ）。現代はまさに高速度社会、いろいろな変化のインパクトがそれぞれの世代にあって、価値観といったものも微妙にゆれている時代である。伝統的な表現と新興のことばづかいとの葛藤に目を向けた研究をする者にとっては魅力的な時代であるが、指導（教育）の分野においては、その基本的な指標自体が流動的でとらえがたくなっているわけで、むずかしい時代ではある。　　（真田信治）

医療・看護と関西弁　　　　　　　　　　H8

　方言には標準語では言い表すことのできないことを細かく伝える表現があるため、病気の時などは特に、高齢者を中心に方言を使用して症状を訴える場面がみられる。今村かほる「医療と方言」(『日本語学』30-2、2011年)では、1.身体語彙・動作語彙、2.人間関係語彙、3.病名語彙、4.症状語彙、5.感覚・感情語彙の方言理解が必要であるとした。

　関西方言は対人的配慮の表現が東日本よりも発達しており、単に敬語の使用というだけでなく、ことば数の多さ、方言の使用場面の多さなどコミュニケーションスタイルそのものが異なっている。医療や看護の現場においても、親近感・信頼感の形成といったコミュニケーションの重要ツールとして方言は機能している。一方で東日本大震災では、単語の違い(「しんどい」(▶語シンドイ)が被災者にはわからない)・アクセントやイントネーションの違いの他、コミュニケーションスタイルの差異(「迫ってくる感じがする」など)による違和感が被災者との間で問題となる場面がみられた。また、昨今の社会変化としてEPA(経済連携協定)などにもとづく外国人看護師・介護福祉士の受け入れ問題がある。両候補者の受け入れは、2008年度にインドネシア、2009年度にフィリピンとの間で始まり、2014年度にはベトナムからの受け入れも開始された。厚生労働省によれば、2016年度9月までに看護師候補者・介護福祉士候補者は総計3,800名が入国している。彼らが訪日前後に学んでいる日本語は標準語であるが、関西各地での就労研修開始後、候補者が実際に向き合う患者・施設利用者は方言を話すことが多い。今村かほる・中島祥子「EPAによる外国人看護師・介護福祉士候補者の直面する方言の問題について」(『日本語教育学会2014年度秋季大会発表予稿集』2014年)は、外国人看護・介護福祉士候補者達は、方言を学びたいと考えているが、国家試験の準備や日々の業務をこなすために時間が足りないと感じていることなどを明らかにした。一方で、研修先の責任者は、彼らの直面している方言の問題を認識していないことが多く、ずれがみられる。

　2014年5月の政府の発表を皮切りに、今後、高齢社会対策として関西地区には経済特区を設け、介護の他、家事労働の分野で外国人労働者の積極的

な受け入れが予定されており、関西では特に外国人労働者と方言の問題が解決すべき喫緊(きっきん)の課題になるといえよう。
（今村かほる）

●厚生労働省「インドネシア、フィリピン、ベトナムからの外国人看護師・介護福祉士候補者の受入れについて」http://www.mhlw.go.jp/stf/seisakunitsuite/bunya/koyou_roudou/koyou/gaikokujin/other22/index.html（2017年6月1日閲覧）

関西弁と法廷　　H9

1──法廷における関西弁の機能

　法廷で使われる関西弁が果たす機能は4つにまとめることができる。4つの機能とは「心的接触機能」「リズム変換機能」「カムフラージュ機能」「引用機能」である。「心的接触機能」は相手の心に近づこうとする働きである。この機能はさらに3つに分けられる。法廷という緊張の極致に達した空間に、安らいだ気分をもたらす働き（場の緩和機能）、相手を追い詰め攻撃する働き（攻撃機能）、法廷という非日常の世界に法廷外にいるかのような日常の世界をつくる働き（日常の空間形成機能）である。「リズム変換機能」は証人尋問や被告人質問においてみられる機能である。尋問や質問の単調さを防止するために、方言を使うことで尋問や質問のリズムを変えて念を押す、また、メリハリをつけて一本調子になることを避ける機能である。「カムフラージュ機能」とはことばの意味に厳密さが要求される法廷の場において、方言を使うことで相手の主張を弱めたり曖昧(あいまい)にさせたり、時には自分の主張をぼかす働きである。「引用機能」は方言や方言の入った会話が事実を証明する証拠として引用される機能である。たとえば恐喝事件における脅し文句は方言であり、それは標準語に置き換えることはできない。

2──法廷の関西弁がもつ「権力・権威」

　「権力・権威」の視座から法廷での関西弁をみると、差別と排除の問題が

立ち現れる。「攻撃機能」にみられることだが、法曹関係者にとって法廷の中で関西弁は法廷内の弱者である被告人や証人を追い詰める「弱いものいじめの道具」となる。つまり関西弁が権力・権威あることばとなるのである。法廷の中での関西弁は、従来の方言研究で明らかにされてきた「プライベート（くつろいだ場）で使われる」「仲間意識を形成する」「親しい人ほど使う」ことば、という知見が必ずしもあてはまらない。法廷の中の関西弁は「オフィシャル（かしこまった場）で使われる」「相手を攻撃する」「疎の人間関係にある対象ゆえに使う」ことばであるといえる。法廷でみられる関西弁の機能を主に誰がどんな目的で使っているのか、という点から考えると、問題になるのはその方言使用が誰に対して開かれているのか、という点である。その方言使用の主導権を自由に（意図的に、時には無意図的に）扱っているのが法曹関係者たちであることは注目すべきである。法曹関係者にとって関西弁はストラテジーとして機能している。関西弁は法曹関係者にとって自由に操れることばとして機能しているだけで、市民には閉じられたことばとなっている。市民が意図的に使うのは「引用機能」だけである。攻撃機能を兼ねて「法律の素人」である市民がストラテジーとして関西弁を利用するケースもあるが、そ

コラム　国会会議録と関西弁

　国会会議録の中にも関西弁は散見される。本来整文によって方言的要素は標準語に修正されているはずであるが、実際に以下のような関西弁としか考えられない表現が出現する。

　「よう聞いておいてほしいねんね。要するに、後ろからペーパーをもらって一般論をずっとしゃべったらあきまへんで、それは。」
［穀田恵二議員、平成27年7月10日、第189回国会衆議院我が国及び国際社会の平和安全法制に関する特別委員会19号］

　関西弁のほとんどは国会議員による委員会発言である。その場合も、関西出身ないし関西居住歴のある議員が使う場合と、非関西出身議員が引用として使う場合があるが、議員の選挙区は関西地域だけではない。関西弁を国会という公式場面でも使うことがあるということは、関西人の母方言に対する自信を物語るものと言えよう。整文で修正された関西弁や、アクセントを始めとする音声面まで考慮すれば、国会で使われる関西弁はさらに多くなるはずである。

（松田謙次郎）

れは例外中の例外であるといえよう。市民が関西弁を駆使するためには、覚悟が必要とされるわけである。ただ無意図的に市民が法廷で方言を話す場合はある。市民がそのことばを方言ではなく標準語だと思い込んでいる場合である。関西に限っていうと方言のもつ権力・権威は、(少なくとも) 戦後以降については法曹関係者が法廷で使用してきた事実から、「方言の復権」ということば自体あり得ないのであって、法廷から「市民のことば (方言)」を排除した状態で、方言は権力と権威を保持してきたといえるのである。

3――裁判所の中での関西弁

　裁判は必ず記録されるのだが、書記言語としての関西弁について触れると、方言が直接争点にかかわる場合を除いて、標準語に「翻訳」されて記録に残る場合が大半である。記録の厳密性という点で問題だが、ここには養成停止に伴う裁判所速記官の減少や音声認識装置の導入も絡んでいる (音声認識装置は関西弁に対応できず相次ぐ誤訳の事例が弁護士から報告されている)。裁判所においては、標準語に比して書記言語でも関西弁は「虐げられている」ことばであるが、裁判員制度PRの際には方言がキャッチコピーに使われ、宣伝媒体として大阪や和歌山の裁判所で積極的に利用された。裁判所内における関西弁の地位を考えると、都合よくストラテジーとして利用された感は否めない。

4――方言権と関西弁

　*言語権の視座から法廷で関西弁を使用する権利の問題を考えた場合、関西以外の裁判 (*ウチナーグチがかかわる「国会爆竹事件とウチナーグチ裁判」「日の丸裁判」、アイヌ語が関係する「二風谷ダム裁判」といった事例や、豊前方言が使われた「豊前環境権裁判」) にみられる「アイデンティティ機能」と呼ぶべき機能は大阪の法廷ではみられない機能である。アイデンティティ機能は市民が法廷で方言を意図的に使用する場合に伴う機能であり、方言で話す権利すなわち「方言権」とセットで現れる機能であるといえる。法廷では意図的に方言を話す自由が抑えられ、標準語を強いられる仕組みになっていることを考えると、方言のアイデンティティ機能は市民が法廷で方言権を行使するストラテジーとなりうるものであり、方言権を保障する機能でもあるといえる。しかし関西ではあえて自身が「関西人」であるアイデンティティを主張する裁判自体が

起こり得にくいので、関西の法廷で方言権が叫ばれることはないといえよう。

(札埜和男)

●札埜和男『法廷における方言』和泉書院、2012／札埜和男『法廷はことばの教室や！』大修館書店、2013

「外国人」と関西弁　H10

1──「外国人」

　まずは「外国人」という表現について考えてみよう。何気なく使っていることばであるが、「外国人」がどのような人を指すかを定義することはそれほど簡単ではない。「外国人観光客」と「外国籍住民」との違いならまだ想像がつくであろう。しかし、「外国籍住民」には、日本に生まれ、初めて身につけたことばが関西弁であるという人も少なくない。このため、外国人＝外国語話者という一般化はできない。また、我々は他人の名前、外見や使用言語などにもとづいて、その人が「日本人」か「外国人」であるかを単なる2種類に区別しがちである。しかし、たとえば「在日○○人3世」や「日系人」のような人びとの存在に目を向ければ、「日本人」「外国人」といったカテゴリー化自体が日本に住んでいる人びとの多様性を考慮していないことや、「国籍」だけでその人が日本人かどうかを判断できない場合も多いことがわかる。

2──在日コリアンと関西弁

　日本国籍を有しない人は、90日を超えて日本に滞在しようとすると、法務省入国管理局に「在留資格」を申請する義務がある。そして、在留資格を取得した人は「在留外国人」として把握される。法務省の統計によると、2014年12月現在、近畿地方に437,297人の「在留外国人」が住んでおり、その87％がアジアにルーツをもつ人である。国籍別にみると、韓国・朝鮮が全体の47％を占め、以下、中国、ブラジル、フィリピン、ベトナムと続いている。

また、全体の40％が、「特別永住者」の在留資格をもつ「旧来外国人」や「オールドカマー」とも呼ばれる旧植民地出身者およびその子孫である。その99％は韓国・朝鮮籍者（いわゆる「在日コリアン」）であり、彼／彼女らの存在と関西の言語文化を切り離して考えることはできない。関西弁になった朝鮮語として、たとえば映画の題名にもなった「パッチギ(박치기)」から由来した関西弁の「パチキ（頭突き、側頭部の髪の毛に剃り込みを入れる）」があげられる（▶▶▶E12 関西弁のスラング）。

3――第二言語としての関西弁

　在日コリアンのような「旧来外国人」に対して、戦後、特に1980年代以降に来日した外国籍住民のことを「新来外国人」や「ニューカマー」と呼ぶ。そのほとんどが日本語を第一言語としない人であるため、彼／彼女らの多くが国内で何らかの形で行われている日本語教育や日本語支援の対象となっている。しかし、海外における日本語学習者とは異なり、日本で生活をしながら日本語を身につけていく彼／彼女らにとっては、日本語は「外国語」よりもむしろ、「第二言語」や「生活言語」となることを理解・考慮しながら日本語学習支援を進めることが必要である。地域社会でのコミュニケーションに欠かせない地域語についての知識を伝えることも、そのような支援の重要な一環である。

　日本語非母語話者の間でも関西弁は知名度と人気が高いため、学習者向けの関西弁に関する図書やウェブサイトが、日本の他の地域語と比べて豊富である。とはいえ、他言語同様、関西弁も単に教科書・教材からのみで習得できるものではなく、実際の生活の中で教科書・教材の知識を応用（試行錯誤）しながら身につけていくしかない。また、関西弁と標準語は相互排他的に切り替えるものではないため、相手と場面に応じて上手く混用できる能力も求められている。「あれ、忘れへんくない？」などといった若者言葉までブレンドさせなくてもよいという意見もあろうが、たとえば「やめろや！」「やめぇや！」「やめてぇや！」のような表現のニュアンスの違いを理解するため、標準語と関西弁の知識のみならず、周りの人びとの言語行動をよく観察することも必須である。

4——関西弁の地位

　ある地域のことばを話せば、その地域の人びととより一層親しくなる。近畿地方も例外ではないが、関西弁を話そうとする他地方（特に関東）出身の人に対して「なんぼ頑張っても、それ関西弁ちゃうやろ」といった態度もみられる（▶▶▶G17 エセ関西弁）。それは、同じ「日本語人」に対して、関西出身の人は自分が関西弁の「所有者」、つまり評価できる立場にいる者であるとアピールしたくなるためであろう。それに対し、日本語の非母語話者（特に欧米人）が「ホンマ」（▶語ホンマ）や「アカン」（▶語アカン）の単語さえ使えば、すぐにちやほやされるのは何故であろうか。その理由として、外国人はもとより「日本語人」という領域から外されるため、日本人同士ほど地域語の使用が帰属意識の問題にならないことが考えられる。また、「外国人」や「日本語」そのものに対して付随しているイメージも関連しうる。たとえば、日本における「外国人とのコミュニケーション」は日本語よりむしろ他言語（特に英語）の使用を意味するという先入観や、日本語は特に難しい言語であるという見解があげられる。きわめて少数でありながら「外国人」の象徴となりがちな欧米人を基準としているこのようなイメージは、アジア諸国の日本語学習者、また日常的に日本語で生活する多くの外国籍住民からみれば、その根拠は希薄である場合も多いであろう。

　現在、日本にはさまざまな国籍、言語や背景をもち、さまざまな日本語能力を有する人びとが住んでいる。国内における多文化間コミュニケーションに関していえば、外国語能力よりむしろ、日本語を「共有」できることが求められている。共有というのは、非母語話者向けの「人工日本語」を作り出すことでも、いわゆる「標準語」を「共通語」にすることでもない。むしろ、日本語およびその話者の多様性を再認識し、「標準語・方言」や「母語話者・非母語話者」のような図式にはまらない言語意識を養うことが重要である。そもそも、「日本人」「外国人」を問わず、近畿地方の共通語は関西弁なのである。

(オストハイダ・テーヤ)

▶▶▶H3 日本語教育と関西弁テキスト、H5 韓国人日本語教師からみた関西弁

●オストハイダ・テーヤ「〈国語〉vs.〈外国語〉でいいのか？」『言語文化教育学の実践』金星堂、2012／オストハイダ・テーヤ「言語意識とコミュニケーション」『多言語社会日本』三元社、2013

育児語と関西弁　　　　　　　　　　　　　　H11

　育児語とは、「わんわん（犬）」「ぶーぶー（車）」のような、幼児向けの特別なことばのことである。通常「幼児語」と呼ばれるが、これらのことばは、大人が、単にことばだけでなく、さまざまなことを教えるために作ったことばである。たとえば幼児の生活に直接には関係ない神仏を意味する育児語（まんまんちゃん、のんのんさんなど）が全国どこにもあるのは、敬う気持ちを育てるという親の願いである。育児語と呼ぶのが適当と考える。
　育児語にも方言がある。関西で使われている育児語をいくつかあげる。
　よいよい（歩く）、まんまんさん（神仏）、ぱっぱ・おっぱ（背負う）、うっつい（きれい）、にんに（握り飯）、おっちん・えっちん・あっちん（座る）、だいだい（抱く）、やや（赤ん坊）、あばい・ばいばい（こわい）
　などである。
　関西で使われている育児語の特徴として、次の3点があげられる。
　1── 接頭辞・接尾辞のついた語形が多くみられること。
　おべべさん（着物）、こりこりさん（漬物）、ままちゃん（ごはん）、ぶーちゃん（水）、うんちゃん（大便）などは、他地域では接辞がみられないものである。
　2── 関西以外の土地では育児語として使われるが、関西では幼児向けだけに限定されない語がある。たとえば「べべ（着物）」などである。関西では大人の着物についても言うのが特徴的である。これに該当する語には、あも（餅）、かちん（餅）、おかべ（豆腐）などもあるが、これらはいわゆる御所ことばである。女房たちの使うことばが上品なことばとして庶民に広がり、幼児向けに上品なことばをつかったものである。
　3── 関西で使われる育児語が、新しいことばとして周辺に広がる。これは育児語にかぎることではないが、特に西日本で認められる。たとえば「まんまんさん（神仏）」であるが、岡山県では、県南部を中心に分布し、県北部は「のーのーさん」が多い。これは、主要交通路である瀬戸内海・山陽道をあたらしい語「まんまんさん」が広がっていったということであろう。

▶▶▶ E1 御所ことば、H2 方言の習得　　　　　　　　　　（友定賢治）

●友定賢治『全国幼児語辞典』東京堂、1997／友定賢治『育児語彙の開く世界』和泉書院、2005

関西弁の手話　　　　　　　　　　　　H12

1——手話の地域差

　手話はかつて京都・大阪・東京の聾学校およびその卒業生を中心に全国に広まった経過から、40〜50年ほど前まで手話は地域差が大きく、出身地が違う人の手話の会話が成り立たない場合が多くあった。したがって、ある程度、地域ごとに手話方言が存在していることを認めることができる。その後、日本の手話は全日本聾唖連盟が「標準手話普及」のために出版した『わたしたちの手話』全10巻（1969年〜86年）以来、全国に通じる手話が普及し始め、『日本語−手話辞典』が出版された1997年にはかなり共通の手話が普及した。聞こえる人が普段は方言で話し、改まった場合は標準語で話すように、または話せなくても理解できるように、聾者も普段は地域の手話方言で話し、改まった場合、特に他の地域からの人と話す場面では上記の「標準手話」＝共通手話を使って話し、または使わなくても理解するようになった。手話方言が音声語の方言と異なる点のひとつは「関西弁」というくくりがそう簡単ではないことである。「名前」を意味する関西共通の手話は胸のバッジの形に由来する形で表すが、これは関東の手話とは違う（関東は拇印を押す仕草に由来）ので関西弁の手話と言える。

2——大阪の手話・京都の手話

　「京の手話」出版編集委員会『京の手話』第1集〜3集（1988、2002、2008年）の「京都特有の手話」と『これが大阪の手話でっせ』出版編集委員会『これが大阪の手話でっせ』（2001年）の「大阪独特の手話」とを比較してみると、それぞれ独特と思っているが共通している手話がいくつかある。たとえば手のひらを左に向け親指と小指を立てた右手を鼻の前から素早く前に出す手話は『京の手話』（第2集）では「敏い」の見出しに、『これが大阪の手話でっせ』では「なんで知ってんねん」の見出しに上がっており、両者は同じ意味・用法の手話である。同様に前者の「経験」は後者の「体験した（味わった）」と同じ意味・用法である。しかし、大阪と京都とでは手話に違いが多くあり、「大

阪の手話」「京都の手話」と言えるものがある。たとえば、大阪の「水」を意味する手話は片手で水をすくって飲む仕草に由来し、大阪独特の手話に対し、京都の手話は水が流れるさまから来ている。この手話は全国にみられるので京都独特の手話ではない。また「できない」を意味する大阪の手話（顔の横で手のひら及び指先を後ろ向きにした手を前後に少し振る）は京都ではみられない。ただし、奈良では使うこともある。「いい年をして」を意味する大阪の手話（指先を後ろに向けてあごの下に当て、はじくように前に出すことを繰り返す）は京都では見かけない。一方、京都独特の手話がある。「色」を意味する手話は左手のひらに右中指を当て小さく円を描くように回す。染料や絵の具の色を溶くさまに由来する。京都は着物の染めなどの職人に聾者がいたことと関係する。また、この手話が「何？」も意味するようになった。「次の色は何？」と尋ねることから生まれたと思われる。また、「黒」は墨をするさまに由来する。これも職業と関係している。「白」は親指と人差し指で丸を作り、右頬に前後にこすり当てる。これは白粉を塗る仕草に由来する。芸子・舞子のいる京都ならではのものであろう。また「緑」は顔の横に立てた5指を指先が前方に向くように倒して表す。これは武官の正装で冠につける綏(おいかけ)に由来するという。京都の時代祭などの行列で見かける。

3――固有名詞を表す手話

　その地域の地名・建造物・名所などを表す手話がその地域独特であることが多い。言い換えれば、固有名詞なのに他地域の人には通じないことが多い。これなどは手話方言に準じると言える。京都の地名「山科(やましな)」は左手で陣太鼓を持って右手のばちでたたく仕草で表す。これは忠臣蔵で有名な大石内蔵助の邸が山科にあり、討ち入りの時に陣太鼓を鳴らしたことに由来する。これなどはよそから来た人にはさっぱりわからないであろう。また、京都の「南禅寺」は忍者がドロンするときの仕草と寺の2手話で表す。これは石川五右衛門が南禅寺の山門に登って「絶景かな絶景かな」と言ったということに由来する。京都の「本能寺」は槍と寺の2手話で表す。これは明智光秀が織田信長を襲った時、信長が槍で奮戦したということに由来する。このように名所・旧跡が多い京都は歴史・風俗に根ざした表現が多い。その他の地域では大阪の「枚方(ひらかた)」は枚方パークの菊人形が有名なため、菊の飾りで表す。兵庫

県の「宝塚(たからづか)」は宝塚歌劇が有名なため、ラインダンスで表す。　　　　（米川明彦）

◉米川明彦『手話ということば』PHP研究所、2002／米川明彦監修・全国手話研修センター日本手話研究所編集『新　日本語－手話辞典』全日本聾唖連盟、2011

コラム　行政・町おこし

　方言というと、マイナスイメージを持たれることが多い中で、行政が中心となって「方言」を積極的に活用し、町おこしに活用しようとする取り組みがある。全国的には山形県東田川郡三川町が有名で、全国方言大会が1987（昭和62）年から16回にわたって行われ、方言サマーセミナーが開かれるなど、方言を町おこしに活用していた。

　最近では、2015（平成27）年に宮崎県小林市の移住促進PRムービーが有名になった。その内容は、フランス人が地域の風景をバックにフランス語で話しているように見えていたものが、終わりの方になって「ところで気付いたものだろうか私がここまで西諸弁(にしもろ)で喋っていたことに」と字幕が出ることで、実は宮崎県西諸地方の方言であったことに気付くものである。

　関西では、方言による町おこしに取り組んでいる自治体の例はさほど多くないようである。他の地方に比べ、方言に対する意識が異なることが原因であろう。それは、各地でみられる、のれんや湯呑みなどの方言グッズが、大阪・京都を除けば、ほとんどみられないことからも想像できる。

　そのような中で、2015（平成27）年に兵庫県加西市立図書館が行った「ちょっとおもっそい播州(ばんしゅう)弁検定」は、異色のものであった。定員80人に対し260人の応募があったが、第2回は2017（平成29）年度以降実施をめざして検討中のようである。また、兵庫県多可郡多可町の生活創造大学の「平成20年度情報文化科学提言」には、「地域の情報は地域の言葉で発信する」とあり、注目される。また、2014（平成26）年、京都府京丹後市では、高速道路の整備によって中京東海地方との交通アクセスが大幅に改善されることを契機に、丹後・東海地方の方言の類似性に着目し、愛知県教育委員会の後援を得て丹後・東海地方の方言をはじめ、文化的交流の推進を進めようとしている。

　和歌山では、文化の力で和歌山のまちおこしに取り組む「紀州文化の会」が「あがらの和歌山」シリーズで『あがらの和歌山・方言てほんまにおもしゃいでぇ』を刊行するなど活動を続けている。　　（都染直也）

▶▶▶**G4** 関西の方言土産（グッズ）
▶□ご当地検定と関西

方言変換ソフト   H13

　方言変換ソフトといった場合、2つに大別できる。ひとつは、コンピュータや携帯電話、スマートフォン等のデバイスに漢字仮名交じりの文字を変換入力するソフトであり、もうひとつは、ネット上のホームページを活用した方言変換（翻訳）やスマートフォン等のアプリなどである。

　前者の場合、ワープロソフト「一太郎」で有名な株式会社ジャストシステムが、1997年に「話し言葉」の変換に対応させたFEP（Front End Processor）（現在ではFEPはIME（Input method editor）を経てIM（Input method）と呼ばれている）を開発し、それを搭載したATOK10を公開した。2002年には「話し言葉関西」という関西弁の変換に対応したATOK15を発売した。このモードを使うことによって、たとえば「行かない」の関西方言「いかへん」をそのまま入力しても、「以下編」などには誤変換されず、「行かへん」と変換できる。その後、2003年には「話し言葉北海道東北」と「話し言葉九州」を加えたほか、「文語」の変換にも対応させた。2004年「話し言葉中部北陸」、2005年「話し言葉中国四国」、2006年「話し言葉関東」を次々に加え、ほぼ全国の方言に対応できるようになった。なお、2017年現在の最新バージョンはATOK2017であり、上記すべての変換モードが標準装備されている。

　後者の方言変換ソフトとしては個人を中心にWebページ上で、標準語を入力し、各地の方言に変換できるソフトウェアが開発され公開されている。また、スマートフォン等にインストールして使う方言関連アプリとしては、方言変換ソフトのほか、方言検定や方言クイズといったものや、関西弁のイントネーションを確認できるものもある。これらは、ほぼすべてがフリーソフト（無料）ではあるが、実用的というよりもむしろあくまでも遊び心の部分が強い。

　また、近年では、ソーシャルメディアのLINEのスタンプに各地の方言に対応したものも作られ、有料でダウンロードできるようになっている。これらのスタンプは、当初「関西弁」に関するものが多かったが、現在では北海道から沖縄まで各地のものが数多く存在する。

　これらの方言変換ソフトや方言アプリ、方言スタンプが生まれてきた背

景には、インターネットやスマートフォン等によるソーシャルメディア（Twitter、LINE、Facebookなど）の急激な発展と普及があげられる。これらの新しいコミュニケーションツールの登場により、入力した文字やスタンプを介して、あたかも会話しているかのようなやりとりがリアルタイムで行えるようになった。これまでにない、新しいコミュニケーションスタイルが生まれたのである。これにより話しことばと書きことば（入力することば）の垣根が取り払われつつあるといってもよい。

　会話時には十分に伝えられるような送り手の感情や意図といった微妙なニュアンスでも文字情報のみではなかなか伝えにくいというケースがよくある。このような場合にソーシャルメディア上では方言やスタンプを利用して受け手にその微妙なニュアンスを伝えようとする傾向がより強くなりつつある。
〔鳥谷善史〕

▶▶▶F7 SNSと関西弁、G16 ツイッターで発信された関西弁

関西弁の変容

I

1 大大阪時代の大阪弁 370
2 ネオ関西弁 374
3 関西共通語 377
4 関西弁の影響力 381
5 関西のグロットグラム 385

大大阪時代の大阪弁　　I1

　1925〈大正14〉年、第二次市域拡張（図1参照）により東京市をしのぐ211万余の人口を有する世界第6位の大都市となった大阪市は「大大阪」とよばれた。その名称は公文書も含めさまざまなところで使われており、日本一の大都市になったことに対する当時の人びとの矜持（きょうじ）を感じさせる。その50年あまり前、明治維新直後の大阪は、新政府の経済政策で大打撃を受け、人口も激減する危機的な状況に陥ったが、明治初期の砲兵工廠（こうしょう）と造幣局の設置、五代友厚による新しい経済機構の構築、1883〈明治16〉年に操業を開始した

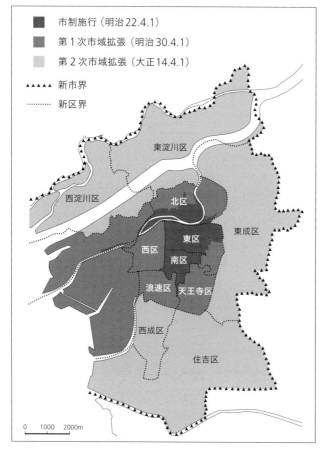

図1　市域の拡張図
（大阪市史編纂所編1999）

大阪紡績による綿工業の大成功などにより、近代商工業都市として再生した。工場が林立する大阪に全国から多くの人が職を求めて集まり、1889〈明治22〉年の大阪市成立時には人口は47万余になった。その後も大阪市とその隣接地域の人口の増加はすさまじく、1925〈大正14〉年、大阪市長関一が、将来を見据えた都市計画にもとづいて周辺部を大阪市に編入したのが第二次市域拡張である。関施政下で、御堂筋をはじめとする道路整備、地下鉄の開

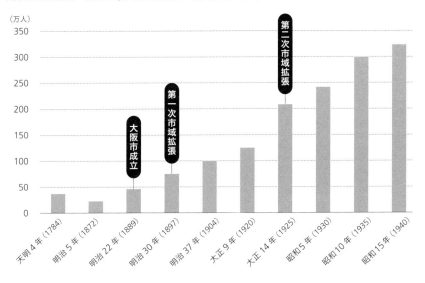

図2　大阪市の人口推移
出典:『大阪市統計書　昭和10年』『大阪市統計資料　昭和15年』等による。

業など、近代都市としての整備が進められ、1940〈昭和15〉年に人口は空前絶後の325万人に達する（図2参照）。日本を代表する近代都市となった大阪は、街も、人びとの生活も大きく変化した。

　大大阪の時代、大阪経済の中心にいたのは船場の富商たちであった。その船場で使われていたのが「船場ことば」である。前田勇『大阪弁』（1977年）は、もっとも筋目の正しい大阪弁であるという誇りに満ちた「船場ことば」の本質は敬語の豊饒さにあるとして「オザブ（座布団）」などの*女房詞の頻用、「お置きやす」などの「お…やす」ことば、「居てやおまへんか」の「てや」ことば（▶語テ（ヤ））、「ございます」出自の「ごわす」など多種の敬語の使用を

例にあげている。だが規範意識の高い船場でも、近代化の流れの中でことばは徐々に変化した。前出の『大阪弁』では、明治の半ば以降、船場でも省略した言い方や標準語の混ざった表現が使われるようになり、ことばのテンポが早くなったことが指摘されている。そして同時に、船場独特の表現であった「おまはん」「ごわす」などが、市内のどこでも聞かれるようになったという。明治になり、日本中の大都市で近代化が本格的に進み始める中、船場も例外ではなかった。近世以来、一種の大家族制度のもと、住み込みで商人としての規範、礼儀、道徳、そして船場ことばを学んだ「奉公人」も、お店(たな)の会社化に伴って次第に自宅通勤の「従業員」となり、職業語としての船場ことばの話し手は船場の外にも住むようになる。教育熱心な船場ゆえに、学校で学ぶ標準語の影響も受けただろう。そんな船場の近代化に拍車をかけたのが道路整備のための「軒切り」である。大正から昭和にかけて市内全域で行われた主要道路の拡幅工事に伴い、道路沿いの民家は立ち退きや家屋の後退を余儀なくされた。軒切りにより店が手狭になった船場の商家では職住分離を選択して、店は船場に、自宅は芦屋や帝塚山などの住宅地に、という事例も多かった。船場ことばを生活語とする多くの人びとが、船場から郊外や周辺部に散り散りに移り住んだのである。近代化により、近世以来の船場ことばの牙城(がじょう)は徐々に、しかし決定的にその姿を変えていった。

一方、新市域の様相は船場とは異なる。図3からわかるように、市全体でみても、人口の増加に比例して他府県出身者の割合が増え、大正以降は半数を上回っているが、行政区ごとの人口動態(図4参照)をみると、第二次市域拡張後の人口は、船場が含まれる旧市域の中心部が横ばいや漸減であるのに対し、旧市域の湾岸部と新市域の旧西成郡(にしなり)・東成郡(ひがしなり)の地域は激増している。

図3 出生地別大阪市人口の推移
出典:『大阪市統計書』等による。

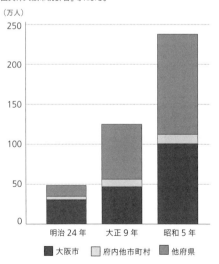

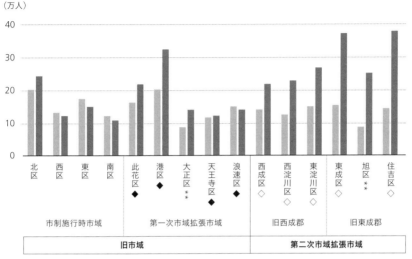

図4　行政区別人口動態
出典:『大阪市統計書　昭和15年』による。

　大大阪の都市計画で、南部と東部は住宅地、湾岸部から北部は工場地帯とされており、職住接近が当たり前だったこの時代、北部・湾岸部の移住者は工場労働者が中心であったと思われる。近畿圏からの移住者が多かったとはいえ、生え抜きをはるかに上回るその人数を考えると、工場地帯であれ住宅地であれ、その地域の大阪方言は移住者から大きな影響を受けたことだろう。1898〈明治31〉年船場生まれの牧村史陽は「アンタ」という語自体品がよくないが「アンタ」という発音はさらに品が悪くなるとし、「このアクセントは中心部では全く使わず、周辺部に限られていた」(牧村史陽編『大阪ことば事典』1984年)と述べている。

　1945〈昭和20〉年、船場は空襲で壊滅的な被害をこうむり、船場ことば話者は激減した。南部・東部の住宅地域は戦災も少なく、戦後も人口増加は続き、高度成長期を迎える。前田勇は、現代大阪弁の顕著な特色は均一化であり、ことば遣いが丁寧で上品か、ぞんざいでガサツかは地域差ではなく人による違いであるであるという(前田、前掲)。現在の大阪の街の基礎がそうであ

るように、現在の大阪方言の基礎も大大阪時代に形成されたといえるだろう。

▶▶▶E2 船場ことば　　▶人 前田勇、牧村史陽　　▶書 『大阪ことば事典』　　　　　（武田佳子）

●大阪市都市住宅史編集委員会編『まちに住まう―大阪都市住宅史』平凡社、1988／芝村篤樹『日本近代都市の成立―1920・30年代の大阪』松籟社、1998／大阪市史編纂所編『大阪市の歴史』創元社、1999

ネオ関西弁　　　　　　　　　　　　　　　　　　　　　　　　　　　12

1——関西弁の変容

　関西人はどこへ行っても関西弁を話し、ことばを切り替えることをしないとは、よくいわれることである。田原広史「近畿における方言と共通語の使い分け意識の特徴」（『日本のフィールド言語学』2006年）では大阪・奈良・和歌山においてことばの切り替え行動の調査を実施し、その結果から関西の地域社会を「丁寧な方言とくだけた方言という、方言内部でのことばの切り替えをおこなうことが適切とされている社会」であるとして「方言中心社会」と名づけている。

　しかしながら、これは関西弁自体がまったく変化を被っていないということを意味しない。どこへ行っても関西弁を使っている、自分の話すことばは関西弁であるという話し手の意識とは裏腹に、関西弁の内実はこの50年ほどのあいだに大きな変貌を遂げている。なかでも著しいのは標準語（および東京語）の影響による変化である。たとえば、大阪の60代以下の世代は原因・理由を表す言い方としておもにカラを使用するが、当地の伝統的な言い方はサカイニ・ヨッテニでありカラは在来の表現ではない。また動詞の否定過去表現に関しても、ナンダという伝統的な言い方は衰退し、代わってンカッタという新しい表現が多数派となっている。図は1990〜1992年にかけて大阪府下159地点で収集された「行かなかった」の表現の言語地図である（岸江信介・中井精一・鳥谷善史編著『大阪のことば地図』2009年）。調査協力者は当地生

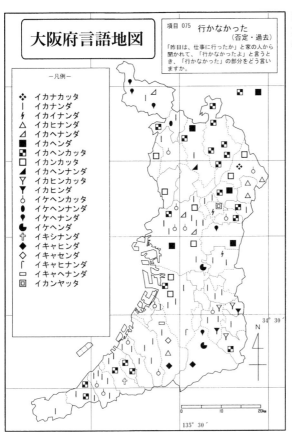

図
大阪府下の「行かなかった」の表現
（岸江ほか2009より）

え抜きの高年層（調査時70歳以上）の方々であるが、伝統形式であるイカナンダのほかに、新形式であるイカヘンカッタ・イケヘンカッタ・イカンカッタの回答がすでにみられる。ンカッタは標準語の言い方である「なかった」に手を加えて方言的にしたものと考えられる。

2──話者の方言志向とネオ関西弁

　標準語による方言の変容というのは全国各地でみられる現象であるが、多くの地域ではこれを方言が失われて標準語化しつつある現象、すなわち共通語化と捉えている。しかしながら関西では、前述のように若い世代においても「自分たちの話すことばは関西弁である」とする話者が圧倒的に多く、標

準語による方言の変容を関西弁の衰退と捉えることは少ない。ことばはつねに変わっていくもの、祖父母や曾祖父母の時代の関西弁とは異なっているかもしれないがこれがいまの自分たちの関西弁である、という、変容に対するポジティブな姿勢がそこにある。真田信治「ことばの変化のダイナミズム」（『言語生活』429、1987年）はこの点に注目して、標準語の影響を被りながらも自分たちの方言として若い世代に把握されている新しい方言体系を「＊ネオ方言」と名づけた。ネオ関西弁はネオ方言の代表的な存在である。

3——ネオ関西弁の特徴

　高木千恵『関西若年層の話しことばにみる言語変化の諸相』（2006年）は、1990年代の関西若年層（大学生）の話しことば資料をもとにネオ関西弁の特徴を次のように整理している。①標準語形・東京語形の受容：名詞述語の否定表現としてのチャウに代わってジャナイを使用する、間投助詞としてサーという東京的な表現を使用する、など。②新形式（ネオ方言形）の形成：動詞の否定過去表現としてナンダに代わってンカッタという新形式を作る、回想表現である東京語の「だっけ」を下敷きにヤッケという新しい方言形式を作る、など。③方言形の維持：断定辞のヤや推量表現のヤロといった従来の方言形をこれまでと変わらず使用する、など。

　ネオ関西弁の特徴は、上記①②③といった出自の異なる言語要素が互いに役割を分け合って併存し、ひとつの新しい体系を構成している点にある。そしてその体系を話者自身が「自分の方言である」と捉えていることが、他の地域にみられる方言の変容と顕著に異なる点である。

〔高木千恵〕

▶▶▶E8 関西弁の世代差、E9 関西弁と若者ことば

●真田信治『関西・ことばの動態』大阪大学出版会、2001

関西共通語　13

　地域間のことばの差異が小さくなり、どこへ行っても似たようなことばが話されるようになっていく現象を共通語化という。多くの場合、日本における共通語化とはすなわち標準語化・東京語化のことであるが、それとは別に、各地の中核都市がことばの発信地となって、その地域に暮らす人びとの生活圏内・行動圏内のことばが均質的になっていく現象がある。これを広域方言化、あるいは地方共通語化と呼ぶ。

　関西でも、各府県内、および府県間のことばの地域差が薄まり、関西共通語（関西弁）と呼べそうなひとつの言語変種へと収斂する方向に進みつつある。これには次の2つの要因が関わっている。ひとつは、交通網の整備に伴う人びとの生活圏・行動圏の拡大である。これによって異なる方言をもつ人びとが直接的に、日常的に交流するようになり、互いのことばが影響を与え合うということが起こる。2つめは、マスメディアのことばの影響を受けて生まれる同時多発的な方言改新の結果としての関西共通語化である。標準語の影響によって関西各地の方言が「ネオ関西弁化」していく現象ともいうことができるが、それだけでなく、テレビのバラエティ番組などでお笑い芸人が使用する「関西風のことば」が影響を与えている側面もある。

1――行動圏の拡大と関西共通語化

　交通網の発達に伴う生活圏・行動圏の拡大とそれに伴うことばの地域差の縮小についての指摘は、山本俊治「大阪府方言」（『近畿方言の総合的研究』1962年）にすでにみられる。山本は1960年代当時の大阪府下の状況を次のように説明している。

　（1）　大阪市を起点として、東海道本線・関西本線・阪和線・片町線などの国鉄［現在のJR西日本］ならびに阪急京都線・同神戸線・同宝塚線・京阪・近鉄・南海・阪神など私鉄各社の交通網が張りめぐらされ、府下のほぼどこからでも大阪市内まで一時間あまりで行くことができるようになった。

　（2）　交通網の発達により、生活のさまざまな面における地域差が減少し、同様にことばも平均化されるに至った。それぞれの土地の人に地元のことば

について内省してもらっても、一般にいう大阪方言との違いを意識している人は少なく、また実際に彼らの話すことばに地域限定的な特徴はほとんどみられない。

　山本の指摘からすでに50年以上が経ったいま、ことばの均質化は県境を越えて広がっている。交通網はさらに発達し、現在では和歌山や滋賀・三重県内にまで大阪市内への通勤通学圏は拡大している。また2000年代に入ってからは、長浜（滋賀県湖北地域）から大阪へ直通で快速が走るようになったほか、奈良〜三宮（兵庫県神戸市）間での私鉄相互乗り入れも実現している。府県を越えた人びととの日常的な接触はより広範かつ頻繁となり、これが必然的に関西地域のことばの均質化をもたらすことになるわけである。

　関西における経済的・文化的中心都市といえば京都・大阪・神戸の三市があげられるが、関西圏内におけることばの影響力という点では京都・大阪が二大勢力を誇っているといってよい。ただし、京都がとくに滋賀方面に影響力をもっているのに対して、大阪は、奈良・和歌山・兵庫・京都・滋賀・三重と、多方面に直接的な影響をもっているようである。神戸は、関西圏内への影響力というよりはむしろ播磨や中国地方といったより西の方へ向けてことばを波及させる力をもっているといえる。

　関西地域のことばの「大阪弁化」を取り上げた論文に鎌田良二「関西に於ける地方共通語化について」（『国語学』126、1981年）ならびに中井精一「関西共通語化の現状」（『阪大日本語研究』4、1992年）がある。両論文とも、大阪方言の指標となる言語項目を対象に、その地理的な分布の拡がりから関西各地における大阪方言の受容のありようを論じている。鎌田論文ではとくに兵庫県但馬地域に注目し、名詞述語を作る助動詞のダ・ジャ・ヤの使用実態について詳細に報告している。曰く、但馬地域では伝統的にダが使用されてきたが、大阪との結びつきが強い豊岡市の中心街ではダからヤへの変化がみられるという。在来形が標準語と同形であるにもかかわらず大阪型のヤが受容されている点に、当地における大阪弁の威信が表れているといえる。中井論文では第三者に対する*待遇表現における大阪型表現の伝播状況について論じている。中井が1990〜1991年に関西各地の若年層女性（18〜29歳）を対象に行った調査では、「行きハル」「行ってハル」といった大阪型のハル敬語（▶語ハル）や「行きヤル」のような目下の人間に対する待遇表現形式が、大阪府下のほ

図　大阪市～和歌山市間における「あるじゃないか」の表現
(岸江・中井1999)

あるじゃないか

[凡例]
／――アルヤンカ
‖――アルヤン
＝――アルヤンケ
＃――アルヤロ
※――アルガナ
＋――アルデ
⊥――アルワー
∠――アルワナ
×――アルイナ
÷――アロア
≒――アロガ
◎――アルヤナイカ類
　　（アルヤナイ）
　　（アルヤナイノ）
　　（アルヤナイカ）
　　（アルヤネーカー）

■――アラ類
　　（アライエ）（アラ）
　　（アラシ）（アラッショ）
　　（アラショ）（アラシャ）
　　（アラサエ）（アラーナ）
　　（アラセ）（アライショー）

▲――アルワシテ類
　　（アラシテ）
　　（アラシテヨ）
　　（アライテヨ）
　　（アラッテー）

NR――無回答

ぼ全域に浸透しているのみならず、広く兵庫県南東部・京都府南西部・奈良県北西部にまで及んでいることが明らかになった。これは当時の大阪市内への通勤圏ともほぼ重なるところであり、ことばの接触によって大阪方言が運ばれているさまが如実に表れていると指摘されている。中井は、今後も大阪型の表現が関西各地へ広がり、関西共通語化がいっそう進んでいくものと展望している。

　関西各地の若い世代が大阪で生まれた新しいことばを積極的に受容しているさまは、ことばの地理的伝播を動的に捉えた調査研究でも明らかにされている。図は大阪市から和歌山市にかけての26地点における「あるじゃないか」という表現について世代ごとに調べたグロットグラムという図である（岸江信介・中井精一『大阪〜和歌山間方言グロットグラム』1999年）（▶▶▶15 関西のグロットグラム）。大阪府のなかのいわゆる和泉(いずみ)方言域から和歌山市に至るほとんどの地点の若い世代において、アラーやアラシといった在来形ではなく、アルヤンカ・アルヤンといった大阪方言形が回答されており、急速に大阪弁化していることがみてとれる。

　以上は、大阪弁が近隣各地へ広がっているさまを捉(とら)えたものであるが、もうひとつの重要な変化に、近隣のことばが大阪弁へ取り込まれ、それが各地へ波及してゆく現象があげられる。鳥谷善史「関西若年層の新しい否定形式「〜ヤン」をめぐって」（『国立国語研究所論集』9、2015年）は2010年代の大学生においてミヤン（見ない）、シヤン（しない）、コヤン（来ない）という動詞否定形が急激に広がっていることを明らかにしたが、これは奈良県や三重県方言の在来形式であったものが大阪の若い世代に取り込まれ、大阪を起点に関西各地へと広がっている例である。日高水穂「近畿地方の方言形成のダイナミズム」（『柳田方言学の現代的意義』2014年）は、近畿中心部から周辺部へのことばの伝播、周辺部から中心部へのことばの流入（および他地域への波及）が繰り返される状況を「寄せては返す「波」」とたとえている。関西における地方共通語化は、単に大阪のことばが各地へ波及してゆくだけでなく、近隣のことばが大阪弁に影響を与え、それが大阪から各地へと運ばれるという側面ももっているのである。

2──メディアの影響による関西共通語化

　ここまでにあげた例は主として関西のことばの大阪弁化、あるいは大阪から発信されることばの共通語化であったが、もう一点、関西には、メディアの影響による同時多発的なことばの改新に起因する地方共通語化がある。ひとつは標準語の影響による方言の変容(「ネオ関西弁化」)、もうひとつはメディアから流れる関西風のことばによる方言の変容である。ネオ関西弁とは、標準語という威信のある言語変種の影響を受けつつも自身のことばを保持しようとする話し手の方言志向から生まれる新しい関西弁のことである。具体的な事例としては動詞ウ音便形の衰退や二拍名詞のアクセントにみられる4類・5類の統合現象などがあげられるが、これらは、大阪などの中心地で発生したものが各地へ波及したというより、標準語の影響を受けて各地で同じ方向への変化が起こったのだと考えられる。メディアから流れる関西風のことばというのは、お笑い芸人の使うことばのことである。彼らが象徴的に使う「関西弁」のなかには、いわゆる楽屋ことばのように内輪だけで通じることばが少なくないが、これが、若い世代に新しいことばとして浸透していくことがある。たとえばオカン(お母さん)ということばは、かつては大阪市内のごく一部でしか使われていなかった語であるが、お笑い芸人がメディアで使用したことで関西の俗語的な表現として認知され、若い世代にも広く受容された例である(松本修「キレる・ムカつく考」『日本語学』18-13、1999年)。

▶▶▶C2 アクセント・イントネーション、D5 お笑い、I2 ネオ関西弁　　　　　　(高木千恵)

▶人 鎌田良二

関西弁の影響力　　　　　　　I4

1──関西のコミュニケーション観

　近世前期まで関西弁は中央語としての影響力をもっていた。現代の標準語の中に関西弁由来の「うろこ」「つゆ(梅雨)」「あぜ」「まぶしい」などが含まれ

ているのは、このことを示している。また、*方言周圏論も関西を中心（新しい語の発信地）において考えてきた。

　それとは異なり、近年、若年層を中心に関西弁の影響力が強まっている。単に「ことば」だけではなく、関西的コミュニケーションの影響力という面がある。関西的な「楽しさ」「笑い」が、現在の豊かな社会・娯楽社会での、会話を楽しむという時代風潮に一致したためである。関西弁の影響力の向上の背景に、日本人のコミュニケーション観の変化が認められる。

　関西弁が好まれる理由として、陣内正敬編『コミュニケーションの地域性と関西弁の影響力についての広域的研究』（科研費報告書、2003年）によれば、

　　◎―楽しい・面白い・明るい　　　◎―リズムがよい
　　◎―ノリがいい・話が盛り上がる　◎―親しみやすい
　　◎―やわらかい

といったものがあがる。

2――関西弁の受容形態

　ただ、受容する地域の方言が関西弁に交替することは多くない。むしろ付け加える形で関西弁を受容し、コミュニケーションに利用している。関西弁を用いる場面は、きわめて特徴的である。相手は圧倒的に友人であり、場面としては、

　　◎―ツッコムとき　　　　◎―ふざけるとき
　　◎―場を盛り上げるとき　◎―笑いを取るとき

といったものである（陣内前掲）。

　関西弁のうち、マッタリ・メチャメチャ・オモロイなどは、若年層に広く受け容れられているが、テレビなどを通じて、全国にいっせいに、ほぼ同時に伝わったことが予想できる。1980年代からのお笑いブームで、関西弁は全国に好ましい言葉として広まったが、関西から直接に伝播するのではなく、一度東京に入り、そこからテレビで全国に発信されるという新しい伝播のス

タイルである。そのため、テレビで使われることが少ないハンナリ・メバチコ（ものもらい）・ミズクサイ（塩味がたりない）などは受け容れられていない。

友定賢治・陣内正敬「関西方言・関西的コミュニケーションの広がりが意味するもの」（『社会言語科学』7-1、2004年）は、関西語彙の受容パターンとして、次のようにまとめている。

　A─若者中心で、中年層以上には受け容れられていないもの
　　マッタリ（「雰囲気」の意味で）・メチャメチャ・オモロイ・ウチラ（自称詞）
　B─若年層から中年層までは受容しているが高年層は受容していないもの
　　コテコテ・ドンクサイ・ジブン（対称詞）
　C─年齢に関係なく受容しているもの
　　シンドイ
　D─受け容れられていないもの
　　マクド・ハンナリ

Aは最近受け容れたもので、テレビなどを通してであろう。BはAよりも早い時期から広がったものであろう。Cはすでに標準語に近いものとなっている。Dはテレビなどで用いられることが少ないということである。

もちろん関西弁は、近世中期までは中央語であり、大きな影響力をもっていた。近代以降、全国的には、金水敏『ヴァーチャル日本語　役割語の謎』（2003年）の言うように、特定の色づけされたことばとして認知されていく。関西弁を話す人物像には、①冗談好き、②快楽・欲望の肯定と追求、③やくざ、暴力団、恐いといったイメージが付着していた。このような関西弁のイメージが1980年代からのお笑いブーム以降一変した。

▶語 ウチ、オモロイ、シンドイ、ハンナリ、マッタリ、メバチコ

3──関西弁受容の社会的背景

このお笑いブームが生じる社会的背景として、豊かな消費社会になって、誰もが今を楽しむことを重視するようになり、とりわけ高度経済成長期以後に誕生した若者世代においては、相手とフレンドリーな関係を作り、いかに楽しみ、楽しませるかが関心事となった。そこに関西弁・関西的コミュニ

ケーションが受け容れられているのである。

　尾上圭介『大阪ことば学』(1999年) は大阪弁の特徴として、「相手との距離の近さ（開放性）」など9項目をあげているが、「様々な特徴が、ほとんどすべて「笑い」というものに結びついていく可能性をもっている」と述べている。

　つまり関西弁の影響力には、その下地となる次のようなことが用意されていたと考えられるのである。

ア――豊かな消費社会の実現により、「現在」を楽しむことを重要視することになった
イ――それが、*ネガティブから*ポジティブへという*ポライトネスの変化をもたらした（楽しさ・親しさ志向の風潮）
ウ――ポライトネスにおいてポジティブな性質をもっている関西的コミュニケーションのイメージが急速にプラスに転じてきたこと

コラム　沖縄の人からみた「関西」

　関西人の対立概念はおそらく関東人、ないしその他日本本土のエスニック集団（九州人、東北人など）である。しかし、「沖縄の人」を「沖縄人」に言い換えると、「日本人」に対する「沖縄人」というニュアンスが出る場合があり、事実、沖縄人を差別語だという人もいる。テレビでもネットでも日常会話でも普通に聞く「関西人」という表現に、そのようなデリケートなニュアンスはみじんもない（これは関東人、九州人、東北人も同じであろう）。

　関西人という語（古くは江戸初期の『慶長見聞録』にもみられる）は、日本本土の歴史・政治・文化の中心であった地にいるエスニック集団をさすことばとして、関西人が時に自ら好んで使うことすらある。そうすることによって、現代日本の中心地である東京への強烈な対抗意識やある種の羨望・劣等感を、面白おかしく表現することができるのであろう。このように考えると、関西人の強烈なアイデンティティとその発露は、日本人と対置されるような差別意識とは無縁という前提のもとに、どこまでいっても安心してみていることができる。その安心感は、「沖縄人」の私からみると一方でうらやましく思えるが、他方で沖縄人という語の危うさに、私は妙な愛着も覚えてしまうのである。

(下地理則)

背景に目を向ければ、日本人のコミュニケーション観の変化が見えてくるのである。

（友定賢治）

▶▶▶**E9** 関西弁と若者ことば、**F3** 関西弁のイメージ、**F4** 役割語と関西弁

●友定賢治・陣内正敬編『関西方言の広がりとコミュニケーションの行方』和泉書院、2006

関西のグロットグラム　　I5

　語の分布について、言語地図が平面での地理的分布を表すのに対し、「線上に並べられる地点」「年層の異なる複数話者」の2次元で分布を表すのがグロットグラム（地理年代言語図）である。地点と年層をどのように縦横軸に配置するのかは決まっていないが、地点軸は、両端地点の地理的関係が南北なら縦、東西なら横に配するのもひとつの考え方である。

　グロットグラムは、線上に並んだ地点間で、ことばがどのように伝わってゆくのかをとらえるものである。したがって、調査地点は、単に地図上の任意の2点を両端として結ぶ線上で設定するのではなく、両端を結ぶめやすとして、たとえば川筋、古くからの街道、鉄道など、人や文化の道筋を選ぶことが理想的である。また、言語地図が、ある時点における「面として語の広がり」をとらえるのに対し、グロットグラムでは「直線的に語の広がりの過程」をとらえようとするもので、両者は補完的な関係にある。

　なお、グロットグラムでは、年層による言語変化をとらえることがあるが、それは「実時間での言語変化」ではなく、「見かけの時間での言語変化」（ある時点における高年層と低年層との差異）であることに留意が必要である。

　語の伝播速度について、言語地図を利用した研究があるが、グロットグラムにおいても、その調査地点が線上に並ぶという特長を活かし、地点間の距離を基に語の伝播速度を算出する試みもある。

　グロットグラムでは、等語線の状態から大きく3つのパターンがみられる。①年層軸に対して垂直な等語線（地域全体の年層変化）②地点軸に対して垂直な

図1　グロットグラムにみられる典型的なパターン

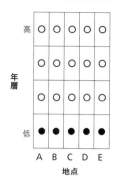

①全域の低年層で新しい表現●が発生して広がっている

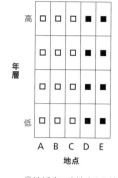

②地域内のC地点とD地点の間に境界線がある

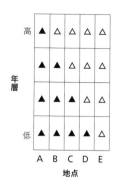

③Aで発生した表現がE方向に伝播しつつある

等語線（地域内の地域差）③斜めの等語線（新しい表現の発生・伝播の動態）これらを簡略化すると**図1**のようになる。

　図1の各例に相当する具体的なグロットグラムを紹介する。①に該当するのがJR神戸線のグロットグラムである。「カッタ」ということばが、姫路〜大阪で、若い年代は「買った」、中高年層では「借りた」の意味で使われ、年代差が明瞭に表れている（**図2**）。②に該当するのがJR姫新線のグロットグラムで、兵庫・岡山県境で「〜ヤ（関西）」「〜ジャ（中国）」の対立がみえる（**図3**）。③に該当するのがKTR（現・京都丹後鉄道）沿線グロットグラムで、関西方言の「〜ヤ」が、「〜ダ」の中国方言域に侵入しているようすがみて取れる（**図4**、ヤの広がり方を斜線（等語線）で示す）。女性では豊岡方面からの侵入もみられる。

　関西地域でのグロットグラムは、研究者や大学のゼミなどを中心に、各地で調査・研究が進んでいる。作成者によって作図法が大きく異なることがあるが、資料の読み取り方は上に示したものが基本である。以下に示すグロットグラム集は、ほとんどが市販されていないものであるので、公共図書館などの蔵書検索で探してほしい。

（都染直也）

関西弁を対象としたグロットグラム集（発行年代順）

- 「十津川方言音声のグロットグラム：ガ行子音・ダ行子音」『待兼山論叢　日本学篇』22　真田信治・尾崎喜光　大阪大学大学院文学研究科　1988
- 『東海道沿線方言の地域差・年齢差（Qグロットグラム）』井上史雄　東京外国語大学語学研究所　1991
- 『彦根～岐阜間グロットグラム調査報告書』　真田信治　大阪大学文学部社会言語学講座　1991
- 『大阪―岡山間アクセントグロットグラム』　真田信治・都染直也・大和シゲミ　私家版　1993
- 『大阪～徳島グロットグラム図集』　友定賢治編　私家版　1994
- 『京都～大阪間方言グロットグラム（地域語資料；1）』　近畿方言研究会編　近畿方言研究会　1994
- 『大阪～和歌山間方言グロットグラム』　岸江信介・中井精一　摂河泉地域史研究会　1999
- 『名古屋―伊勢間グロットグラム集』　岸江信介・太田有多子・武田拓・中井精一・半沢康・西尾純二　私家版　2001
- 『伊勢湾岸西部地域の社会言語学的研究』　近畿方言研究会編　近畿方言研究会　2001
- 『兵庫県下グロットグラム集Ⅰ　ＪＲ沿線編Ⅰ』　都染直也編　甲南大学方言研究会　2002
- 『ＪＲ山陰本線鳥取―和田山間グロットグラム集』　都染直也編　甲南大学方言研究会　2003
- 『ＪＲ山陽本線姫路―倉敷間グロットグラム集』　都染直也編　甲南大学方言研究会　2005
- 『ＪＲ播但線・山陰本線　姫路―福知山間グロットグラム集』　都染直也編　甲南大学方言研究会　2006
- 『ＪＲ山陽本線・赤穂線　姫路―福山間グロットグラム集』　都染直也編　甲南大学方言研究会　2007
- 『ＪＲ山陽本線・智頭急行線・ＪＲ因美線　姫路―鳥取間グロットグラム集』　都染直也編　甲南大学方言研究会　2009
- 『ＪＲ山陰本線　京都―和田山間グロットグラム集』　都染直也編　甲南大学方言研究会　2010
- 『北陸方言の地理的・年齢的分布：北陸グロットグラム』「北陸新方言の地理的社会的動態の研究」研究成果報告［明海大学］　井上史雄・加藤和夫・中井精一・半沢康・山下暁美　明海大学　2011　http://www.urayasu.meikai.ac.jp/japanese/inoue/hokuriku_document.pdf（2017年3月4日閲覧）
- 『近畿地方中部域の言語動態―大阪・奈良・三重近畿横断GG調査から』　岸江信介・西尾純二・村田真実・辰野由佳編　徳島大学総合科学部日本語学研究室
- 『ＪＲ山陽本線・加古川線・福知山線　姫路―福知山間グロットグラム集』　都染直也編　甲南大学方言研究会　2012
- 『都市と周縁のことば　紀伊半島沿岸グロットグラム』　岸江信介・太田有多子・中井精一・鳥谷善史　和泉書院　2013
- 『ＪＲ姫新線　姫路―新見間グロットグラム集』　都染直也編　甲南大学方言研究会　2013
- 『ＫＴＲ宮津線、ＪＲ舞鶴線・山陰本線　豊岡―西舞鶴―福知山間グロットグラム集』　都染直也編　甲南大学方言研究会　2015
- 『ＪＲ小浜線・舞鶴線　敦賀―綾部間グロットグラム集』　都染直也編　甲南大学方言研究会　2016

図2　JR神戸線沿線（大阪－姫路間）グロットグラム

（1997-1998 井上裕子、松本早織、村上恵美（神戸－姫路間:1997年度調査）、山本裕美子（大阪－元町間:1998年度調査）都染直也（大阪－姫路:資料統合編集））

買った

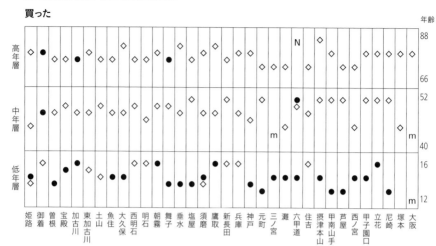

[凡例] ● カッタ　◇ コータ　N 回答なし　m 未調査

「カッタ」を「借りた」意味で使うか

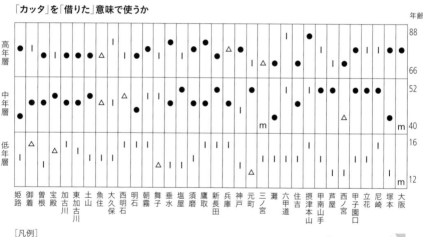

[凡例]
● 使う
△ 近所の人が使うのを聞いたことがある
| 知らない
m 未調査

図3　JR姫新線（姫路－新見間）グロットグラム

（2013 甲南大学方言研究会、原図作成担当者：森靖子　改訂図担当者：都染直也）

～だ

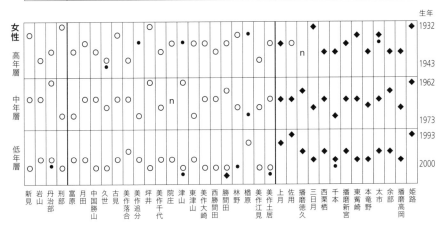

[凡例]
- ● ── ダ
- ○ ── ジャ
- ◆ ── ヤ
- n ── 回答なし

15　関西のグロットグラム

図4　KTR宮津線、JR舞鶴線・山陰本線（豊岡－西舞鶴－福知山間）グロットグラム
（2015 甲南大学方言研究会、原図作成担当者：山口博稔 改訂：都染直也）

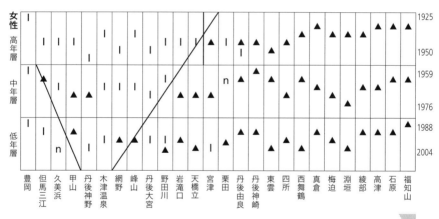

[凡例]
- | ——太陽だ
- ★ ——太陽じゃ
- ▲ ——太陽や
- n ——回答なし

390　　　　　　　　　　　　　　　　　　　　　Ⅰ 関西弁の変容

関西弁の語句

凡例
語句の立項に際しては、関西での特徴的な語句を選定した。そのため、現在では使われることが少なくなった語句も含まれている。また、記述は以下の方針により、編集委員全員が分担して行った。なお、アクセントは都染直也が担当した。

アホ　アホ
- 語句：表音的片仮名表記［漢字表記］
- アクセント：高く発音する部分に上線を、その音の途中で下がる部分(拍内下降)には「⌒」を付した。

【解説】に地域的注釈がない限り、関西弁中央部(京都市及び大阪市)の1960年代以前生まれの生え抜きが使う代表的なアクセントを記した。ただし、周縁部には例示した以外のアクセントも存在する場合がある。

- 品詞→品詞分類は学校文法に準ずる。ただし、次の分類を加えると共に以下の方針による。
  連語→自立語+自立語の特徴的な慣用表現　例：オハヨーオカエリ
  特殊→自立語+付属語で特殊な慣用表現等　例：アカン・カナン
  名詞に接頭辞もしくは接尾辞が付くものも 名詞 とした。例：オカイサン
- 対応する標準語、もしくは標準語訳を記した。
- 「　」内に関西弁の実際の用例を、具体的な音声を音引き(例、あんじょー)などを用いて簡略に表記し、文章の意味がとりやすいように漢字を交えて示した。なお、助詞の「～は」「～を」「～へ」は、意味を理解しやすいように、「わ」「お」「え」の発音のままではなく、「は」「を」「へ」と表記した。また、その直後の（　）内に標準語訳を現代仮名遣いによる漢字仮名交じり文で示した。
- 【解説】には、可能な限り以下の内容を記した(記述内容がない場合は省略した)。
1 対応する標準語訳に関して記すべき内容がある場合は、その内容を記した。
2 執筆者が必要と考えた、語句の説明や周辺的情報、関西弁内の使用地域、世代差、性差についてこれまでの先行研究と調査結果から知りうる範囲で示した。
3 引用文献は、『作品名』(発行年)とした。ただし、特に古典の発行年が明確でないものは「頃」、「成立」、「以降」を付した。なお、執筆者及び編者や出版社等は記していない。
- 「関西弁の語句」内に関連語句がある場合、▶「語句名」という形で関連する語句を記した。

(編集：鳥谷善史)

アイサニ

[副詞] たまに。時々。「あいつとは、あいさに会うで」(あの人とは、たまに会うよ)

【解説】『上方語源辞典』(1965)によると「京都ではアイマニとも」とある。つまり、標準語形「合間に」と同じ意味である。また、同書ではアイサは「あい(間)」に接尾語「さ」のついたものであるという。なお、同書の「あわいさ[間さ]」の項には「空間的にはアワイサ、時間的にはアイサと言いわける」とある。関西では中年層以上で広く用いられる表現であり、『千枚分銅』(1704)に用例がみられる。

アイソ アイソ

[名詞] ①愛想。愛敬。「あいつは、ほんまに、あいそもくそもない」(あの人は、本当に、愛敬もなくて無愛想な人だ)②もてなし。「(来客と別れる際のあいさつとして)丁寧：何のおあいそもしませんで、すんませんでした」「普通：あいそなしで、すんませなんだ」(何のおもてなしもしなくて、申し訳ございませんでした)③「オアイソ」の形で、お勘定。「(飲食店で客が店員に向かって)おおあいそして」(お勘定を計算して下さい。(=お幾らですか?))

【解説】①の表現は『蒲冠者藤戸合戦』(1730)にある「あいそもこそもつきはてた」からか。なお、『日本国語大辞典第二版』に「本来この語は和語「あいそ」であって、後に長呼「あいそう」から、漢語と意識されるようになったものかもしれない」とある。

アカン

[特殊] (アカヘン・アケヘン・アキマヘン・アカシマヘンなどともいう) 駄目だ。してはいけない。無駄だ。「そんなことしたら、あかんで」(そのようなことをしては、いけないよ)「もうあかん」(もう駄目だ)

【解説】あく+否定。禁止(してはいけない)の表現の強さの違いとして、概ねアカン→アカヘン→アキマヘン→アカシマヘンとなる。例示のアカヘンは京都的でアケヘンは大阪的であったが最近は、アカヘンに集約しつつある。

アカンタレ アカンタレ

[名詞] 駄目な奴。弱虫。意気地無し。「あいつは、ほんまに、あかんたれやな」(あいつは、本当に、駄目な奴だ)

【解説】前項アカンにタレが付いた語。『上方語源辞典』(1965)によると「①排泄する人の意を表す。糞タレ・小便タレ・鼻タレ、など。②その性質・状態を顕示する人の意を表す。悪タレ・しみタレ・なまタレ・ばかタレ・貧乏タレ・がしんタレなど」とあり、「「たれ」は、人を罵るに用いる接尾辞」とあるが、『日本語源大辞典』(2005)の「あくたれ【悪たれ】」に「動詞「あくたれる(悪)」の連用形の名詞化」とあり、アカンタレのタレも「たれる」からの変化か。▶アカン

アジナイ

[形容詞] 味が悪い。美味しくない。まずい。「このおかず、あじないなー」(このおかず、美味しくないね)

【解説】『物類称呼』(1775)に「あぢなし〈食物の味ひうすき也〉京江戸共に、無味(アヂナシ)と云〈但江戸にてうまくなひともいふ也〉東国にて、まづいと云　大和及摂州河泉又は九州のうちにて、もみないといひ又もむないという」とある。この記述から、江戸時代に京都や江戸で使われていた「あじなし」がアジナイの祖形であることがわかる。ただし、『大阪のことば地図』(2009)の「項目007美味しくない(まずい)」の分布では、京都寄りの摂津の一部地域以外ではアジナイが確認できず、大阪府全域でモミナイ

やモムナイ、モモナイが分布している。▶モミナイ

アテ

[代名詞]（主に女性が用いる）私。「あてかて、してみとおす」（私だって、やってみたいです）
【解説】主に京都の女性が用いる自称詞。現在の大阪では高年層でワテは聞かれてもアテは、まずない。『上方語源辞典』(1965) の「あたい」の項に「わたし→ワタイ→アタイ→（アタエ）→アテー→アテ」とアテへの音変化が示されている。▶ウチ

アホ アホ

[名詞]（相手を非難する罵倒語）馬鹿。①「（怒って）あほ」（馬鹿）②「（子供や友人が何かに失敗して）あほやなー」（かわいそうに、馬鹿だね）
【解説】標準語の馬鹿に対応する語であるが、語義は単に相手を罵倒する場合に使われるだけでなく用例②のように親愛を伴いながら使われることもある。また、派生語には、アホー・アホタレ・アホンダラ・ドアホがあり、類義語には、ボケ・ボケナス・カスなどがある。『県別　罵詈雑言辞典』(2011) の大阪府には「あほ→あほたれ→あほんだら・どあほ」とその強調の段階が示されている。語源には諸説あるが、中国江南地方の「おばかさん」を意味する「阿呆（アータイ）」の日本語読みであろうとする『全国アホ・バカ分布考』(1993) の説が有力である。なお、派生語に掲げたアホンダラはその初出例から語源的には別の語だとする説もある。▶アホンダラ、アンダラ

アホンダラ

[名詞] 大馬鹿野郎。「何してけつかんねん。あほんだら」（何をしているんだ。大馬鹿野郎）
【解説】『日本国語大辞典』には「あほだら（阿呆陀羅）：阿呆（あほ）を強めていう関西地方の語」とあり、これが変化したことばだという。また、語源説に「阿房を擬人化したアホタラ（阿房太郎）から〔大言海〕」とあるが、『全国アホ・バカ分布考』(1993) が示す、アホウ＋ダラの方が適切であろう。また、同書によると、ダラは北陸地方に分布する「アホ・バカことば」であり、ダラの語源は文楽人形の首（かしら）である「陀羅助」や胃腸薬の「陀羅助」、「陀羅尼助」との相関があるという。また、それぞれの初出は「あほだら」は『傾城天羽衣』(1753) であり「あほんだら」は『夫婦善哉』(1940) である。▶アホ、アンダラ

アマエタ アマエタ

[名詞] 甘えん坊。「この子はいつも、おかーちゃんにひっついて、あまえたやなー」（この子は何時も、お母さんに纏わり付いて、甘えん坊だね）
【解説】古くはアマイタとも発音されたが、最近では聞かれない。『上方語源辞典』(1965) に「文語「甘えたり」の下略。アマエタレルの下略とするは非」とある。『日本国語大辞典』によると「あまえたり」は、三重県名賀郡に、「あまえたれ」は福井県敦賀郡や山梨県、島根県美濃郡、益田市、香川県、愛媛県松山に分布する。「あまえたり」が「人を罵るに用いる接尾辞「たれ」からの類推で「あまえたれ」となり「あまえた」と変化したか。

アラクタイ

[形容詞] 荒っぽい。乱暴な。「そんな、あらくたいこと、したんなよ」（そんな、荒っぽいこと、するなよ）
【解説】『京ことば辞典』(1992) に「荒いの連用形に「たい」のついたもの。不快な意が加わる。近畿・中国・四国も」とあり、

使用域は広い。また、『大阪ことば事典』（1984）には「主として職人言葉で船場では使わなかった」とある。

アンジョー

[副詞] うまく。程よく。「あの話、あんじょーしといてや」（あの話、うまくやっておいてね）

【解説】『上方語源辞典』（1965）に「味良くのウ音便で、十八世紀末頃から「あんぎょう」となり、間もなくこれに帰一した。語中のダ行音の直前には撥音（はつおん）が挿入されることがある。ただ→たんだ、嫁女→よめんぢょ、既に→すんでにの類」とある。また、『日本国語大辞典』の「あじ-よう」【味良】の語誌には「「味よし」は、本来味覚を示す語であるが、あんばい（塩梅）、うまいなどとともに、一般に諸種の行為、物事の進展などの巧みさをいうように味覚以外にも拡大して用いられるに至った。現代でも関西方言の「アンジョウ」という形は、同じ意味を表す語として盛んに使われている」とある。

アンダラ

[感動詞] 馬鹿（ばか）者。「あんだら。何さらしとんねん」（馬鹿者。何をしているのだ）

【解説】現在では「あほんだら」をより乱暴に発話したものと考えられているが、『日本国語大辞典』の初出例は『大一大万大吉』（1700）であり、『物類称呼』（1775）にも「おろかにあさましきを、京大坂にて、あんた又あんだら共云」とあることから、「あほだら」や「あほんだら」より古く江戸時代に使用されていたことばであることがわかる。また、『物類称呼』の「あんた」や「あんだら」の語源として『全国アホ・バカ分布考』（1993）では、アンゴウ＋タラズで「あんたらず」が発生しその後「あんた」となり、アンゴウ＋ダラが結合しアンゴウダラが発生し「あんだら」になったのではないかと推測され

ている。これらの罵倒（ばとう）語は、その使用においてその新鮮さや罵倒の程度が大切であることから、極めて変化が早いと予想されるため、説得力に富む語源説である。ただし、現在のアンダラはこの時期から脈々と使われ続けているというよりも、アホンダラからの派生であろう。▶アホ、アホンダラ

イカメー

[形容詞] うらやましい。「あの人宝くじ当たったらしい、イカメーなー」「人のことイカメガランとき」（あの人宝くじが当たったみたい、うらやましいね。人のことを羨ましがるのは、やめなさい）

【解説】『丹波通辞』（1804～11）にある語で、うらやましい意。現在でも丹波北部・東播磨北部・但馬の高年層に残っているが、若い世代ではほとんど使われていない。イカメガル（うらやましがる）という用法もある。室町時代に「厳めしい」の口頭語としての「いかめい」があったが、うらやましい意でのイカメーとは異なるものであろう。なお、ほぼ同地域でイカメシーという形でも使われている。なお、うらやましい意を表す語は、丹後では舞鶴がケナリーに対し宮津や京丹後がイカメーで対立、京都の丹波においても綾部以南のケナリーに対し福知山などはイカメーで対立、また関西から飛んで、鳥取県東部や岡山県西部にもケナリーがみられる。

イキシナ [行きしな]

[名詞] 行く途中。イキシとも（イキシナの下略）。「きょう、学校のいきしなにこけてしもてん」（今日、学校へ行く途中で転んでしまったんだ）

【解説】シナは『近世上方語辞典』（1964）に「（古語「しだ」の訛（なまり））動詞連用形につき、その時・際の意を表わす」とあるが、『日本国語大辞典』には「「古語「しだ」の変化

したものと説くものもあるが、古代の地方語と近世の語法と直ちに結びつけられるか疑問である」とあり今後考究が必要である。また、出しな、帰りしな（往にしな）、言いしな、寝しななどとも使う。行きしなは、行きし、帰りしなは、帰りし（往にし）とも言えるが、出しな、言いしな、寝しなは、出し、言いし、寝しとは言えない。

イキル

[動詞] ①息巻く。調子に乗る。はしゃぐ。「あいつえらい、いきっとんなー」（あの人は大変、調子に乗っているね（大丈夫かな））②良い恰好をする。「あいつ何いきっとんねん」（あの人はなぜ良い格好しているのだ（気に食わないな））

【解説】①の意味から中年層以下では②の意味に派生しており、その本人を揶揄するような面が強く、あまり良い意味ではない。なお、『上方語源辞典』(1964)に「いき（気・息）を活用させた語という。熱くなるが原義」とある。気温や湿度の高さを指し示す意味では全国に広く分布するが、用例のような人の性向に関する意味では関西を中心に主に西日本のみに分布する。

イケイケ イケイケ [行け行け]

[名詞] ①行き来が可能な状態。「家の表から裏までいけいけですねん」（家の表から裏まで通り抜けできるんです）②何でも話し合え隠し事のない仲を表す。「母屋とうちはいけいけですねん」（本家と分家の私の家の家族同士はなんでも話し合えて隠し事がない仲です）

【解説】『上方語源辞典』(1965)には①の他に「差し引きゼロ。相殺」の意味があるが、現在では使用されていない。また、語源として同書に「行けは、行くの命令形。近世以来の語であるが、語義は今昔で相異あり。すなわち近世語としては、他人の思惑など顧慮せぬこと、また放置、放任の意。

奈良方言に有り合わせの意に用いるは、その転義であろう」とあるが、これらの意味に相当する使い方は現在では行われていない。

イケズ

[名詞] 意地の悪いこと。意地悪者。根性悪。「そんな、いけずなことゆーたんな」（そのような、意地悪なこと言うなよ）

【解説】『上方語源辞典』(1965) の語源に「近世「いかず」ともいい、尋常には行かぬの意」とあり、『日本国語大辞典』の「いかず」の語誌には「似た意味・用法を持つ語に「いけず」があるが、「いけず」には「いかず」の(5)(注：(不嫁)婚期を過ぎても嫁にいかないこと。また、その人。オールドミス。)に対応する用法がみられない。また、「いかず」は基本的には江戸時代の語であり、明治以降姿を消していくが、「いけず」のほうは、現代大阪方言としても用いられ、方言分布から見ても「いかず」よりも新しい表現かと思われる」とある。

イゴク

[動詞] 動く。「（急な坂道に駐車して）あかん、タイヤに何どかましとかな、このままやったら、車が、いごいてまいそーや」（だめだ、タイヤに何か支えをしないと、このままだと、車が、動いてしまいそうだ）

【解説】ウゴクのウがイになったもの。室町時代末から江戸時代初期の狂言台本を書写した『虎明本狂言集』(1642成立)の「昆布売」に用例がある。語頭のイとウの交替については、平安時代に「魚」を「イオ」とした例があるが、「牛」が「イシ」になったり、「ウナギ」が「イナギ」になるような例が無いことから、一般的な発音の変化ではなく一部の語に限られたものである。▶イノク

イチビリ イチビリ

[名詞] 調子に乗ってふざける人。調子に乗って騒ぐ人。
【解説】イチビルの連用形から名詞化。▶イチビル [動詞]

イチビル

[動詞] 調子に乗ってふざける。調子に乗って騒ぐ。「あんまりいちびっとったら、しばかれるぞ」（あまりにも調子に乗ってふざけていたら、痛い目（酷い目）にあわされるよ（発言者がそうする意味もあり））
【解説】『上方語源辞典』(1965) には、「「いち」は、いちはやし・いちはやぶるなどの「いち」で、逸の意。「びる」は「ぶる」と同義の接尾語」とある。また、『近世上方語辞典』(1964) には「自分でできもしない事であるのに、りきんでする」とあり、現在のいちびるの意味とは異なる。この意味の異なりからか『大阪ことば事典』(1984) では『守貞漫稿』(1853成立) の記述にある「市を振る」を根拠に「市振る」からの転訛だとする。これは『大阪ことば事典』(1984) にある「イチタテル【市立てる】」の意味に「市が立ったように騒々しいこと。子供の騒ぐ場合などにいう」が根拠である。ただ、「逸」は「一」に通じるであろうから「最もすぐれていること」の意味であり、「びる」が「ぶる」と同義であれば「そのようにふるまう、それらしいようをする」（「学者ぶる」「えらぶる」）で、「いちぶる」の原義は、「最もすぐれているようにふるまう」であり「自分でできもしない事であるのに、りきんでする」に通じる。これが派生し現在の意味となったと考える方が穏当であろうか。このことから、巷間で支持される「市振る」説には従いにくい。
▶イチビリ [名詞]

イテコマス

[動詞] やってしまう。やっつけてしまう。「しょーもないことばっかり、ゆーとったら、いてこますぞ」（つまらないことばかり、言っていたら、やっつけてしまうよ）
【解説】相手を非難する場合や怒った場合の他、ふざけて言ったりする。「行って」の促音便の略「いて」＋「こます」から。この場合の「行く」は物事を行う意味である。「こます」は江戸時代では「与える」「やる」の意味で相手を卑しめていう動詞であった。その後、動詞の連用形に「て」を添えた形に付いて、ある動作をしようとする自分の意志を表し、「してやる」「やってやる」の意味を示す補助動詞。卑語。現在でも「もうちょっと寝てこましたろ」（（起きなければならない時間だけど）もう少し寝てしまおう）といった使い方をする。

イテマウ

[動詞] ①行ってしまう（死ぬ）。「あいつ、とーーいてまいよった」（あの人は、結局、あの世へ行ってしまった（死んでしまった）） ②やってしまう。やっつけてしまう。「ごじゃごじゃゆーとったら、いてまうぞ」（ぐだぐだと言っていたら、やっつけてしまうぞ）
【解説】①の意味はあの世へ往くから。派生して、②相手をやっつける（あの世へ行かせる）意味になったのであろう。

イテル

[動詞] 凍る。「道、いてたるかもしれんから気ーつけや」（道が凍っているかもしれないから、気をつけてね）
【解説】『日本言語地図』の「凍る」の全国分布では、関西でイテルであり、シミルや標準語系のコールが周圏分布をしていることより、イテルが一番新しい語形だとわかる。

これは、コールが『日本書紀』(720)に、シミルが『源氏物語』(1001～14頃)に、イテルが『堀河院御時百首和歌』(1105～06頃)にそれぞれ初出していることからも概ねこの順序で周辺へ伝播していったのであろう。ただ、最近では中年層以下の殆どの人が標準語形のコールを使用する。

イヌ

[動詞] 帰る。立ち去る。「えらいおそなったし、もうそろそろいぬわ」(ずいぶん遅くなったから、もうそろそろ帰るよ)

【解説】古語のナ行変格活用がナ行五段活用に転じたもの。イナン(否定)・イナハル(尊敬)・イニマス(丁寧)・インデ(中止)・イヌ(言い切り)・インダラ(仮定)・イネ(命令)・イノ(一)(意志)のように活用する。京都府北部の奥丹後地域や京都府南部にはイヌルというナ行変格活用の連体形が残っているところがある。また、インデクルという表現を使う地域もある。近年は用いられることが少なくなり、代わりに「帰る」を使うようになってきている。

イノク

[動詞] 動く。イゴクに同じ。「写真撮ったろ。皆笑ろて。こら、いのっきゃいたら あかんがな。いのかんよーに じっとしとけよ」(写真を撮ってあげよう。皆笑って。こら、動き回ったらだめだよ。動かないようにじっとしていろよ)

【解説】イゴクのゴが、いわゆる鼻濁音([ŋo])であったとすると、ゴもノも鼻を用いて作られる音(調音法)であるが、音を作る位置(調音点)が変わった(上顎後方の軟口蓋から上前歯の歯茎へ)ことによる発音変化と考えられる。ただし、『宇治拾遺物語』(1221頃)に、「いのく(居退く。その場から後退する)」の用例があることから、「後退」に限らず、単に「移動する」という意味の拡大ととらえることもできる。なお、例文の「いのっきゃいたら」は、播州地方で「いのき歩いたら」(動き回ったら)の発音が融合したもの。▶イゴク

イラウ

[動詞] 触る、いじる。「汚いさかい、そんなとこいろたらあかんで」(汚いから、そんなところを触ったらだめだよ)

【解説】「手で触れる、もてあそぶ」など、物などに触ることを表す。古語の「いろう(いろふ)」(関わり合う、世話を焼く、口出しする、手を触れるの意)からの変化か。地域によっては、「からかう、嬲る、いじめる」(大阪)や、「男が女に関係する」(和歌山)の意でも用いられる。これらの意味は、元の語「いろう」が持っていた「口出しする、干渉する」や「関わり合う」という意味が、それぞれ変化しつつ伝わったものであると考えられる。

イラチ

[形容動詞] せっかち。短気。「おれいらちやから、並んでる店とか行く気にならんわ」(おれはせっかちだから、行列のできている店なんかに行く気にならないよ)

【解説】焦る、気が急ぐなどを意味する古語「苛つ」の連用形「苛ち」に由来する。関西弁ではシャベリ(おしゃべりな性格)やキニシー(気にしすぎる性格)のように動詞の連用形を用いて人の性格や性質を表すことが多いが、現代の関西弁には「苛つ」という語が存在しないためイラチの語源はあまり知られていない。イラチは関西人の性格を表す代表的なことばとされることが多い。ものごとが円滑に運ばないこと・理不尽に待たされることを極端に嫌うこの気質は、機器の開発や制度の向上に貢献することもある。たとえば、関西圏ではICカードの残高が初乗り運賃に満たない場合でも改札を通ることができるが、これは「目的地で精

算すればよいのだから10円でも残高があったらとにかく電車に乗せろ」という顧客からの要望によって改善されたものである。

インジャン

[名詞] じゃんけん。「いんじゃんで順番決めよか」(じゃんけんで順番を決めよう)
【解説】じゃんけんをするときのかけ声にはインジャンホイ・インジャンデホイなどがある。後者の場合は「イーンージャーンーデ・ホ・イ」のように節をつけていうことで、じゃんけんのタイミングを合わせることができる。ただし近年は「最初はグー、ジャンケンポン」というかけ声の全国的な広まりに押され、インジャン、およびインジャンホイという昔ながらの言い方は廃れつつあるようである。

ウタトイ

[形容詞] ①面倒くさい。「雨の中、郵便出しに行かなあかん。うたといよ」(雨の中、郵便を出しに行かないといけない。面倒くさいなあ) ②うっとうしい。「さきから、蠅が顔の近くを飛び回りよるねん。うたといよ」(先ほどから、蠅が顔の近くを飛び回るんだ。うっとうしいなあ)
【解説】「面倒だ」「うっとおしい」などの意味を持つ語は、他地域では「恐ろしい」「気味が悪い」「疲れた」などの意味になる。奈良県で使用されるオトロシイは「面倒だ」の意味だが、他地域では「恐ろしい」の意味を持つ。多くの地域で「恐ろしい」の意味を持つコワイは、紀伊半島南部で「疲れた」の意味で使用される。語源と考えられる「うたてし」は、平安時代の『栄花物語』(正編1028〜1037頃・続編1092以降)、『宇津保物語』(970〜999頃)などにみられ、それぞれ「片腹痛い」「情けない」という意味で用いられている。ウタトイという音形をとる地域としては和歌山県紀中・紀南地域と『都道府県別全国方言辞典』(2009)にはあるが、『大阪ことば事典』(1979)にもみられる。また、ウタテイ、ウタテーの形で「面倒だ」「うっとうしい」の意味を持つ地域は、関西各地にある。ただし、昨今はほとんど使用されない。

ウチ ウチ

[名詞] ①わたし(女性語)。「そんなん言われても、うちわかれへん」(そんなことを言われても、わたしにはわからない) ②我が家。「うちな、たこ焼き器あんねん」(わたしの家ね、たこ焼き器があるんだよ)
【解説】①の自称詞としてのウチには○○と○○の両方のアクセントがあるが、②の自分の家を指すウチのアクセントは○○だけである。自称詞のアクセントについて、『大阪ことば事典』(1979)および『大阪ことば辞典』(1995)は「ウチ(○○)の方が下品」としているが、現代のウチの使用者にこのような意識が共有されているかどうかは未詳である。なお、「わたしたち」のことはウチラ(○○○)というが、これももとは女性の言い方であり、男性が自分たちを指してウチラということは少ない。▶アテ

エ

[助詞] 〜よ。女性が多く用いる。「さっき出かけはったえ」(先ほど出かけられたよ)
【解説】話し手の考えを聞き手に伝達する終助詞。聞き手に伝達するという点では標準語の「よ」に似ているが、専ら平叙文で用いられる点が「よ」とは異なる。また、標準語「よ」の用法のうち、「もしもし財布、落とさはったえ」(もしもし、財布落とされましたよ↑)や「これから写真撮るから、動いたらあかんえ」(これから写真を撮るから、動いたらだめだよ↑)のように高く発音される「よ↑」に相当し、「やめてよ。痛いよ↓」のように低く発音される「よ↓」の意味では使われない。京都市を中心に女性が用いる表現で、それ以

外の地域ではあまり聞かれない。なお、京都府網野町の「あんたどう思うえ?」(あなたどう思う?)、京都府精華町の「どうしようえ?」(どうしようか?)、滋賀県の「あんたはんも行くえ?」のように疑問の終助詞として用いられる「え」もあるが、これらが京都市方言の「え」と同一形式かどうかは定かでない。

エーシ

[名詞] 金持ち。良家。「さすが、えーしは、やることがちゃうわ」(さすが、育ちのいい人は、やることが違うよ)

【解説】「ええしゅ(良い衆)」が転じたものとされる。単にお金を持っている人というのではなく、家柄の良さや家の格の高さをいうことばである。

エゲツナイ エゲツナイ

[形容詞] あくどい。ひどい。嫌らしい。不愉快な。「あいつ、えげつない商売しとるなー」(あいつはあくどい商売しているな)「えげつない色してるな」(悪趣味な色をしているね)

【解説】言い方、やり方、見た目が露骨でいやらしい、ずうずうしく無遠慮である、思いやりがなく残酷であるなど、度を過ごして迷惑、不快を感じさせるさまの意。『大阪ことば事典』(1984)では「いかつい(厳つい)」に、程度の甚だしさを表す「ない」が付いて、イカツナイとなり、これがエカツナイ→エゲツナイと転訛したとされる。なお、程度の甚だしさを表す「ない」は、「せわしない」(せわしい+ない)などにもみられ、否定の「ない」とは別の形式である。

エズク

[動詞] 吐き気を催す。嘔吐する。「お嫁さん、えろー、えずいたはるな。おめでたとちがうやろか」(お嫁さんは、ずいぶん、吐いておられるね。おめでたではないだろうか)

【解説】古語の「ゑづく」。「ゑ」は「餌」とする説と「声」とする説がある。「つく」は「衝く・吐く」で「急に押し出す、吐く」の意。北海道から鹿児島まで広く使用が確認されるが、関西独特のことばとして意識されることが多い。

エライ

[副詞・形容詞] ①大変な。甚だしい。ひどい。「えらいこっちゃ、どないしょ」(大変な事だ、どうしよう)②辛い。苦しい。しんどい。「最近、階段のぼんのが、えろーてえろーて」(最近、階段を上るのが、辛くて辛くて)③立派だ。偉大だ。「(子供に)ちゃんとあいさつできて、えらいな」(きちんとあいさつできて、立派だね)④たいへん。たいそう。とても。「寒いのに半袖で、あんたえらい元気やなー」(寒いのに半袖って、あなたとても元気だねえ)「えらいすんません」(どうもすみません)

【解説】「とげ」を意味する「いら(苛)」が形容詞「いらし」となり、さらにイがエに転じてエライとなった。「程度の甚だしさ」が「大きい・立派だ」という意味を経て「偉大だ・偉い」の意味(③)になる一方で、「疲れた・しんどい」という意味(②)も生じた。また、「物事の程度の甚だしいさま」(①の意味)を表す形容詞「えらい」が、言い切りの形のままで副詞的に用いられるようになったのが④である。現代でも「すごい人だ」「すごい美味しい」のように、形容詞の言い切り形がそのまま程度副詞になる例があるが、「えらい」にも同様の変化が起こったと考えられる。

オアゲサン

[名詞] 油揚げ。「おあげさん、2枚こーてきて」(油揚げを2枚買ってきて)

【解説】オアゲ・アゲオカベ・オイナリサンと

も言う。食べ物の頭二文字をとって「オ〇〇サン」のように接頭辞オと接尾辞サンではさむことで、丁寧さや親しみを表す。他にもオイモサン（芋）、オマメサン（豆）、オカイサン（粥）などがある。接尾辞サンを付けない語には、オカボ（かぼちゃ）、オセン（煎餅）、オナス（茄子）などがある。女性の方が多く用いる傾向にある。▶オカイサン

オイデヤス

[連語] ①いらっしゃい。あいさつ表現。「よーこそ、おいでやす」（ようこそ、いらっしゃいませ）②「行く・来る・居る」の尊敬語。「うちとこへおいでやす」（私の家にいらっしゃい）
【解説】「お－出で－やす」のように、動詞連用形を接頭辞オと尊敬の助動詞ヤスではさんだ表現で、本来は尊敬表現（②）であるが、現在はあいさつ表現（①）で頻繁に用いられるようになっている。あいさつ表現ではオイデヤスよりもオコシヤス（いらっしゃい）の方が丁寧とされる。②の意味ではオイデヤシトクレヤス（オー出デヤース－テーオークレーヤス）のようにトクレヤス（ておくんなさい）を付けてさらに丁寧にすることもある。▶オキバリヤス、オシマイヤス、ヤス

オエハン

[名詞] ①奥さん。主人の母。「おえはんに聞いてみよ」（大奥さんに聞いてみよう）
【解説】オエは、オイエの音声変化した形式であり、「お家」を指す。ハンは敬称「さん」が変化したもの。西日本ではところによってオイエサン、オエサン、オイサンとなる地域もある。越谷吾山『物類称呼』(1775)には「つま 京にて他の妻を お内義さんとよぶ 大坂にて おゑさんとよぶ お家さま也」とある。牧村史陽『大阪方言事典』(1955)によると、オエハンは「中流の家庭の年のいった御寮人乃至は若夫婦の上にある女主人の称」としており、一般には主人の母親を指す。また、御寮人はゴリョーサンあるいはゴリョンサンと言うことが多く、若奥さん、あるいは主人の妻を指すことが多い。『大阪慕情 船場ものがたり』(1976)によると、「（船場では）オエサンという言葉の響きは、年寄り臭く、老女を思わせるものがあるので、これを嫌って、相変わらず御寮人（ゴリョンサン）さんと呼ばせて家を取り仕切り、息子の嫁を若（ワカ）御寮人（ゴリョンサン）さんと呼ばせている家もあった」と述べている。

オーキニ オーキニ オーキニ

[副詞] ①ありがとう。「おーきに、また来てや」（ありがとう、また来てね）②たいへん。たいそう。「おーきに、おやかまっさんどした」（たいへん、喧しくしました（お邪魔しました））
【解説】オーキニは、程度の甚だしさを表す「大きなり」の連用形「大きに」を副詞的に用いた表現である。したがって②が本来の使い方であるが、近年は専ら①「ありがとう」の意味で用いられる。①は「おーきにありがとう」（大変ありがとう）の「ありがとう」を略したもの。「とても」にあたるオーキニだけで感謝の意味を表せることが特徴的である。省略表現であるためか、比較的くだけた場面で用いられる。なお、『地方別 方言語源辞典』(2007)によると大阪弁のマイドも「毎度（お世話になり）ありがとうございます」を略したもので、くだけたあいさつ表現として用いられるとされる。アクセントは地域によって異なり、〇〇〇〇は京都・滋賀・和歌山に多く、〇〇〇〇は大阪・奈良、〇〇〇〇は兵庫・大阪・三重に多い。

オカイサン

[名詞] お粥。「風邪ひーて、食欲あれへんさかい、おかいさんでも食べるわ」（風邪を引いて、食欲がないので、お粥でも食べるよ）

【解説】油揚げをオアゲサン、いなり寿司をオイナリサン、豆のことをオマメサンなどと言うように、食べ物をオ〜サンと丁寧に呼ぶことが関西ではしばしばある。食べ物に「さん」を付けて丁寧に呼ぶのは、宮中の女官が使用した*女房詞によくみられる。また、飴玉(あめだま)のことをアメチャンのように接尾辞チャンを付けて呼ぶこともよく知られている。
▶オアゲサン

オカン

[名詞] お母さん。「うちのおかん、すぐ値切んねん」(私のお母さん、すぐに値切るんだよ)
【解説】オカーサンからサ行音のハ行音化(サ→ハ)と長音の脱落を経てオカハンとなり、さらにハが弱化してオカンになったと考えられる。従来、京都・滋賀ではオカハンを用い、オカンの使用は稀(まれ)であった。また、大阪・奈良でもかつてはオカーチャン・オカチャンが用いられていた。しかし、これらの地域の若年層はオカンを使うことが増えてきている。

オキバリヤス

[連語] ご苦労さま。頑張ってください。「おきばりやす、お先に」(ご苦労さま、お先に(失礼します))
【解説】仕事をしている人に会ったときのあいさつ表現。動詞キバルの連用形を、接頭辞オと尊敬の助動詞ヤスではさんだ表現である。オ〜ヤスによる敬語表現は、言い切り形・命令形がどちらもオ〜ヤスの形をとるが、オキバリヤスは命令形である。つまり、オキバリヤスは直訳すると「きばられてください」という尊敬命令表現である。このように尊敬語と命令形が共存するのも関西方言の特徴である。なお、多くの地域ではあいさつ表現として用いられるが、京都市内では「明日の試験、まあ、おきばりやす」

のように尊敬表現としての用法も残っている。▶オイデヤス、オシマイヤス、ヤス

オシマイヤス

[連語] 今晩は。夕方に人に会ったときのあいさつ表現。「おしまいやす、えらい日がみじこーなりましたな」(こんばんは、ずいぶんと日が短くなりましたね)
【解説】動詞シマウの連用形を、接頭辞オと尊敬の助動詞ヤスではさんだ表現である。シマウは「仕事を無事に終える」の意で「ご無事に(仕事を)終えてください」というのが本来の意味であろう。滋賀県ではオシマイ(ヨ)と言うこともある。▶オイデヤス、オキバリヤス、ヤス

オス

[動詞・助動詞] ①ある。いる。「ここにおしたか」(ここにありましたか。ここにいましたか)②です。「今日は暑おすなー」(今日は暑いですね)
【解説】オワスに由来し、否定形はオヘン、過去形はオシタとなる。「何どすえ」「えらい雨どすなー」など、丁寧語にはドスが使用されるが、丁寧語としてのオスは形容詞に接続する。なお、オスは京都市一帯に分布するも、近年はほとんど使用されなくなったとみてよい。『京都−大阪間グロットグラム』(1994)からは、オスは主に京都市内の40代以上にみられるが、それより若い世代では使用されていない。また、オスは京都市から大阪府三島方言域に散見されるが大阪府の摂津域に入るとほとんど認知されない。オスは、関西弁のなかでも京都弁を特徴づける方言形式のひとつである。
▶オマス、ドス

オタメ

[名詞] 贈り物をもらったときの返礼の品。

「お隣から、おためにマッチもろたで」（お隣さんから、返礼の品のマッチをもらったよ）

【解説】結納の品への返礼の品のことをオタメといったが、日常的なもののやり取りにおいても使用される。受け取った物が入っていた容器を持ち主に返すときに、容器の中に、ちょっとしたマッチ箱や小銭などの金品をしのばせる。この金品のことをオタメという。大阪府泉南ではタメ、和歌山県紀北ではメーになるなど、音声的なバリエーションがあり、滋賀県など関西の広域に分布している。この方言形はかつての地域社会の人付き合いのあり方を示すものであるが、このような習慣自体がなくなっていくにつれて、関西の人びとからオタメという方言形式も忘れられつつある。昨今は、同級生や同じ年齢の人のことをさしてタメということが、若者たちを中心に浸透している。語源には諸説あるが、「賜え（たまえ）」の音が縮まったという説や、「御為」のように相手を慮る表現に由来するという説もある。和歌山県紀北のメーについては、「いい目（メー）が出るように」という験担ぎの意味で、返礼の品であるメーをしのばせるという話者もいる。このほかの形式として、（オ）ウツリ、（オ）トビなどが関西では用いられる。なお、『上方ことば語源辞典』（1999）の「オタメ」の項目の語源には「かつて京都ではオトビ・トビと言った。トビは「贈る」の意味のタブと同源」とあり、「オウツリ」の項目の語源には「釣り合いを保つツリの意味から。釣銭のオツリと同源。バランスを保つことからツリといった。オタメよりも上品な言い方」などの記述がある。

オチン

[名詞] お菓子。おやつ。「遠足に持っていくおちんは500円までやで」（遠足に持っていくお菓子は500円までだよ）

【解説】チンは「お駄賃」の「賃」。もともとお遣いの報酬として子供に与える小遣いや菓子を指していた。それが、駄賃としての菓子だけでなく、広く菓子を指すことばとして使われるようになった。大阪・兵庫・奈良・和歌山にみられるが、これらの地域には菓子を指すことばとしてカシン・ホーセキがある。オチンは、語源の意味を残し、子供のことば、ないしは大人が子供に使うことばである。▶ケンズイ・ナンゾ・ホーセキ

オトンボ　オトンボ

[名詞] 末っ子。「あんたとこのおとんぼ、今年なんぼかいな？」（お宅の末っ子の方、今年何歳だったっけ？）

【解説】古語の「弟（おと、『古事記』(712)に用例がある）」「弟子（おとご、927年の『延喜式』に用例がある）」に由来すると思われる語。語源として、発音からは、オトゴ〔otoŋo（鼻にかかった鼻濁音のゴ）〕からオトンゴ→オトンボと変化した可能性が考えられる。一方、長野県から九州北部まで広い地域でオトンボ、オトンボーとして使われており、「おとの坊」がオトンボに変わったとも考えられる。なお、男子のみをオトンボの対象とする地域もある。現在では、3人以上のきょうだいが少なくなり、一人っ子の場合「長男・長女＝末っ子」、2人なら「上、下」で、若い世代には「末っ子」という語自体の存在意義が失われつつある。

オハヨーオカエリ

[連語] 見送りのあいさつ。いってらっしゃい。「ほな、行ってきます」「おはよーおかえりや」（「それじゃあ、行ってきます」「いってらっしゃい」）

【解説】文字通り「早く帰ってきてください」というのが語源だが、「おはよーおかえり」と言われても、急いで帰ってくる必要はない。人を送り出す時のあいさつとして慣用化している。大阪府や奈良県を中心に使用

されたが、近年はほとんど聞かれない。

オバンザイ

[名詞] 日常的な食事のおかず。「昔は、おばんざいによー子芋炊いたけど、最近はせんなー」(昔は、日常のおかずによく子芋を煮たけど、最近はしないなあ)

【解説】お番菜。オバンザイの「バン」は「番」。「番」は、番傘・番茶など、特別でない日常的なものを指す時に用いられる。オバンザイも「お番菜」で、日常的で取り立てて特別ではないおかずのことを指し、人に食事を提供するときの謙譲表現としても使用される。最近は、「京のおばんざい」と看板に出して売りにする食事処もあり、そこでは京都の伝統的な家庭料理がメニューに並ぶ。伝統的な方言が、事物のなかでも伝統的なものを指すようになり、そこに価値を見いだしている事例である。

オマス

[動詞・助動詞] ①います。あります。いらっしゃる。「探してたやつ、こんなところにおましたわ」(探していたものが、こんなところにありましたよ) ②（-て／-で）ございます。「今、戻ったところでおます」(今、戻ってきたところでございます)

【解説】「おまします」の略で「オマス」。さらに短縮して「オマ」となることもある。動詞や名詞に接続するときは、「て／で」を介して「ここに書いております」「そうでおます」などとなるが、形容詞にはその語幹に接続して「暑おます」などとなる。江戸時代末期には使用がみられ、遊郭の女性に用いられたが、その後、男性にも広がった。現在はほとんど使用されないが、上方のお笑い芸人などが使用することがある。京都では「おす」が用いられる。▶オス

オモロイ オモロイ

[形容詞] ①面白い。可笑しい。「あの芸人のコント、めっちゃおもろいで」(あの芸人のコントは、すごく面白いよ) ②興味深い。「こいつ、なかなかおもろいな。将来、大物になるかもしれんぞ」(こいつはなかなか興味深いな。将来、大物になるかもしれないぞ)

【解説】「おもしろい」の縮約形。否定形はオモンナイ。オモンナイは、オモローナイ→オモロナイ→オモンナイという変化をたどった。大阪の摂津、河内の方言として紹介されることがあるが、近年は関西の多くの地域で使用されている。全国的な認知度も高い。大阪府南部の泉南地方や和歌山県では、オモシャイ、泉南地方北部の岸和田にはオモショイという言い方もある。

カク

[動詞] 2人以上で腰ぐらいの高さまで持ち上げて運ぶ。「このテーブル運ぶよって、そっちかいて」(このテーブルを運ぶから、そっち側を持って)

【解説】舁(か)くは、平安時代の文献にも登場する古語である。古くから輿(こし)などの物を肩に乗せてかつぐという意味で使用されていた。このような用法は、昭和初期の方言辞典では中四国や北陸の方言でもみられるが、関西では、腰ぐらいの高さまで持ち上げるという意味が優勢である。なお、三重県ではこれを「机をつる」などのように言う。

ガッソ ガッソ

[名詞] 伸びて乱れた髪。「あの人、がっそきてるなー」(あの人、髪が伸びて乱れてきているなあ)「がっそかぶってやんと、散髪行ってこい」(髪をぼさぼさにしてないで、散髪屋に行ってこい)

【解説】関西でもほとんどの地域で聞かれなくなりつつある。使用語彙としてはほとんど

みられない。『全国方言辞典』(1951)では、茨城県や熊本県で伸ばした髪を頭の後ろで束ねる髪型、「総髪」を意味することや、奈良県の吉野郡で「子供」を意味することが記されている。

ガナ

[助詞] 〜よ。もちろん〜だとも。〜じゃないか。「(私の靴下どこにあるか知らない?と聞かれ)知らんがな」(知らないよ)「(私のこと覚えてる?と聞かれ)よー覚えてるがな」(もちろん、よく覚えているとも)「お前が、ゆーたんやがな」(お前が、言ったんじゃないか)

【解説】相手の考えや言い分に対して、自分の考えを確定した事柄として提示し、反駁(はんばく)する意味を表す。終助詞ガと終助詞ナの複合を出自とする。関西中央部では終助詞ガが単独で用いられることは少なく、専(もっぱ)らガナの形で用いられる。「あかんがな」(だめだよ↓/だめじゃないか)のように、標準語の低く発音する「よ」や「ではないか」に相当する意味を持つ。中年層以下は、ほぼ同じ意味で「あかんやん(か)」のようにヤン・ヤンカを用いる。▶ヤン(カ)

カナン　カナン

[特殊] かなわない。困る。「傘持ってへんのに、雨降ってきたで。かなんなー」(傘を持ってないのに、雨が降ってきたよ。困ったなあ)

【解説】「かなわん」の縮まったもの。大阪ではアクセントが○○○であるが、滋賀などでは○○○となる。また、大阪でもカナンナーは○○○○○とも、○○○○○とも発音される。地域による意味の違いはない。なお、カナンは否定表現であるが、対応する肯定表現は存在しない慣用的な表現である。

カニココ

[名詞・副詞] ①かろうじて。やっとのことで。ぎりぎり。「かにここ間におーて良かったわ」(ぎりぎり間に合って良かったよ)「今月はお金が入らへんさかい、かにここや」(今月はお金が入らないから、ぎりぎりだよ) ②新生児が初めてする大便(胎便)。「このややこ、かにここ出したわ」(この赤ん坊、胎便出たよ) ③臨終の人の便。「かにここが出たし、もうあかんわ」(便が出たので、もうだめだよ)

【解説】現在は①の意味で用いられることが多い。『京ことば辞典』(1992)では、①は「かにかく」(ともかく、あれこれと)からの転訛(てんか)とされるが、「ぎりぎり、辛うじて」との意味的なつながりについては説明がない。『地方別 方言語源辞典』(2007)には、③から①の意味が派生したとある。すなわち、③「瀕死(ひんし)の状態」から転じて「大いに弱っている」という意味で一般にも用いられるようになり、また「瀕死の状態」が「辛うじて生きている状態」であることから、「かろうじて、ぎりぎり」という副詞的用法が生まれたとされる。

ガメツイ　ガメツイ

[形容詞] 抜け目がなく、欲張りな。「あいつ、休憩室に置いてた弁当、3つも持って帰りよったで。がめついやっちゃなー」(あいつ、休憩室に置いてあった弁当を、3つも持って帰ったぞ。欲張りなやつだなあ)

【解説】人のものを盗むという意味のガメルに、キツイ、アツイ、ゴッツイなどの−ツイを付けて形容詞化したもの。『大阪ことば事典』(1984)には、劇作家の菊池一夫の戯曲「がめつい奴」で造語したものが流行語となったものであり、本来の大阪ことばではないとの記述がある。菊池一夫は1908年生まれ、1973年没。「がめつい奴」の公演は1959年である。「けちな」の意味に

もなるが、欲張りの意味から派生したものと考えられる。

カンコクサイ　カンコクサイ

[形容詞] こげ臭い。きな臭い。「おい、ちょっとかんこくさないか」（おい、ちょっとこげ臭くないか）
【解説】「カンコ」の語源は「紙子」。紙子（紙衣）は、厚い和紙を加工して作られた紙子紙（かみこがみ）を生地とした安価な衣服のこと。『物類称呼』（1775）には、「焦臭を　京にて　かんこくさしと云う　紙臭なり」「東武にて　きなくさいと云う　木にてはないにほひ　と云こころ」など、各地の言い方が記される。カンコクサイの『全国方言辞典』（1951）では、その使用地域として、滋賀県八幡地方・奈良・京都・大阪・淡路島・神戸といった関西地域の他に、東は長野県下伊那遠山地方から、西は長崎まで広く分布していたことが記されている。

カンテキ

[名詞] ①七輪。「昨日、秋刀魚をかんてきで焼いてん」（昨日、秋刀魚を七輪で焼いたの）②怒りやすい人。「うちのとうちゃん、かんてきやねん」（我が家の父親は、怒りっぽい人なの）
【解説】カンテキという語に「怒りやすい人」という意味があるのは、この語が七輪の意味を持っていることによる。七輪を使うとすぐに火がおこる。そのことから転じて、すぐに熱くなって癇癪（かんしゃく）を起しやすい人の意味を持つに至ったと考えられる。癇癪を起すことをカンテキオコスと言う。上方をはじめ、兵庫、奈良、和歌山などでも用いられた。

カンニン

[名詞] 詫（わ）びの慣用表現。ごめん。「えらい気一遣わせたなー。かんにんやで」（とても気を遣わせたなあ。ごめんね）

【解説】標準語の堪忍は、怒りを抑えて許すことを指すが、それを相手に求めることは自分の過失を認め、許しを請うことであり、謝罪という行為につながる。謝罪としての「カンニン」は、「カンニンやで」（許してね、転じて詫びの表現）のように断定の助動詞の「や」に接続するという名詞的な性質がある。名詞は格助詞の「が」に接続できるが、「カンニンが足りない」のように「が」に接続すると、本来の怒りを抑えて許すという意味になってしまい、謝罪表現ではなくなる。したがって、謝罪表現としてのカンニンは、「カンニン！」のような一語文や、述語部分で「カンニンして」「カンニンやで」「カンニンな」のように相手への働きかける意味を持つ場合でないと成り立たない。『大阪ことば事典』（1984）では、謝罪表現としてのカンニンがカンニ（○○○）と縮まった形で記録されている。

キケル

[動詞] 疲れる。「今日は、仕事で1日中走り回って、きけたわ」（今日は、仕事で1日中走り回って、疲れたよ）

【解説】キケルは、「読む」を可能動詞にすると「読める」になるように、「効く」が「効ける」になったとする説と、「泣く」を自発表現にすると「泣ける」となるように、「効く」が「効ける」となったという説とがある。いずれにしても、「効く」は対象物に対する何らかの効用を及ぼした状態を意味している。そして、「薬が効く」や「パンチが効く」など身体に効用が及ぶと、その意味は、身体が治癒することやダメージを受けることに近くなる。このことが、身体のダメージのひとつである「疲労」の意味を、キケルが持った要因であろう。『全国方言辞典』（1951）では、キケルの分布地域として、大阪、奈良、和歌山、三重が記載されているが、2000年以降に刊行されている各種方言辞典には、

分布域は大阪周辺で、和歌山のみ、あるいは和歌山、奈良、三重と記載されている。

キサンジ キサンジ キサンジ

[形容動詞] 快活な。物事にこだわらない。快活で機嫌がよい。「この子（幼児程度）は、ほんまに、きさんじやなー」（この子は、本当に（これぐらいの年代なら構わないと、ぐずったりするのにそうしないで）、快活で機嫌の良い子だね）
【解説】本来は、大人にも使えたが、現在では、少し意味が変異し主に幼児期の子供の性向にのみ使うようになりつつある。

キバル ［気張る］

[動詞] ①（大便の際に）いきむ。②頑張る。努力する。「えらいきばっとんな。（大変頑張っているね）」「もうちょっときばれや」（もう少し頑張りなさい）
【解説】『近世上方語辞典』(1964) に「息張るの意」とあり、「息＝気」＋「張る」が語源であろう。そこから、動作として具体的な①の意味に。ただ、①は普段の会話であまり使えない。派生して②の意味で使う。以前は、値切る際に店主に対して「もっときばってーな」などと言ったが、現在ではまず聞かれない。②の意味では現在も使われる。

ギョーサン

[副詞・形容動詞] ①たくさん。いっぱい。「ぎょーさん、もろたなー」(たくさんもらったねえ) ②たくさんの。多くの。「ぎょーさんな人やなー」(たくさんの人だなあ)
【解説】『大阪ことば事典』(1984) によるとギョーサンの「ギョー」は「仰々しい（業々しい）」の「ギョー」と関係があるとしている。また、『上方語源辞典』(1965) では「ギョーサンな事」という用例があげられ「大仰な。

大げさな。大層な」という意味も記されているが、現在ではこのような意味での使用は聞かれない。また、70年代以降、大阪では中高年世代でギョーサンの使用が減り、これに代わってヨーサンが使用されてきたが、90年頃から大阪市内でメッチャが使用されはじめたため、ギョーサンはほとんど使われることがなくなった。▶ヨーサン

キョービ ［今日日］

[名詞] この頃。今時。「きょうび、そんなことゆー奴おらへんで」（今時、そんなことを言う人は居ないですよ）
【解説】『日本国語辞典』の初出例は『春色雪の梅』(1838～42頃か) である。また、必ずしも関西のみの表現ではない。「今日」は古く『古事記』(712) や『万葉集』(759以降成立) にあるが、当時は、「けふ」と発音されていた。拗音が発生して、現在のような発音になったのは、平安時代以降である。「今日」が拗音を含むため、漢語的に感じられ、江戸時代にこのような表現が生まれたのであろうか。

グイチ

[名詞] 食い違っていること。ちぐはぐ。互い違い。「シャツのボタンぐいちやでー」（着ているシャツのボタンが互い違いだよ）
【解説】盤双六（ばんすごろく）や賽子賭博（さいころとばく）の際に用いる2つの賽子の出た目に対する特殊な呼び方（隠語）から。賽子の目は、上下の和が七になるようになっているが、五と一とは対でなく食い違っていることから。五と一（ごいち）をグイチという。

ケ

[助詞] ～か？　～の？　①「明日、コンサート行くんけ？」（明日、コンサートに行くの？）②「来

んのん○○さんけ?」(来るのは○○さんなの?)③「ほんまけ?そーけ!」(本当に?そうなんだ!)④「あの人の歌どんなんけ?」(あの人の歌ってどんな感じ?)⑤「何時に始まるんけ?」(何時に始まるの?)⑥「どこで有るんけ?」(どこであるの?)⑦「誰と行くんけ?」(誰と行くの?)

【解説】疑問を表す文末の助詞「ケ」は関西においても河内をはじめ、広い地域で使われており珍しいものではない。近年、姫路を中心とした地域では、その意味・用法が大きく変わり、その使用地域も拡大しつつある。上の例のうち、①②③は、「行くこと」「○○さん」「本当だ」「そうである」など確定した内容を確認する従来の用法。一方、④〜⑦は、それぞれ「どんな」「何時に」「どこで」「誰と」という、不確定な内容を知ろうとしている。これが新しい用法で、だいたい1980年代以降生まれが用いる。いずれも、対等以下の相手に用い、目上に用いることはない。なお、『大阪のことば地図』(2009)には「文末詞カ、ケ、コは近畿中央部を中心に同心円状の広がりをみせており、一様ではないものの、内側にカ、その外側にケ、そして最も外側にコが分布する傾向があるようである」とあり、丁寧さの違いやそれぞれの語誌が記されている。

ケッタイ

[形容動詞] 変な。変わった。①「あいつほんまに、けったいなやつやなー」(あの人は本当に、変な人だね)②変なこと。その場に相応しくないこと。「祝いの席やのに、けったいなこと、いーな」(お祝いごとの場所なのに、変なこと(縁起の悪いこと)、言うな)

【解説】『近世上方語辞典』(1964)の「けったい」は「卦体」と「希代」が別項で示されいずれも「「けたい」の強調」とあり、「けたい〔希代〕」には「(「きたい」の訛)」とある。『日本国語辞典』の「けたい【卦体・怪態・怪体】」の名詞には「易の算木に現れた卦の形。占いの結果。転じて、縁起」とあり、(形容動詞)には(1)(「けたい(卦体)が悪い」の略)いまいましいさま。しゃくにさわるさま。(2)(「きたい(希代)」の変化した語とも)奇妙なさま。不思議なさま。けったい」とある。また「きたい【希代・稀代・奇代】」には「(1)世にもまれなこと。非常に珍しい、驚嘆すべきこと。また、そのさま。希世(きせい)。(2)あやしむべきこと。また、そのさま。不思議。奇怪。けたい。けったい。「きたい(奇態)」と混同して用いられることもある」とある。なお、『上方語源辞典』(1965)の「けったくそわるい〔卦体糞悪い〕」の〈参考〉に「近世上方語「けたい」「けったい」には、稀代、卦体の両語両義あり、判別しがたい場合がある」とある。この語の使用例として2例あげたが、特に②などの場合縁起が悪い意を含む場合もある。このことからどちらもそれぞれの例の語源と考えられる。

ケナルイ ケナルイ ケナリー

[形容詞] 羨(うらや)ましい。「あの人、えーもんもっとって、けなりーなー」(あの人は、良いものを持っておられて、羨ましいわ)

【解説】『日本国語辞典』に、形容動詞「け(異)なり」が形容詞化した語。「普通と異なる、きわだっている、能力などがとくに優れている」ことなどを表す「けなり」とは意味が異なり、「そのようにすばらしい様子になりたい」「うらやましい」の意味に転じている」とあり、「「けるい」は、「けなりい」の母音交替形」とある。なお、『日本国語辞典』の「け〔異〕」の意味は、「(1)普通、一般とは違っているさま。他のものとは異なっているさま。(2)ある基準となるものと比べて、程度がはなはだしいさま。きわだっているさま。多く、連用形「けに」の形で、特に、一段と、とりわけなどの意で用いられる。(3)能力、心ばえ、様子などが特にすぐれているさま。すばらしいさま。((4)以

下略)」とあり、(1)の意味では、日本書紀(720)や万葉集(759以降成立)のほか、(3)の意味では『源氏物語』(1001〜14頃)の葵の巻「行ひなれたる法師よりは、けなり」とあることから、古く(1)の意味で使われていたが派生して、(3)意味となりその後、『日本国語辞典』の「けなりい」の項にある「(対象が、格別であるので)そうありたいと思うさま。うらやましい」に派生したものと考えられる。この意味での初出は、『玉塵抄』(1564)である。ただし、若年層での使用は皆無である。

ケンズイ ケンズイ

[名詞] 間食。おやつ。「けんずいの時間やでー」(おやつの時間ですよ)

【解説】『日本語源大辞典』(2005)の「〔ことばのしおり〕おやつ」によると「日本人の食習慣として、江戸の寛永頃までは朝夕二食が普通である、日中八つ時前後に間食をとることがあった。ただし間食の意味で「おやつ」が使われる例は、すでに三食になっていた元禄期以降である」とある。この記述からもわかるとおり、本来のけんずいは、朝夕二食時代の昼食にあたる間食のことである。その後、三食時代に「おやつ」と同じ意味となる。『近世上方語辞典』(1964)には「けんずい〔…ずん〕〔間水〕(間食〔けんしい〕の訛)①おやつ。昼食と夜食との間の飲食。昼食。京都・大和の語」とあり、『上方語源辞典』(1965)には「間食の字音ケンシまたはケンジの訛」とある。なお、「間食」は、古く『日本霊異記』(810〜24)に用例があるが、これがどのように発音されていたかはわからない。▶オチン、ナンゾ、ホーセキ

ゴーガワク

[連語] 腹が立つ。「日に日に、汗流して仕事しよんのに、ひとっつも給料上がれんのー。くそ、ごーがわく」(毎日、一生懸命働いているのに、ちっとも給料が上がらないな。ほんとうに、腹が立つ)「ほんまやのー。わしも、ごーわいて、しゃーないんや」(そうだね、おれも、無性に、腹が立つんだ)

【解説】ゴーガワクは、雑俳『西国船』(1702)に用例がある。兵庫県姫路市を中心とする播州地方では、播州弁を代表する語として取りあげられることが多いが、長野県〜島根県・岡山県にかけて用いられている。一方、現在の京都・大阪といった関西の中心部では使われていないが、『近世上方語辞典』(1964)には「ごう〔業〕ーが沸く」で立項されており「腹が立つ。業が煮える。」とあり『加増曽我』(1706)の用例がある。また、姫路を中心とした地域では、ゴーワクと「ガ」を落とした用法が多い。

コート

[形容動詞] 地味な。上品で質素な。「この服、こーとな柄やなー」(この服は質素で上品な柄ですね)

【解説】『日本国語大辞典』に(「こうとう(公道)」の変化した語)とあり、「「こうどう」(公道)(古くは「こうとう」)世間一般に通用する正しい道理。公正な道。正義」といった意味が「礼儀作法がきちんとしていること。手堅く質素なこと。地味であること。また、そのさま。堅実。実直。倹約」となり、その後、上品で質素という意味で使われるようになった。

コスイ

[形容詞] ▶スコイ

ゴジャ

[副詞] 非常に。とても。程度がはなはだしい

ようすを表すが、好ましくない、よくない場合に限られる。「きょうのテスト、ごじゃむずかったやろ?」(きょうのテストは、とてもむずかしかったでしょう?)「ほんまや、問題の数もごじゃ多かったし」(ほんとう、問題の数もすごく多かったし)「たぶん、点数ごじゃ悪い思うわ」(たぶん点数はすごく低いと思うよ)

【解説】例文にあるように、播州でも姫路を中心とした地域で、1990年代以降生まれの年代が使う強調の副詞。名詞ゴジャからの転用であろうと思われる。例文は「ゴジャうれしい」「ゴジャ楽しい」のような、よい意味の強調には使われることが少ないが、より強く強調したい場合などに「これ、ゴジャ美味い!」のような使われ方もある。なお、後ろに続くことばが高い音で始まる語(多い○○○、など)の場合アクセントはゴジャ○○と低低だが、低い音で始まる語(しんどい○○○、など)が続く場合はゴジャ○○と低高となる。なお、「しんどい」が○○○○となることもあり、その場合ゴジャは○○となる。▶ゴジャ 名詞

ゴジャ

名詞 理屈や道理が通らないこと・もの、またそのような人物。「あんなごじゃに、何ゆーてもあかんわ」(あんな理屈の通らない奴に、何を言ってもだめだよ)「ほんまにな。なんであないにごじゃばっかり、すんねやろな。」(ほんとうにね。どうしてあんな道理の通らないことばかり、するんだろうね)

【解説】姫路を中心とした播州地方で1980年代生まれあたりまでに使われる。若い世代は副詞としての用法に変わっている。この語の持つ精緻な意味合いは標準語に訳すことができない。アホ・ボケなど、仮名2文字で人の性格などを悪く言う名詞はこのように○○のアクセントで発音されることが多い。また、ゴジャゴジャがゴチャゴチャの濁音化(有声音化)であるとするならば、『大阪ことば事典』(1984)にゴチャゴチャは「ごたごたの転。物事の入りまじったさまにいう」とあり、発音変化によって、より程度を増したとも考えられる(コロコロとゴロゴロ、トントンとドンドン等のように)。なお、茨城県に「あほ・ばか」を意味するゴジャッペがあり、利根川河口付近には関西由来の語がみられることから、この語との関連が注目される。▶ゴジャ 副詞

コソバイ コソバイ

形容詞 くすぐったい。「お寺で、正座して話聞いとったら、誰か足の裏こそばいすねん。こそばいさかいやめて!ゆーても、皆知らん顔して笑うねんで」(お寺で、正座をして話を聞いていたら、誰かが足の裏をくすぐるんだよ。くすぐったいから止めて!って言っても、みんな知らん振りして笑うんだよ)

【解説】京都や大阪では、コソだけが高く発音される。『日葡辞書』(1603)にもコソバイ(Cosobai)、コソバイイ(Cosobaii)として記載されている。現在では中部地方から中国・四国・九州北部に広がっている。『日本語は年速一キロで動く』(2003)によれば、関西では、1960〜70年代生まれでコチョバイが広まったが、1980年代以降生まれの世代ではコショバイが広く使われるようになっているようである。

ゴンタ ゴンタ

名詞 いたずらっ子。腕白な子供。「この子はほんまにごんたで、手におえんわ」(この子は腕白で、手におえません)

【解説】『日本国語大辞典』に「浄瑠璃「義経千本桜」中の人物「いがみの権太」に基づく語」とあり、作中「権太」が、ゆすりたかりをする悪者役であったことから「ごろつき。ならずもの。無頼漢。わるもの」を意味したが、その後、上記の意味となる。な

お、『義経千本桜』は、二代目竹田出雲・三好松洛・並木千柳の合作で、延享四年（1747）に大坂竹本座で初演された。また、この作品の三段目内の鮓屋の段のモデルとなったと伝わる釣瓶鮓屋は「弥助」として奈良県吉野郡下市町に現存する。同町阿知賀瀬の上には「いがみの権太の墓」と伝えられている旧跡があるが、これは昭和3年に有志により碑が建てられたことによる。同町には「ゆるキャラ（マスコットキャラクター）」として、この「いがみの権太」に因んだ「ごんたくん」がいる。

サカムケ

[名詞] 手の爪の付け根の皮膚が細長くむけてササクレだった状態になること。「あんたは親不孝やさかいにさかむけ、いくねんで」（あなたは親不孝なので、手の爪の付け根の皮膚が細長くむけるのだよ）

【解説】『羅葡日辞書』（1595）に用例がある。病気や症状を表すことばには、医学用語を別にすれば、方言と標準語といった明確な区別がなく、サカムケを標準語と思っている関西人も少なくないが標準語では、ササクレである。サカムケは、乾燥やタンパク質、ビタミン不足などが原因と言われるが、関西では、サカムケは、親不孝が原因であるというようなことが言われてきた。サカムケを治療する薬として小林製薬（本社：大阪市中央区道修町）から『サカムケア』が発売されている。

サラ ［更］

[名詞] 新しいこと。まだ使ってないこと。新品。「さらの服」（新しい服）「さらの湯」（新しい湯・誰もまだ入っていない湯（更湯））

【解説】強く言う場合は、マッサラと言う。『近世上方語辞典』（1964）には、『浪花聞書』（1819頃）の用例をあげている。また『大阪ことば事典』（1984）にも、『俚言集覧』（1797以降）の用例があげられていることから江戸時代中期以降に使用されるようになった語で『日本国語大辞典』の「語源説」には、『和訓栞』（1777-1877）や『大言海』（1932-37）他の「アラ（新）の転」や『上方語源辞典』（1965）の「アラ（新）に接頭語サのついたサアラの約」『日本語源』（1943）「サアラ（清新）、或いはサアラ（然新）、サアラ（去新）、スアラ（為新）の義か」、『国語本義』（1830頃）の「古きを去り、新しきにかえ顕わすことをいうところから、サリ（去）アの約」を載せているが、いずれとも決しがたい。

シ

[助詞] ゆえに。だから。「俺、そんなとこ行くのいらんし」（俺、そんなところに行くのはいやだから）「私、そんなん知らんし」（私、そんなこと知らないのだから）

【解説】文末につく場合は語尾を伸ばす。通常アクセントは低音だが、嫌味として言い放つ場合は、文末での言い切りに限り高音で発音する。『上方語源辞典』（1965）に「若い女性専用」とあるが、現在では、男女とも用いる。また同書「語源」に「幕末（元治前後）（1864-65）頃から現れる。（中略）動詞「する」の中止形「し」の転じたものかといわれる接続助詞（用例略）の転用か。」とある。また、『日本国語大辞典』の「し」の項目には「［四］〔終助〕軽く念をおす。終止した文に下接する。」とあり、その「語誌」として「語源については、指示語とかかわりがあると考えられる。近世末、上方の女性語として現れる。江戸語でも娼妓用語として呼びかけで用いられる。こうした終助詞は、今日でも方言として広く分布している」とある。

シトー

[特殊]（トー[助動詞]）〜している。〜した状態が続いている。〜になった状態が続いている。用例①「あんた、またゲームしよんの? 宿題は?」（おまえ、またゲームをしている（遊戯中）の?宿題は?）「もう、全部しとー」（もう、全部やった（終えている））用例②「あ、雨降っとー」（あ、雨が降っている（雨が止んで地面がぬれた状態））「ほんまや、止んどって、よかったな」（本当だ、止んでいて、よかったね）「また降るかもわからんで、傘持っとん?」（また降るかも知れないよ、傘は持っているの?）「うん、持っとーで」（ああ、持っているよ）

【解説】例文のシヨンは「しよる」、シトーは「しとる」からの発音が変化したもの。神戸以西の西日本では、「シヨル vs. シトル」のように動きや、様子の状態を区別して表現する（*アスペクト）。たとえば、「雨が降りヨル（→傘が必要）」「雨が降っトル（地面はぬれているが傘は不要、雨はやんだ状態）」と使い分けられる。一方、大阪以東では「降っテル」でこの2つの状態を表現し、区別することはない。関西で、大阪と神戸のことばの違いとして最も話題に上りやすいのが、「神戸のトー」で、このトルに由来するものである。「する」以外の動詞に付く例を用例②とした。文末の助詞「の（ん）」とともに「トン」となることがある。なお、シトンは関西の中央部でも使われている。

ジュンサイ [蓴菜]

[形容動詞]①のらりくらりしていること。どっちつかずであること。②でたらめ。いいかげん。「じゅんさいな人」（いい加減な人）

【解説】水草の蓴菜が、ぬめりをもち、箸でつかみにくいことから、①の意味となり、転じて、②となる。淡路島では、虫がいい、勝手の意味で、和歌山県紀北地方では、素直、従順の意味で使用される。

シンキクサイ シンキクサイ

[形容詞]辛気くさい。思うようにならなくて、気がめいってしまいそうな状態。じれったい状態。面倒、じれったい、もどかしい。「あいつは、ちんたらちんたら、何しんきくさいことしとんね」（あいつは、ぐずぐずして、何じれったいことをしているのだ）

【解説】シンキにクサイが付いたことば。『大阪ことば辞典』（1984）によると、シンキは、心がくさくさしていらだたしいこと。もどかしい、じれったいことを表す名詞で、これを形容詞化した語である。また、『上方語源辞典』（1965）の語源には「古来、辛気の字を当てるが正しくは心気で、心地、心持、気分の意。近世*上方語に、「しんきが沸く」「しんきを燃やす」「しんきを砕く」などといい、それを略して「しんき」というのみ」とある。なお、−クサイ（そのような傾向があるの意）が接続する例は、ジャマクサイやメンドクサイ、ドンクサイ等がある。

シンドイ

[形容詞]①疲れた。「ああ、しんどい。ちょっと休も」（ああ、疲れた。ちょっと休もう）②わずらわしい。面倒で気が進まない（状態）。「そんな、しんどい話せんといてくれ」（そんな、面倒な話をしないでくれ）

【解説】『物類称呼』（1775）によると、①の疲れた意味は「辛労」の転語の「しんろ」がシンドとなったのではないかと記されている。さらにそのあと、形容詞化したものであろう。シンドイは一昔前までは大阪弁を代表する方言であったが、今や全国で使用されるようになっており、もはや関西弁ではないということもできる。

シンドイには、肉体的な疲労や苦痛を表現するほか、精神的な疲労にも用いられることがある。精神的な場合は、キシンドイ（気しんどい）のような語も派生させている。

スカタン

[名詞・形容動詞] ①あてはずれ。見当違い。「すかたんばっかしよって」(あてはずれなことばかりしやがって) ②失敗。へま。「あわててすかたんしてもーたわ」(慌てて失敗してしまったよ) ③まぬけ。とんま。「すかたんなやっちゃなー」(まぬけな奴だねえ)

【解説】「あてはずれ・へま」を意味するスカと関係がある。スカにアホタン(あほ・ばか)、アゴタン(顎)などと同様の接尾辞タンがついてできたという説と、もともとスカタンという形式からタンが略されスカとなったという説があるが、文献初出例から判断すると、後者が有力である。宝くじや、駄菓子屋のくじなどで当たりに対してはずれをスカといい、はずれの意味でスカが現在でもよく使われている。

スケナイ

[形容詞] 少ない。「すけないさかいにもっと入れてんか」(少ないからもっと入れてよ)

【解説】「少ない」が音声変化したものであるが、『上方語源辞典』(1965)によると、「よい言葉を遣おうという意識のある時、この語を用いる」という説明があり、親しい者同士がくつろいだ場面で用いる方言というよりもむしろ改まった場面で使用されるという特色がある。具体的には、たとえば大阪市では90年代前半頃まで会議などの改まった場面でスクナイよりもむしろスケナイを用いることがあった。

スケル [助ける]

[動詞] ①手伝う。手助けする。②食べ物や飲み物の量が多い時に、人に一部の飲み食いをしてもらう時に用いる。①「今日は忙しいさかいに、時間があったらすけてくれへんか」(今日は忙しいので、時間があれば手助けしてくれませんか) ②「あんまりお腹減ってへんよって、僕のごはんすけてんか」(あまりお腹が減っていないので、僕のごはん少し食べてよ)

【解説】『上方ことば語源辞典』(1999)によれば、すけるは「助ける」から転じたもので、『三河物語』(1626頃)に「其時、内前殿すけさせ給はば」とあり、江戸時代前期には各地で使用されていたことがわかる。

スコイ

[形容詞] 狡い。こすい。「あいつすこいなあ」(あいつ狡いね)

【解説】『上方語源辞典』(1965)に「こすい〈狡〉の逆倒語。安永初年から用例が見える」とある。標準語としては「狡い」であろうが、古語「こすし」から変化したコスイも西日本を中心に広い範囲で使われるが、音位が転換したスコイは関西が中心である。▶コスイ

ズツナイ ズツナイ

[形容詞] つらい。せつない。苦しい。「頭がいとーてずつないわ」(頭が痛くてつらいわ)

【解説】ズツナイは「術無し」から変化したことばである。もともとなす術がないという意味であった。『日葡辞書』(1603)に「Iutnai. ジュツナイ(術ない 苦しくて骨が折れ、手の施しようもない(こと))」として取り上げられている。音声が変化したものの、肉体的かつ精神的な苦痛を表すことばとして意味的にはさほど大きく変化はしていない。なお、精神的な苦痛を表す場合は、キズツナイ(気+ズツナイ)ともいう。

ズボラ

[名詞・形容動詞] だらしないこと。自堕落。なげやり。「ずぼらはあかんで」(だらしないのはだめだよ)「ほんまに、ずぼらなやっちゃなー」

（本当に、だらしない奴だねえ）

【解説】ズボラの語源をめぐっては諸説ある。『大阪方言辞典』(1955)には「堂島言葉に、ずるずると下る相場をずぼらと称したことから起こったという」とあるが、『上方語源辞典』(1965)では、目鼻がない顔や頭部に毛がないことを近世*上方語で「ずんべらぼん」「ずんぼらぼん」等といった言い方があり、これら「ずんべら」「ずんぼら」の原形がそれぞれズベラ、ズボラであり、これらの意味が転じ、だらしないことを言ったものであるとしている。また、同書では「一説に、堂島言葉でずるずる下る相場を「ずぼら」と称したに始まるというは全く逆で、一般用語を堂島で特殊用語に変えて用いたのである」と『大阪方言辞典』(1955)を批判している。

セーダイ

[副詞] 大いに。せいぜい。うんと。精を出して。「せーだい、きばって仕事せなあかんで」（精を出して、頑張って仕事をしないといけないよ）

【解説】『上方ことば語源辞典』(1999)には、「せいぜい」を意味するセーサイからセーダイになったという説があるが、「精出して」がイ音便化し、セーダイテとなったあと、セーダイとなったものであろう。その証拠として近畿地方周辺部や、四国地方にはセイダシテという方言が行われている地域があるからである。

セーナイ

[連語]〔精がないの縮約〕①甲斐がない。②つまらない。①「頑張ったのに、せーないなー」（がんばったのに（結果が悪かったので）甲斐がないね）②「そんがんせーないわ」（そんなのつまらないよ）

【解説】『上方語源辞典』(1965)には「せー〔精〕元気。気力。精力」とあり、これが

ないことの意味が派生して①の意味となる。また、和歌山県紀南では②のような使い方もある。セーダス（精出す）で励む。努力するの意味となる。

セワシナイ　セワシナイ

[形容詞]①あわただしい。忙しい。「月末は、ほんまにせわしないわ」（月末は、本当にあわただしいよ）②落ち着きのない。「せわしないやっちゃなー。もーえーかげんにせー」（落ち着きのない奴だな。もういい加減にしろよ）

【解説】セワシナイは、「あわただしい。忙しい」を意味するセワシイに形容詞からの転用の語尾ナイが付いて生じた形式である。ともにほぼ同じ意味で用いられるが、セワシナイの方があわただしさや忙しさの度合いがいくぶん大きくなる。セワシナイは、関西弁のみならず、津軽弁をはじめ、西日本各地の方言でも使用されるが、「せわしないひと」（あわただしい人）のような言い方は、関西弁に限られるようである。なお、古くは、キゼワシナイ（気+せわしない）と言い、気分や気持ちが落ち着かない様子を表現したが、最近はキゼワシイで「騒々しい」や「五月蠅（うるさ）い」の意味を表現する場合にも用いられる。

センド

[副詞]①何度も。たびたび。「せんど、ゆーてきかしてたんやけど。懲（こ）りてないな」（何度も、言って聞かせていたのだけど。懲りていないね）②毎度。いつも。「せんどのことどすなー」（いつものことですねえ）③先ごろ。先日。「せんどは、おーきに。助かったわ」（先日は、ありがとう。助かったわ）④ずっと。長い間。「せんど、よーこんかったわ」（ずっと、来られなかったよ）⑤何度も何度も大変なこと。「（あまり重篤でない不幸が続いて）せんどに、せんどやなー」（よくないことが重なって大変でしたね）

【解説】センドは「千度」「先度」などの漢字

が当てられるが当然、意味が異なる。前者は「何度も。たびたび。毎度。いつも」、後者は「先ごろ。先日。ずっと。長い間」といった意味である。これらは、関西地方でもどの意味で使われるかによって地域差がある（アクセントが○○○になる場合もある）。

ダス

[助動詞] です。「そーだすか」（そうですか）

【解説】ソーダスカはソーダッカ、ソーダスナー（そうですね）はソーダンナー、ソーダスヤロ（そうでしょ）はソーダッシャロとなる。また、ダスのスが脱落してソーダとなることもある。ダスは、デヤスから変化したものである。大阪では、ダスに取って代わってデスが使用されるようになって久しいが、ソーデスカがソーデッカ、ソーデスナーがソーデンナー、ソーデスヤロがソーデッシャロなど、ダスと同じ音声変化がデスになってからもほぼ受け継がれた。なお、ソーダスがソーダとなるようにソーデスがソーデとはならない。

タバル

[動詞] 賜わる。神前や仏前からお供え物を下げてくる。「あのみかんたばって来て食べよか」（あのみかん下げてきて食べようか）

【解説】『万葉集』（759以降成立）巻18 4133番歌の越前国加賀郡で大伴池主が詠んだ歌に「はりぶくろ　これはたばりぬ　すりぶくろ　いまはえてしか　おきなさびせむ」とあって、奈良時代にさかのぼる語である。この歌のタバルはタマワルの縮約形である。タマワルは、物を受ける、もらう意の謙譲語。京都府をはじめ、大阪府や奈良県、和歌山県、兵庫県で使用されている。

ダンナイ　ダンナイ　ダンナイ

[連語] 大事ない。かまわない。「だんない、だんないて、だんないことあるか」（かまわない、かまわないって、かまわないことなどあるか）

【解説】ダンナイはダイジナイ（大事ない）からの音声変化によるものである。『上方語源辞典』（1965）では、ダイジナイのジが脱落し、ダイナイということもあった。イがさらに撥音化してダンナイとなったとする。丁寧に言う時、ダンナイは丁寧を表す形式とは結びつかないため、ダイジオヘン（京都）、ダイジオマヘン（大阪）となることが多い。なお、関西弁ではダンナイにあたることばとしてほかに「構わない」のカマヘン・カメヘン・カマンなどがある。現在では、ダンナイよりもこれらの方が通常よく用いられている。

タンノスル

[動詞] 堪能する。満足する。「ぎょーさんくーて腹いっぱい。たんのしたわ」（たくさん食べてお腹いっぱい。満足したよ）

【解説】「堪能する」がタンノースルとなり、さらに短呼化が生じてタンノスルとなったと考えられがちだが、『上方語源辞典』（1965）によれば「足りぬ」がタンヌとなり、さらにタンノ、タンノーと変化したとある。この根拠としては、平安末期に成立した『類聚名義抄』の「足」の和訓に「タンヌ」があり、時代が下って「満足する」をタンヌスル（Tannu suru）との記述が『天草版平家物語』（1592）や『天草版伊曽保物語』（1593）にある。また、『大阪ことば事典』（1984）でも、タンノに「堪能」の漢字を書くのは当て字であると指摘している。

チャランポラン

[形容動詞] でたらめ。いいかげん。無責任。「ちゃらんぽらんなことばっかり、いーよって」（いい加減なことばかり言いやがって）

【解説】『上方語源辞典』（1965）には「チャラホラ」の撥音化」とする説がある。また、

『上方ことば語源辞典』(1999)には「チャラは嘘、ホラは洞から」とあり、すなわち「うそ」と「でたらめ」ということになる。初出例は、『西洋道中膝栗毛』(1870-76)であり、作者が東京出身者の仮名垣魯文であることから、これは、関西弁ではなく標準語であろう。この表現が砕けた表現のため、また田辺聖子の『大阪弁ちゃらんぽらん』(1978)があるため関西弁だと感じられているのであろう。なお、『大阪ことば事典』(1984)にも立項されているが、アクセント以外は、標準語との意味のずれも感じられない。

チョケ チョケ

[名詞] おどけ。ひょうきん。ふざけること。「あいつは、いつもおもろいことばっかりゆーてちょけやなー」(あいつは、いつも面白いことばかり言ってひょうきんだね)

【解説】『上方語源辞典』(1965)には「ちょーける」として立項されており、「京都語。大阪はチョケと短呼」とある。この記述から、チョケは、チョーケル(嘲ける)が短呼化して、チョケルとなり、さらにこれが名詞化したものであろう。なお、訓は「嘲ける」である。

チョッキシ

[名詞・副詞] ぴったり。きっかり。「(買い物の支払いで金額通りのお金を出して)これでちょっきしやな」(これでぴったり(金額通り)だね)

【解説】「ちょっきり」の転訛。『地方別 方言語源辞典』(2007)によると、大阪方言にはチョッキリ→チョッキシのほかにも、ヤッパリ→ヤッパシ、ハッキリ→ハッキシのように「〜リ」が「〜シ」となる副詞がいくつかあるとされる。チョッキシも同じ音変化によるものである。この他にも、ピッタリ→ピッタシなどがある。

ツツイッパイ

[形容詞] めいっぱい、精一杯。これ以上は無理だという状態。「明日は、休みや。きょうは、つついっぱい頑張ろか!」(明日は、休日だ。きょうは、精一杯頑張るぞ!)「やっと仕事すんだ思たら、まだもー、一山残っとった。あかん、もーつついっぱいや」(やっと仕事が終わったと思ったら、まだもう、ひとかたまり残っていた。だめだ、もうこれ以上は無理だ)

【解説】精神的・肉体的・量的に用いられる。積極的に「精一杯(頑張る)」というように、まだ余裕がある場合の目標としての意味合いと、「これ以上無理」のように余裕が無い場合があるが、「限界」という点で共通する。おそらく、水くみに「筒」を使う際に、あふれるまで、または、あふれた状態を指す意味から生まれたのであろう。『日本国語大辞典』には「江戸時代、銭百文を数える煩わしさを避けるために竹の筒に入れてはかったところからいうか」ともある。関西をはじめ、中国・四国でも使われており、徳島にはツツイチという名詞的な用法がある。

ツム

[動詞] 混み合う。混雑する。「今日えらいつんどるな。事故ったんかな」(今日はえらく混んでいるな。事故があったのかな)

【解説】「詰む」で、車や人の流れがつかえて止まってしまうことをいう。「混み合う」「混雑する」が混んではいても多少動きがあるのに対して、ツムは完全に止まってしまっているという意味を帯びる。

ツロク

[名詞] 釣合。均等。平衡を保つこと。似合っていること。「あの2人、結婚するらしいわ。よーつろくしとってやさかい、えーみょうとん、なっりゃろな」(あの2人、結婚するらしいよ。よく

お似合いの2人だから、いい夫婦に、なるだろうね)

【解説】バランスが保たれている状態を指すことば。単独の名詞としてよりも、「ツロクする」という用法が多い。『大阪ことば事典』には「対禄(つうろく)(禄高が対等である)」との語源説もある。

テッサ

[名詞] フグの刺身。「久しぶりにてっさでもどないや」(久しぶりにフグの刺身でもどうだい)

【解説】「テツの刺し身」を省略したテツサシがさらに約まったもの。テツは「鉄砲」に由来するフグの別称で、「(毒に)当たったら死ぬ」ことからこの名がついたとされる。テッサはフグをうす造りにしたもので皿の上に菊の花のように並べて供され、もみじおろしとポン酢をつけて食べる。なお「ふぐのちり鍋」のことはテッチリという。

デボチン

[名詞] ひたい。おでこ。「とーで、でぼちん打ってしもて、いったいわー」(戸で、額を打ってしまって、痛いわ)

【解説】デボ、デコチンともいう。デボは「出坊」に由来し、額が前に突き出ている様を形容している。チンは、『大阪ことば事典』(1979)では特に意味を持たない接尾語とされているが、この接尾語が使われている例としてはほかにワカランチン(わからずや)などがある。

テ(ヤ)

[助動詞] 〜なさる。(京都・大阪のハルとほぼ同じ意味合いで用いられる)「もーそろそろ、先生来てやろか?」(もうそろそろ、先生いらっしゃるかな?)「え、先生やったら、さっき来たーったで」(え、先生ならさっきいらっしゃったよ)「そーや、で、1時間ほど前に、来ちゃったで」(そうだよ、1時間ほど前に、いらっしゃったよ)

【解説】京都・大阪の「ハル敬語」に対して、神戸・播磨・丹波・丹後で使われる「テヤ敬語」。上の、キテヤ、キタータ、キチャッタが具体例。現在形はテ(ヤ)、過去形は神戸・播磨ではタータ、タッタとなるが、丹波・丹後ではチャッタとなる。京都府舞鶴市の「ちゃった祭り」はこのことばに由来する。テヤの現在形では、「明日も来てん?」(明日もいらっしゃるの?)「これも食べテか?」(これも召し上がる?)のように、ヤを用いない場合もある。また、「あの人怪我せなんだらしい、よかっタータな」(あの人怪我はしなかったみたい、よかったね)といった用法もある。鎌田良二「尊敬表現「て」について」『文学・語学』25(1962 全国大学国語国文学会)に、現在の神戸市東灘区にある住吉川が、大阪のハルと神戸のテヤの境界線との報告がある。

テレコ

[名詞] ①互い違いになっている様。「これとこれ、箱と中身がてれこんなっとるから直しといてくれ」(これとこれ、箱と中身が入れ違いになっているから元に戻しておいてくれ) ②代わる代わる。交替。「てれこで休憩してくれるか」(交替で休憩してくれるかい)

【解説】「ていれこ」という歌舞伎の用語の転。テイレコ→テレコ。歌舞伎で「ていれこ」とは2つの異なる狂言に多少の関連を持たせて一幕おきに並べることをいう。「ていれ」は手を入れること、「こ」は「事」に由来する接辞で、「見せっこ」「食べさせっこ」のように交互におこなうものごとを表す。

テンゴ

[名詞] いたずら。「こら、てんごすな」(こら、いたずらするな)

【解説】『俚言集覧』(1797以降)の増補版(井

上頼圀・近藤瓶城編、1900)や、『浪花聞書』(1819頃)では、「てんごう」と記され、「大坂ことば」として記載されている。ただし、その意味は「冗談」であり、「いたずら」ではない。現在でもテンゴが聞かれることがあるが、その場合の意味は「いたずら」である。真剣ではない態度での言動である「冗談」の意味は、遊び半分の「いたずら」に変化しやすかったものと考えられる。

テンコモリ

[名詞] 山盛りいっぱい。「うわー、てんこもりやな。食べれるか?」(うわあ、山盛りいっぱいだなあ。食べきれるかい?)

【解説】テンコは頂上を意味する「てんこつ(天骨)」の下略形。テンコモリは食べ物が食器に山のように盛られているさまを表す。山の頂上にも届きそうなぐらいの盛られよう、ということである。

デンボ

[名詞] できもの。腫れ物。吹き出物。「でこのでんぼが気になってしゃーないわ」(額のできものが気になってしかたがないわ)

【解説】できものを意味する「出坊」に由来する。デボー→デンボー→デンボ。「坊」は一般に「赤ん坊」「甘えん坊」のように人を指すことばとして使われるが、デンボの場合はできものを擬人的に表している。

ドス

[助動詞] 〜です。「あこは今日休みどす」(あそこは今日は休みです)

【解説】標準語の「〜です」に相当する丁寧語だが、名詞文・形容動詞文専用の形式である点が「〜です」とは異なる。「うれしいです」「さむいです」などの形容詞文の場合には「うれしいドス」「さむいドス」ではなく「うれしオス」「さむオス」のようにオスを使わなければならない。また、「〜でしょう」に相当するのはドッシャロ(←ドスヤロ)であり、ドショーという言い方はない。ドスはデオワスに由来し、デオワス→デオス→ドスのような音変化を経て誕生した。京都市を中心に京都南部・中部で使用され、京ことばの代表といえる形式である。▶オス

ドタマ　ドタマ

[名詞] 頭のことを悪く言ったもの。罵詈語。「どたまかちわったろか、おんどれ」(頭をかち割ってやろうか、この野郎)

【解説】「あたま」に強調の接頭辞ドを付けた「ドあたま」の融合形。ドを付ける言い方にはほかにドアホ、ドギツイ、ドコンジョー(ど根性)、ドスケベー、ドック、ドブスなど多数あるが、融合形をとるのはドタマだけである。

ドック

[動詞] 殴る。小突きまわす。「あいつ、いっぺんどついたろか」(あいつ、一度きっちりしめてやろうか)

【解説】動詞「突く」に強調の接頭辞ドがついたもの。ドズクともいう。

ドナイ

[副詞・形容動詞] どう。どのように。どんな。「どないしょ、財布忘れてもーた」(どうしよう、財布を忘れてしまった)

【解説】「どうやって」はドナイシテ、「どういう風に」はドナイナフーニという。ただし「どういうことだ」はドーユーコッチャとなり、ドナイナコッチャとは言わない。ドナイはおもに疑問のことばとして使われるが、ドナイヤネン(どうなんだ)となると単なる質問だけでなく文脈によっては非難の表現になる。(例)「ブーツとパンプスと迷って、結局サンダル

417

履いてきたわー」「どないやねんそれ」(「ブーツとパンプスとで迷ったあげく、結局サンダルを履いてきたよ」「なんだそれ」)なお、疑問語ドナイに対して指示語としてコナイ(こう・こんな)、アナイ(ああ・あんな)、ソナイ(そう・そんな)がある。

ドヤス

[動詞]①怒鳴る。「隣のおっさんにどやされたわ」(隣のおじさんに怒鳴られたよ)②殴る。「なめたことゆーとったらどやすぞ」(なめたことを言っていたらぶん殴るぞ)

【解説】『大阪ことば事典』(1979)では「打つ」「殴る」を第一義にあげ、ドツクの類義語としているが、現代では「怒鳴る」の意味で用いられることの方が多い。

ドンツキ

[名詞]突き当たり。「どんつきまで行ったら停めてくれるか」(突き当たりまで行ったら停めてくれるかい)

【解説】「どんと突き当たる」の略とも言われるが、ドンは強調の接頭辞ドの前身であるドーに由来するものと思われる。「まさに突き当たりのところ」の意。関西にはドンツキを全国で通用する表現と考えている人が多い。

ドンナラン

[連語]①どうにもならない。「今日はあかん。車は動けへんし、傘は忘れるし、どんならんわ」(今日はだめだ。車は動かないし、傘は忘れるし、どうにもならないよ)②困る。「そないなとされたら、どんならんで」(そんなことをされては、困るよ)③いけない。「そんなことしたら、どんならんで。やめとき」(そんなことをしては、いけないよ。やめなさい)

【解説】ドーモナラヌが転じたもの。ドーモナラヌ→ドモナラン→ドムナラン→ドンナラン。②および③の意は「(どうにもならないから)困

る」「(どうにもならないから)いけない」のように、「どうにもならない」の含意するところから意味を広げて生まれたものと考えられる。

ナ

[感動詞・助詞]ね。な。「なー、今晩はな、栗ご飯でもしょーか思てんねんけど」「そらえーな、秋の味覚やなー」(ねえ、今夜はね、栗ご飯でもしようかと思っているんだけど)(それはいいね、秋の味覚だねえ)

【解説】関西各地で広く使用され、ナーと伸ばしていうことも多い。東京方言などでは「な・なあ」は「ね・ねえ」に比べてぞんざいな表現とされているが、関西方言ではそのような違いはなく、〜マスナー、〜デシタナーのように丁寧体とともに使用されることもある。ただし現代においては、関西方言と標準語とが場のあらたまりに応じて使い分けられることも増え、方言形のナ・ナーに対して標準語形の「ね・ねえ」がより丁寧、あるいは優しいといった位置づけになりつつある。また伝統的には、ノーやネヤといった他の形式との対比の中でナーが丁寧な表現とされている方言もある。たとえば三重県南部においては、ナー、ノー、ネヤ(ニャー)の3つが話し手と聞き手との関係によって使い分けられ、ナーが目上、ノーが同等、ネヤが目下に対して用いられる。このナーは伊勢地方でとくに多用されることから、三重県内では「伊勢のナことば」といわれる。

ナオス

[動詞]①片付ける。しまう。「ちょー、チャリなおしてくるわ」(ちょっと、自転車をしまってくるよ)②元の位置・状態に戻す。「授業終わったらホワイトボードなおしといてな」(授業が終わったらホワイトボードを元の位置に戻しておいてね)③修理・修繕する。「ぼちぼち屋根なおさなあかんわ」(そろそろ屋根を修繕しないとい

けないわ）

【解説】ナオスは「片付ける」「しまう」と説明されることが多い。しかし、「片付ける」「しまう」が対象物を戸棚や引き出しなど特定の場所に移動させて視界から見えなくすることであるのに対して、関西弁のナオスは②のように元の位置や元の状態に戻すことも表す。古語の「直す」に「正常な状態にする」「元に戻す」といった意味があることから、関西弁のナオスはこうした古い意味を保っているものとみられる。関西のほか九州各地でもナオスが①②の意味で用いられるが、「なおす」を③の意味でしか使わない地域の人は「パソコンなおしてや」「フォークなおしといてな」といった関西人の発言に戸惑うようである。

ナハレ

[助動詞] お〜なさい。「はよ行きなはれ。みな待っとるさかいに」（早くお行きなさい。みんな待っているから）

【解説】「なさる」の転訛。元はナハル（終止形）、ナハッタ（連用形）などの言い方もあったが、次第に廃れ、ナハレという命令の形だけが固定的に使われるようになった。シトクンナハレの形で「〜してください」の意としても使われる。ただいずれも、小説や演劇といったフィクションの場を除いて現代では使われなくなりつつある。

ナンギ

[名詞・形容動詞] ①面倒なこと。困ったこと。迷惑なこと。「なんぎやなー」（面倒だなあ・困ったな・迷惑だなあ）「なんぎなこっちゃ」（困ったことだ）「なんぎなやっちゃ」（困った人だ。迷惑な人だ）②「なんぎする」で「貧乏する」の意味となる。「あいつだいぶなんぎしとるらしいで」（あの人は、かなりお金に困っているらしいよ）

【解説】①の意味では、『看聞御記』（1395）、『天草本平家物語』（1592）などにみられ、関西の中年層以上で広く使用されているが、若年層での使用はまれである。②につながる「苦労」「困苦」「困窮」の意味での用例は、『太平記』（14世紀後半）に確認できる。使用地域としては、関西以外にも愛媛、長崎、熊本での使用が報告されている。

ナンシカ

[副詞] とにかく。なんたって。「なんしか行かなあかんねん」（とにかく行かなければならないんだよ）

【解説】伝統的な*上方語には「何にせい」に由来するナンセ、「何にせよ」に由来するとみられるナンショ、ナンシという言い方もあった。このナンシが変異したと考えるのが穏当であろう。いずれもナンシカとほぼ同じ意味を表す。ナンシカはこれらと比較して新しい表現である。なお、『上方ことば語源辞典』（1999）の〔語源〕には「「何しか」からで、シは強意の助詞。ナンセともいい、セはス（為る）の命令形。」とあるが従えない。

ナンゾ

[名詞] ①おやつ。②間食としてのお菓子の類。「そろそろ、なんぞにしょーか」（そろそろ、おやつにしようか）「なんぞはまだ早いやんか」（おやつはまだ早いじゃないか）②間食としてのお菓子の類。

【解説】「何か」という意味での「何ぞ」。子供がお菓子類をねだって「なんぞええもんおくれ」（なにかいいものちょうだい）というところから、「なんぞええもん」が一語化して「おやつ」を表すようになり、さらに縮約して「なんぞ」そのものが「おやつ」の意で用いられるようになった。京都府、大阪府、奈良県など、関西中央部一円で使われていた。
▶オチン、ケンズイ、ホーセキ

ナンデヤネン

[連語] ①なぜなんだ。「お前、来る来るゆーて、こんかったんは、なんでやねん」(お前、来る来ると言いながら、来なかったのは、なぜなんだ) ②相手の言動や状況の矛盾などを指摘する定型表現。「(朝からカレーを食べてきたという相手に)よっしゃ、今日の昼カレー食いにいこか」「なんでやねん」(よし、今日の昼はカレーを食べに行こうか)(なんでだよ)

【解説】ナンデは「なぜ」「どうして」の意で、ヤは断定のことば、ネンは事情を説明する表現である。①の意味はナンデ+ヤ+ネンのそれぞれの意味から合成的に得られるが、②は、①から派生して生まれた定型表現で、反語的な物言いである。相手の言動や眼前の状況に矛盾や問題があることを指摘しているのであって、理由を問うているわけではない。漫才などのツッコミの表現としてよく使用される。▶ネン

ナンボ

[名詞・副詞] ①いくら。値段だけではなく、数量や程度が不明なさまを言う。いくつ、どれほど。「この靴なんぼですか」(この靴いくらですか)「お前今年でなんぼになんねん」(貴方は今年で何歳になりますか) ②程度を越える事態に対して呆れる気持ちを表す。なんて。なんと。どんなに。「(何かを買ってほしいなど何度もせがまれて)なんぼ、そんなことゆーてもあきまへんで」(どんなに、そんなことを言っても駄目です)

【解説】なにほど(何程)の変化した形。北海道・東北・四国などにも広く分布する。ただし、いずれにおいても若年層のセンスからは遠ざかりつつある表現である。

ニオグ

[動詞] 匂いを嗅ぐ。「ぼんさんが屁をこいた。においだら臭かった」(お坊さんが屁をこいた。匂いを嗅いだら臭かった)

【解説】『日本言語地図 第2集』(1967)によると、東北南部から近畿にかけてカグが分布し、中国地方以西にニオウやカザムが分布する。ニオグはカグとニオウが接触する京都市周辺部にのみ現れる。東のカグと西のニオウの折衝地域に現れることから、ニオグは両者の混交によって生まれたと考えられる。なお、ニオグは「~をにおぐ」のように他動詞として使うことが多いが、「なんや、この辺えらいにおぐやないけ」(何だこの辺りはずいぶん匂うじゃないか)のように自動詞として使われることもある。なお、例文は、子供たちの遊びの中で使われる関東では「達磨さんが転んだ」に対応する関西で広く使われる十を数えるため(10拍)のことばである。

ニヌキ

[名詞] ゆで卵。「明日のお弁当に、にぬき入れといてや」(明日のお弁当にゆで卵入れておいてね)

【解説】「にぬき」は「煮抜き」で、十分に煮た卵という発想から生まれた表現。「にぬき」と同程度に「みぬき」という語形も存在する。「みぬき」は「実抜き」で、実を抜いて食べるという解釈から生まれた表現であると考えられる。文献によれば、浄瑠璃の『長町女腹切』(1712頃)に「髭寄せて頬ずりは、わさびおろしに煮抜きの玉子、いたそな顔のいたいたし」とある。また、『浪花聞書』(1819頃)には、「煮ぬき玉子 ゆで玉子也」とある。大阪府を中心に分布する。ただし、この語形は現在では衰退の過程にある。若年層にとっては、「にぬき」「みぬき」ともに理解語彙でさえもなくなりつつある。

ネガウ ［願う］

[動詞] 警察や役所などに訴え出る。「そんなことしとったら警察にねがうぞ」（そんなことしていたら警察に訴えるぞ）

【解説】ネガウは思いが叶うように強く願い望む。神仏に切望する意味であるが、日本ではかつて公権力を「カミ」と称してきたことからもわかるように、庶民が代官や領主などの支配層に訴え、自らの正当性が認められ望みを叶えることは「願う」に近い感覚があったためであろう。

ネキ

[名詞] 側。近く。「暑苦しいからあんまりねきに寄んな」（暑苦しいので、あまり側に寄らないで）

【解説】『物類称呼』(1775) に「畿内また尾張辺播州辺にでも　ねきといふ　根際の略なるべし」とある。関西のみならず西日本の広い範囲で用いられる。

ネチコイ

[形容詞] 粘着気質でしつこい。「いつまでも昔のことゆーて、ねちこいやっちゃなー」（いつまでも昔のことを言って、しつこい奴だなあ）

【解説】ネチネチという擬態語に、ひゃっこい（冷たい）、まるこい、おぼこい、ちびっこい、ねばっこいなどの形容詞の一部に「こい」が付いたもの。

ネン

[助動詞] 〜のだ。〜のだよ。「来週からうちハワイ行くねん」（来週からわたしハワイに行くの）

【解説】事情を説明する「〜のだ」に相当する表現である。ただし、標準語の「〜のだ」が「明日行くの?」のようにYes-No疑問文にも使えるのに対して「明日行くネン?」は文法的に誤った表現になり、「明日行くン?」と言わなければならない。また「どうして行くの?」のような疑問詞疑問文の場合は「なんで行くネン」と言うことができるが、単なる質問というよりは相手に問いただす詰問のようなニュアンスを帯びる。そのため、ニュートラルな質問としては「なんで行くン?」が使われる。また標準語の「〜のだ」には「あ、そうなんだ」のように納得を表したり、「いいから行くんだ!」のように命令を表したりすることもできるが、ネンは「あ、そうやネン」「いいから行くネン!」のように使うことはできず、あくまで説明の機能を基本とする。なお、「〜たのだよ」という過去の表現にはテンという専用の形式があるが、若い世代では、〜たネンを使用する地域もある。（例）「昨日東京｛行ってきテン／行ってきネン｝」（昨日東京に行ってきたんだよ）

▶ナンデヤネン

ノク

[動詞] 退く。よける。「たんす運ぶさかい、ちょっとそこのいて」（たんすを運ぶから、ちょっとそこどいて）

【解説】「どく（退く）」のダ行音がナ行音に転じたもの。他動詞はノケル。

ハシン

[名詞] 衣服の修繕。「この服、はよーはそんしてや」（この服、早く修繕してね）

【解説】衣類の補修・繕いに主に使われた「把針」からか。東北南部、関東、中部なども含め、広い地域で用いられる。室町時代末から江戸時代初期の狂言台本を書写した『虎明本狂言集』(1642成立) の「若市」には、「だんなかたに把針を頼ませられて毎日しこう致す」といった用例が見える。すなわち、裁縫を意味する「はしん」という語が存在したのである。また、『拉葡日対訳辞書』(1595) にも「はしんするおんな

〈針仕事する女〉」という用例がある。この「はしん」の音が「はそん」（破損）に重なって、「はそん」に針仕事の意味が転移したのではなかろうか。そして、繕いからさらに一般の修繕へと意味が広がったのだと考えられる。

ハル

[助動詞]（自分以外の、かつ自分と心的なかかわりのある）人・動物・天候などを主語とする動詞に付けて、尊敬、あるいは聞き手に対する丁寧を表す。「おじーさんが亡くならはった」（祖父が亡くなられた）「隣の家の猫、あんなとこで寝てはるわ」（隣の家の猫、あのような場所で寝ているよ）「ほんまよー降らはりますなー」（本当によく雨が降りますね）
【解説】「なはる」を母胎として生まれた関西弁の代表格で、「はる敬語」と称される。京阪を中心に広く分布する。なお、近年の京都の中年女性たちのあいだでは、話題の第三者の行動を素描する場合に、敬意の有無にかかわらず、話題主の動作のすべてにつけるといった運用の拡張が生じている。「さっき自転車同士がぶつからはったで」「（電車の中で）あっ、あのお兄ちゃん、ピアスしてはる」のごとくである。これらは、関心、発見、驚といったニュアンスでの文脈における使用例であることに留意したい。

ハンナリ ハンナリ

[副詞] 明朗ではればれとしたさま。あっさりしつつも上品ではでやかなさま。（様相や色彩に対しての表現）「あの人の芸ははんなりとしてまんなー」（あの人の芸ははればれとしていますねえ）「はんなりとしたよい柄やなー」（上品ではでやかな柄だねえ）
【解説】「華・花」にかかわる派生語であろう。「はな」を基幹に派生させた形式が、「はなやか」、「はなばな」、そして「はななり→はんなり」なのだと考えられる。近松門左衛門などの作品にも用例があり、京阪地域で江戸時代から使用されていることばではあるが、現代の若年層での運用は皆無に近い。

ピリピリ（スル）

[連語] ごく細かな雨が降り始めて、気づくか気づかないような状態をさす。「ちょっと奥さん、ピリピリしてったで、早いこと、せんだくもん、入れらなあかんで！」（ねえ奥さん、雨が降り始めてきたよ、早く、洗濯物を、取り込まないとだめだよ！）「ほんまや、ピリっと、きたな」（本当だ、少し、雨が降り始めたね）
【解説】標準語では「ポツポツ」「パラパラ」といった表現があるが、そのような大粒の雨ではなく、もっと細かな状態の雨が降り始めた状態で、人によっては気づくか気づかないかの微妙な状態をさす。使用される地域は、兵庫県の北播磨・丹波・三田市を中心に西宮市・宝塚市・川西市の一部、京都府丹波・丹後に広がる。また、飛び地的には兵庫県美方郡香美町香住区・明石市西部、岡山県倉敷市・浅口市・鴨方市・里庄町・笠岡市、島根県益田市飯浦、佐賀市などでの使用報告がある。なお、兵庫県但馬や京都府丹後など、同様の状態をビリビリという地域もある。

ヘテカラ

[接続詞] それから。そうしてから。「へてから次なにすんねん」（それから次に何をするの）
【解説】「それから」の転訛。それから→ほれから→ほてから→へてから。現在の中年層以下ではほとんど使用されない。

ベベタ

[名詞] びり。びりっこ。びりっけつ。序列の

最後。かけっこなどの競争で、一番ラストになってしまう人のこと。「あの人べべたで卒業しやはったんや」(あの人は成績がびりで卒業されたのだよ)「あいついっつもべべたやなー」(あの人は何時もびりだねえ)

【解説】汚物を表す「べべ」という語にかかわるか。京都府、大阪府を中心に周辺部に広く分布する。「べった」「べったこ」「べべ」「どべ」など、変種がきわめて多い。ただし、いずれも俗語としてのものである。

ヘンネシ

[名詞][形容詞] ①うらやみねたむこと。すねること。「この子は、またへんねし起こして。よーへんねし起こす子やな」(この子は、また拗ねて。本当によく拗ねる子だね)②うらやましい。「あんた、それ、えーのん持っとってやな、へんねしな」(あなた、それ、いいものを持っていらっしゃるね、うらやましいな)

【解説】近畿中央部で①の意味として使われることが多く、周辺部で②の意味が分布する。本来は、否定的な意味合いが強かったが、伝播する中で①の意味から②の中立的な意味へ変化したものと考えられる。『片言』(1650)に記載がある。『上方語源辞典』(1965)には「ヘンは偏で、偏執することをいい、ネシはニシの訛、ニシはニシルの語幹。ニシルは躙(にじ)ると同義語」とある。②の意味ではヘンネシー○○○○○とも言い、近畿中央部以外で、愛知県から兵庫県に及ぶ広い範囲で使われ、兵庫県では播州弁カルタにも採用されている。

ホーセキ [包石]

[名詞] 間食。おやつ。「今日のほーせきは、まっくぁや」(今日のおやつは、まくわうりだ)

【解説】禅宗の修行僧が空腹や寒さをしのぐため温石(おんじゃく)を懐中に入れたことから、茶の席で出す軽い料理を温石と呼ぶが、包石もそれと関連するという説がある。▶オチン、ケンズイ、ナンゾ

ホカス

[動詞] 捨てる。処分する。「こんなもん出てったけど、いらんやろ、ほかそか?」(こんなものが出て来たけど、いらないだろ、捨てようか?)「ほんまや、そんなんほかしとき」(本当ね、そんなもの処分すれば)

【解説】「捨てる」意味のホカスは、『日本言語地図』を見ると、滋賀県湖西・奈良県・京都府・大阪府・兵庫県を中心に使われていることがわかる。現在でも、関西の若者世代でも使われることがあるが、改まった場面ではステルに変わりつつある。なお、関西の周辺部の高年層では、ホカイトケ・ホカイタのように、シがイになる*サ行イ音便という語法の残存がみられる。「捨てる」意味でホルと共存する地域もある。ただし、ホルには「(ボールなどを)投げる」意味があるが、ホカスにはない。▶ホル

ホタエル

[動詞] 悪ふざけなどをしてバタバタと走り回ったりする。騒ぐ。「今日は、お客さんの前で、ほたえたらあかんで」(今日は、お客さんの前で、バタバタ暴れたらだめですよ)

【解説】江戸時代初期から「ふざける、おどける」意味での使用例がみられる。その後「甘える、つけあがる」意味で浄瑠璃などに用例もみられるが、現在では前者の用法が主となっている。イチビル、チョケルなども「ふざける」意味であるが、これらが文字表現や顔の表情だけでおどけてみせることをも含むのに対し、ホタエルには動作を必要とする意味合いがある。関西各地では、何度目かの厳しい叱咤(しった)にホタエナ!がある。

ボチボチ ボチボチ

[副詞] ①徐々に。少しずつ。ゆっくり。そろそろ。「ぼちぼち行こか」(そろそろ行こうよ) ②まあまあ。それなりにやっています。「儲かりまっか」「まー、ボチボチでんな」『羽なければ』(1975)(儲かっていますか。まあ、それなりにやっています(ある程度儲かっている意味))

【解説】①は、関西以外の岡山県での使用報告がある。②は、大阪商人の受け答えの*ステレオタイプのフレーズとして全国に知られている表現。答え方のバリエーションとしては、「ぼちぼち」以外に、儲けが悪くなるに従って、「さっぱりですわ」「さっぱりわやですわ」「あきまへん」等がある。

ホッコリ ホッコリ

[副詞・動詞] ①(仕事などを終えて) 少し疲れたさま。「田んぼで一日仕事して、ほっこりしたわ」(田んぼで一日中仕事をして、少し疲れたよ) ②ほっとする。安堵する。「急に入ってきた仕事がすんだし、ほっこりしましたわ」(急に入ってきた仕事を終えたので、ほっとしましたよ) ③うんざりする。嫌気がさす。「あの人のひつこさには、ほっこりしたわ」(あの人のしつこさにはうんざりしたよ)

【解説】『地方別 方言語源辞典』(2007) によると、安堵を表す「ほっと」と、あたたかい様子を表す「ほこほこ」が関係し、それに擬態語を作る接尾辞「り」が付加されたものとされる。本来の意味は「疲れたさま」と「ほっとしたさま」が共存していた。この「疲れたさま」の意味だけが残ったのが③で、滋賀県湖北地方で使われる。なお、「退院しはったのに、もひとつほっこりせんようどすな」(退院されたのに、今ひとつ(病状が)思わしくないようですね) のように、ホッコリセンという否定形で「思わしくない、ぱっとしない」という意味を表すこともある。最近ではホッコリの「ほ」の音のイメージからか、「ほっとしたさま」に限定された②の意味での使用が増えている。近年、飲食店・マッサージ店の名前や観光案内に「ほっこり」が使われることが多いが、それらは全て②の意味で用いられている。なお、○○○○というアクセントが本来のもので、○○○○は新しいアクセントである。したがって、後者のアクセントで用いられた場合は、②の意味であることが多い。

ホナ

[接続詞] では。それでは。それなら。「ほなここ置いとくで―」(それでは、ここに置いておきますよ)「おーきに、ご苦労さん、ほなな―」(ありがとう、おつかれさま、ではさようなら)

【解説】本来は接続詞であるが、直前には必ずしも受ける要素を必要とせず、いきなりこのことばから始めることができる。逆に、話を切り上げるときなど文末に用いられることもある。語源をさかのぼると次のようになる。ホナ←ホンナ←ホンナラ←ホレナラ←ソレナラ。「そうであるならば」の「それなら」が元で、語頭のソがホに変化 (サ行音とハ行音の交替) したもの。2015年に放映された洗剤のテレビコマーシャル「in 神戸」では、ハーフの女性タレントが標準語で説明をし終えたあと、ホナの一言で終わるものがあった。タレントの外観や、それまでのことばづかいから大きく期待を裏切る終わり方で、印象深いものであった。

ホメク

[動詞] (湿度が高く) 蒸し暑い、むしむしする。「なんや今日は、えらいほめくなー」(なんだか今日は、ずいぶん蒸し暑いね)

【解説】兵庫県篠山市など丹波地方では湿度の高い状態を表す。兵庫県立篠山鳳鳴高等学校校歌の3番に「土のほめきは 身をつつむ」という一節 (作詞:竹中郁) はその

用例として最適である。一方、『日葡辞書』(1603)には「身がホメク」と「体がほてるほめく、熱気を帯びる」意味が記されている。「火めく」が語源とされる。『大阪ことば辞典』(1995)には「ほてる。「顔が ホメクし、足の裏もホメク」」という例文があり、丹波地方とはやや異なる意味で使われていることがわかる。一方、『大阪のことば地図』(2009)に「蒸し暑い」意味で使用するかどうかの調査結果があり、大阪市内ではほぼ使われないが、周辺部では使用されていた。

ホル

[動詞] 捨てる。処分する。（ボールなどを）投げる。そのままの状態で放置しておく。「いつまでこんなもん置いとくんや。えーかげんに、ほらんかいや」（いつまでこんな物を置いておくんだ。そろそろ、捨てろよ）「あーしんど、こんなもん、もーこのままで、ほって帰ろ」（あー疲れた、もうこんな物、この状態でのままにして帰ろう）「あの新人のピッチャー見てみ。えー球ほるやろ？」（あの新人のピッチャーを見てごらん。いいボールを投げるだろう？）

【解説】『日本言語地図』第2集(1967)では、ホル・ホールはホカスの外側の地域にみられ、ホルがホカスよりも古い形であろうと考えられている。牛や豚の内臓を焼いたものを「ホルモン焼き」というが、その語源は「ホルもん（捨てる物）」であるとも言われている。また、「捨てる」からの派生的用法として、ある状態のまま捨て置くことも表し、ホットク（放りっぱなしにしておく）、ホットケ（放りっぱなしにしておけ）などと言う。別の意味として、年配の野球解説者などは、ピッチャーが投球することを「ホル」というが、若い世代では使用が激減している。なお、『近世上方語源辞典』(1965)には「上古語「はふる」の残存。その転訛。はふる→ほうる（近世上方語）→ほる」とある。▶ホカス

ホンマ ホンマ

[名詞・副詞] 本当。本当に。「あの話ほんまにしとったんかいな？」（あの話を本当のことと思っていたのかい？）「ほんま嘘みたいな話やな」（本当に嘘みたいな話だね）

【解説】江戸時代の浮世草子などの用例では「本真」の字が当てられ、『上方語源辞典』(1965)にも「意味を強めるために同義語（注：「本」「真」）を重ねた重箱読みの語」とある。現在は、名詞でのアクセントは2つの型が併存しているが、副詞では○○○が多いか。形容動詞ホンマニでも○○○○・○○○○の2つの型がある。なお、1982年の「NHKみんなの歌」に「せんせ ほんまに ほんま」（作詞：古市カオル）があった。

マイド

[副詞] ①いつも。常々。「まいどおーきに。ありがとさんです」（いつもありがとう。（本当に）ありがとうございます）②どうも。訪問時のあいさつことば。「まいどー」（ごめんください）

【解説】商都として栄えた大阪の「毎度ありがとうございます」といったお客様に対するお礼のことばは今や関西弁に限らず、全国各地であいさつのことばとして使用されている。ただし、入店時の際に店員からのあいさつことばとして使用されるマイドはほぼ関西に限られるようである。

マクレル

[動詞] ①少し高い位置から落ちる。「わし寝相が悪いさかい、ゆんべもベットからまくれてのー。ここ、しんどんや」（私は寝相が悪いので、昨夜もベッドから落ちてね、ここに青あざができているんだよ）②倒れる。転ぶ。「きのう、田んぼの畦歩いとったらまくれてしもてよー」（昨日、田んぼの畦道を歩いていたら転んでしまってねー）

【解説】①の意味は「播州弁かるた」にもあることばだが、姫路市中心部など、播磨の沿岸部では使われておらず、宍粟市・兵庫県神崎郡など内陸部で使われている。意味としては高所からではなく、さほど高くはない高さからという微妙な意味・用法であるため、②の意味にも使われる地域もある。同じアクセント型で、「衣類の裾などが捲れ上がる」意味の語もある。また、②の意味では、大阪を除く近畿各地でも確認される。なお、播磨沿岸部などではアダケル・アラケルがあり、はしごや屋根など、高いところから落ちる意味を表す。なお、例文の「しんどんや」は「内出血をしているのだ。アオタンができているんだ」の意味。

マッタリ マッタリ

[副詞] ①まろやかでコクのある口あたり。「ここのお料理、まったりして、おいしおすな」(ここの料理は、まろやかでコクがあって、美味しいですね)②鷹揚な。ゆったりした。おっとりした。「まったりとしたお人どすな」(おっとりした人ですね)③ゆっくりした。無為なさま。「昨日はまったりと過ごした」(昨日はゆっくり過ごした)

【解説】形容詞「全し」が変化した「またい・まったい」の語幹に擬態語を作る接尾辞「り」が付加されたものである。本来は、①②のように味覚や人柄を形容する語であるが、近年は雰囲気を表す③の意味で全国的に用いられるようになってきた。なお、『京都府方言辞典』(2002)や『京ことばの辞典』(2008)には、「子どもには怒らんとまったりおせえてやらなあかん」(子どもには怒らずにゆっくりと教えてやらなければならない)という例もあげられていることから、③の意味とは少し違うものの「ゆっくり」という意味は元からあったと考えられる。なお、○○○○というアクセントよりも○○○○というアクセントの方が新しい。したがって、後者のアクセントで用いられた場合は③の意味を

表すことが多い。

マトウ

[動詞] 償う。弁償する。元どおりにする。マドウ・マゾウ・マロウとも。「壊した自動車、まとてや」(壊した自動車を弁償してね)

【解説】『上方語源辞典』(1965)には「中世には惑の字を書く。惑(注:まどう)説と円(注:まろう)説とがある」とあるが、いずれとも決しがたい。また、各地でも使用されている。

マンマンサン

[名詞] 神様・仏様・仏壇・神棚。「マンマサンに、アンしー」(神様(仏様・仏壇・神棚)に、手を合わせてお参りしなさいよ)「(その動作の際に唱える)マンマンチャン、アン」(マンマンサン、アン)

【解説】幼児語。マンマンチャンともいう。「南無阿弥陀仏」が「ナンマンダブ」などと発音されることから、語頭のナンマンがマンマンとなり、サン・チャンを付け加えたものと考えられる。神や仏など、拝む対象いずれにも使われるが、家庭内では仏壇や神棚をさす場合もある。例文のアンは、お辞儀をする動作を表すもの。

ミー

[助詞] ね。「あのみー、こないだ娘のとこへ行ったらみー、えらい散らかっててな、情けない思いしたわ」(あのね、このあいだ娘のところに行ったらね、すごく散らかって情けない思いしたわ)

【解説】奈良県北部の中年層以上が使用する。既知の存在や情報について言及する場合に使用されることが多い。

ミズセッタ

[名詞] ビーチサンダル。「海に行くさけ、みずせったこーたで」（海に行くから、ビーチサンダル買ったよ）

【解説】和歌山県に分布。『地方別　方言語源辞典』(2007) では、和歌山県では学校から保護者への連絡文書に「水着、水せったを用意」と書かれるほど、一般的だとされている。雪駄は、皮で防水加工を施した伝統的な日本の草履のことである。サンダル全般のことを雪駄という和歌山では、サンダルのなかでも、水遊びのときに使うビーチサンダルをミズセッタと呼ぶ。

メッチャ

[副詞] とても。非常に。「きのう徹夜でテスト勉強したから、めっちゃ眠たいねん。そやけど、百点とれたからめっちゃうれしい！」（昨日は徹夜で試験勉強をしたので、とても眠いんだ。でも、百点が取れたからとてもうれしい！）

【解説】「滅茶苦茶」という悪い意味を表していたことばを略したものだが、良い場合でも悪い場合でも、程度がはなはだしいことを表す場合に用いられる副詞。昭和後期からよく聞かれるようになった。かつて関西では、ゴッツイ、ゴッツ、エライ、エローなどが使われていたが、現在ではメッチャが最も優勢なようである。また、「無茶苦茶」を略したムッチャとともにメッサ、ムッサなど新たな語も多く生まれている。一方、関東からのバリは関西でも定着しつつあるが、チョーはあまり定着がみられない。これは、関西ではすでに「チョー待ってや」のように、「ちょっと、少し」の意味でのチョーが幅広く使われていたために、同音語の反意語を避ける意識がはたらいたものと思われる。なお、90年代の神戸では、程度の強調にはバリが多く使われており、阪急岡本駅に特急が停車するようになった際（1995年）に

は商店街が「バリうれしい」というポスターを作成した。

メバチコ　メバチコ

[名詞] ものもらい。目の縁にできる腫れ物。麦粒腫。「めばちこできて、めーかいわ」（ものもらいができて、目が痒いよ）

【解説】『日本国語大辞典　第二版』の語誌によると「コジキ類（モノモライ・メコジキ・メボイト・メカンジンなど）、メイボ類、メバチコ類、その他に大別できる」という。コジキ類はその眼病を治すおまじないに「「よその家から物をもらうと眼病がなおる」という俗信から生まれたもの」（『同前』）であり、モノモライ以下の*俚言もその行為（物をもらう）との関連からの分類である。つまり、メ＋コジキ（乞食）・メ＋ホイト（陪堂）・メ＋カンジン（勧進）の（　）内は全て、モノモライと同じく「乞食」の意味である。メイボ類（メボ・メンボ・メーボ）について一説にメボイト（目堂）からとする（『上方ことば語源辞典』1999）ものがあるが、目の疣からと考えた方が穏当であろう。その他には「インノクソ・バカ」などあげられるが、これらは「病気を忌んで命名」（『同前』）すなわち禁忌への発想であろう。さて、メバチコ類であるが、分布から「コジキ→メイボ→メバチコという変遷が推定される」（『同前』）とあるだけで、語源については記されていない。一説に「目張」との関係（『日本の方言地図』1979）や、メ＋ハチ（鉢）の「鉢」に関連させて江戸時代の文献に現れる「鉢開」（乞食坊主）や「鉢坊主」（托鉢僧。また、乞食坊主）との関連から、コジキ類と同じでないかというもの（『大阪のことば地図』2009）もあるが、『新日本言語地図』(2016) の「30　ものもらい−治療方法」の分布図では、メバチコ類の分布域に、物をもらう行為がないことから従いにくい。今後の考究が求められる。なお、治すおまじないに関しては、物をもらう行為以外に、井戸に

お米や小豆を投げ入れたり、笊をみせたりする他、柘植の櫛を畳にこすりつけ熱した後、患部にあてるなど地域によりさまざまなものがある。

モミナイ

[形容詞] まずい。「なんや知らん、きょうの肉、もみないなー、もっと、えーのん買うてこんかいや」（なんだかわからないけど、今日の肉は、まずいな、もっと上等の物を買ってこいよ）

【解説】『浮世風呂』（1809～1813）にモミナイの例がみられるが、浄瑠璃などにみられるモムナイから変化したものと言われる。『上方語源辞典』（1965）の「もむない」の項に「大阪は訛ってモミナイともいう」とあり「うまくもない→うまうもない（ウモーモナイ）→ウモモナイ→ウモムナイ→モムナイ→モミナイ」とある。現代では高年層にのみわずかに残り、若い世代ではほとんど聞かれることはない。

ヤス

[助動詞] ①です。「ほんまにえらいことやすなー」（本当に大変なことですねえ）②ます。「みな息災にいたしておりやす」（みな健康に暮らしております）

【解説】「です」に相当するヤスは岸和田や泉佐野を中心とした泉州地方の丁寧語である。もともと大阪ではデヤスという形式が広く使用された。この形式が、大阪市内ではダスに変化したが、泉州地方ではヤスに変化した（ただし、貝塚市山間部の蕎原ではデヤスがジャスに変化した）。大阪市内でも船場ではかつて標準語形の「ます」相当の表現としてヤスが使用されていた。また、あいさつ表現として、ごめんやす（ごめんください）、おいでやす（いらっしゃいませ）、おかえりやす（おかえり）などがあるが、いずれも「お～やす」の形式をとっており（アクセントは○○にな

る）、標準語の「ます」相当のヤスとは異なる。

ヤツス

[動詞] 衣装・化粧など、おめかしをする。「あの人、何やえらいやつして、今日は何ぞあるんやろか？」（あの人、なんだかずいぶんおめかしして（いるけど）、今日は何かあるのかね？）

【解説】洒落本『契情買虎之巻』（1778）に「容姿をつくる、おめかしをする」意の用例があり、『浪花聞書』（1819頃）にも「哥舞妓役者の色男をやつし方といふやつし方より出る言葉か」とある。一方、平安時代末期のヤツスには『東大寺諷誦文稿』（830年頃）にみられる、正反対の意味「みすぼらしくする、わざと目立たないようにする」があり、現代の標準語的用法「身をやつす」に残っている。これらは正反対の意味であるので、誤解を生む可能性がある。

ヤヤコ

[名詞] 赤子。赤ん坊。「ややこがでけたそうで、めでたいこっちゃ」（赤ちゃんが生まれたそうで、おめでたいことだ）

【解説】ヤヤ、ヤヤサンともいい、生まれて間もない赤子（新生児、嬰児）を指す。ヤヤは「やうやう（漸く）」に由来し、「だんだんと、次第に育っていく子」の意とする説（『大阪ことば事典』1979）と新生児の泣き声に由来するとする説（『大阪ことば辞典』1995）とがあるが、未詳である。また『大阪ことば辞典』では「ややこしい」の語源ともされている。

ヤン

[助動詞] ～ない。否定の助動詞。「そんなぼろい服、着やんとき」（そんなにみすぼらしい服は着るのをやめなさい）「雨が降ってるさかい、行けやんわ」（雨が降っているから行けないよ）

【解説】「着る・寝る」のような一段活用動詞や「来る・する」など、五段活用動詞以外の否定形で用いられる。キヤン（着ない）・コヤン（来ない）・シヤン（しない）という形になる。また、受身形のタタカレヤン（叩かれない）や可能形のキレヤン（切れない／着られない）など、一段型の活用をする助動詞の否定形にも使われる。三重県・奈良県・和歌山県では古くから使われていたが、近年は大阪の若年層でも使うようになってきている。

ヤン（カ）

[助詞] 〜じゃないか。「小学校のとき、橋本先生っていはったやんかー。あの先生、いま校長先生にならはったんやって」（小学校のときに、橋本先生っていたじゃない。あの先生はいま校長先生になられたんだって）「何すんねん、危ないやんか」（何をするんだ、危ないじゃないか）「その服、えーやん」（その服、良いじゃない）

【解説】自分の考えを示し、相手を説得したり、相手に反駁（はんばく）したり、驚きを表したりする意を表す。用法によって音調が異なる。自分と相手が共有している体験や知識について確認する場合（「橋本先生って」の例）はヤン：◯◯／◯◯、ヤンカ：◯◯◯／◯◯◯、ヤンカー：◯◯◯◯という音調であるが、相手に反駁する意の場合（「危ない」の例）や、驚きを表す場合（「ええやん」の例）はヤン、ヤンカと全体を低く発音する音調になる。ヤンケ・ヤンカイサという形になることもある。中部地方以東で使われる「じゃんか」が三重県に入り、「じゃ」が「や」に変化して関西に広まったとされる。出自はともかくとして新しい表現であることは確かで、高年層はあまり用いない。女性の方が早く使い始めたことから女学生ことばとされることもある。ヤンカの「カ」が脱落したヤンはさらに新しい。なお、「夏休みにハワイに行ってんやんかー」（夏休みにハワイに行ったんだよ）のように、ヤンカに「のだ」に相当するネン・テン・ノヤを付けることで、「のだよ」に当たる意味を表すこともできる。▶ガナ

ヨーサン

[副詞・形容動詞] たくさん。「えらいよーさんみかんもーてんな。よそいも分けよか」（ずいぶんたくさんみかんをもらったんだな。よそへも分けようか）「よーさんな荷物やな、どこ行くねんな」（たくさんの荷物だね、どこに行くんだい）

【解説】量が多いことや程度が甚（はなは）だしいことを意味するギョーサン（業山・仰山）の転じたもの。類義語としてヨーケがある。▶ギョーサン

ヨサリ

[名詞] 夜。夜間。晩。「よさりんなってから急に人が来て難儀したわ」（夜になってから急に来客があって困ったよ）

【解説】語源は「夜去り」。『源氏物語』（1001〜14頃）などの古典にも用例のみられる古いことばである。なお、ここでの「去る」は遠ざかる意ではなく「来る」「近づく」の意である。『日本言語地図』などによればヨサリは日本各地で広く使われているが、それぞれの地域で当地独自の方言と認識されているようである。ただし、現代の関西ではほぼ聞かれなくなりつつある。

ヨシ

[助詞] 〜なさい。女性が多く使う。「はよ食べよし」（早く食べなさい）

【解説】「する」の連用形シに丁寧を表す接頭辞オを付けたオシ（アクセントは◯◯）は、「ぐずぐずせんと、はよおし」（ぐずぐずせずに早くしなさい）のように丁寧な命令の意味で使われてきた。これが助詞化して、イキオシ（行きなさい）のように動詞連用形に付くようになったもの。現在は、イキオシのようなオ

シの形はほとんど聞かれず、ネヨシ（寝なさい）のようなヨシのほうが優勢である。

ヨッテニ

[助詞] 原因・理由を表す。から。ので。「また明日寄らしてもらうよってに」（また明日寄らせてもらうから）

【解説】ヨッテともいう。起因となるものを示す「因りて」に由来する表現である。ヨッテニは大阪府下での使用が多く、関西全体ではサカイ類（サカイニ、サケ、ハケなど）がよく使われてきたが、いずれも現代では標準語と同形のカラに取って代わられつつある。

ヨロシューオアガリ

[連語]「ごちそうさま」に対する応答表現。「あーおいしかった、ごっつぉさんでした」「はい、よろしゅーおあがり」

【解説】「よろしおあがり」ともいう。「よく（きれいに）召し上がってくださいました」のような意。現代ではほとんど聞かれなくなった。食前の「いただきます」への応答としてヨロシューオアガリが使われる場合もあるが、これはオアガリという表現が「召し上がれ」のような勧めの表現と解されたことによるもので、本来的な用法からはずれている。なお、○○￣○○○○○○￣というアクセント型もある。

ワヤ

[名詞] だめ。無茶苦茶。「さっぱりワヤや」（ぜんぜんだめで、むちゃくちゃだ）

【解説】古語に、「枉惑（おうわく）」に由来するとされる「わやく」という語があることから、ワヤはその下略形と思われる。「さっぱりワヤや」は、自分の現在の状況が芳しくないことをいうときに用いる定型的な表現である。類義の表現にワヤクソ、ワヤクタ、ワヤクチャなどがある。

ワラカス

[動詞] 笑わせる。「これで許してくださいてか。わらかしよんな」（これで許してくださいというのか。笑わせやがるな）

【解説】関西弁の使役動詞は通常、「行く：イカス」「見る：ミサス」「来る：コサス」のように -(ss)asu という接辞によって作られる。このルールにしたがえば「笑う」の使役動詞はワラワスとなるのであるが、ワラワスと並行してこのワラカスがよく使われている。ワラカスは江戸時代末期ごろにはすでに用例があり、関西に限らず俗語的表現として使われていたようである。古くはワラワカスという形で、「泣く」の使役動詞であるナカスからの類推によって生まれた語と考えられる。「泣く：ナカス→笑う：X、X＝ワラワカス」というぐあいである。類例に「とんがる：トンガラカス（尖らせる）」などがある。また関西方言にはワラカスから派生したワラケル（笑える）という自発動詞もある。

主要研究者

主要研究者

関西弁を対象とした主要な研究者（生存者は除く）について解説した。

井之口有一（いのぐち・ゆういち）

明治39（1906）年〜平成7（1995）年。愛知県に生まれ、早稲田大学高等師範部卒業、昭和7（1932）年に東京高等師範研究科（国語学専攻）を修了する。その後、文部省国語調査官補、岐阜師範学校教授、京都府立大学女子短期大学教授を経て名誉教授、聖母女学院短期大学児童教育科教授を歴任する。著書に『滋賀県言語の調査と対策―方言調査篇』（滋賀縣立短期大學國語研究室、1952年）、『滋賀県方言の調査研究』（私家版、1961年）、『職人ことば辞典』（桜楓社、1983年）、『京都語位相の調査研究』（堀井令以知と共著、東京堂出版、1972年）、『尼門跡の言語生活の調査研究』（堀井令以知・中井和子と共著、風間書房、1965年）、『御所ことば』（堀井令以知と共著、雄山閣、1974年）などがあり、主に滋賀県方言に関する調査研究と、京都市内のことばの位相差についての研究に取り組んだ。滋賀県方言の総合的な調査・研究を初めて行った点で評価が高い。また、京都御所の北西に位置する大聖寺門跡の言語生活に密着し、現代まで受け継がれてきた御所ことばを詳細に記述した一連の研究は、貴重な資料である。　　　　　　　　　　（松丸真大）

▶人 堀井令以知
▶書『京都語位相の調査研究』、『京ことば辞典』、『滋賀県言語の調査と対策』

楳垣 実（うめがき・みのる）

明治34（1901）年〜昭和51（1976）年。京都府生まれ。同志社大学文学部英文科卒業。九州大学教授、帝塚山学院短期大学教授などを歴任。日本語方言研究のみならず、日本語と英語の対照研究、外来語や隠語の研究など幅広い業績を持つ言語学者。方言研究においては近畿方言学会を主宰し、雑誌『近畿方言』1〜20号（1950〜1955年）をはじめ、近畿方言双書として『東条操先生古稀祝賀論文集』等8冊を刊行し、その活動は共編著書である『近畿方言の総合的研究』（三省堂、1962年）として集大成されている。主要著書に『京言葉』（高桐書院、1946年）、『船場言葉』（近畿方言学会、1955年）、『日本外来語の研究』（研究社出版、1963年）、『外来語辞典』（東京堂出版、1966年）、『隠語辞典』（東京堂出版、1956年）等がある。　　（都染直也）

▶人 西宮一民
▶書『京言葉』、『近畿方言の総合的研究』

大田栄太郎（おおた・えいたろう）

明治33（1900）年〜昭和63（1988）年。富山市生まれ。帝国図書館の職員をつとめる傍ら各地の方言について調査・収集を行い、各地の方言集の刊行に努力した。また同郷の国語学者である山田孝雄や民俗学者の柳田国男、言語学者の東条操とともに日本の方言研究の揺籃期（ようらん）を支えた研究者のひとりである。戦後は故郷、富山に戻り方言の調査や民俗調査に取り組み、富山県立図書館長などを歴任した。戦前より収集した方言資料は、現在一括して国

立国語研究所に「大田文庫」として収蔵されている。

大田が戦後、記者に語ったところによると「富山県の農家で生まれ、中学にも通えなかったので、ひそかに早稲田の講義録を取り寄せて勉強し、21歳の時青雲の志を抱いて出ました。そのとき黒田譲という弁護士宅へ書生として住み込み、かたわら日本大学高等師範部に通ったのですが、黒田さんのお嬢さんに当時丸出しの富山弁を笑われたのが、わたしが方言研究を始める動機になったわけです。国文学の橋本進吉博士から「方言には研究の分野が多く残されている」と教えられたことや奥さんが砺波市出身である東条操博士、富山市出身の山田孝雄博士に「一生貧乏しても方言の研究に取り組む人が一人や二人出てもよい」と誘われたこともあって、この道に飛び込んでしまったのです。」(わたしの研究「近く"越中方言集を"大田栄太郎さん(56)＝富山市山王公民館長＝」1956年10月14日、朝日新聞富山版)と方言研究に関わった経緯について語っている。1929(昭和4)年に『富山市近在方言集』(郷土研究社)を刊行したのを手始めに、各地の方言集を整理し、『群馬縣方言　方言集覽稿』(1929年)『長野縣方言　方言集覽稿』(1929年)『福井縣方言　方言集覽稿』(1929年)『三重縣方言　方言集覽稿』(1930年)『奈良縣方言 方言集覽稿』(1930年)、『和歌山縣方言　方言集覽稿』(1930年)、『福島縣方言　方言集覽稿』(1930年)など刊行した。また日本各地の方言やアジア諸民族の言語研究を目的に藤岡勝二や新村出、柳田国男が発起人となって刊行した「言語誌叢刊」の第二期に『滋賀県方言集』(刀江書院、1932年)を刊行している。この「言語誌叢刊」の第一期には柳田国男の『蝸牛考』(刀江書院、1930年)や東条操の『南方方言資料』(刀江書院、1930年)が、第二期には小倉進平の『仙台方言音韻考』(刀江書院、1932年)や金田一京助の『国語音韻論』(刀江書院、1932年)が出版されていて、大田が方言研究者として当時、高い評価を得ていたことがわかる。

なお、大田には「図書館と調査部」といった論文があり、図書館におけるレファレンスの業務の重要性を説いている。帝国図書館の職員として業務にも精通しており、帰郷後、富山県立図書館長としての職務にいかんなく発揮されたと言われている。

(中井精一)

▶書『方言集覽稿 奈良縣方言』、『方言集覽稿 和歌山縣方言』

岡田荘之輔 (おかだ・しょうのすけ)

明治40(1907)年～平成9(1997)年。兵庫県美方郡温泉町湯(現・美方郡新温泉町湯)生まれ。小学校や旧制中学校で国語教育に携わった。また、兵庫県北部の但馬地方の方言について音韻・アクセント・語彙・文法の各分野にわたる調査研究を行なった。『たじまアクセント』(1957年)は但馬全域56地点の調査研究を2色刷の44図にまとめたもので、各地でアクセント境界線を明らかにした。『但馬ことば』(但馬文教府、1977年)は、但馬方言の使用者としての立場から、音韻・語法の分布図を含め総合的にまとめたもの。なお、但馬方言は、東条操等の日本語*方言区画では「中国方言」とされ、兵庫県内でも他地域とは異なる点が多い方言である。　(都染直也)

▶書『但馬ことば』、『近畿方言の総合的研究』

奥村三雄 (おくむら・みつお)

大正14(1925)年～平成10(1998)年。京都府に生まれ、1949年京都大学文学部

卒業。1954年同大学院を修了。京都学芸大学助手、岐阜大学講師、助教授、九州大学文学部教授を経て、同名誉教授・久留米大学教授をつとめる。著書に『平曲譜本の研究』（桜楓社、1981年）、『九州方言の史的研究』（桜楓社、1989年）、『方言国語史研究』（東京堂出版、1990年）などがある。近畿方言に関しては、「近畿諸方言のアクセント」（『近畿方言の総合的研究』三省堂、1962年）や「近畿方言の区画」（『日本の方言区画』東京堂出版、1964年）といった近畿全体を見わたすものから、「京都府方言」（『近畿方言の総合的研究』三省堂、1962年）、「近代京阪語の使役辞」（『国語国文』36-1、1967年）、「所謂二段活用の一段化について─方言的事実から史的考察へ」（『近代語研究』2、1968年）など、近畿内の特定方言を取り上げたものまで多岐にわたる。アクセントを中心に、*サ行イ音便や二段活用の残存といった活用や、使役・敬語などの文法現象にも目をむけて、方言から話しことばの歴史を構築する「方言国語史」を提唱・実践した。

▶書『近畿方言の総合的研究』　　　（松丸真大）

鎌田良二（かまた・りょうじ）

大正13（1925）年〜平成16（2004）年。神戸市生まれ。元甲南女子大学教授。兵庫県を中心に、方言の文法を中心に調査研究を行った国語学者。敬語（親愛表現）として、京都・大阪の「ハル」と神戸の「テヤ」との境界線について、1950年代中頃の調査で、今の神戸市東灘区（住吉川）にあることを報告した。また、1981年「関西に於ける地方共通語化について」（『国語学』126）で、兵庫県北部の但馬地方に関西弁が進出しつつあることを報告した。また、1980年代初頭に実施された文化庁方言収集緊急調査の代表者として、県内5地点での調査研究を統括した。著書に『兵庫県方言文法の研究』（桜楓社、1979年）、『兵庫県の方言地図』（神戸新聞総合出版センター、1999年）がある。和田実との共編著『ひょうごの方言・俚言』（神戸新聞総合出版センター、1992年）は、兵庫県の方言研究には欠かせない1冊である。　　　　（都染直也）

▶人 和田実　▶書『ひょうごの方言・俚言』

金田一春彦（きんだいち・はるひこ）

大正2（1913）年〜平成16（2004）年。東京都生まれ。東京大学卒業。国立国語研究所所員、名古屋大学助教授、東京外国語大学助教授、上智大学教授を歴任。国語学会（現・日本語学会）代表理事などを務め、1997年文化功労者に選ばれる。研究者は言うに及ばず、辞書の編纂などで一般にもよく知られた人物。平安時代の文献にもとづいて当時の発音（アクセント）の研究を行い、たとえば2拍名詞（山、川など）は5種類のアクセント型で発音されていたことを発見した。具体的な例として「1類：顔など、2類：川など、3類：山など、4類：肩など、5類：朝など」がある。その類の分かれ方が「東京：1／2・3／4・5、京都：1／2・3／4／5、鹿児島：1・2／3・4・5」と、各地の方言で規則的な変化をしていることが、多くの研究者によって証明され、京都を源として各地の方言アクセントがどのように変化していったのか、比較方言学的にとらえようとした。著書は『新版　日本語　上・下』（岩波新書、1988年）、『日本語音韻音調史の研究』（吉川弘文館、2001年）、『国語アクセントの史的研究：原理と方法』（塙書房、1974年）など多数で、『金田一春彦著作集』全13巻別巻1（玉川大学出版局、2003〜2006年）がある。なお、山梨県北杜市に金田一春彦記念図書館がある。

▶︎人 村内英一　　　　　　　　　　（都染直也）

倉田正邦（くらた・まさくに）

　大正10（1921）年～平成17（2005）年、享年84歳。三重県津市八幡町生まれ。三重県を代表する民俗学者・方言学者・郷土史家。三重県郷土資料刊行会を立ち上げ、『三重県郷土資料叢書』全109巻（1964～2001年）として多くの三重県関連の歴史資料や民俗に関連する資料の刊行を行った。倉田自身が著者になったものもあるが、この中には、江戸時代、安岡親毅らによって伊勢国の歴史や地理などが地域毎に詳細に記録された『勢陽五鈴遺響』の校訂を倉田自身が行い、出版したものも含まれている。倉田はまた、三重県方言学会を1955年（昭和30年）に立ち上げ、機関誌『三重県方言』（第1号～第31号）を1972年まで刊行した。この雑誌は、三重県の方言を中心に扱い、三重県の方言研究を活性化させる引き金となった。三重県の方言研究者だけに止まらず、服部四郎をはじめ、金田一春彦、徳川宗賢、都竹通年雄、山口幸洋などの方言研究者が寄稿している。

（岸江信介）

▶︎人 金田一春彦、都竹通年雄、徳川宗賢、服部四郎、山口幸洋

W.A.グロータース

　明治44（1911）年～平成11（1999）年。方言地理学者。元カトリック淳心会司祭（神父）。ベルギーに生まれ、1939年、布教活動のために中華民国に渡るとともに各地で方言調査を行った。1950年来日、姫路を経て兵庫県豊岡市や東京での布教活動のかたわら、ヨーロッパで生まれ発達した言語地理学（方言地理学）的方言調査・研究を日本各地で実践した。日本での活動を最初に支援したのは、当時、国立国語研究所で方言研究に携わっていた言語学者の柴田武である。新潟県糸魚川市における調査研究（1957・1959・1961年。方言研究の世界では「糸魚川調査」と呼ばれる）をはじめ、国立国語研究所による『日本言語地図』『方言文法全国地図』には準備段階から地図の作成段階までかかわった。日本における方言研究、特に方言地理学の分野において大きな影響を与えた。主要著書に『日本の方言地理学のために』（平凡社、1976年）がある。関西では天理大学の非常勤講師として後進の指導にあたったことがある。

▶︎人 廣濱文雄　　　　　　　　　　（都染直也）

杉藤美代子（すぎとう・みよこ）

　大正8（1919）年～平成24（2012）年。東京都生まれ。東京女子高等師範学校文科卒業。樟蔭中学校・高等学校教諭、大阪樟蔭女子大学教授を歴任。日本語を中心に、音声について多くの研究業績がある。特に、ヒトの発する音声を物理的にとらえ、音響分析を用いた研究を行い、音声を波形として目に見える形にしてその分析結果を示した。また、発音された音声資料の分析のみならず、コンピュータで合成した音声を用いた「聞こえ」の研究にも特徴がある。それらの成果は『日本語アクセントの研究』（三省堂、1982年）をはじめ、著作集『日本語音声の研究 全七巻』（和泉書院、1994～1999年）としてまとめられている。日本音声学会会長（1992～1995年）、近畿音声言語研究会の設立（1984年）、音声言語研究所の設立（1993年）、など、音声研究の普及と後進の育成に尽力した。晩年は『声にだして読もう!—朗読を科学する』（明治書院、1996年）、『音読・朗読入門—日本語をもっ

と味わうための基礎知識』（森山卓郎と共著、岩波書店、2007年）等、朗読を通しての音声表現研究に力を注いだ。なお、没後『日本語のアクセント、英語のアクセント—どこがどう違うのか』（ひつじ書房、2012年）が刊行された。
　　　　　　　　　　　　　（都染直也）

都竹通年雄（つづく・つねお）

　大正9（1920）年〜昭和59（1984）年。岐阜県益田郡萩原町（現：下呂市）生まれ。若い頃から方言や言語の研究に関心をもち、「都竹区画」と呼ばれる独自の言語区画論を展開したことで、よく知られている。
　東京都立大学の教授であった平山輝男の回想によれば、

> 戦前（昭和15年以前）から、橋本進吉・市河三喜・東條操先生等のお骨折りで、東京大学構内にある山上会議所などで開かれていた日本音声学会や日本方言学会（現在の日本方言研究会とは別）等の研究会に、都竹君を誘って出席したことが幾たびかあった。彼は熱心に聞いてノートをとり、不明な点はよく質問し、私にも語った。というのは、私がまだ20代の若い時分、母校の旧制麻布中学の教師をしていた際、同中学の生徒であった10代の彼に、国文法を教えたことがあったからである。

とあって、都竹は麻布中学時代以来、平山に師事していたことなどがわかる。
　都竹は、終戦後間もない1949年に「日本語の方言区分けと新潟方言」（『季刊国語』3-1）を発表し、後にこれを修正して東條操監修『日本方言区画』（東京堂、1964年）に「全国の方言区分けのための項目表の案」を発表したが、フィールドワークにもとづく論考は説得力があり、在野の研究者の一人であった都竹の名を学界にとどろかせることになった。1959年に法政大学文学部日本文学科（通信講座）に入学し、1971年に同科を卒業した。平山によれば、「彼は一般の風潮と違い、学歴社会を重要視せず、実力社会のみを考えていたのである。その間彼は、編集その他のアルバイト的仕事をしながら、方言学・国語学・音声学などの研究を続け、かなりの論文を書いていた」という。
　1972年恩師平山のいた東京都立大学大学院に入学し、1974年修了。1975年から武蔵大学文学部の非常勤講師に採用された。富山大学文理学部が理学部と人文学部に分離し、新学部に改組されるのに伴い、1980年富山大学人文学部国語学研究室教授として迎えられた。富山大学でも時間があれば、学生を連れて方言調査に出かけ、学生からも信頼され、親しまれていた。また、平山輝男の『現代日本語方言大辞典』（明治書院、1992〜1994年）刊行事業に加わり、その執筆にもあたるとともに、『富山県方言辞典』の構想をもっていたようで、富山県富山市および高岡市で実施した膨大な調査票が残されている。
　1984年8月2日、定年を半年後に控えて、方言調査を終えた後、親戚宅に立ち寄り岐阜木曽川の上流の小坂川水泳場で子供たちと遊泳中に心臓発作を起こして急逝、富山大学をはじめ彼を知る研究者たちは深い悲しみにつつまれた。わけても卒業論文の指導を受けていた学生の動揺は大きく、また膨大な研究資料が放置されその対応に奔走する日々が続いたと言われる。なお、急逝した都竹の後任には、かつて金沢大学教育学部に在職し、北陸方言の研究業績も多数あった川本栄一郎（前年に弘前大学人文学部を退職）が就き、方言研究の継がはかられた。
　　　　　　　　　　　　　（中井精一）

▶︎人 平山輝男

徳川宗賢（とくがわ・むねまさ）

昭和5（1930）年〜平成11（1999）年。東京都生まれ。学習院大学大学院修了。国立国語研究所研究員・主任研究官・室長として『日本言語地図』の作成にたずわる。後、大阪大学教授、学習院大学教授等を歴任した。『日本言語地図』全6巻（1966〜1974年）の企画・調査、そして地図の編集作業に情熱をもって一貫して主導的役割を果たしたことで知られる。後に国語学会（現・日本語学会）の代表理事を務めるとともに、社会言語科学会を立ち上げ、その会長を務めた。大阪大学在任中の1985年に研究代表者として発足させた科学研究費による「関西方言の動態に関する社会言語学的研究」プロジェクトでの成果は、徳川宗賢・真田信治編『関西方言の社会言語学』（世界思想社、1995年）としてまとめられ、関西弁を対象とする社会言語学的な研究の指標となった。また、文部省重点領域研究「日本語音声における韻律的特徴の実態とその教育に関する総合的研究」（1989〜1993年）での〈西日本班〉の研究代表者として共同研究を進め、研究者の養成に努めた。　　　　　（真田信治）

西宮一民（にしみや・かずたみ）

大正13（1924）年7月18日〜平成19（2007）年。上代文学および日本語学を専門とする。皇學館大学名誉教授および元学長。博士（文学）。

奈良県桜井市多武峰生まれ。談山神社の社家の家柄に育つ。1942年奈良県立奈良中学校卒業、神宮皇學館大學予科に入学、44年に修了後、神宮皇學館大學古典科専攻入学。同時に陸軍特別幹部候補生となる。神宮皇學館大學では山田孝雄に師事した。復員後、1946年に神宮皇學館大學を退学し、京都帝国大学文学部転入学し、澤瀉久孝に師事した。49年に京都大学文学部卒業後、京都大学大学院（旧制）入学、この年より近畿大学附属高等学校教諭となった。52年に帝塚山学院短期大学に籍を移し、1962年、母校の皇學館大学の教授となった。

西宮は、生家が社家であることから神宮皇學館大學に進学したが、ここで国語学の権威であった山田孝雄に、京都帝国大学では上代文学の権威である澤瀉久孝から指導を受けた。西宮の『時代別国語大辞典・上代編』（三省堂、1967年（共編著））、『日本上代の文章と表記』（風間書房、1970年）、『古事記』（桜楓社、1973年）『日本書紀・風土記』（角川書店、1977年）、『古事記』（新潮日本古典集成）（新潮社、1979年）、『万葉集全注 巻第3』（有斐閣、1984年）、『古語拾遺』（岩波書店、1985年）、『上代祭祀と言語』（桜楓社、1990年）、『上代の和歌と言語』（和泉書院、1991年）、『古事記の研究』（おうふう、1993年）『古事記の言葉』（古事記研究大系10）（高科書店、1995年）といった輝かしい研究業績の多くは、学生時代に指導を受けた二人の師の導きによる。

西宮にはまた『近畿方言調査簿』（近畿方言学会、1954年）、『磯城郡織田村方言の記述』（国立国語研究所、1954年）、「奈良県方言南北区画線」（『東条操先生古稀祝賀論文集』1955年）、「奈良県磯城郡多武峯村の方言―調査法とその記述」（帝塚山学院短大研究年報3、1956年）、「奈良県天理市の方言」（『天理市史』1958年）、「奈良県方言の待遇表現について」（『国語学36』1959年）、『奈良県磯城郡大三輪町の方言』（大三輪町、1959年）、「奈良県磯城郡織田村―新大三輪村」（『日本方言の記述的研究』1959年）、「奈良県磯城郡大三輪町の方言」（『大三和町史』1959年）、「方言の実態と共通語化の問題

点三重・奈良・和歌山」(『方言学講座』3、1961年)、「奈良県の方言」(『最新奈良県地誌』1961年)、「奈良県方言」(『近畿方言の総合的研究』1962年)、「奈良県の方言」(『講座方言学7　近畿地方の方言』1982年)、「方言」(『藤井寺市史 各説編』2000年)といった出身地の奈良県桜井市を中心とした奈良県方言に関する研究業績がある。1952年、西宮は帝塚山学院短期大学の講師となるが、ここには英語学の教員として、近畿方言の研究で著名な楳垣実が在籍していた。西宮が方言研究にかかわるようになるのは、同僚であった楳垣の影響によると言われるが、奈良県への郷土愛もそれを促した。1962年、母校への奉職によって、方言研究とは距離を置くことになるが、その後も故郷奈良県にある天理大学で30年近く教壇に立ち、週末には多武峰に戻って故郷の景色を愛で母親への孝養を尽くしたと言われる。

(中井精一)

▶︎ 人 楳垣実　▶︎ 書 『近畿方言の総合的研究』

服部四郎 (はっとり・しろう)

明治41 (1908) 年～平成7 (1995) 年。三重県亀山市生まれ。東京大学文学部言語学科卒業。1936年から東京大学文学部の教官として勤務した。1969年退職、同名誉教授。言語学者として、日本語をはじめ、アイヌ語、朝鮮語、モンゴル諸語、満州語、アルタイ諸語など、多岐にわたる言語を研究した。対象としたこれらの言語のいずれについても、話者に直接面接して調査するフィールド言語学の方法を採用し、この分野における斯界の権威となった。歴史言語学・比較言語学の領域においても、日本語諸方言アクセントの比較研究、日本語と琉球語の同系関係の証明や古モンゴル語の音韻史の解明など、多くの業績があ

る。1971年に文化功労者として表彰され、1983年には文化勲章を受賞した。関西弁に関しては、昭和初期に三重愛知県境地帯でアクセント境界に関する実地調査を行い、長島町から揖斐川を渡って桑名市に入ると、アクセントが東京式から京阪式に明瞭に変化していることを発見したことで知られる。

(真田信治)

平山輝男 (ひらやま・てるお)

明治42 (1909) 年～平成17 (2005) 年。鹿児島県生まれ。國學院大学大学院修了。東京都立大学 (現・首都大学東京) 教授、國學院大學日本文化研究所教授等を歴任。日本音声学会会長などを務め、1990年文化功労者に選ばれる。アクセントを中心とした日本語方言の研究に大きな業績を残し、その調査地域は、樺太から与那国島に至る4,000地点以上に及ぶ。『日本語音調の研究』(明治書院、1957年)、『全国アクセント辞典』(東京堂出版、1960年) 等で示されている全国アクセント分布図がその業績を代表する。京都・大阪・東京といった明瞭なアクセントの区別をもつ方言からそれらの区別が崩れ仙台方言や宮崎方言といった「崩壊アクセント」が生まれたとし、その中間段階の状態を「曖昧アクセント」と呼んだ。その研究は『日本語音調の研究』にまとめられた。方言調査基礎語彙の研究にも『全国方言基礎語彙の研究序説』(明治書院、1979年；のちに『全国方言辞典　1・2巻』角川書店、1982・1983年) がある。また、北は『北奥方言基礎語彙の総合的研究』(桜楓社、1957年) から、南は『琉球方言の総合的研究』(共著、明治書院、1966年)・『琉球与那国方言の研究』(共著、明治書院、1964年) と全国にわたる。それらの調査研究は、『現代日本語方言大辞典　全9巻』(明治

書院、1992〜1994年）にその成果がまとめられている。また各地の方言研究者との共著『日本のことばシリーズ　全48巻』（明治書院、1997年〜）が刊行継続中である。

▶人 都竹通年雄　　　　　　　　（都染直也）

廣濱文雄（ひろはま・ふみお）

大正13（1924）年〜平成13（2001）年。三重県伊賀市上神戸の旧家の生まれ。父嘉雄が東北帝国大学法文学部教授（民法学）であったことから少年期を仙台で過ごした。1940年仙台二中から神宮皇學館大學予科入学。1943年神宮皇學館大學政教専攻入学。在学中学徒出陣により第十四期海軍飛行専修予備学生となる。海軍同期に裏千家千玄室大宗匠、俳優の西村晃らがいた。鹿児島県出水基地で神風特別攻撃隊無窮隊の一員となったが、搭乗した飛行機が不時着したため傷を負いながらも生還した。

齊藤平「廣濱文雄　皇學館人物列伝13」（『皇學館学園報』32、2011年）によれば、復員後、学生の立場から文部省へ神宮皇學館大學の存続を働きかけるものの、神道指令により1946年廃学。同時に学部政教専攻卒業となる。その後、京都大学文学部へ入学。遠藤嘉基の下で国語学を専攻する。京都大学卒業後の1949年、創設間もない国立国語研究所員となった。所員には俊英が集められ、同僚には林大、柴田武、水谷静夫らがいた。1952年に国立国語研究所は、三重県上野市（現伊賀市）で敬語と敬語意識の調査を実施するが、この企画には廣濱が大きく関与していた。また、この時期に国立国語研究所が実施した言語生活研究を中心としたいくつもの調査研究にも廣濱は研究員として加わったと言われる。

国立国語研究所は当初「国語の歴史的発達」もその研究課題としていて、廣濱も見坊豪紀らと「明治初期の新聞の用語」などの研究に従事し、また、近代語研究室に引き続き古代語研究室を設置する方向で、開設準備室の主任研究官を務めていたが、結局古代語研究室は開設されることはなく、1975年天理大学文学部国文学国語学科（廣濱は終始、国語国文学科と称したと言われる）に転任した。

天理大学での廣濱は、厳しい学生教育で知られたが、正月に行われる天理教の節会では、自身も天理教の法被（はっぴ）に身を包み学生たちに交じって「ひのきしん」と呼ばれる奉仕活動を毎年のように行った。廣濱は、その経歴からもわかるように神宮皇學館大学、京都大学、国立国語研究所という国語学のメインストリートを歩んだ研究者であり、天理大学には、廣濱たちの招きによって国語学者の森重敏や西宮一民、方言学者のW・A・グロータースや徳川宗賢、真田信治などそうそうたる研究者が教壇に立った。わけても『日本言語地図』の編集に尽力したW・A・グロータースを数年にわたり集中講義に招き、方言研究を天理大学に定着させた。廣濱およびグロータースに指導を受けた学生たちは、奈良県および三重県等で方言のフィールドワークにもとづいた卒業研究を行った。それらを土台に廣濱と学生たちで合宿調査を行い、検討に検討を重ねて『奈良県と三重県の境界地帯方言地図』を完成させた。廣濱は、これらをもとに「「奈良県と三重県の境界地帯方言地図」から」（山辺道27、1983年）、「「奈良県と三重県の境界地帯の方言地図」から：キツツキとクルブシ」（山辺道28、1984年）を執筆している。その後、奈良市から桜井市に伸びる山辺の道沿いでフィールドワークを行い、「山辺道言語調査報告」（山

辺道30、1986年）を書いたが、1987年、天理大学を退職し、母校皇學館大学国文学科教授に着任した。皇學館大学においても方言に関する授業を行い、定年時には三重県内の方言調査を継続させる目的で、大阪教育大学を退官した佐藤虎男を迎えその発展に尽力した。　　　　　（中井精一）

▶︎人 W.A.グロータース、徳川宗賢

藤原与一（ふじわら・よいち）

明治42（1909）年〜平成19（2007）年。愛媛県大三島（現・今治市）生まれ。広島文理大学卒業。在学時から全国の方言調査に従事した。広島大学で長く教鞭を執り、多くの後継者を育成した。1972年の退官後、広島方言研究所を設立、多数の著書を出版し続けた。なかでも『昭和日本語の方言』全8巻（三弥井書店、1973〜2001年）は特に大部のものである。なお、関西弁もそのフィールドに含める『瀬戸内海言語図巻』（東京大学出版会、1974年）は広島方言研究所によって打ちたてられた金字塔である。その資料にもとづいての考察篇、『瀬戸内海域方言の方言地理学的研究』（東京大学出版会、1976年）、『中国四国近畿九州方言状態の方言地理学的研究』（和泉書院、1990年）なども出版された。これらは、関西弁の広がりを考究する上での、まさに基本的な文献である。　　　　　　　　（真田信治）

堀井令以知（ほりい・れいいち）

大正14（1925）年〜平成25（2013）年、享年87歳。京都府京都市生まれ。言語学者・方言学者。関西外国語大学名誉教授。2003年より新村出記念財団元理事長を務める。1974年にフランス政府よりパルム・アカデミック勲章（Ordre des Palmes Académiques）、1976年に功労国家勲章（Ordre National du Mérite）、2009年に瑞宝中綬章をそれぞれ受章する。共著『尼門跡の言語生活の調査研究』（風間書房、1965年）、共著『京都語位相の調査研究』（東京堂出版、1972年）、『京都語を学ぶ人のために』（世界思想社、2006年）、『折々の京ことば』（京都新聞企画事業、2009年）など、京ことばを中心とした多数の著作があり、京ことば研究の第一人者である。NHK大河ドラマの京都弁の指導にあたる。職人語など*位相語に関する研究のほか、語源に関する著作も多い。　　　　　（岸江信介）

▶︎書『京都語位相の調査研究』

前田 勇（まえだ・いさむ）

明治41（1908）年〜昭和47（1972）年。大分県生まれ。大阪方言研究の中心的な研究者。東京高等師範学校卒。大阪学芸大学教授を歴任。1957年に大阪ことばの研究で「大阪府なにわ賞」を受賞。『大阪弁の研究』（朝日新聞社、1949年）、『大阪弁入門』（朝日新聞社、1961年）（後に『大阪弁』として1977年に再発行）、『近世上方語辞典』（東京堂、1964年）などの主著のほか、多数の著書がある。多くの著作物で、独自の方言調査の結果に加え、近世、近代の文芸や上方演芸の資料や知見にもとづいての考察が展開されており、幅広い見識から大阪方言が捉えられている。『大阪弁の研究』は、前田以前の研究者による断片的な表現・語彙を収集した方言拾遺的な著作物とは異なり、早い時期での大阪方言の体系的な記述研究である。この書での語彙についての論考は各語彙の事典的記述にとどまるが、多くの記述が、昭和初期大阪方言の音声言語の様相を把握するうえでも、大阪方言の現在に至る変容を論じるう

えでも、重要なものとなっている。また、『大阪弁入門』は大阪方言を解説する啓蒙書でありつつ、大阪の都市としての性格の変容や言語生活とのかかわりで大阪方言が紹介されており、社会言語学的な側面を持っている。　　　　　　　　　（西尾純二）

▶書『大阪弁入門』

牧村史陽（まきむら・しよう）

　明治31（1898）年〜昭和54（1979）年。大阪市生まれ。大阪大倉商業学校（現・関西大倉高等学校）卒業後、在野の郷土史研究家・方言研究者として活躍した。「大阪ことばの会」を結成し、1948年より雑誌『大阪辨』（全7巻）を刊行。「大阪弁集成」と題して大阪弁の語句や表現の辞書的解説を同誌に発表し、これをまとめて1955年に『大阪方言事典』（杉本書店）として刊行した。1979年には収録語彙をさらに2割ほど加えた『大阪ことば事典』（講談社）を刊行している。また、日本放送協会編『全国方言資料第4巻　近畿』（1972年）では同じく中船場出身の入江ゆき氏とともに話者として会話収録に参加している。1952年からは郷土史研究グループ「佳陽会」を主宰。「郷土史は足で書け」を持論とし、フィールドワーク重視の研究を続けた。牧村がフィールドワークの際に撮影した写真は数万枚に上り、その一部は関西大学大阪都市遺産研究センターに収蔵され、高度経済成長期の大阪の都市景観研究における貴重な資料となっている。1958年大阪日日新聞文化牌、1977年大阪市民表彰、1978年大阪文化賞などを受賞。編著書としてはほかに『史陽選集』（史陽選集刊行会、全52巻）、『難波大阪』（講談社、1975年）などがある。　　　　　　　　　　（髙木千恵）

▶書『大阪ことば事典』

村内英一（むらうち・えいいち）

　大正8（1919）年〜平成4（1992）年。三重県生まれ。1943年広島文理科大学文学部卒業。1984年まで和歌山大学など和歌山県内で教鞭をとる。その後、徳島文理大学教授を歴任。和歌山方言に関する研究の足跡を多数残こす。その研究は、アクセント、音韻、文法、語彙など、和歌山県内各地の言語的特徴全般に及び、現在でも、総合的な和歌山方言研究の第一人者という位置づけはゆるぎない。言語事象の体系的な記述は言うまでもなく、和歌山県内の*方言区画を提示し、方言のあり様と和歌山県内各地の歴史・地理的背景との関係を重視した考察が目立つ。南牟婁や新宮市の方言においては、さまざまな種類のアクセント体系が分布しているが、金田一春彦はこれを標準甲種アクセント（京阪アクセント）からの変化として論じる。一方、村内は「和歌山県方言」（『近畿方言の綜合的研究』三省堂、1962年）で、東牟婁や新宮市周辺のアクセントが多様であることについて、その多様さが海岸沿いの地域を中心にみられることに着目する。そして、漁業や木材輸送を介した江戸との交流や新宮藩主が三河から封ぜられたことによる乙種アクセント（東京アクセント）との接触が、アクセントの多様性形成の要因であると考えている。

（西尾純二）

▶人 金田一春彦　▶書『近畿方言の綜合的研究』

山口幸洋（やまぐち・ゆきひろ）

　昭和11（1936）年〜平成26（2014）年。享年78歳。静岡県湖西市（旧浜名郡）新居町新居生まれ。方言学者・アクセント研究者。元静岡大学人文学部教授。博士（文学）。「新居町の方言体系」（『新居町史』第3巻、1985年）により第4回新村出賞を受賞する。

主要な著書として、『日本語方言一型アクセントの研究』(ひつじ書房、1998年)、『日本語東京アクセントの成立』(港の人、2003年)他がある。日本語の諸方言アクセントの成立について持論を展開し、日本の周辺域に分布する一型アクセント(無アクセント)を最も古いアクセント体系とし、大陸からもたらされた京阪系のアクセントが一型アクセントと接触して東京アクセントが生まれたとする、日本語諸方言アクセント形成論を提唱した。アクセントの体系変化は内的変化によって生じるとする考え方が一般的であるが、語彙や文法等と同様、アクセント変化も接触によって生じるとする。関西地方での研究として、奈良県南部地方から熊野灘沿岸地域での一連のアクセント研究がある。

(岸江信介)

山名邦男(やまな・くにお)

大正9(1921)年〜昭和61(1986)年。加古川市別府町生まれ。国学院大学卒業後、兵庫県立神戸高校などで国語教育に携わる一方、日ノ本学園短大講師、日本音声学会理事等を歴任し、方言研究、特にアクセント研究に多くの業績を残した。その研究範囲は兵庫県下諸方言はもとより、奈良県十津川方言や四国方言にもおよび、多くの論考がある。主な論考に「十津川音調」(『音声の研究』7、1951年)、「四国の音調」(『國學院雑誌』57-2、1956年)、「兵庫県西部の特殊アクセントについて」(『音声の研究』8、1957年)、「方言の実態と共通語化の問題点—兵庫」(『方言学講座』3、1961年)、「近畿方言と国語教育」(『講座方言学7 近畿地方の方言』、1982年)などがある。　(都染直也)

和田 実(わだ・みのる)

大正7(1919)年〜平成23(2011)年。神戸市生まれ。神戸大学教授、鳴門教育大学教授を歴任。日本語アクセントの研究に多くの業績を残している国語学者。「複合語アクセントの後部成素として見た二音節名詞」(『方言研究』7、1943年)「兵庫県下のアクセントについて」(『論苑』1-1、1951年)、「アクセント」(『方言学概説』武蔵野書院、1952年)、「赤とんぼ—いわゆる「基本アクセント型」におちいる語の処置など」(『国語アクセント論叢』法政大学出版局、1952年)など、今日のアクセント研究においても参照すべき重要な論考である。「兵庫県高砂市伊保町(旧　印南郡伊保村)」(『日本方言の記述的研究』明治書院、1959年)は播州方言の詳細な記述的研究として貴重な資料である。また、「方言辞典」(『講座方言学2 方言研究法』国書刊行会、1998年)は、辞典という形での記述的方言研究の意義と方法を述べる。鎌田良二との共編著『ひょうごの方言・俚言』(神戸新聞総合出版センター、1992年)は、兵庫県の方言研究には欠かせない1冊である。

(都染直也)

▶人 鎌田良二　▶書『ひょうごの方言・俚言』

主要参考文献解題

主要参考文献解題

「関西弁関連文献一覧」より、主要な著作を府県別に選定した。

『近畿方言の総合的研究』
楳垣実編
三省堂　1962年

　三重県と福井県嶺南(れいなん)地方を含む近畿地方全域の方言概説書。楳垣実を中心に発足した（1950（昭和25）年）近畿方言学会は、『近畿方言』(20冊)、『近畿方言双書』(7冊)等を刊行し、その10周年を記念してこれまでの研究を集大成したもの。近畿方言の全体を概観する「近畿方言総説（楳垣実）」、「近畿諸方言のアクセント（奥村三雄）」、各府県の方言を概観する「三重県方言（楳垣実）」、「滋賀県方言（筧大城）」、「福井県嶺南地方（若狭）方言（佐藤茂）」、「京都府方言（奥村三雄）」、「奈良県方言（西宮一民）」、「和歌山県方言（村内英一）」、「大阪府方言（山本俊治）」、「兵庫県方言－北部（岡田荘之輔）・兵庫県方言－南部（楳垣実）」、計10篇からなる。総説と各府県篇は、*方言区画図、地域の概説(自然条件、文化的条件、方言区画、一般的特徴)と、文法・音韻を中心とする方言特徴の概説で構成されている。「統一された方法での記述、平易な記述に固執した」と編者が言うように、記述項目は各府県で統一されており、他の地域との相違点を比較しやすい。本書が刊行されて以降、共通語化や新しい方言の発生など全国的に大きな方言変化がみられることから、各地域での伝統的な方言の姿を記録する貴重な資料でもある。また附録として、近畿方言主要文献目録、近畿方言文例抄、近畿方言語彙分布例、索引が付されており、伝統的近畿方言に関する重要な文献である。（都染直也）
▶[人]楳垣実、岡田荘之輔、奥村三雄、西宮一民、村内英一

『京言葉』
楳垣実著
高桐書院　1946年

　本書は京都市方言の文法記述・辞書（語彙集）・テクスト（京のわらべうた）という、言語学の3点セットを意識した構成になっており、京都市方言を対象にした初めての簡易記述文法書と言える。「京都叢書」(京都市文化課編纂)のひとつとして刊行されたため、一般の読者向けに国語史や音韻・アクセントの基礎についても解説されている。内容は、京ことばの概要や国語史との関連を簡単に説明した「概説篇」と、京都市方言の文法記述である「各説篇」、そして「京言葉研究書目」と「京のわらべうた抄」を収録した「附録」の3つから構成される。「各説篇」では、従来の説をまとめるだけでなく独自の説をうちだすなど研究書としての価値も高い。言語記述は、音声に約50ページ、アクセントに約30ページ、語法に約75ページと、当時にしては珍しく語法の記述が充実している。特に形容詞についての記述が詳しく、アコーナイ（赤くない）という連用形ウ音便形による否定表現からアカイナイ（赤くない）という終止形による否定表現への変化など、活用体系の動態に関する記述は興味深い。京ことばの資料といえば特徴的な語彙や表現のみを集めたものが多いが、本書は京ことば（京都市方言）を

ひとつの言語として記述しようとした点に意義がある。　　　　　　　　　　（松丸真大）
▶人 楳垣実

『丹後網野の方言』

井上正一著
近畿方言研究会　1964年

　京都府丹後(たんご)地方の方言を記述したもので、網羅的に方言語彙(ごい)を収録している点に特徴がある。「丹後網野」という書名ではあるが、隣接する地域の方言についても言及があり、当時の奥丹後（現・京丹後市）地域の方言をうかがい知ることができる。方言語彙は、形容詞・動詞・副詞・名詞・感動詞・接辞・慣用句・挨拶の8つに分類される。名詞は(1)自然、(2)衣食住、(3)経済生活、(4)社会生活、(5)雑名詞、(6)代名詞に分類され、さらにそれぞれが意味分野ごとに分けられるという構成で体系化されている。音韻・語法の解説や方言会話資料に加えて、言語地図も数葉収録されている。本書の初版は近畿方言研究会から刊行されたが、その後1972年に網野町教育委員会から再版されている。さらに2012年に京丹後市から『京丹後市の伝承・方言』の一部として活字化されたものが刊行されている。京都府の方言資料は、京都市方言を対象としたもの以外はほとんどない。その中にあって、本書は丹後地方の方言についてまとまった記述がなされた貴重な資料のひとつである。　　（松丸真大）

『京都語位相の調査研究』

井之口有一・堀井令以知著
東京堂出版　1972年

　本書は、室町商家・西陣機屋・祇園花街(ぎおん)の職業集団語と言語生活を中心に、京都市内の方言の位相について論じたものである。本書の内容は大きく3つに分けられる。まず第1編では、室町商人・西陣職人・祇園花街の環境や文化を説明し、その中で用いられる職業集団語をあげている。また、国立国語研究所『敬語と敬語意識』(1957年)の調査方法にしたがって、各地点の敬語行動を調査・比較している。敬語行動の調査・比較では、上記3地点に上賀茂の農家を加えた4地点が対象となっている。第2編では*位相語をさまざまな角度から分析する各論となっている。そこでは、安原貞室『かたこと』(1650〈慶安3〉年)、長田幹彦『祇園』(硯友社、1947年)、室町商家に伝わる「家訓読み聞かせ」に現れる位相語や、尼門跡の敬語法が詳細に分析されている。最後の第3編は資料編で、室町商家・西陣機屋・祇園花街の録音文字化資料や、京都府内の方言集、京都府方言文献目録が収録されている。本書は、位相という視点で京都市内の方言を語彙・敬語行動の点から分析したもので、京都市内のバリエーションや敬語表現を知るうえで避けては通れないものである。
▶人 井之口有一、堀井令以知　　（松丸真大）

『京ことば辞典』

井之口有一・堀井令以知編
東京堂出版　1992年

　編者らが先に編んだ『京都語辞典』(東京堂出版、1975年)や『分類京都語辞典』(東京堂出版、1979年)は、御所ことばと職業集団語を含む京都旧市内の方言を収録した辞典であった。本書は、それらをもとにさらに語彙(ごい)を増補し、3,500項目にのぼる京都市内の方言語彙を収録した辞書である。本書の特色は、京都の民俗・年中行事・地域などの項目があり、また豊富な会話例が含まれていることにある。写真や図なども掲載されており、京都の文化とことばの関

係を理解できるようになっている。各項目にはアクセントが付されており、御所ことば・職業語・幼児語などの*位相についての情報もある。付録として、京のわらべ唄、京の言い伝え、京都市の地名の読み方、京ことばについての概説、京ことば文献解説、共通語引き主要京ことば索引が収録されており、京都の愛好家や学校教育での教材にも役立つよう配慮されている。（松丸真大）

▶[人]井之口有一、堀井令以知

『京都府方言辞典』
中井幸比古著
和泉書院　2002年

　明治以降に刊行された京都府内の147種の*俚言（りげん）集を集成し、さらに筆者自身の調査の結果を加えた約24,800項目からなる辞書である。集められた俚言集は、丹後半島32種、奥丹波27種、口丹波17種、旧愛宕郡・旧葛野郡（現京都市域で、およそ旧市内より北）8種、京都旧市内32種、京都より南10種、広域不明21種であり、京都府全体の俚言を集めた最初の辞書に位置づけられる。さらに、集められた全項目について、「使う」または「京都旧市内の本来の方言として聞く」かどうかを京都旧市内生まれの話者に確認している。それによって抽出された京都旧市内の俚言約9,400項目には、アクセント記号が付されており、京都旧市内の俚言やアクセントの変化を知るための資料としても有益である。巻末には、共通語引き主要俚言索引と、付録として京都府言語地図が収録されている。言語地図は、中井幸比古「京都府丹波山城言語地図(1)(2)(3)」(『香川大学研究報告』1-85,1-86,1-88、1992〜1993年）から主要な項目を再掲したもので、京都府内における「もぐら」「尊敬の助動詞」などの分布を描いた15葉と、京都旧市内における「お手玉」

「凧（たこ）」の分布を描いた2葉の、計17葉が含まれている。（松丸真大）

『滋賀県言語の調査と対策』
方言調査篇
井之口有一著
私家版　1972年

　本書は、滋賀県内各地の方言の記述をおこなったものである。滋賀県方言の記述としては、筧大城「滋賀県方言」(『近畿方言の総合的研究』三省堂、1962年）があるが、本書は滋賀県方言の地域差に配慮し、主に音韻・語法の臨地調査の結果をまとめたものである。本書は三部から構成されており、第一部では滋賀県内の方言を概説している。アクセント・音声・間投助詞・終助詞・尊敬語を手がかりにして滋賀県方言の地域差を紹介している。第二部は「滋賀県方言資料」として、音韻・語法・語彙（ご い）の素描をおこなっており、簡易文法書として参考になる。「語彙編」では、品詞ごとに分類して語彙をあげている点が特徴的である。また、「接続助詞トサイガ」「特殊な*サ行イ音便」「ナンバ」「親愛の助動詞ンス・ヤンス」など、滋賀県内で地域差が現れる項目の言語地図9葉が付されている。滋賀県の言語地図は少ないため、当時の地域差を知る上では貴重な資料となる。本書は、滋賀県内の地域差に目配りをしつつも、滋賀県方言を「言語」として体系的に記述しようとしたもので、滋賀県方言の特徴（特に音声・音韻）を知る上では重要なものである。　　　　　　　　　　（松丸真大）

▶[人]井之口有一

『滋賀県方言調査』
正編・続編・続々編

藤谷一海著〈続々編のみ高橋重雄と共著〉
教育出版センター
1975年・1979年・1986年

　正編は昭和32年〜34年に、滋賀県各地で調査・収集された語彙・語法をまとめたものである。著者である藤谷一海氏が先にまとめていた『彦根ことば』(私家版)に収められた語彙について、滋賀県内各地で使用の有無、同義語形の収集が行われたものである。続編・続々編は、正編刊行後に調査地点を増やし、また、柳田国男監修・民俗学研究所編『総合日本民俗語彙全5巻』(1955〜1956年)や東条操編『全国方言辞典』(1951年)、その他の*俚言集を参考にしつつ増補したものである。滋賀県方言は地域差が大きいため、各項目にはそれを使用する地域の情報も付されている。収録項目は、正編が約6,000項目、続編・続々編がそれぞれ約2,000項目あり、合計で1万項目にのぼる語彙・語法が収録されている。付録として、滋賀県方言の音韻・語法の解説や慣用表現の解説もある。滋賀県方言に関する古い資料が少ない中で、本書は古い時代の滋賀県方言とその地域差を知るための貴重な資料である。

　　　　　　　　　　　　　　（松丸真大）

『大阪弁入門』

前田勇著
朝日新聞社　1961年

　大阪弁研究の第一人者であった前田勇が、現代大阪弁の特性について平易なことばで解説した概説書である。著者の没後、『大阪弁』と改題のうえ朝日選書として1977年に再刊された。本書が扱う内容は多岐にわたるが、まず「大阪弁の素描」と題して大阪弁の通時的な変遷、東京弁や京都弁との対照からみる大阪弁の特徴、および大阪府下の方言差について述べ、続く「録音逆聴」で音声・アクセントの特徴、「歯抜けの現象」で助詞の省略現象を取り上げている。続く「道草を食う表現」「積極的な創造力」「命令の四角関係」以下各章では否定・仮定・推量・不可能といった文法項目に焦点を絞り、「上品に言いたい女ごころ」と「あくたいぐち」の章では方言敬語と卑語とを扱っている。「現代文学の大阪弁」では小説のなかで大阪弁がいかに正確に活写されているか・いないかを問題とし、最終章の「大阪のしゃれ言葉」では、しゃれ言葉が大阪の日常に根付いているさまを明らかにしている。『大阪弁入門』というタイトルが示すとおり、研究書というよりは一般向けに書かれたものであるが、扱われているトピックスは後の方言研究においても重視されているものばかりであり、各項目についての著者の分析は示唆に富んでいる。

　　　　　　　　　　　　　　（高木千恵）

▶︎人 前田勇

『大阪ことば事典』

牧村史陽編
講談社　1979年

　船場ことばを中心に、大阪方言の語彙・文法・定型表現のほか、人名・地名、歌謡・俚諺・ことば遊びなども含めて6,400項目が収録されている。前身の『大阪方言事典』(1955年)に新たに1,200項目あまりを追加し新しい事典として出版したもので、編者の大阪ことば研究の集大成ともいえる。編者はしがきによれば、「本書は明治中期以後大正時代までの約三十年間を中心として、その後今日まで大阪市内で常用されたことばを収録したもの」とのことである。また「大阪風俗事典あるいは大阪百科事典と

して活用されることを期待した」とあるとおり、当時の風俗や習慣、年中行事などを知る上でも貴重な資料となっている。方言研究の観点からは、見出し項目すべてにアクセントが付与されている点でも利用価値が高い。付録として「大阪のシャレ言葉」「いろはたとえ」が収められている。　（高木千恵）

▶︎[人] 牧村史陽

『但馬ことば』
岡田荘之輔(しょうのすけ)著
但馬文教府　1977年

　著者の長年にわたる但馬(たじま)方言研究の成果をまとめたもの。但馬地方全域と京都府丹後(たんご)地方西端地域を含む詳細な言語地図を収める。「アクセント」・「敬語表現」・「起きよう（意志表現）」・「断定辞ダ・ジャ・ヤ」・「良くない（アイ連母音）」・「買ってこい（アウ連母音）」・「理由を表わす助詞」などの分布図から、但馬地域内での各種境界線を確認することができる。周辺地域との比較や但馬方言の研究史もまとめられている。本書刊行後、但馬方言に関しては、『兵庫県の方言』（兵庫県教育委員会）での豊岡市方言談話資料文字化、甲南大学方言研究会のJR沿線グロットグラム以外、まとまった研究は行われておらず、但馬方言研究の最も信頼の置ける基本文献である。

▶︎[人] 岡田荘之輔　　　　　　（都染直也）

『ひょうごの方言・俚言』
和田実・鎌田良二編
神戸新聞総合出版センター　1992年

　12の章（テーマ）に分かれ、兵庫県の方言について、地域・項目ごとに詳しく解説するとともに、近隣府県方言、関連文献、研究者・研究史等広く扱われており、「兵庫県方言事典」と言える。本書は、先に刊行された『兵庫県大百科事典（上・下）』（神戸新聞出版センター、1983年）に収録された方言関連項目を母体とし、新たな項目を追加して1冊にまとめたものである。その執筆陣は、兵庫県在住の研究者のみならず、兵庫県とその周辺府・県方言の研究者を含めた23人からなる。具体的な方言地図をはじめ、本の表紙写真なども多く掲載されており、一般読者向け図書ではあるが、非常に高い専門性も兼ね備えた、兵庫県方言の百科事典である。　　（都染直也）

▶︎[人] 鎌田良二、和田実

『兵庫県ことば読本』
兵庫県高等学校教育研究会国語部会編
東京書籍　2003年

　高校生が方言研究をするために、またその指導をするために必要な知識・方法をまとめたもの。高校生を対象とした方言の副読本は全国的にもめずらしいものである。方言研究の経験・実績のある現役教員による編集・執筆。高校生のみならず、方言に興味を持つ社会人や、小中学生とその指導者が方言について知りたい、何か調べてみようというときに役立つ参考書である。

　方言とは何か、日本語の方言などの概説から始まり、具体的な方言調査の方法について、調査項目の選定法、方言調査の実施計画・実行に至るまで、懇切丁寧にまとめられている。また、時代を反映してインターネットの活用を促すなど、若い世代が興味を持つような内容になっている。タイトルに兵庫県とあるが、各府県の状況を当てはめれば、兵庫県以外の方言研究にも役立つであろう。　　　　　　　（都染直也）

『ひょうごの方言』

橘幸男編
神戸新聞総合出版センター　2004年

　『兵庫県ことば読本』(兵庫県高等学校教育研究会国語部会、2003年)は、その編集にあたって、執筆者の持つ知識や手法のみならず、新聞やラジオと連携し、広く一般から思い出の方言、お気に入りの方言を募集した。それらの情報をまとめたのが本書であり、日常生活の中で生き生きと使われている方言をはじめ、今では使われなくなったなつかしい方言が、投稿者の手紙とともに数多く収録されている。研究者の立場で記録されたものではなく、使用者の立場から記録された方言資料である点が特徴である。

　編者によってある程度まとめられてはいるものの、こんなところでもこのことばが使われているのかといった、うれしい発見が至るところにちりばめられている。方言に興味を持つ人が気楽に読むこともできると同時に、研究の材料としても有益な1冊である。

（都染直也）

『淡路ことば辞典　じょうりでいこか!』

岩本孝之著
神戸新聞総合出版センター　2013年

　収録語数6,700語の、淡路島方言の辞典。各種方言集などから集めた語をもとにアンケート調査を行うとともに、実地調査で補完してまとめられたもの。また、淡路方言の概説に加え、島内主要地域の地域差・年代差についても詳細にまとめられている。

　各見出し語にはアクセント型、品詞、語釈、用例、使用地域、参考情報が付されている。たとえば、淡路方言には敬語がないと言われるが、「なはる」については、次のようにまとめられている（記号等そのまま引用、改行は／で示す）。

なはる (H0)《補動》なさる。／用例　見ナハル (ごらんになる)・オイデナハレ (いらしてください)・アホナコト言イナハンナ (ばかなことを言いなさるな)・一緒ニ見ニ行キナハランカ (一緒に見にいらっしゃいませんか)／【参考】上方語「ナサル」の訛。初め遊里の女が使い、一般町家に広がった⑭)。京都、大阪、播州、徳島。

　なお、著者自らによる音読資料がCDとして付され、貴重な資料となっていることも相まって、今後の各地方言集・方言辞典編纂に際しての参考になる。

（都染直也）

『奈良県風俗誌』

奈良県教育会編
1915年頃

　大正4 (1915) 年、奈良県教育会は、大正天皇の即位に関する大礼記念事業のひとつとして、「風俗志」編纂事業を奈良県師範学校の高田十郎を中心に企画した。「風俗志」に関する調査は、県下市町村の小学校長を通じ、39部門からなる詳細な項目にもとづいて実施され、各市町村ごとに墨書にて罫紙で約1,000頁にわたる報告を『〇〇村風俗誌』の形で提出させた (町村によっては複数の町村が合同で1冊の風俗誌を作成しているところがある)。この県内各市町村が提出した『〇〇村風俗誌』(県教育会に調査報告はなされたが、ついに編纂にはいたらず保管されている)を、総称して『奈良県風俗誌』と呼んでいる。

　事業の中心になった高田十郎 (1881〜1952年)が、昭和17(1942)年に執筆した「奈良百話」によれば、

奈良図書館には『奈良県風俗志料』大冊写本八十八冊 (付図若干) がある。大正四年の大礼記念に、県教育会で県風俗志の編纂を計画し、全県諸小学校に依嘱して、町村別の資料報告を集めた

が、編纂の暇なくて其儘になったものである。未だ県の全町村には及んでゐないが、今では亦一の古典である。柳田国男氏の勧めなどもあり、一時出版の声も聞えたが、猶其機が熟しない。

とあって、事業の概要がわかるとともに、この資料が柳田国男によっても評価されていたことが推測される。調査項目は、第1類の「建物造作」から第39類の「経済」にいたる39の大項目が設定され、第26類には「言語(主トシテ方言、訛言)」があって、『方言採集簿』および『方言採集手帳』と同系統と思われる項目が多く、調査地域・項目量のうえからも近畿中央方言の研究に重要な資料と言えよう。　　　　　　（中井精一）

『方言集覽稿 奈良縣方言』

大田栄太郎編
1930年

　大田栄太郎は、昭和初期から戦後にかけて活躍した富山県出身の方言研究者である。各地の方言集を整理し、『群馬縣方言　方言集覽稿』(1929年)『長野縣方言 方言集覽稿』(1929年)『福井縣方言　方言集覽稿』(1929年)『三重縣方言　方言集覽稿』(1930年)『奈良縣方言　方言集覽稿』(1930年)、『和歌山縣方言　方言集覽稿』(1930年)、『福島縣方言　方言集覽稿』(1930年) など刊行した。

　この方言集の刊行にあたり大田は、
　1. 新大和新聞所載の「大和方言集」は恩師文学博士山田孝雄先生の所蔵にかかわるものにして御借りの願いたることを厚く御礼上げる次第である。
　2. 殊に本編をなすにあたり色々とお世話をして下されたるは、奈良県出身東大医科に勤務していられる澤田四郎作大先輩であった。先生が随筆にかかわる「五倍子随筆」を写さして頂いたことを深く喜び申し上げる。

と記している。本書は、明治33年に新大和新聞に水木要太郎(当時、旧制郡山中学校教諭、後に奈良女子高等師範学校教授)が執筆した「大和方言集」を筆記した山田孝雄(富山県出身当時、旧制五條中学校教諭、後に国語調査委員会嘱託、東北大学教授)のノートをもとに、澤田四郎作(奈良県出身の医師で民俗学者)の随筆集「五倍子随筆」をはじめとする既存の方言集を参考に編纂したものである。水木要太郎は、東京帝国大学国語研究室が実施した全国方言調査の奈良県を担当(明治三一年方言取調編纂委員ヲ嘱托ス(柳沢文庫水木家稿本))し、調査報告後の明治33年『新大和新聞』に「大和方言集」掲載。それを山田孝雄が筆記し、太田栄太郎が書写(国立国語研究所太田文庫)し、本書の中心資料とした。澤田四郎作は、医業の傍ら民俗学に取り組み、柳田国男とも親交があり、近畿民俗学会の重鎮でもあった。『方言集覽稿 奈良縣方言』は、方言研究が活発でない奈良県においてもっとも重要な方言資料のひとつであるが、大田の柳田を通じて広げたネットワークと故郷富山の人脈をもとになし得た方言集であり、民俗学と国語学の知が融合したこの時期の方言研究の象徴的1冊とも言える。
▶入 大田栄太郎　　　　　　　（中井精一）

『方言集覽稿 和歌山縣方言』其の1,2

大田栄太郎編
廣文社 1930年

　さまざまな自治体や学校などによる、明治中期から昭和初期に至るまでの方言調査報告やその整理が集約されている。其の1の巻にはこの著書が参照した書目リストと本編の中心となる語彙集の凡例が記され、紀北地方の方言語彙集が収録される。其の二の巻では中央地方(日高郡)と紀南地方の

方言語彙集と、付録として「音韻及び語法」の特色が、『和歌山縣誌』『湯浅町郷土誌』『南紀土俗資料』などから引用される形で整理されている。全体的に、方言事象の記録と記述が主眼となっているが、20世紀初頭の和歌山県内各地の方言の様子をうかがう上で、貴重な資料となっている。地域の生活者による方言の拾遺は現在でも行われているが、それらを集約する有用性が証明されている。　　　　　（西尾純二）

▶︎人 大田栄太郎

『和歌山の方言研究〈村内英一和歌山大学名誉教授遺稿集〉』

和歌山大学国語教室同窓会編
1993年

　和歌山方言研究の第一人者である村内英一の研究ノートが30編収録されている。研究ノートといえども、和歌山県の*方言区画やアクセント観など、書籍の一部や論文として刊行されている内容も多い。昭和18年に和歌山師範学校助教授に就任し、平成元年まで大学教員として勤めた村内であるが、その間、村内は和歌山方言の研究の第一人者であり続けた。ノートに書き連ねられている言語的事実とその整理は、研究論文などの形で世に出ることがなかったものも含まれるが、ことばにかかわる和歌山の地勢や、方言の分布・区画、文法、語彙(熊野大社や海、漁業にかかわる忌み詞を含む)、アクセント、音韻、国語教育と方言についての所見など、方言学として網羅的なものとなっている。その記述内容は和歌山の地誌に根付いたものであり、方言研究者としてのスタンスを垣間見ることができる。方言研究とその意義に対する多くの示唆を備えた一書である。　　　（西尾純二）

▶︎人 村内英一

『三重県方言民俗資料集覧』1-6

江畑哲夫著
私家版　1995年

　6冊からなり、三重県の方言語彙および民俗語彙を余すところなく記述して編まれている。三重県全域におよぶ方言や民族語の臨地調査のほか、方言・民俗・歴史・文化に関する三重県を中心とした資料調査を行い、約30年の歳月を費やして約10万枚にも及ぶカードを作成し、ガリ版印刷として自費出版した。三重県方言に関する辞典類では語彙数が最多で記述内容も専門的である。すべて著者本人の手書きによる。総頁数は1,677頁。なお、この集覧の訂正を行った『三重県方言民俗語集覧・訂正表』(私家版、1996年)がある。

　著者にはこのほか、本書に関連する主な出版物として『三重県方言民俗語集成』(私家版、2000年)、『三重県方言民俗語分布一覧 上・中・下』(私家版、2001年)、『三重県方言民俗語分布一覧 続上・続下』(私家版、2002年)などがある。　（岸江信介）

関西弁関連文献一覧

　この文献一覧は、2015年末までに刊行された、関西弁に関する書籍や郷土資料などの書誌情報をまとめたものである。一覧は次のような構成になっている。

1 全国：全国の言語事象を扱う中で、関西弁についてもふれている文献が含まれる。
2 関西圏：関西を含む西日本の方言、関西方言全般、関西内の複数府県の方言を扱う文献が含まれる。
3 府県別：京都府、滋賀県、大阪府、兵庫県、奈良県、和歌山県、三重県の各府県の方言を扱う文献が含まれる。

2000年以前の文献は『21世紀方言研究の軌跡』(日本方言研究会編、国書刊行会、2002年)をもとに、2001年以降の文献は日本方言研究会のウェブサイトで公開されている「方言関係書目」データをもとにしている。これらに、編集委員が必要と判断した文献を加えた。ただし「全国」項目については、2001年以降に発行された文献のみを掲載している。
　なお、関西を対象とした言語地図やグロットグラムについては、それぞれ「関西弁の言語地図集」(50ページ)と「関西弁を対象としたグロットグラム集」(387ページ)にまとめてある。

（編集：西尾純二・松丸真大）

書名		
著者・編者名	出版	刊行年月

【全国】

方言ももたろう（Version 1.0　日本語探検シリーズ）		
杉藤美代子監修	富士通ビー・エス・シー	2001
日本植物方言集成		
八坂書房編	八坂書房	2001.02
日本語方言での特異表現法（続 昭和（→平成）日本語方言の総合的研究：6）		
藤原与一	武蔵野書院	2001.04
生きている日本の方言		
佐藤亮一	新日本出版社	2001.06
方言は絶滅するのか：自分のことばを失った日本人（PHP新書）		
真田信治	PHP研究所	2001.11
方言文法調査ガイドブック		
大西拓一郎編	私家版	2002.03
日本地名地図館		
浮田典良・中村和郎・高橋伸夫監修	小学館	2002.04
都道府県別全国方言小辞典		
佐藤亮一編	三省堂	2002.05
方言地理学の課題		
佐藤亮一・小林隆・大西拓一郎編	明治書院	2002.05
21世紀の方言学		
日本方言研究会編	国書刊行会	2002.06
お国ことばを知る　方言の地図帳		
佐藤亮一監修　小学館辞典編集部編	小学館	2002.07
方言の日本地図：ことばの旅（講談社＋α新書：133-1C）		
真田信治	講談社	2002.12
日本語は年速一キロで動く（講談社現代新書：1672）		
井上史雄	講談社	2003.07
全日本「食の方言」地図		
野瀬泰申	日本経済新聞社	2003.12
三省堂日本山名事典		
徳久球雄・石井光造・武内正編	三省堂	2004.05
日本語のアスペクト・テンス・ムード体系：標準語研究を超えて（ひつじ研究叢書（言語編）35）		
工藤真由美	ひつじ書房	2004.11
在日コリアンの言語相		
真田信治・生越直樹・任榮哲編	和泉書院	2005.01

都道府県別気持ちが伝わる名方言141（講談社+α新書） 真田信治	講談社	2005.01
日本の地名（図解雑学：絵と文章でわかりやすい！） 吉田茂樹	ナツメ社	2005.03
NHK日本語発音アクセント辞典（CD-ROM版） NHK放送文化研究所編	日本放送出版協会	2005.03
全国方言スラスラブック 本の森辞典編集部編	セントラルSOG	2005.06
島の名前：日本編 中村庸夫（文・写真）	東京書籍	2005.09
近代日本方言資料集：郡誌編：6 木村晟・古瀬順一・田中宣廣編	港の人	2005.11
全国方言カルタ（「日経Kids+」第3号（2006-2号）特別付録） 大西拓一郎監修　渡辺美智雄（イラスト）	日経ホーム出版社	2006.02
方言なるほど辞典（角川文庫） 現代言語セミナー編	角川学芸出版	2006.03
日本の地名の意外な由来（PHP文庫） 日本博学倶楽部	PHP研究所	2007.06
地方別方言語源辞典 真田信治・友定賢治編	東京堂出版	2007.09
出身地がわかる！気づかない方言 篠崎晃一・毎日新聞社	毎日新聞社	2008.08
方言と地図：あったかい47都道府県の言葉 井上史雄監修　冬野いちこ（絵）	フレーベル館	2009.02
まんがで学ぶ方言 竹田晃子・吉田雅子　やまねあつし（まんが）	国土社	2009.04
都道府県別全国方言辞典 佐藤亮一編	三省堂	2009.08
日本の珍地名（文春新書） 竹内正浩	文芸春秋	2009.08
蝸牛考（岩波文庫） 柳田國男	岩波書店	2009.12
日本の地名：超雑学読んだら話したくなる：謎・ロマン・ミステリーがいっぱい！ （2005年「日本の地名雑学事典」の改題改訂）　浅井建爾	日本実業出版社	2010.01
方言の発見：知られざる地域差を知る 小林隆・篠崎晃一編	ひつじ書房	2010.05
全国方言分布調査：調査票（修訂版） 大西拓一郎編	国立国語研究所	2011.06
「方言コスプレ」の時代：ニセ関西弁から龍馬語まで 田中ゆかり	岩波書店	2011.09

県別罵詈雑言辞典 真田信治・友定賢治編	東京堂出版	2011.10
日本全国「駅名」地図帳（成美文庫） 浅井建爾	成美堂出版	2012.03
おもしろ地名・駅名歩き事典 村石利夫	みやび出版	2012.04
法廷における方言：「臨床ことば学」の立場から 札埜和男	和泉書院	2012.12
ニッポン全国から大集合 難読の地名800：読めたらスゴい！オモシロ博学本（KAWADE夢文庫） 博学こだわり倶楽部編	河出書房新社	2013.10
日本方言図鑑（新星出版社 1986年の復刻版） 中村由信	日本図書センター	2014.04
日本語の配慮表現の多様性：歴史的変化と地理・社会的変異 野田尚史・高山善行・小林隆編	くろしお出版	2014.05
柳田方言学の現代的意義：あいさつ表現と方言形成論 小林隆編	ひつじ書房	2014.07
ドラマと方言の新しい関係：『カーネーション』から『八重の桜』、そして『あまちゃん』へ 金水敏・田中ゆかり・岡室美奈子編	笠間書院	2014.08
ものの言いかた西東（岩波新書：新赤版1496） 小林隆・澤村美幸	岩波書店	2014.08
47都道府県・地名由来百科 谷川彰英	丸善出版	2015.01
マイナスの待遇表現行動：対象を低く悪く扱う表現への規制と配慮 西尾純二	くろしお出版	2015.02
日本の地名 由来のウソと真相：あの土地・山・島・川…の呼び名の本当のルーツ！ 楠原佑介	河出書房新社	2015.04
滅びゆく日本の方言 佐藤亮一	新日本出版社	2015.09
県別方言感情表現辞典 真田信治・友定賢治編	東京堂出版	2015.10

【関西圏】

京阪方言比較考 楳垣実	土俗趣味社	1948.05
共通語と方言の交渉（京阪地方） 楳垣実	国立国語研究所報告書	1949
終助詞による待遇表現（近畿・中国） 国立国語研究所地方調査員	国立国語研究所報告書	1952

書名	著者/編者	出版	年月
郷語書誌稿（関西篇） 大田栄太郎		私家版	1956.01
問題の点を中心としたる郷語書誌稿（関西篇・関東篇） 大田栄太郎		近畿方言学会	1957.01
近世上方語考 前田勇		杉本書店	1957.08
近畿方言調査簿 西宮一民編		近畿方言学会	1957.09
古地名の謎（近畿アイヌ地名の研究） 畑中友次		大阪市立大学新聞会	1957.09
近畿方言調査簿（改訂版） 西宮一民編		近畿方言学会	1959.04
西国式アクセント地域の人のための共通語アクセントの手引 酒井裕		私家版	1960.04
方言学講座3（西部方言） 東条操監修 遠藤嘉基・平山輝男・大久保忠利・紫田武編		東京堂	1961.04
近畿方言の総合的研究 楳垣実編		三省堂	1962.03
近世上方語辞典 前田勇編		東京堂	1964.04
上方語源辞典 前田勇編		東京堂	1965.05
京ことば大阪ことば 大阪読売新聞社編		浪速社	1965.08
全国方言資料4 近畿編 日本放送協会編		日本放送出版協会	1966.09
講座方言学7 近畿地方の方言 飯豊毅一・日野資純・佐藤亮一編		国書刊行会	1982.10
上方ことばの世界：懐徳堂記念講座より 徳川宗賢編		武蔵野書院	1985.11
関西方言の動態に関する社会言語学的研究 徳川宗賢		大阪大学文学部	1988.03
中国四国近畿九州 方言状態の方言地理学的研究 藤原与一		和泉書院	1990.10
関西弁探検：河内厚郎対談集 河内厚郎		東方出版	1993.07
生活とことば：京都・滋賀のくらし（方言350語） 木村恭造		教育出版センター	1994.04
すぐに使える関西弁会話入門 今井繁人		扶桑社	1994.12

書名	著者	出版社	発行年月
楽しく身につく関西ことば	佐藤孝	新星出版社	1995.04
地域語のダイナミズム（地域語の生態シリーズ 関西篇）	真田信治	おうふう	1996.04
試験に出る関西弁会話集中講座：必須単語からボケ・ツッコミまで	大坂世一	サンマーク出版	1996.06
近畿方言考1 近畿一般（日本列島方言叢書13）	井上史雄・篠崎晃一・小林隆・大西拓一郎編	ゆまに書房	1996.10
上方ことば語源辞典	堀井令以知編	東京堂出版	1999.08
池田要京都・大阪アクセント資料：五十音順索引	池田要著 上野和昭・秋永一枝・坂本清恵・佐藤栄作・鈴木豊編	アクセント史資料研究会	2000.03
関西・ことばの動態（大阪大学新世紀セミナー）	真田信治	大阪大学出版会	2001.06
京阪系アクセント辞典	中井幸比古編著	勉誠出版	2002.11
近畿西部方言の生活語学的研究	神部宏泰	和泉書院	2003.09
近畿の方言：調べてみよう暮らしのことば	井上史雄・吉岡泰夫監修	ゆまに書房	2003.11
関西弁講義（講談社選書メチエ）	山下好孝	講談社	2004.02
関西弁を英語で喋れまっか？	シャノン・ヒギンス	宝島社	2004.03
西日本方言の可能表現に関する調査報告書	九州方言研究会編	九州方言研究会	2004.03
関西弁で愉しむ漢詩（寺子屋新書）	桃白歩美	子どもの未来社	2005.01
NHK21世紀に残したいふるさと日本のことば4 近畿地方	NHK放送文化研究所監修	学習研究社	2005.03
まいど！おおきに！関西弁（Tuttle language library）	DC Palter・Kaoru Slotsve	チャールズ・イー・タトル出版	2005.08
関西方言の広がりとコミュニケーションの行方	陣内正敬・友定賢治編	和泉書院	2005.12
近畿圏：大阪府・兵庫県・京都府・滋賀県・奈良県・和歌山県（日本の地誌：8）	金田章裕・石川義孝編	朝倉書店	2006.04
近代文学のなかの"関西弁"：語る関西／語られる関西（いずみブックレット：3）	日本近代文学会関西支部編	和泉書院	2008.11
関西・大阪・堺における地域言語生活（OMUPブックレット：no.21、「堺・南大阪地域学」シリーズ：12）	西尾純二	大阪公立大学共同出版会	2009.01

ソクラテスの弁明　関西弁訳 プラトン著　北口裕康訳		パルコエンタテインメント事業局	2009.05
方言の東西対立（日本語の歴史：1） 柳田征司		武蔵野書院	2010.04
なるほど日本地名事典4　福井県〜兵庫県 蟻川明男		大書店	2011.03
かんさい絵ことば辞典 ニシワキタダシ　早川卓馬（コラム）		ピエ・ブックス	2011.06
都市言語の形成と地域特性（研究叢書） 中井精一		和泉書院	2012.03
近畿地方中部域の言語動態：大阪・奈良・三重近畿横断GG調査から 岸江信介・西尾純二・村田真美・辰野由佳編		徳島大学日本語学研究室	2012.03
紀伊半島の民俗誌：技術と道具の物質文化論 加藤幸治		社会評論社	2012.10
都市と周縁のことば：紀伊半島沿岸グロットグラム（研究叢書：434） 岸江信介・太田有多子・中井精一・鳥谷善史編		和泉書院	2013.05
法廷はことばの教室や！：傍聴センセイ裁判録 札埜和男		大修館書店	2013.06
47都道府県方言キャラ絵本 西日本 たかいよしかず（作・絵）		国土社	2014.02
かんさい絵ことば辞典 ニシワキタダシ　早川卓馬（コラム）		パイインターナショナル	2014.04

【京都】

片言（『日本古典全集第四期第七冊』日本古典全集刊行会 1931年に収録） 安原貞室		京中野道判	1650
丹波通辞（丹波郷談）（『日本古典全集第四期第七冊』日本古典全集刊行会 1931年に収録）			幕末
丹後加悦谷方言調査書 萱谿教育研究会		萱渓教育研究会	1903.04
方言調査報告書（京都地方言及訛言調査表） 京都市校長会方言調査委員		京都市校長会	1903.09
方言訛言調査録 京都府教育会久世郡部会調査部		京都府教育会久世郡部会調査部	1906.04
京都府下方言一覧 京都府師範学校		京都府師範学校	1906.05
京都府天田、何鹿、加佐三郡方言調査書 京都府立第三中学校		京都府立第三中学校	1910.05

書名	著者	出版社	年月
丹後木津村農事語彙	井上正一	私家版	1936
京言葉	楳垣実	高桐書院	1946.12
京都のわらべ唄	楳垣実	関書院	1947.07
中川北山町方言(中川・小野郷文化調査報告:4)	楳垣実	京都市観光局計画課	1949.03
私たちの郷土　京都府	京都師範学校男子部附属研究部編		1949.04
京都府方言の概観	楳垣実	国立国語研究所報告書	1950
京都府方言研究の概観	栗林貞一	国立国語研究所報告書	1950
京都府方言の概観	奥村三雄	国立国語研究所報告書	1950
京都府方言研究の概観	奥村三雄	国立国語研究所報告書	1950
丹後言葉と丹波言葉	奥村三雄	国立国語研究所報告書	1950
京都府方言分布の実態:京都府方言の特徴的敬語法・不定法の実態	奥村三雄	国立国語研究所報告書	1951
木津の伝説　附方言集	井上正一	竹野郡橘青年会	1952.01
京都府北桑田郡周山町　周山方言の体系(音韻・文法)	奥村三雄	国立国語研究所報告書	1954
京都府海産魚類慣用語集覧	京都府水産試験場編	京都府水産試験場	1954.02
京ことば	中田余瓶編	私家版	1958.10
京おんな	京都新聞編集局編	河出書房新社	1959.11
丹後網野の方言	井上正一	近畿方言学会	1964.03
尼門跡の言語生活の調査研究	井之口有一・堀井令以知・中井和子	風間書房	1965.08
京都市室町・西陣・祇園・上賀茂における敬語の位相的調査　第二部 言語生活編	京都府立大学女子短期大学部国語国文学会編　京都府立大学女子短期大学部国語国文学会		1969.03
京都語位相の調査研究	井之口有一・堀井令以知	東京堂	1972.01

京ことば集 真下五一		芸術生活社	1972.02
京わらべうた 高橋美智子・中川正文		騒々堂出版	1972.05
御所ことば 井之口有一・堀井令以知		雄山閣	1974.10
京都語辞典 井之口有一・堀井令以知編		東京堂	1975.02
分類京都語辞典 井之口有一・堀井令以知編		東京堂	1979.05
暮らしの京ことば 寿岳章子		朝日新聞社	1979.08
山城和束の昔話 京都府立総合資料館編		京都府立総合資料館	1982.03
京ことばの生活　付・京ことば500語 木村恭造		教育出版センター	1983.08
中世京都アクセントの史的研究 桜井茂治		桜楓社	1984.02
京のわる口 泰恒平		平凡社	1986.09
京都府の方言　京都府方言収集緊急調査報告書 京都府教育委員会編		京都府センター	1987.03
現代京都方言のアクセント資料3 中井幸比古		私家版	1988.04
京ことば歳時記 井之口有一・堀井令以知編		桜楓社	1988.06
京都のことば 堀井令以知		和泉書院	1988.11
わが郷土 まぐら 嵯峨根一正		私家版	1989.05
京ことば辞典 井之口有一・堀井令以知編		東京堂出版	1992.03
京ことば小辞典 加納進著　京都の史跡を訪ねる会編		室町書房	1992.11
京ことば玉手箱 加納進		ユニプラン	1993.04
京ことば京存京英辞典　おおきに もりけん		ユニプラン	1995.10
京の口うら 京都新聞社編・杉田博明文		京都新聞社	1995.06

書名	著者・編者	出版社	発行年月
近畿方言考3　滋賀県・京都府（日本列島方言叢書：15） 井上史雄・篠崎晃一・小林隆・大西拓一郎編		ゆまに書房	1996.10
京都府のことば（日本のことばシリーズ：26） 中井幸比古・奥村三雄・久野真・久野マリ子著　平山輝男ほか編		明治書院	1997.02
京の名所と京ことば：英会話対照 木村恭造編著		啓文社	1997.03
京都市方言の動態 岸江信介・井上文子		近畿方言研究会	1997.05
京のことば 木村恭造		洛西書院	1999.04
「京ことば」の人間関係学：丁寧なほどおそろしい 大淵幸治		祥伝社	2000.12
金田一春彦調査京都アクセント転記本（楳垣実京都アクセント記入） 秋永一枝編		アクセント史資料研究会	2001.09
全国方言談話データベース　日本のふるさとことば集成11：京都・滋賀 （国立国語研究所資料集：13-11）　国立国語研究所編		国書刊行会	2001.11
京ことばの知恵 河野仁昭		光村推古書院	2002.02
京のことのは 吉岡幸雄・槇野修		幻冬舎	2002.06
京都府方言辞典 中井幸比古		和泉書院	2002.07
京都の地名を歩く 吉田金彦		京都新聞出版センター	2003.05
地名で読む京の町　上・下（PHP新書） 森谷尅久		PHP研究所	2003.06-07
紫の系譜：桐壺・若紫（京ことばで綴る源氏物語：1） 紫式部著　中井和子訳　北山たか子朗読		キングレコード	2003.11
日の宮との女：紅葉の賀・花の宴（京ことばで綴る源氏物語：2） 紫式部著　中井和子訳　北山たか子朗読		キングレコード	2003.11
女の業と悲しみ：葵・賢木（京ことばで綴る源氏物語：3） 紫式部著　中井和子訳　北山たか子朗読		キングレコード	2003.11
須磨流謫：須磨・明石（京ことばで綴る源氏物語：4） 紫式部著　中井和子訳　北山たか子朗読		キングレコード	2003.11
盛儀・死・密奏：絵合・薄雲・朝顔（京ことばで綴る源氏物語：5） 紫式部著　中井和子訳　北山たか子朗読		キングレコード	2003.11
六条院の栄華：初音・胡蝶・野分（京ことばで綴る源氏物語：6） 紫式部著　中井和子訳　北山たか子朗読		キングレコード	2003.11
因と果：若菜（京ことばで綴る源氏物語：7） 紫式部著　中井和子訳　北山たか子朗読		キングレコード	2003.11

六条院の凋落：柏木・鈴虫・御法（京ことばで綴る源氏物語：8） 紫式部著　中井和子訳　北山たか子朗読		キングレコード	2003.11
運命の出あい：橋姫・椎本（京ことばで綴る源氏物語：9） 紫式部著　中井和子訳　北山たか子朗読		キングレコード	2003.11
二人の貴公子のはざまで：浮舟（京ことばで綴る源氏物語：10） 紫式部著　中井和子訳　北山たか子朗読		キングレコード	2003.11
上方雑俳京ことば辞典 木村恭造		洛西書院	2004.01
京都語源案内 黒田正子		光村推古書院	2004.05
京のわる口、ほめころし：京の不思議と素敵な話 石橋郁子		淡交社	2004.12
KYOのお言葉 入江敦彦		マガジンハウス	2005.01
方言からみた丹波　講座「丹波学」報告書 丹波の森協会丹波の森公苑文化振興部編	丹波の森協会丹波の森公苑文化振興部		2005.03
京都の地名検証：風土・歴史・文化をよむ 京都地名研究会編		勉誠出版	2005.04
桐壺－明石（新装版 現代京ことば訳源氏物語：1） 紫式部著　中井和子訳		大修館書店	2005.06
澪標－藤の裏葉（新装版 現代京ことば訳源氏物語：2） 紫式部著　中井和子訳		大修館書店	2005.06
若菜－雲隠（新装版 現代京ことば訳源氏物語：3） 紫式部著　中井和子訳		大修館書店	2005.06
匂兵部卿－早蕨（新装版 現代京ことば訳源氏物語：4） 紫式部著　中井和子訳		大修館書店	2005.06
宿木－夢の浮橋（新装版 現代京ことば訳源氏物語：5） 紫式部著　中井和子訳		大修館書店	2005.06
KYOTO：日本語「京ことば」（ここ以外のどこかへ！[旅の指さし会話帳：67]） 浅井康江		情報センター出版局	2005.11
京都の地名由来辞典 源城政好・下坂守編		東京堂出版	2005.12
京都語を学ぶ人のために 堀井令以知		世界思想社	2006.09
京都府ことば辞典 堀井令以知編著		おうふう	2006.10
語源たどれば京都 黒田正子		ランダムハウス講談社	2006.10
町家の京言葉　付 近世後期上方語の待遇表現：明治三〇年代生まれ話者による 寺島浩子		武蔵野書院	2006.11

京ことば事典（復刻版） 真下五一	アートダイジェスト	2006.12
京都の地名検証2：風土・歴史・文化をよむ 京都地名研究会編	勉誠出版	2007.01
幕末期京都語について：特別寄稿（日野市立新選組のふるさと歴史館叢書 第2輯 第2回特別展「新選組 京都の日々」）中井幸比古	東京都日野市	2007.04
持ち歩きペラペラ京都弁（ポケ単） 山田誠二	エンタイトル出版	2007.04
ことば+α（プラスアルファ）：狂言ことば京都ことば今日のことば（ラジオブック） 茂山千三郎	エフエム京都	2007.05
古都の言の葉：京都を識るキー・ワード（みやこの御本） 槇野修	紫紅社	2008.07
京ことばの辞典 大原穰子	研究社	2008.12
「ハル」敬語考：京都語の社会言語史（ひつじ研究叢書（言語編）71） 辻加代子	ひつじ書房	2009.05
京ことばの話し方 中島さよ子京ことば監修 高橋寛・高橋恭子編 蓮井美里英訳	大盛堂書房	2009.05
折々の京ことば 堀井令以知	京都新聞出版センター	2009.05
はなしまひょ京都弁 全国方言研究会編	リベラル社	2009.07
京都魅惑の町名：由来と謎をたずね歩く 高野澄	PHP研究所	2009.07
京「KYO」のお言葉（文春文庫）（『KYOのお言葉』マガジンハウス 2005年の改題） 入江敦彦	文藝春秋	2009.10
録音・京都アクセント辞典（2）（方言アクセント録音資料（4）） 中井幸比古編	中井幸比古	2010.03
町家の京言葉　分類語彙編：明治三〇年代生まれ話者による 寺島浩子	武蔵野書院	2010.04
京都の地名検証3：風土・歴史・文化をよむ 京都地名研究会編	勉誠出版	2010.06
京都を楽しむ地名・歴史事典（PHP文庫）（『地名で読む京の町上・下』PHP研究所 2003年の改題、合本） 森谷尅久	PHP研究所	2011.03
平曲譜本による近世京都アクセントの史的研究（早稲田大学学術叢書：15） 上野和昭	早稲田大学出版部	2011.03
録音・京都アクセント辞典（3）（方言アクセント録音資料（5）） 中井幸比古編	私家版	2011.03
録音・京都アクセント辞典（4）（方言アクセント録音資料（6）） 中井幸比古編	私家版	2011.03

書名	著者	出版社	発行年月
京ことばとその周辺	泉文明	晃洋書房	2012.07
京のわる口 (平凡社ライブラリー：773)(『京言葉と女文化・京のわる口』湖の本 1993年の改題増補)	秦恒平	平凡社	2012.10
京都盆地の災害地名	綱本逸雄	勉誠出版	2013.09
京都地名語源辞典	吉田金彦・糸井通浩・綱本逸雄編	東京堂出版	2013.10
京都地名の由来を歩く (ワニ文庫：P-263)(ベスト新書 2002年に加筆修正したもの)	谷川彰英	ベストセラーズ	2015.03
日本史が面白くなる京都「地名」の秘密 (歴史新書)	八幡和郎	洋泉社	2015.03

【滋賀】

書名	著者	出版社	発行年月
方言訛語調査	愛知郡方言調査委員会	愛知郡方言調査委員会	1903.07
女子言葉遣	滋賀県女子師範学校・大津高等女学校	滋賀県女子師範学校・大津高等女学校	1922.09
近江方言集 (第一輯)	東洋大学滋賀県人会	東洋大学滋賀県人会	1925.10
滋賀県方言集 (言語誌叢刊第二期)	大田栄太郎	刀江書院	1932.03
江近八幡地方方言集	山本小太郎	名古屋北村活版所	1932.09
正しい日常語	滋賀県立大津高等女学校	滋賀県立大津高等女学校	1943.09
滋賀県方言の概観	井之口有一	国立国語研究所報告書	1950
滋賀県方言研究の概観 (付方言文献集成)	井之口有一	滋賀県短期大学国語研究会	1950
明治31年滋賀県方言取調書	滋賀県短期大学国語研究会	滋賀県短期大学国語研究会	1950.10
正しい言葉遣	三和中学校	三和中学校	1950.12
滋賀県言語の調査と対策 方言調査篇	井之口有一	私家版	1952
彦根ことば	藤谷一海	私家版	1952.10

書名	著者	出版	年月
彦根市大藪町方言の記述	井之口有一	国立国語研究所報告書	1954
朽木谷民俗誌	高谷重夫・橋本鉄男	私家版	1959.06
滋賀県方言の調査研究	井之口有一	私家版	1961.03
日本の昔話6　近江の昔話	笠井典子編	日本放送出版協会	1973.11
滋賀県方言調査	藤谷一海	教育出版センター	1975.04
滋賀県方言集（刀江書院1932年の再版）	大田栄太郎	国書刊行会	1975.06
湖東のことば　琵琶湖東岸・天野 川流域・鈴鹿西麓峡・愛知川流域　1976年夏	県立彦根東高校方言研究クラブ	滋賀県立彦根東高校方言研究クラブ	1976.11
湖東のことば　1977年夏	県立彦根東高校方言研究クラブ	滋賀県立彦根東高校方言研究クラブ	1977.12
滋賀県方言調査　続編	藤谷一海	教育出版センター	1979.02
滋賀県方言調査　続々編　昭和六〇年調査	藤谷一海・高橋重雄	教育出版センター	1986.01
滋賀県甲賀郡方言語彙・用例　甲賀郡方言小辞典	増井金典	私家版	1987.04
滋賀県南東部方言・用例辞典	増井金典・増井典夫	私家版	1992.01
近畿方言考3　滋賀県・京都府（日本列島方言叢書：15）	井上史雄・篠崎晃一・小林隆・大西拓一郎編	ゆまに書房	1996.10
滋賀県方言集（柳田國男の本棚：19）（刀江書院1932年の再版）	大田栄太郎	大空社	1998.06
滋賀県方言語彙・用例辞典	増井金典	サンライズ出版	2000.05
滋賀ことば語源辞典：方言・基本語・地名・姓氏	増井金典	滋賀ことばの会	2001.05
全国方言談話データベース　日本のふるさとことば集成11：京都・滋賀（国立国語研究所資料集：13-11）　国立国語研究所編		国書刊行会	2001.11
彦根ことば（藤谷一海1952年私家版の翻刻）	藤谷一海	サンライズ出版	2011.12
彦根ことばとその周辺	安井二美子	サンライズ出版	2011.12
ええほん　滋賀の方言手控え帖（淡海文庫）	中山敬一	サンライズ出版	2012.11

【大阪】

浪花方言（「浪花聞書」『日本古典全集第四期第七冊』日本古典全集刊行会 1931 年に収録）		文政年中
撰新大阪詞大全	大阪心斎橋通柏原屋版	1844.06
言葉しらべ 泉南郡教育会	岸和田奥修文堂	1900.03
幼児の言語 大阪市保育会	大阪蔡倫社	1903.02
大阪のをさな言葉 大阪市保育会編	大阪蔡倫社	1903.03
言葉のよしあし 東区教育協会	大阪浜田日報社	1906.02
音韻並ニ口語法取調ニ関スル事項報告書 南区小学校長会	南区小学校長会	1909.06
大阪に於ける児童の言語 日本民俗研究会編	日本民俗研究会	1931.03
郷土和泉方言号 郷土和泉刊行会	郷土和泉刊行会	1931.08
大阪言葉についての研究 八尾高等女学校	八尾高等女学校	1932.09
田舎方言号 住吉土俗研究会（横井赤城）	住吉土俗研究会	1934.08
和泉郷荘村方言 南要編	郷荘民俗会	1935.01
上方方言考（雑誌『上方』147 号） 上方郷土研究会編	上方郷土研究会	1943.04
大阪弁 1〜7 牧村史陽編	大阪ことばの会	1948.04〜 1954.10
方言と大阪 猪飼九兵衛	梅田書房	1948.06
大阪弁の研究 前田勇	朝日新聞社	1949.08
和泉方言の研究 大阪府立佐野高等学校国語研究室編	大阪府立佐野高等学校国語研究室	1949.12

書名	著者	出版社	年月
大阪府方言研究の概観	前田勇	国立国語研究所報告書	1950
大阪泉北泉南両郡境における動詞特殊打消法の実態	前田勇	国立国語研究所報告書	1950
貝塚市地名集	大越勝秋	貝塚市役所	1952.07
大阪府堺市泉州堺ことば方言の記述	前田勇	国立国語研究所報告書	1954
浪華しやれことば	前田勇	むさし書房	1955.08
船場言葉（近畿方言双書：2）	楳垣実	近畿方言学会	1955.09
大阪方言辞典	牧村史陽編	杉本書店	1955.12
大阪弁善哉	牧村史陽	六月社	1956.09
文楽語彙：せんぼう考	前田勇編	杉本書店	1957.05
貝塚市の方言（貝塚市史第二巻）	楳垣実	貝塚市役所	1957.08
近世上方語考	前田勇	杉本書店	1957.08
大阪弁入門	前田勇	朝日新聞社	1961.02
大阪府能勢方言事典	小林清次	能勢郷土文化の会	1974.02
大阪弁（朝日選書）	前田勇	朝日新聞社	1977.03
河内のことば辞典	やお文化協会	やお文化協会	1977.05
大阪弁ちゃらんぽらん（ちくまぶっくす）	田辺聖子	筑摩書房	1978.06
大阪ことば事典	牧村史陽編	講談社	1979.07
幻の河内弁	後藤利幸	私家版	1983.07
熊取町の方言	岸江信介	熊取町教育委員会	1984.03
大阪ことば事典（講談社学術文庫）	牧村史陽編	講談社	1984.10

書名	著者	出版社	発行年月
大阪弁おもしろ草子（講談社現代新書）	田辺聖子	講談社	1985.09
幻の河内弁 パート2　会話編	後藤利幸	私家版	1985.09
大阪弁のある風景	三田純市	東方出版	1987.01
能勢地方言語地図集：解釈演習（大阪教育大学方言研究ゼミナール報告「くらしのことば」：2）	佐藤虎男編	大阪教育大学国語学第二研究室	1987.11
大阪ことばと中国語	彭飛	東方書店	1988.02
近代農村地ことばの栞：旧小曾根村中部地域に於ける	中尾弘	中尾弘	1989.12
大阪市方言の動向：大阪市方言の動態データ	真田信治・岸江信介編	大阪大学文学部	1990.03
幻の河内弁 3、4	後藤利幸	後藤建築設計事務所	1990.06 / 1993.06
二十世紀初頭大阪口語の実態：落語SPレコードを資料として	真田信治・金沢裕之編	大阪大学文学部	1991.03
泉南市岡田地区民俗資料調査報告（泉南市民俗資料調査報告：1）	摂河泉地域史研究会編	泉南市教育委員会	1991.03
八尾の方言	小原修三	私家版	1992.10
外国人留学生から見た大阪ことばの特徴：例文英訳付	彭飛著　ロング, ダニエル英訳	和泉書院	1993.04
近世上方アクセント資料索引	坂本清恵編	アクセント史資料研究会	1994.03
みんなの方言講座1：北海道弁・東北弁・大阪弁・広島弁	全国方言友の会編	双葉社	1994
ごめんやす「おおさか弁」	朝日新聞大阪本社社会部編	リバティ書房	1994.05
泉南市山間部言語調査報告（泉南市民俗資料調査報告：2）	摂河泉地域史研究会編	泉南市教育委員会	1994.03
大阪弁の世界	NHK大阪弁プロジェクト編	経営書院	1995.03
大阪ことば辞典	堀井令以知編	東京堂出版	1995.09
近畿方言考4：大阪府・奈良県（日本列島方言叢書：16）	井上史雄・篠崎晃一・小林隆・大西拓一郎編	ゆまに書房	1996.10
大阪弁ちゃらんぽらん（筑摩書房1978年の改版）	田辺聖子	中央公論社	1997.03

書名・著者	出版社	発行年月
大阪府のことば（日本のことばシリーズ：27） 郡史郎・久野真・田原広史著　平山輝男ほか編	明治書院	1997.07
聞いておぼえる関西（大阪）弁入門 真田信治監修　岡本牧子・氏原庸子・山本修著	アルク	1998.01
近代大阪語変遷の研究 金沢裕之	和泉書院	1998.05
大阪弁川柳1、2、3 葉文館出版書籍編集部編	葉文館出版	1998.05、 1999.03、 2000.05
初期落語SPレコードの大阪アクセント：資料と分析 金沢裕之・中井幸比古編	岡山大学文学部	1998.09
大阪ことばと外国人 彭飛	中央公論新社	1999.03
大阪ことば学 尾上圭介	創元社	1999.03
東大阪市における方言の世代差の実態に関する調査研究 田原広史	大阪樟蔭女子大学日本語研究センター	1999.03
好きやねん、大阪弁 大原穰子	新日本出版社	1999.04
大阪弁看板考 札埜和男	葉文館出版	1999.08
大阪弁スピリッツ 佐藤誠	葉文館出版	2000.04
これが大阪の手話でっせ 『これが大阪の手話でっせ』出版編集委員会編	大阪聴力障害者協会	2001.02
浪花のいやしんぼ語源自典 奥田継夫	東方出版	2001.03
大阪人と日本人：マナーから人生観まで、違いのすべてを徹底検証 藤本義一・丹波元	PHP研究所	2001.04
やぃわれ！：南河内ことば辞典 富田林河内弁研究会編	富田林河内弁研究会	2001.08
全国方言談話データベース　日本のふるさとことば集成13：大阪・兵庫 （国立国語研究所資料集：13-13）　国立国語研究所編	国書刊行会	2002.03
落語大阪弁講座 小佐田定雄	平凡社	2002.11
大阪難読地名がわかる本 創元社編集部編	創元社	2003.09
大阪弁の詰め合わせ：あかん～わや わかぎゑふ	講談社	2003.11
大阪弁交遊録 伊勢戸佐一郎	産経新聞ニュースサービス	2004.02

大阪ことば学（講談社文庫／創元社1999年の再版） 尾上圭介	講談社	2004.06
大阪ことば事典（新版） 牧村史陽編	講談社	2004.11
持ち歩きペラペラ大阪弁（ポケ単） 前垣和義	エンタイトル出版	2005.02
ほな!!ぼちぼちいこか大阪弁：大阪弁はたこ焼だ! 前垣和義	すばる舎	2005.08
大阪人の「うまいこと言う」技術（PHP新書） 福井栄一	PHP研究所	2005.08
大阪弁の秘密（集英社文庫） わかぎゑふ	集英社	2005.11
大阪弁「ほんまもん」講座（新潮新書） 札埜和男	新潮社	2006.03
なつかしい堺の言葉 川村淳二編	堺泉州出版会	2006.06
もてもての大阪ことば 関岡松籟	日本習字普及協会	2006.08
大阪弁の詰め合わせ（講談社文庫） わかぎゑふ	講談社	2006.11
聞いておぼえる関西（大阪）弁入門（アルク1998年の新訂版） 真田信治監修　岡本牧子・氏原庸子著	ひつじ書房	2006.12
大阪地名の謎と由来 池田末則監修　綱本逸雄ほか著	プラネットジアース	2008.02
大阪地名の由来を歩く（ベスト新書：195） 若一光司	ベストセラーズ	2008.09
阪南市地名の起源を見直す 中川義朗	中井書店	2008.10
大阪「駅名」の謎：日本のルーツが見えてくる（祥伝社黄金文庫） 谷川彰英	祥伝社	2009.04
大阪の教科書：大阪検定公式テキスト 橋爪紳也監修　創元社編集部編	創元社	2009.04
しゃべってみなはれ大阪弁 全国方言研究会編	リベラル社	2009.07
大阪のことば地図（上方文庫別巻シリーズ：2） 真田信治監修　岸江信介・中井精一・鳥谷善史編著	和泉書院	2009.09
大阪地名の謎と歴史を訪ねて（ベスト新書） 若一光司	ベストセラーズ	2009.09
大阪ことば学（岩波現代文庫／創元社1999年、講談社2004年の再版） 尾上圭介	岩波書店	2010.06

大阪の地名由来辞典 堀田暁生編	東京堂出版	2010.08
大阪の教科書：大阪検定公式テキスト（増補改訂版） 橋爪紳也監修　創元社編集部編	創元社	2012.03
上方・大阪語における条件表現の史的展開 矢島正浩	笠間書院	2013.03
大阪「地理・地名・地図」の謎：意外と知らない"上方"の歴史を読み解く！（じっぴコンパクト新書） 谷川彰英監修	実業之日本社	2013.09
事典にない大阪弁：絶滅危惧種の大阪ことば 四代目旭堂南陵	浪速社	2014.07
日本国憲法：大阪おばちゃん語訳 谷口真由美	文藝春秋	2014.12
大阪地名の由来を歩く（ワニ文庫／ベストセラーズ 2008年に加筆修正したもの） 若一光司	ベストセラーズ	2015.03
大阪の民話（「新版」日本の民話：16） 二反長半編	未來社	2015.09

【兵庫】

兵庫のかたことば：兵庫方言 神戸明親小学校	宝文社	1907.10
方言の調査と矯正法案 真陽小学校職員	神戸米肥日報社	1926.03
神戸市地方「方言」に就いて 大畑和夫	大畑和夫	1930.07
温泉町方言とその矯正法 岡田荘之輔	私家版	1930.08
播州小河の方言 1〜3 高田十郎編	私家版	1930.10〜 1931.11
但馬方言 中島貞一郎編	但馬五郎連合教育会	1931.03
赤穂言葉の研究 中谷竹蔵	赤穂高等学校校友会	1932.04
淡路方言資料 玉岡松一郎	兵庫県民俗研究会	1933.07
淡路方言研究 田中万兵衛	淡路福浦藻文堂	1934.07
兵庫県方言集成 河本正義	兵庫県民俗研究会	1934.10

書名	著者	出版	年
兵庫県方言之調査	兵庫県立佐用農蚕学校	兵庫県立佐用農蚕学校	1935
淡路の植物及植物方言	水口晴報	私家版	1936.01
国語教育と方言研究	岡田荘之輔	私家版	1936.04
児童生活をとほして見る神戸市中央部の方言訛語	鹿谷馨	楠高等小学校	1937.04
神戸の方言訛語（明星社叢書第一輯）	鹿谷馨	明星社	1937.07
神戸方言集	鹿谷典史編	神戸郷土研究会	1939.10
兵庫県下食用鮮魚介類呼称便覧	兵庫県水産試験場	兵庫県水産試験場	1941.11
播州赤穂地方の俗言及び俚謡	佐伯隆治		1948
たじまことば一〜三	岡田荘之輔	私家版	1949.11〜1953
兵庫県方言研究の概観	岡田荘之輔	国立国語研究所報告書	1950
兵庫県方言研究の概観	和田実	国立国語研究所報告書	1950
播磨西部のアクセントについて	虫明吉治郎	私家版	1951.04
播州赤穂方言集	佐伯隆治	私家版	1951.04
伊川谷方言集	森俊秀	私家版	1951.12
奥播磨民俗探訪録	錦耕三・平山敏治郎	近畿民俗学会	1953.03
高砂市伊保町方言の記述	和田実	国立国語研究所報告書	1954
豊岡市方言の記述	岡田荘之輔	国立国語研究所報告書	1954
本校下児童の生活語の考察	黒坂勝己	豊岡八条小学校	1955.11
但馬国温泉町方言記	岡田荘之輔	私家版	1956.11
播州赤穂方言の研究：語法編	兵庫方言学会編	兵庫方言学会	1956.11

印南郡方言集　第1集 印南郡中学国語科主任会編		印南郡中学国語科主任会	1956.12
たじまアクセント（たじまことばシリーズ） 岡田荘之輔		私家版	1957.07
兵庫県丹波方言文例調査（近畿方言叢書：8） 楳垣実編		近畿方言学会	1962.08
星の和名伝説集：瀬戸内・はりまの星 桑原昭二編		六月社	1963.01
方言ところどころ：ことば兵庫県 阪口保編		のじぎく文庫	1963.04
兵庫県佐用郡俗語方言集 井口宗平編		私家版	1965.03
淡路方言：活用語と助詞に関して 脇道夫		兵庫県立洲本高等学校国語班	1965.11
兵庫県民俗調査報告1　第8章 伝承と方言 兵庫県教育委員会編		兵庫県教育委員会	1969.03
播磨加古郡北部方言記録 中島信太郎編		武蔵野書院	1972.09
姫路方言の語法：助詞、助動詞を中心に 沢田八重子		私家版	1973.03
淡路方言研究（淡路福浦藻文堂1934年の再版） 田中萬兵衛		国書刊行会	1974.12
神戸方言集（神戸郷土研究会1939年の再版） 鹿谷典史編		国書刊行会	1976.05
但馬ことば（文教府資料：85） 岡田荘之輔		但馬文化協会	1977.12
兵庫県方言文法の研究 鎌田良二		桜楓社	1977.12
ひょうごの地名 吉田茂樹		神戸新聞出版センター	1983.03
淡路島故事ことわざ風土記 波毛康宏・浜岡きみ子監修　岡田近衛ほか編		Books成錦堂	1983.08
播磨方言拾掇 松本多喜雄		太陽出版	1983.12
三日月町内の方言・なまり・俗信・里諺 太田政之		私家版	1985.02
ひょうご方言散歩道 宮崎修二朗編著		神戸新聞出版センター	1985.07
東播磨社町の生活語：その生態と類型 神部宏泰編		兵庫教育大学言語系教育講座国語学研究室	1985.12

使っていたことば：ラジオのできる以前 淡路島三原郡市村福長組のあたりで（トレビ文庫）			
日下初子		日本図書刊行会	1986.09
淡路方言の研究			
禰宜田龍昇		神戸新聞出版センター	1986.12
北播磨の方言：地理・歴史と言語			
丸山三郎編著		私家版	1987.10
播磨方言風土記			
丸山三郎		私家版	1987.10
続・使っていたことば：ラジオのできる以前 淡路島三原郡市村福長組のあたりで（トレビ文庫）			
日下初子		日本図書刊行会	1988.01
神戸・和田岬の言葉			
橘幸男		和田神社社務所	1990.11
加古川流域たきのの方言			
加古川流域方言研究会編	滝野町中央公民館、加古川流域滝野歴史民俗資料館		1990.03
淡路方言：その特徴・語法・アクセント・語彙			
興津憲作	淡路文化会館運営協議会、兵庫県立淡路文化会館		1990.03
増補・使っていたことば：ラジオのできる以前 淡路島三原郡市村福長組のあたりで（トレビ文庫）			
日下初子		日本図書刊行会	1990.08
ひょうごの方言・俚言（のじぎく文庫）			
和田実・鎌田良二編		神戸新聞総合出版センター	1992.05
近畿方言考5　兵庫県（日本列島方言叢書：17）			
井上史雄・篠崎晃一・小林隆・大西拓一郎編		ゆまに書房	1996.10
方言研究1			
神戸・方言の会編		神戸・方言の会	1998.03
播磨 山の地名を歩く（姫路文庫）			
播磨地名研究会編		神戸新聞総合出版センター	2001.12
全国方言談話データベース　日本のふるさとことば集成13：大阪・兵庫			
（国立国語研究所資料集：13-13）　国立国語研究所編		国書刊行会	2002.03
兵庫県ことば読本			
兵庫県高等学校教育研究会国語部会編		東京書籍	2003.03
兵庫県淡路島由良の生活語（国語学報告：10）			
小野米一編		私家版	2004.03
兵庫県千種川流域方言川柳句集			
中塚礎石編		新葉館出版	2004.07
ひょうごの方言：暮らしに息づくふるさとの言葉			
橘幸男編著		神戸新聞総合出版センター	2004.09
兵庫県の難読地名がわかる本（のじぎく文庫）			
神戸新聞総合出版センター編		神戸新聞総合出版センター	2006.11
新・姫路の町名			
播磨地名研究会編著		神戸新聞総合出版センター	2007.12

神戸の町名（改訂版） 神戸史学会編	神戸新聞総合出版センター	2007.12
ニュータウン言葉の形成過程に関する社会言語学的研究（ひつじ研究叢書〈言語編〉58） 朝日祥之	ひつじ書房	2008.02
兵庫県姫路市家島町のことば（1）：語彙・文法・アクセントの地域差・年代差 （甲南大学方言研究会叢書：14）　都染直也編	甲南大学方言研究会	2010.03
兵庫県姫路市家島町のことば（2）：暮らしの語彙の地域差・年代差 （甲南大学方言研究会叢書：15）　都染直也編	甲南大学方言研究会	2011.03
的形ことば事典 的形ことば研究会編	姫路市立的形公民館	2012.03
淡路ことば辞典：じょろりでいこか！ 岩本孝之	神戸新聞総合出版センター	2013.10
兵庫「地理・地名・地図」の謎：意外と知らない兵庫県の歴史を読み解く！（じっぴコンパクト新書） 先崎仁監修　造事務所編著	実業之日本社	2014.08
兵庫の民話（「新版」日本の民話：25） 宮崎修二朗・徳山静子編	未來社	2015.12

【奈良】

標準語　対照表方言 高市郡菅原小学校	中川印刷	明治
奈良の方言 奈良市教育会	奈良市教育会	1913.06
女子言葉遣の栞 郡山町立実科高等女学校	郡山町立実科高等女学校	1917.09
奈良県方言（方言集覧稿） 大田栄太郎	私家版	1930.06
奈良の方言（黙魯庵漫録第六）（奈良市教育会 1913年の複製） 新藤黙魯庵	新藤地学文庫	1931.04
輝く郷土史（土俗之部第五篇方言篇） 高市郡真菅小学校編	高市郡真菅小学校	1931.09
莵田の方言：奈良県宇陀郡方言集（石魚菴漫筆二） 辻村佐平編	私家版	1939.09
奈良県方言研究の概観 佐藤誠	国立国語研究所報告書	1950
宇陀の方言 西田悛也	私家版	1950.10
大和方言集 新藤正雄	大和地名研究所	1951.10

書名	著者	出版	年
大和地名大辞典(正) 日本地名学研究所編		日本地名学研究所	1952
大和方言集　追補 新藤正雄		私家版	1952.02
奈良県磯城郡織田村方言の記述 西宮一民		国立国語研究所報告書	1954
奈良県北部方言覚書(近畿方言双書3) 都竹通年雄		近畿方言学会	1955.12
桜井町史(第3章 民俗、1.方言) 西宮一民		桜井市	1957.02
天理市史(第4章 民俗(伝承文化)、8.方言) 西宮一民		天理市	1958.03
大和地名大辞典(続) 日本地名学研究所編		日本地名学研究所	1959
奈良県磯城郡大三輪町の方言 西宮一民		大三輪町	1959.05
どろ川弁集 玉崎巳蔵		私家版	1975
大和方言集(全国方言資料集成)(大和地名研究所1951年の再版) 新道正雄		国書刊行会	1975.06
奈良県吉野郡下北山村寺垣内方言(方言文資料記録:3) 山口幸洋編		私家版	1977.06
田原の方言1 保田穂積		私家版	1982
田原の方言2 保田穂積		私家版	1983
大和のことばと文学・「生」と「死」を考える(天理大学学報別冊2) 天理大学学術研究会編		天理大学学術研究会	1986.01
奈良県史13　民俗 下　続・大和の伝承文化 岩井宏実・鏡味明克		名著出版	1988.11
大和のことば誌 西崎亨		桜楓社	1990.04
奈良県の方言:奈良県方言収集緊急調査報告書(奈良県文化財全集:17) 奈良県教育委員会文化財保存課編		奈良県教育委員会	1991.03
近畿方言考4　大阪府・奈良県(日本列島方言叢書:16) 井上史雄・篠崎晃一・小林隆・大西拓一郎編		ゆまに書房	1996.10
宇陀の民俗ことば(榛原町郷土ブックス) 西田俊也		榛原町教育委員会	1997.03
奈良県風俗誌(二六類・言語)国中地域編 中井精一		私家版	1998.05

全国方言談話データベース　日本のふるさとことば集成12：奈良・和歌山			
（国立国語研究所資料集：13-12）　国立国語研究所編		国書刊行会	2002.01
奈良の昔話：奈良町編			
増尾正子著　まほろば出版局編		ブレーンセンター	2003.01
奈良県のことば（日本のことばシリーズ：29）			
中井精一ほか著　平山輝男ほか編		明治書院	2003.06
奈良の昔話：奈良町を支えた里編			
増尾正子著　まほろば出版局編		ブレーンセンター	2004.02
説明能力育成指導の研究：単元「御杖村の方言探検（中学）」（表現指導音声言語授業分析研究：3）			
奈良県国語教育研究協議会編		奈良県国語教育研究協議会	2004.04
奈良の地名由来辞典			
池田末則編		東京堂出版	2008.06
奈良地名の由来を歩く（ベスト新書）			
谷川彰英		ベストセラーズ	2010.04
都市の地域特性とことば：近畿・奈良県高取町をフィールドとして（日本言語文化研究報告：10）			
中井精一・笹原佑宜編		富山大学人文学部日本語学研究室	2011.03
地名の考古学：奈良地名伝承論			
池田末則		勉誠出版	2012.09
奈良「地理・地名・地図」の謎：意外と知らない"まほろば"の歴史を読み解く！（じっぴコンパクト新書）			
奈良まほろばソムリエの会監修		実業之日本社	2014.02

【和歌山】

田辺方言			
多屋梅園		私家版	1887.09
和歌山県方言訛音矯正便覧			
和歌山県師範学校編		和歌山県師範学校	1923
南紀土俗資料			
森彦太郎編		私家版	1924.03
紀州魚譜			
宇井縫蔵		紀元社	1924.12
和歌山県方言訛音矯正便覧			
和歌山県師範学校編		和歌山県師範学校	1926.04
田辺方言（1887年の再版）			
多屋梅園		楠本印刷所	1928
訛音矯正提要			
畠中伊忠編		和歌山県立粉河中学校	1929.08
方言訛語矯正便覧			
藤原久吉編		私家版	1929.11

書名 / 編者	発行	年月
本校生徒ヲ通ジテ観タル方言卑語訛音集 和歌山県立粉河高等女学校編	和歌山県立粉河高等女学校	1929.12
訛音及方言調査 東牟婁郡教育会第一部会	東牟婁郡教育会第一部会	1930.09
和歌山県方言1～2（方言集覧稿） 大田栄太郎編	東京広文社	1930.仲秋
紀州漁夫の言葉（方言資料第一輯） 木下虎一郎編	橘正一	1931.01
和歌山県那賀郡安楽川村方言訛語集 片山竹之助著 藪重孝編	私家版	1931.05
下里町を中心とせる訛語方言迷信調査（下里町誌に転載） 下里小学校	下里小学校	1931.06
海南地方に於ける郷土研究 第一篇 方言集 吉村隆三郎	私家版	1931.11
言葉遣矯正便覧 和歌山県立日高高等女学校	和歌山県立日高高等女学校	1931.12
本校生徒ヲ中心トシタル方言卑語訛音矯正便覧 和歌山市立第一高等女学校編	和歌山市立第一高等女学校	1932.04
和歌山県方言 和歌山県女子師範学校・和歌山県率日方高等女学校郷土研究編	和歌山県女子師範学校・ 和歌山県立日方高等女学校郷土研究室	1933.03
和歌山県日高郡農具絵図（方言叢書第三篇） 桂又三郎編	中国民俗学会	1934.06
紀州方言 音韻篇 上山景一	和歌山県立日高中学校	1934.11
新宮地方方言集 和歌山県立新宮高等女学校編	和歌山県立新宮高等女学校	1935.07
紀州の方言 松本正信編	私家版	1936.08
和歌山方言集（言語誌叢刊） 杉村楚人冠	刀江書院	1936.09
和歌山県方言研究の概観 楳垣実	国立国語研究所報告書	1950
和歌山県方言二段動詞の実態 楳垣実	国立国語研究所報告書	1950
熊野の民俗 杉中浩一郎	私家版	1951.03
紀州の植物方言（未完） 水口清	私家版	1951.05
和歌山文化 古村徹三	和歌山市文化協会	1951.11

書名	著者・編者	出版元	年月
和歌山県東牟婁郡高池町方言の記述 村内英一		国立国語研究所報告書	1954
和歌山県植物方言集 水口清編		私家版	1954.07
紀州の方言 神坂次郎編著		有馬書店	1970.10
和歌山方言集（刀江書院1936年の再版） 杉村楚人冠		国書刊行会	1975.02
串本地方の方言 田島威夫編著		串本町公民館	1983.01
田辺地方の「ことば」 宮本恵司編		私家版	1984
和歌山のことばと文学：村内英一教授退官記念論集 和歌山のことばと文学刊行会編		和歌山のことばと文学刊行会	1984.04
田辺方言訛語便覧 浜本慶太郎編		あおい書店	1984.05
和歌山県方言調査報告書（録音テープつき） 和歌山県編		和歌山県文化振興課	1985.03
龍神村のことば：あいさつ表現と呼びかけ表現 大阪教育大学方言研究会編		大阪教育大学方言研究会	1986.09
面白紀州弁：尾鷲北牟婁のことば 中野朝生		私家版	1989.01
口熊野の方言 楠本静哉編		楠本静哉　産経新聞生活情報センター（製作）	1996.01
近畿方言考2　三重県・和歌山県（日本列島方言叢書：14） 井上史雄・篠崎晃一・小林隆・大西拓一郎編		ゆまに書房	1996.10
古座地域のはなしことば集 古座町教育委員会編　古座町教育委員会　古座町文化財委員会　話言葉研究サークル			1999
全国方言談話データベース　日本のふるさとことば集成12：奈良・和歌山 （国立国語研究所資料集：13-12）　国立国語研究所編		国書刊行会	2002.01
紀州里域植物方言集 梅本信也		私家版	2002.11
持ち歩きペラペラ和歌山弁（ポケ単） まえおかてつや		エンタイトル出版	2006.07
紀南の地名2 紀南地名と風土研究会編		紀南地名と風土研究会	2008.12
和歌山「地理・地名・地図」の謎：意外と知らない和歌山県の歴史を読み解く！（じっぴコンパクト新書） 寺西貞弘監修		実業之日本社	2015.05

【三重】

言語基礎指導のてびき
福田学・的場長之助

阿山郡方言訛語集
阿山郡教育会編 　　　　　　　　　　　　　　　　阿山郡教育会　　1904.10

地方方言集
度会郡教育会編（安藤正次調査）　　　　　　　宇治山田市殖産組　1914.03

三重県方言（方言集覧稿）
大田栄太郎編　　　　　　　　　　　　　　　　　　　　　　私家版　　1930.04

郷土の生物方言調査
孫福正編　　　　　　　　　　　　　　　　　　　宇治山田市教育会　1933.05

方言誌　十五輯
国学院大学方言研究会編　　　　　　　　　国学院大学方言研究会　1935.12

あげき町常用語と根源解釈
斎藤尚雄　　　　　　　　　　　　　　　　　　　　　　　　　　　　1951.09

志摩の地名の話
中村精弐　　　　　　　　　　　　　　　　　　伊勢志摩国立公園協会　1951.11

三重県方言資料：語彙編
三重大学方言研究会編　　　　　　　　　　　　　　　　　三重大学　1953.03

三重県名張方言集（別に『伊賀南部（名張）地方方言語彙集』という増訂版あり）
富森盛一　　　　　　　　　　　　　　　　　　　　　　　　私家版　　1954

三重県亀山市方言の記述
堀田要治　　　　　　　　　　　　　　　　　　　国立国語研究所報告書　1954

水没の大杉部落の山村食習語彙と食習
倉田正邦　　　　　　　　　　　　　　　　　　　　　　　　　　　　1955

三重県方言資料集　志摩編
北岡四良編著　　　　　　　　　　　　　　　　　　　　　　私家版　　1957.02

三重県方言資料集　伊賀編
北岡四良編著　　　　　　　　　　　　　　　　　　　　　　私家版　　1958.01

三重県方言資料集　南勢編（上）
北岡四良編著　　　　　　　　　　　　　　　　　　　　　　私家版　　1959.05

尾鷲のことば
太田寿編　　　　　　　　　　　　　　　　　　　尾鷲市立中央公民館　1958.11

三重県方言：「近畿方言の綜合的研究」試論
楳垣実　　　　　　　　　　　　　　　　　　　　　　　　　私家版　　1960.06

松阪の方言：近江・日野の方言を対照に
太田一平　　　　　　　　　　　　　　　　　　　　三重県方言学会　1961.04

志摩郡志摩町：越賀・和具の会話
鈴木敏雄編著　　　　　　　　　　　　　　　　　　三重県方言学会　1961.12

三重県郷土資料叢書41　伊賀北東部方言集 北浦譲		三重県郷土資料刊行会	1972.02
新三重風土記1　三重県の歴史と風土 倉田正邦		創土社	1975.10
地方方言集〔復刻〕 三重県度会郡教育会編		三宅書店	1976.02
南牟婁方言集：三重県牟婁郡・熊野市の方言 江畑哲夫		私家版	1977.11
三重県南牟婁郡のことば 丹羽一弥・杉山代志子・鋤柄乃史子		中部日本教育文化会	1980.08
三重県方言集成文献資料目録 江畑哲夫		私家版	1982.03
三重県海山町の林業からみた方言 自由学園海山方言研究グループ編	自由学園海山方言研究グループ		1982.03
鈴鹿市言語地図：付・鈴鹿市の方言 三重県立神戸高等学校必須クラブ方言研究会編	三重県立神戸高等学校必須クラブ方言研究会		1985.02
勢和村の民俗 伊勢民俗学会編		光出版印刷	1985.05
鈴鹿市のことば：三重県鈴鹿市の方言 江畑哲夫		私家版	1985.11
桑名の民俗 堀田吉雄・水谷新左衛門・堀哲・土肥久代編著		桑名市教育委員会	1987.05
伊勢市の民俗 伊勢市民俗調査会編著		伊勢文化会議所	1988.02
明和町の方言その他 堀井光次編		私家版	1991.09
有滝言葉集 続 橋爪芳蔵		私家版	1993.04
三重県方言民俗語集覧 謄写版 江畑哲夫編		私家版	1995.09
近畿方言考2　三重県・和歌山県（日本列島方言叢書：14） 井上史雄・篠崎晃一・小林隆・大西拓一郎編		ゆまに書房	1996.10
ことばの地層をたずねて：「伊勢市とその周辺域の方言事象分布図」を読む（皇学館大学講演叢書） 佐藤虎男		皇学館大学出版部	1997.03
志摩町和具の方言と訛 原口博幸		志摩町教育委員会	1999.12
三重県方言民俗語集成 江畑哲夫		私家版	2000.05
ふるさとの訛なつかし 久保良任		三重タイムズ	2000.07

書名	出版	年月
三重県のことば（日本のことばシリーズ：24） 平山輝男ほか編　丹羽一弥・中條修・江畑哲夫著	明治書院	2000.10
伊勢湾岸西部地域の社会言語学的研究（地域語資料：6） 岸江信介ほか著　近畿方言研究会編	近畿方言研究会	2001.10
全国方言談話データベース　日本のふるさとことば集成9：岐阜・愛知・三重 （国立国語研究所資料集：13-9）　国立国語研究所編	国書刊行会	2004.09
鈴鹿郡における動物等の昔の呼び名 鈴鹿の国方言研究会編　桜井好基（調査）	鈴鹿の国方言研究会	2008.10
和具の方言1：総論・各論1 あ〜く 鍋島泰	私家版	2008.10
和具の方言2：各論1 け〜な 鍋島泰	私家版	2008.10
和具の方言3：各論1 に〜ん・各論2・追補 鍋島泰	私家版	2008.10
伝統的地方都市の変容とことば：伊賀上野をフィールドとして（日本言語文化調査報告：6） 中井精一・柄沢朋子・濱田隆文編	富山大学人文学部日本語学研究室	2009.03
鈴鹿郡における昆虫等の昔の呼び名 鈴鹿の国方言研究会	鈴鹿の国方言研究会	2010.07
三重県志摩市のことば 岸江信介・岡部修典・清水勇吉・村田真実編	徳島大学総合科学部国語学研究室	2011.03
鈴鹿郡における天候等に関する昔の呼び方と伝承・諺 鈴鹿の国方言研究会	鈴鹿の国方言研究会	2011.03
伝統的地方都市　上野：暮らしとその変化（日本言語文化調査報告：11） 中井精一・長瀬知香編	富山大学人文学部日本語学研究室	2013.03
鈴鹿郡における鳥類の昔の呼び名 鈴鹿の国方言研究会編　桜井好基（調査）	鈴鹿の国方言研究会	2014.06
鈴鹿郡における昆虫等の昔の呼び名2 鈴鹿の国方言研究会	鈴鹿の国方言研究会	2015.02
三重「地理・地名・地図」の謎：意外と知らない三重県の歴史を読み解く！（じっぴコンパクト新書） 岡田登監修	実業之日本社	2015.03

専門用語解説

1	アスペクト	文法用語。進行・結果の過程・状況など、動詞が示す行為の諸相。
2	位相語	階層、職業などの違いに基づく、それぞれの集団に特有のことば。
3	ウチナーグチ	伝統的琉球語。概ね首里、那覇など沖縄本島南部のことばを指す。
4	ウチナーヤマトゥグチ	ウチナーグチと本土語（ヤマトゥグチ）が接触して生まれた中間的なスタイル。
5	うねり音調	北陸地方を中心に用いられる独特の間投イントネーション。ゆすり音調とも。
6	上向きの待遇	敬意度を軸としてプラス方向に向けた待遇表現のこと。
7	円唇母音	唇の丸みを伴った母音。
8	ガ行鼻濁音	呼気を鼻にぬいて発音するガ行音。
9	訛語	発音が標準語と異なっている語。
10	上方語	上方（京都・大阪）を中心に使われることば。特に近世でのものを指す。
11	機能語	接続詞、助動詞など、文法的な関係や話し手の事態のとらえ方を表す語。
12	クァージ標準語	方言の干渉を受けて形成された標準語スタイル。
13	クレオール	言語の接触によって生まれた簡略言語が次世代の話者の母語となったもの。自立した言語体系をなしていて、基盤となったそれぞれの言語の使用者が聞いてもほとんど理解できないように再編成されている。
14	軽卑表現（軽卑語）	下向きの待遇形式。卑罵表現ほどは強くはない。

15	言語形成期	個人の言語のかたまる時期。5, 6歳から13, 14歳までの間にあるとされる。
16	言語権	公私の領域で意思疎通を図る過程において、言語(・方言)を選択する権利。
17	言語島	周囲とは隔絶したような言語体系を持っている地点のこと。「言語の島」とも。
18	顕在的プレステージ	社会的に高く位置づけられている形式が人びとをひきつける力。
19	口蓋化	調音点(舌の位置)が硬口蓋に近づく現象。例:タ行のチがtiからtʃiに変化した。
20	高起式	京阪式のアクセントで、1拍目が高く始まるアクセント型のこと。2拍目以降もピッチの下降がない限りはずっと音の高さが維持される。
21	甲種アクセント	京阪式アクセントのこと。アクセントの系譜上の観点から、京阪式を甲種とし、東京式アクセントを乙種アクセントと称する立場がある。
22	コード・スイッチング	2つ以上の言語体系ないし言語変種を切り替えること。
23	コーパス	テキストや発話を大規模に収集してデータベース化した言語資料。
24	合拗音	子音の円唇化を伴った音節。カ行の「クァ」。
25	コピュラ	2つの語をつないで主述の関係を作る語、英語のbe動詞など。日本語では「だ」「です」が代表。
26	サ行イ音便	サ行五段活用動詞の、たとえば「話した」が「話イタ」のようにイ音便化する現象のこと。

27	下向き(の)待遇	敬意度を軸としてマイナス方向に向けた待遇表現のこと。
28	実質語	名詞、動詞、形容詞など、実質的な意味をもつ語。
29	上昇式	低起式に同じ。低起上昇式とも。
30	(方言)周圏分布	ABA型の分布模様を示す方言の分布形式。
31	新方言	若い世代が用いる新しい方言形式。文体は低く、標準語と語形が違う。
32	ステレオタイプ	ものの見方が固定的、画一的なこと。紋切り型の行動や認識。
33	潜在的プレステージ	社会的に低く位置づけられている形式がもつ魅力。
34	素材待遇語	話題の中の人物に対する待遇を表す形式。
35	待遇表現	話し手や話題の人物の立場を配慮した社会習慣的な言語表現。
36	第三者待遇	話し手による話題の人物に対する待遇表現。
37	対者待遇	話し手による聞き手に対する待遇表現。
38	垂井式アクセント	東京式アクセントと京阪式アクセントの接触地域に存在する両アクセントが折衷したようなアクセント。
39	(京阪)中央式	アクセントにおいて、平安末期の京都アクセントにもっとも近い型式。
40	調音点	発音に際して、声道に狭めや閉鎖の作られる箇所。その位置の違いで異なった音が出る。

41	低起式	京阪式のアクセントで、1拍目が低く始まるアクセント型のこと。上昇式とも。
42	同音衝突	同音異義語が発生して語義の区別が曖昧になった場合に、一方の語形が変化する現象。
43	同化	同じ語の中の音が前後の音に影響を受けて、その音と共通的な音に変化する現象。前の音が影響する場合「順行同化」、後の音が影響する場合「逆行同化」という。
44	とりたて（表現）	限定を表す「だけ」や類似を表す「も」のように、語や句や節を焦点化したり非焦点化したりする形式。
45	女房詞	室町時代頃から、宮中の女房たちが使い始めた特有の用語に由来する語彙。御所ことばともいう。
46	ネオ方言	標準語の干渉を受けて形成された方言スタイル。
47	ネガティブポライトネス	相手の自尊心を傷つけないようにする配慮行動。
48	破裂音	調音器官を閉鎖して呼気を止めたあとで急に開放して発する音、p・t・kなど。閉鎖音とも。
49	平進式	京阪式のアクセントで、高く平板なアクセント型のこと。高起平進式とも。
50	方言区画	日本語の方言区分。東条操の唱えたものが嚆矢。
51	方言コスプレ	地元の人間ではないのに、その方言をまねて話すプレイのこと。

52	方言周圏論	中央で新しい語が生まれては周辺へ伝播する、その結果、古い形式ほど周縁部に残る、とする論。
53	ポジティブポライトネス	相手と仲良くなりたいという積極的な配慮行動。
54	ポライトネス	相手に配慮した言語行動。敬意表現ともいう。
55	民衆語源	ある語の由来について、言語学的な根拠のないものをいう。ただし、その由来説が一般大衆の納得するようなものであると、強い普及力をもつ。
56	無声化	有声音（声帯の振動する音）が無声音（声帯が振動しない音）になること。例：スイゾクカンがスイゾッカンになる類。
57	役割語	話者の特定の人物像を想起させる特定のことばづかい。
58	四つ仮名	ジ、ヂ、ズ、ヅの仮名（音節）の総称。
59	ラ行五段化	一段活用類の語が五段活用化する現象。活用型の中で優勢な五段活用への類推による。
60	俚言	標準語にはない、方言特有の語。
61	類別語彙	平安時代の単語アクセントの型を分類して抽出されたグループ（「類」）のそれぞれに所属する語彙のこと。「第4類の語」「第5類の語」のように表現する。
62	連母音	母音音節、および音節末尾の母音に母音音節が続いたもの。例：「ない」のaiの類。

索引

事項索引

A-Z
LINE ——— 264, 366
SNS ——— 263, 333

あ
あいさつ表現 ——— 60
あいづち ——— 178
アイデンティティ ——— 244
アイデンティティ機能 ——— 358
明石家さんま ——— 203, 256
アクセントの式対立 ——— 114
悪態表現 ——— 118
悪態祭り ——— 261
アスペクト ——— 46, 89, 103, 116, 123
遊びことば ——— 229
遊び的言い回し ——— 186
新しいコミュニケーションツール ——— 367
アッパークラス ——— 37

い
育児語 ——— 362
生野弁 ——— 232
位相 ——— 155
位相語 ——— 41, 61, 196
一音節語の長呼 ——— 15
一型アクセント ——— 142
井原西鶴 ——— 188
依頼・禁止表現 ——— 172
依頼表現の特徴 ——— 172
イラチ精神 ——— 266
インスタグラム ——— 264
イントネーション ——— 145, 337, 346
引用機能 ——— 356

う
ヴァーチャル方言 ——— 252
ウ音便化 ——— 136
打消過去の助動詞ナンダ ——— 225
ウチナーヤマトゥグチ ——— 326
うねり音調 ——— 87
上向きの待遇 ——— 166

え
エセ関西弁 ——— 140, 335
円唇母音の [u] ——— 79, 244

お
大阪ことばの会 ——— 42
大阪独特の手話 ——— 363
大阪の言語景観 ——— 270
大阪弁化 ——— 380
大阪弁キャラクター ——— 254, 255
大阪弁教材 ——— 347
大阪弁の威信 ——— 378
大阪弁のイメージ ——— 251
大阪落語 ——— 200
織田作之助 ——— 194
大人スタイルの関西弁 ——— 246
オノマトペ ——— 179
お笑いの街 ——— 203
お笑いブーム ——— 382, 383
音声認識装置 ——— 358
音便 ——— 134

か
外国人とのコミュニケーション ——— 361

492　索引

会話パターン	332
係り結び	89
書きことばの関西弁	278
カ行合拗音	191
学術用語	141
格助詞「を」にあたるオチ	128
楽屋ことば	381
訛語	19
過剰修正	242
仮定表現のタラ	27
角を立てない機能	280
上方語	3
上方漫才	261
カムフラージュ機能	356
河内弁の特徴	118
韓国・朝鮮語由来のことば	237
関西型の名づけ	274
関西共通語化	377, 380
関西に対するイメージ	348
関西のサブカルチャー	262
関西のネーミング	266
関西弁キャラクター	247, 254
関西弁タレント	253
関西弁独特のオノマトペ	179
関西弁ドラマ	253
関西弁に対する言語意識	246
関西弁のイメージ	248, 284, 332
関西弁の機能	279
関西弁の習得度	347
関西弁のステレオタイプ	247, 248
関西弁の談話展開	177
関西弁の地位	352
関西弁のユーモア	198
間投イントネーション	131
感動詞	260

き

帰属意識	244
吉祥文字	303
気づきにくい方言	238, 265
規範からの逸脱	243
京ことば	54, 58
共通語化	377
京都特有の手話	363
『京都府方言辞典』	57
京都弁キャラクター	254
虚構的用法	159
近畿音声言語研究会	40
近畿国語方言学会	39
近畿方言学会	39

く

クァージ標準語	43
グロットグラム	385

け

敬語形の命令形	170
敬語助動詞	161
敬語のヤス	170
継続機能	279
芸能・バラエティ番組	351
京阪式アクセント	10, 39, 141, 142, 243, 337
軽卑語	68
軽卑表現	6, 223
形容詞のウ音便形	55, 138, 139
形容詞の連用形	2
言語景観	290
言語形成期	344
言語権	358
言語地理学	45, 47
言語的類似度	77
言語島	44, 97
顕在的プレステージ	218

こ

広域関西方言化	69
広域方言化	377

口蓋化	111	ジェンダー規範	222, 223
高起式	143	自称詞	157
攻撃機能	357	自身の心情を高揚させる機能	281
口語法調査報告書	152	時代浄瑠璃(時代物)	189
口上の定型化	304	下向きの待遇	23, 61, 80, 166
甲南大学方言研究会	44, 49, 91	柴崎友香	199
合拗音のクヮ・グヮ	79, 93, 224	司馬遼太郎	194
コード・スイッチング	326, 351	社会言語学	244, 325
国語科学習指導要領	340	社会言語能力	37
国立国語研究所	43, 48	しゃべくり漫才	201
御所ことば	36, 206, 298, 362	しゃれことば	186
古態の残存	104	重起伏調のアクセント	114
コテコテ大阪弁	256	終助詞の多様さ	190
ことばの逆輸入	331	終助詞のノシ	103
ことばの均質化	378	集団語	298
湖北方言	64, 66	縮約	86
コミュニケーション機能	282	手話方言	363
コミュニケーションスタイル		状況可能	150
	284, 295, 355, 367	畳語	206
コミュニケーションツール	278	商談の関西弁	278
コミュニケーションロボット	284	笑福亭鶴瓶	256
混交形	299	職業語	372
		食後のことば	314
さ		食前のことば	314
		職人ことば	212, 214
在日コリアン	232, 328, 360	女性の名前のアクセント	225
在留外国人	359	初代桂春団治	200, 261
逆ことば	317, 320	庶民的な笑いのイメージ	247
ザ行・ダ行・ラ行の混同		親愛語	66, 67
	20, 80, 85, 123, 125	心的接触機能	356
サ行イ音便	68, 128	新方言	224
ザ行音のダ行音化	56		
サ行音のハ行音化	58	**す**	
三人称を標示する機能	63		
		ステレオタイプ	222, 251
し		スラングの出自	233
子音系音便	135	**せ**	
子音性優位方言	135		
ジェスチャーによる共同行為	263	セ・ゼの口蓋化	80
ジェンダーイメージ	222	生活言語	360

生活語	372
接客談話	295
接客のマニュアル	294
接客用語	294
接頭辞のオ	206
接尾辞のモジ	206
世話浄瑠璃（世話物）	189, 256
全国共通語化	224
潜在的プレステージ	218, 354
船場ことば	34, 36, 197, 208, 209, 345, 369

そ

ソーシャルメディア	367
素材待遇語	42, 68, 166
粗暴な言語行動	261
存在動詞	103, 116
存在動詞のアル	120

た

大大阪時代	370, 374
待遇表現の使い分け	207
第三者待遇	68, 166
対者待遇	68
対称詞	159
対人的配慮の表現	355
第二言語	360
駄洒落	272
田辺聖子	196, 223
谷崎潤一郎	197
タラの使用領域	7
垂井式アクセント	56, 66, 83, 86, 114, 123, 130, 131, 142
短音化	58
断定の助動詞のヤ	5, 152
断定表現	155

ち

地域共通語	29
近松門左衛門	188, 256
地方共通語	240
地方共通語化	377
地方名	322
チャンポンマル	232, 329
中央語	54
長音化	58
長音の短音化	15
聴解教材	345
鳥瞰的言語地図	48

つ

ツイッター	333
ヅカことば	217

て

低起式	143
定型表現	294
テヤ敬語	4, 36, 63, 90, 115, 165, 242
テヤとハルの境界線	122
テレビの影響力	352

と

同音衝突	152
東京語化	377
統合的傾向	7
等語線	385
東西アクセントの境界線	110
東西対立型の分布	22, 152
東西方言境界線	22
動詞のウ音便形	220
動詞の二段活用	103
動詞の否定形	148
動詞連用形の形をとる命令表現	4
「通り」の名	274

十津川方言 — 45
どつき漫才 — 261

な

仲間意識を共有する機能 — 281
浪花しゃれことば — 199
ナル敬語 — 63, 164, 165

に

西陣独特のことば — 212
二重敬語 — 296
二段活用の残存 — 97, 105
2拍名詞の類別体系 — 113
『日本言語地図』 — 48
日本語学習者 — 347, 350
日本語教育 — 344
日本語教師 — 348
女房詞 — 34, 36, 206, 298, 369

ぬ

縫い紋職人のことば — 212

ね

ネオ関西弁 — 376, 381
ネオ方言 — 8, 43, 224, 227, 344, 376
年齢アイデンティティー — 246

の

能力可能 — 150

は

拍内下降 — 144, 225
撥音便化 — 128
花街のことば — 215, 216
罵詈雑言 — 257, 261

ハ

ハル敬語 — 12, 60, 62, 68, 163, 166, 241, 242, 378

ひ

微細言語地図 — 48
否定疑問形による命令表現 — 4
否定辞 — 24
否定辞のヘン — 12
否定辞のヤン — 106
卑罵語 — 258, 260
卑罵表現 — 223, 257
標語 — 193
『ひょうごの方言・俚言』 — 44, 91
標準語化 — 377
標準語では観察されないウ音便 — 136
頻用される常套句 — 182

ふ

フェイスブック — 263
副詞ヨーを用いた可能表現 — 150
プラスイメージ — 352
分析的傾向 — 6, 7

ほ

母音過多 — 135
母音系音便 — 135
母音性優位方言 — 135
母音尊重 — 18
母音の無声化 — 15, 79
方言アプリ — 366
方言化 — 82
方言かるた — 193
方言教育 — 341, 342, 345
方言コスプレ — 248
方言指導 — 344, 353
方言周圏論 — 382
方言女子 — 222
方言スタンプ — 366

方言川柳 —————————193
方言体系の再編成 —————228
方言中心社会 —————————374
方言番付 —————————————285
『方言文法全国地図』 ————48
方言変換／翻訳 ——————366
方言変換ソフト ——————366
方言土産 —————————————292
方言量 ——————————————229
放送のフリートーク ———353
訪問時のあいさつ表現 ——167
ボケとツッコミ —— 8, 176, 262, 264, 332, 343
母語 ———————————————343
ポジティブポライトネス ——170
母方言 ———————————343, 344
ポライトネス ————————384

ま

マイナスイメージ ————352
又吉直樹 ——————————199
マニュアル語 ————————282

む

無敬語地帯 —————————165
無助詞 —————————————128

め

命令表現 ————————————28
メディア関西弁 ——————202

も

紋切り型 ———————————314

や

ヤ行音の拗音化 ———————58
役割語 ———————————14, 247, 252

よ

幼児語 —————————————362
吉本興業の大阪弁 —————203

ら

ラ行五段化 —————————28, 148

り

俚言 ———————————————29, 45
リズム変換機能 ——————356
リトル沖縄 —————————326
略語形 —————————————146

れ

連母音 —————————————93, 126
連母音の融合 ————15, 86, 111
連用形命令 —————————170, 172

わ

ワ行四段動詞の音便形 ————2
笑い ——————————————283

語句索引

あ

アカン ―― 182
アサアサ（浅漬け）―― 206
アスバセ系 ―― 162
アテ（私）―― 158
アル系 ―― 162
アンタ ―― 160

い

イケズ ―― 254
〜イス・ヤイス ―― 99
イラチ ―― 266

う

ウイ（気の毒な・可哀想な）―― 68
ウチ ―― 157, 158, 331
ウチラ ―― 331

え

エゲツナイ ―― 184
エモジ（海老）―― 206
エライ ―― 189

お

オイデヤス ―― 60, 170
オーキニ ―― 294
オカン（お母さん）―― 381
オキラレルとオキレル ―― 221
オコシヤス ―― 60
〜オス ―― 54
オハヨーオカエリ（行ってらっしゃい）―― 81

オマス ―― 189
オマン（饅頭）―― 206
オミオーギ（扇）―― 206
オミハシ（箸）―― 206
オミヤ（土産物）―― 206
オモロイ ―― 241
オモンナイ ―― 334
オ〜ヤス ―― 173
オロー（蝋燭）―― 206

か

カキナレ／カキナイ ―― 173
カク（かつぐ）―― 310
カズカズ（数の子）―― 206
カタフネ（同僚）―― 125
カッターシャツ ―― 238
カテ ―― 61
カマトト ―― 218
カマヘン ―― 193
カラツモノ ―― 88

き

キーヒン（来ない）―― 54
キサス（来させる）―― 120
キッショ（きっかけ）―― 226
キツネバナ（彼岸花）―― 193
ギョーサン ―― 226

け

ケッタ（自転車）―― 116
ケッタイナ ―― 81, 185, 226
ケナリガル（うらやましがる）―― 193
ゲンチャリ（原動機付自転車）―― 221

498　索引

こ

ゴーガワク	88
コーヘン（来ない）	8, 148, 225
コーライ（玉蜀黍）	115
ゴザル	115
ゴメンヤス	167, 170
コヤン（来ない）	82, 149, 380
ゴワス・ゴアス	210
ゴン（牛蒡）	206

さ

サカイ	55
サカイニ	190, 374
サセテイタダク	313
～ザッタ	24

し

死ヌル	57
ジブン	160
シャーナイ	183
～シン	89
シンキクサイ	331
シンドイ	241

す

～筋	274
スルスル（するめ）	206

せ

セーテセカン	184
セラル・セラレル系	161

そ

ソモジ（蕎麦）	206

た

～ダ	89, 125
タール	102
タケ（たけのこ）	206
～ダス	14
～タッタ（過去）	130
タヌキソバ	297
～タラ	7, 27
タル（てやる）	173
～タレ	258
タンベ	237

ち

チャール	102
チャウ	228, 290
～チャッタ（過去）	130
チャリ（自転車）	221, 233, 241
チャリンコ	233, 235

つ

ツク（つくし）	206

て

テ（ヤ）	83
～テ（ヤ）	90
テクレル系	163
～テダーコ（～てください）	115, 126
～テッカ	125
～テミエル	165
～テヤ／テジャ	83, 90, 162
～テン	5

と

～トー	89, 122
～通り	274
ドガイスル（どうする）	193

ド根性	330
〜ドス	13
ドス	54
ドツク	189
ド真ん中	330
ドヤ（どうだ）	290

な

ナオス	32
ナサル系	161
ナハレ	170
ナンギ	81
〜ナンダ	24, 190, 217, 374, 376
ナンデヤネン	228, 337
ナンボ	189

ぬ

ヌンチ	237

ね

〜ネヤ	5
〜ネン	5, 243, 290

の

ノモジ（糊）	206

は

ハイカラソバ	297
ハザン	127
パチギ／パチキ	237, 360
〜ハル	5, 296
ハンナリ	220

ひ

ピリピリ	130

ふ

ブタマン	297
フッチャーラ（降っているよ）	120
フッツロー（降っただろう）	99
ブブズケ（お茶漬け）	226
フレッシュ	237, 299

へ

ベッチョナイ	193
〜ヘンダ	130

ほ

ホッコリ	68, 220, 226, 330

ま

マイド	81, 279, 294
マクド	299
マッタリ	331
マメキュー（豆電球）	265
マンマンサン	362

み

ミーヒン（見ない）	54
ミッション	237
ミンチ	297

め

メッチャ	8, 228, 241
メバチコ（麦粒腫）	81, 100
メボ（ものもらい）	126
メンボ（麦粒腫）	115

も

モータープール	237, 265

や

- 〜ヤ ―― 4, 152, 378, 386
- ヤカラ（だから） ―― 156
- 〜ヤス ―― 94, 170, 210
- 〜ヤッケ（〜だっけ） ―― 82, 376
- ヤッサ（屋台） ―― 308
- 〜ヤル ―― 6, 354
- 〜ヤロ／ヤロウ ―― 5, 376
- 〜ヤン ―― 63, 227, 228, 380

よ

- ヨーイワンワ ―― 183
- ヨーサン（たくさん） ―― 226
- ヨッテニ ―― 374
- ヨミヨシ（読みなさい） ―― 62, 219
- 〜ヨル ―― 6, 67, 68, 80
- ヨロシューオアガリ（ごちそうさまでした） ―― 81

る

- ル・ラル系 ―― 161

れ

- レーコー ―― 299

わ

- ワイ ―― 157
- ワシ ―― 157
- ワタイ ―― 157
- ワテ ―― 158

ん

- 〜ンカッタ ―― 24, 81, 374, 376

監修者紹介

真田信治 (さなだ・しんじ) 1946年生まれ
大阪大学大学院文学研究科教授を経て、現在、大阪大学名誉教授
主著:『展望　現代の方言』(編著、白帝社、1999)、『方言学』(編著、朝倉書店、2011)、『変わりゆく時見るごとに』(桂書房、2016)

編集委員紹介 (五十音順)

岸江信介 (きしえ・しんすけ) 1953年生まれ
徳島大学大学院社会産業理工学研究部教授
主著:『都市と周縁のことば—紀伊半島沿岸グロットグラム』(共編著、和泉書院、2013)、『テキストマイニングによる言語研究』(共編著、ひつじ書房、2014)、「方言分布の実時間比較と見かけ時間比較」『空間と時間の中の方言』(朝倉書店、2017)

高木千恵 (たかぎ・ちえ) 1974年生まれ
大阪大学大学院文学研究科准教授
主著・主論文:「関西若年層の話しことばにみる言語変化の諸相」『阪大日本語研究』別冊2 (2006)、「関西の接客場面における形式名詞ブンの拡張用法」『阪大日本語研究』27 (2015)、「現代関西方言」『はじめて学ぶ方言学』(ミネルヴァ書房、2016)

都染直也 (つぞめ・なおや) 1958年生まれ
甲南大学文学部教授
主著:『ひょうごの方言・俚言』(共著、神戸新聞総合出版センター、1992)、『ことばのとびら』(神戸新聞総合出版センター、2006)、『改訂版　概説日本語学』(共著、明治書院、2007)

鳥谷善史 (とりたに・よしふみ) 1964年生まれ
天理大学文学部・近畿大学文芸学部ほか非常勤講師
主著・主論文:『大阪のことば地図』(共編著、和泉書院、2009)、「関西若年層の新しい否定形式「〜ヤン」をめぐって」『国立国語研究所論集』9 (2015)、『新日本言語地図』(共著、朝倉書店、2016)

中井精一（なかい・せいいち）1962年生まれ
富山大学人文学部教授
主著：『大阪のことば地図』（共編著、和泉書院、2009）、『都市言語の形成と地域社会』（和泉書院、2012）、『都市と周縁のことば―紀伊半島沿岸グロットグラム』（共編著、和泉書院、2013）

西尾純二（にしお・じゅんじ）1971年生まれ
大阪府立大学大学院人間社会システム科学研究科教授
主著：『関西・大阪・堺の地域言語生活』（大阪公立大学共同出版会、2009）、「日本語の配慮言語行動の社会的多様性」『「配慮」はどのように示されるか』（ひつじ書房、2012）、『マイナスの待遇表現行動―対象を低く悪く扱う表現への規制と配慮』（くろしお出版、2015）

松丸真大（まつまる・みちお）1973年生まれ
滋賀大学教育学部教授
主著・主論文：「関西方言のヤンナとヨナ」『阪大日本語研究』19（2007）、「データの収集と処理法」『方言学』（朝倉書店、2011）、『ココが面白い！日本語学』（共編、ココ出版、2017）

関西弁事典

Cyclopedia of Kansai Dialect
Supervised by Shinji Sanada

発行	2018年3月28日　初版1刷
定価	6200円＋税
監修者	真田信治
発行者	松本功
ブックデザイン	中垣デザイン事務所
印刷所	三美印刷株式会社
製本所	株式会社 星共社
発行所	株式会社 ひつじ書房

〒112-0011
東京都文京区千石2-1-2
大和ビル2階
Tel: 03-5319-4916
Fax: 03-5319-4917
郵便振替 00120-8-142852
toiawase@hituzi.co.jp
http://www.hituzi.co.jp/

ISBN 978-4-89476-848-2
造本には充分注意しておりますが、落丁・乱丁などがございましたら、小社かお買上げ書店にておとりかえいたします。
ご意見、ご感想など、小社までお寄せ下されば幸いです。

〔真田信治著作選集〕シリーズ日本語の動態　第1巻
標準語史と方言
真田信治著 ·· 定価 1,800円+税

［新訂版］**聞いておぼえる関西**(大阪)**弁入門**
真田信治監修　岡本牧子・氏原庸子著 ················ 定価 2,800円+税